高等学校土建类专业规划教材
西南石油大学研究生教材建设项目

工程经济学

冯辉红　编著

·北京·

内容简介

本书全面系统地介绍了工程经济学的基础知识，以及投资方案和建设项目经济评价的基本原理和方法，根据最新规范和标准进行编制，主要内容包括工程经济学概述、工程经济分析的基本要素、工程经济分析的基础知识、工程经济评价的基本方法、投资方案的经济评价与比选、投资方案的不确定性分析、设备更新的经济分析、建设项目的经济评价、价值工程的应用、项目后评价。每章开头配有内容概要与学习要点，简明扼要地介绍各章需掌握、熟悉或了解的内容，便于读者按需学习与参考；每章各节的相关理论介绍均配有应用实例与详解，便于读者对基础理论的理解与应用；每章结尾均配有一定数量的思考练习题，涵盖了各章重要知识点，便于知识的巩固与延伸。

本书知识全、内容新、重点突出、应用性强，可以作为高等院校工程管理、土木工程、工商管理等相关专业的本科生及研究生教材，也可作为投资决策管理者、工程经济类从业人员或相关国家注册资格考试人员的参考书。

图书在版编目（CIP）数据

工程经济学/冯辉红编著．—北京：化学工业出版社，2021.8

高等学校土建类专业规划教材

ISBN 978-7-122-39176-6

Ⅰ.①工… Ⅱ.①冯… Ⅲ.①工程经济学-高等学校-教材　Ⅳ.①F062.4

中国版本图书馆 CIP 数据核字（2021）第 096955 号

责任编辑：陶艳玲　　　　　　　　　　　　文字编辑：蔡晓雅　师明远
责任校对：宋　玮　　　　　　　　　　　　装帧设计：张　辉

出版发行：化学工业出版社（北京市东城区青年湖南街 13 号　邮政编码 100011）
印　　装：北京捷迅佳彩印刷有限公司
787mm×1092mm　1/16　印张 18　字数 476 千字　2021 年 9 月北京第 1 版第 1 次印刷

购书咨询：010-64518888　　　　　　　　　售后服务：010-64518899
网　　址：http://www.cip.com.cn
凡购买本书，如有缺损质量问题，本社销售中心负责调换。

定　　价：59.00 元　　　　　　　　　　　　　　　　　　版权所有　违者必究

前言

工程经济学是一门应用理论经济学的基本原理,研究工程领域经济问题和经济规律、工程技术领域内资源的最佳配置,以及技术进步与经济增长之间相互关系的学科,是工程管理类、土木工程类、工商管理类以及相关建设工程类专业主要的专业课程。随着我国经济的飞速发展以及经济体制改革的不断深化,对各行业的投资决策者、各专业的工程技术人员以及工程咨询人员均提出了新的要求,即必须具备工程经济决策的基本能力,这也体现在国家对各类专业人员资格认定的考试中均或多或少地涉及工程经济分析与决策的知识。在此背景下,笔者结合多年的课堂教学、工程培训、经济决策实践,以及全方位和全生命周期投资咨询管理研究的经历与经验,以培养具有扎实理论基础的应用型人才为目标,以适合于本科生、研究生阶段的教学以及相关从业人员的参考教辅为准则,根据新的标准与规范,理论结合实践,编著了此书。

本书以经济为目标,以技术为基础,以系统分析、动态分析和定量分析等为手段,通过计算、分析和比较,选择出最佳的投资方案,以保证最终获取最大的经济效益为脉络,从广度和深度两个层面上,以基本理论结合应用实例的方式全面地阐述了工程经济学的基础知识、核心内容、基本原理与分析方法。本书特点如下。

(1) 内容编排科学合理、循序渐进,有利于学习

本书首先从工程经济学的发展沿革、基本概念、研究内容、学科特点以及研究方法等方面对工程经济学这门学科进行了概述。然后从工程经济分析的基本要素、基础知识和基本方法,以及投资方案的经济评价与比选和不确定性分析等方面,对工程经济分析与投资方案评价的内容和方法,进行了详尽具体、有主有次的阐述。最后从设备更新的经济分析、建设项目的经济评价、价值工程的应用以及项目后评价等方面,对工程经济学的理论知识在实际工程中的应用过程、应用方法与应用要点,进行了深入浅出、易读易懂的介绍。这样的编排顺序以及内容安排既遵循学习规律,又符合工程经济分析与评价的程序,有利于满足读者进行初步学习和进行深层次研究的需求。

(2) 内容系统、全面而具体,有利于教学、培训或工作应用

本书共 10 章内容,可分为三大部分进行阅读与学习,其中第一部分为工程经济学的基础知识,包括:第 1 章 工程经济学概述、第 2 章 工程经济分析的基本要素、第 3 章 工程经济分析的基础知识;第二部分为工程经济学的基本原理,包括:第 4 章 工程经济评价的基本方法、第 5 章 投资方案的经济评价与比选、第 6 章 投资方案的不确定性分析;第三部分为工程经济学实务应用,包括:第 7 章 设备更新的经济分析、第 8 章 建设项目的经济评价、第 9 章 价值工程的应用、第 10 章 项目后评价。本书基本涵盖了工程经济学的基础知识、基本原理以及实际应用的具体方法,采取由简入深、由理论到实践的编排思路,有利于教学、培训与自学。

(3) 内容讲究规范性和时效性,有利于新旧知识的更替

工程经济分析与评价注重规范性、标准性和时效性,本书所有涉及的规范和标准,均为当

下最新。在编著时也考虑到随着时间的推移以及工程经济决策体系的完善，还会有新的规范和标准出现，因此，本书在规范性和时效性强的章节做了动态处理，以尽量做到主要内容和思路不过时。对于新的规定，读者可根据具体的变化情况按需要加入或更换，有利于适应社会动态发展的要求。

（4）内容切合实际工作，有利于理论联系实践

本书注重将工程经济理论应用于工程实践的效果，每章的内容概要和学习要点为读者梳理学习思路、明确学习目标；每章的关键知识点均配有应用实例及详尽的分析与解题步骤，令读者能够深刻领会相关理论知识的内涵，并可针对性地将其正确应用于工程实践中；每章末均相应配有思考练习题，其中思考题偏重于理论知识的总结与归纳，练习题则偏重于工程实际问题的应用，二者相辅相成，更加有助于读者对章节知识的理解、掌握。本书力求通过逻辑性编排提高读者应用理论知识解决实际问题的能力，做到学以致用且能活学活用，为工作和研究奠定基础。

本书可用作高等院校工程管理、土木工程、工商管理等相关专业的高年级本科生和研究生教材，也可作为投资决策者、工程经济分析从业人员和相关国家注册资格考试的参考书。

本书获西南石油大学研究生教材建设项目资助，共分 10 章，全部由西南石油大学冯辉红独立编著而成，本书在编写过程中得到不少同行和朋友的支持与帮助，在此一并表示感谢！

由于笔者水平有限，书中难免存在不当之处，恳请读者批评指正。

编著者

2021 年 1 月

复利系数表

目 录

第 1 章 工程经济学概述

- 1.1 工程经济学的基本概念 …………………………………………… 1
  - 1.1.1 工程、技术与经济的概念 ………………………………… 1
  - 1.1.2 工程经济学的发展沿革 …………………………………… 3
  - 1.1.3 工程经济学的研究对象 …………………………………… 5
- 1.2 工程经济学的研究范围、目的和内容 ……………………………… 6
  - 1.2.1 工程经济学的研究范围 …………………………………… 6
  - 1.2.2 工程经济学的研究目的 …………………………………… 8
  - 1.2.3 工程经济学的研究内容 …………………………………… 8
- 1.3 工程经济学的学科特点 …………………………………………… 9
  - 1.3.1 工程经济学的理论基础 …………………………………… 9
  - 1.3.2 与其他相关学科的关系 …………………………………… 11
  - 1.3.3 工程经济学的学科特点 …………………………………… 12
- 1.4 工程经济学的研究原则、程序和方法 ……………………………… 13
  - 1.4.1 工程经济学的研究原则 …………………………………… 13
  - 1.4.2 工程经济学的研究程序 …………………………………… 16
  - 1.4.3 工程经济学的研究方法 …………………………………… 17
- 思考练习题 …………………………………………………………… 19

第 2 章 工程经济分析的基本要素

- 2.1 现金流量及其构成 ………………………………………………… 20
  - 2.1.1 现金流量的概念与构成 …………………………………… 20
  - 2.1.2 现金流量的表示方法 ……………………………………… 22
- 2.2 投资与投资估算 …………………………………………………… 24
  - 2.2.1 投资的概念 ………………………………………………… 24

2.2.2　投资的构成 ································· 25
　　　2.2.3　资产的分类 ································· 27
　　　2.2.4　投资估算的内容 ····························· 29
　　　2.2.5　投资估算的方法 ····························· 30
　2.3　成本与费用 ··· 35
　　　2.3.1　成本与费用的概念 ··························· 35
　　　2.3.2　总成本费用及其估算 ························· 36
　　　2.3.3　相关成本与经营成本 ························· 38
　　　2.3.4　折旧费与摊销费估算 ························· 40
　2.4　营业收入、税金与利润 ····························· 45
　　　2.4.1　营业收入 ································· 45
　　　2.4.2　税金 ····································· 46
　　　2.4.3　利润 ····································· 49
　　　2.4.4　基本要素之间的关系 ························· 51
　思考练习题 ··· 51

第3章　工程经济分析的基础知识　53

　3.1　资金时间价值概述 ································· 53
　　　3.1.1　资金时间价值的概念 ························· 53
　　　3.1.2　资金时间价值的影响因素 ····················· 54
　3.2　利息、利率及其计算 ······························· 55
　　　3.2.1　利息与利率概述 ····························· 55
　　　3.2.2　利息的计算方法 ····························· 57
　　　3.2.3　名义利率与实际利率 ························· 60
　3.3　资金等值计算 ····································· 63
　　　3.3.1　资金等值计算概述 ··························· 63
　　　3.3.2　整付类型等值计算 ··························· 65
　　　3.3.3　等额分付类型等值计算 ······················· 67
　　　3.3.4　特殊变额分付类型等值计算 ··················· 71
　　　3.3.5　等值计算公式总结 ··························· 75
　思考练习题 ··· 77

第4章　工程经济评价的基本方法　78

　4.1　经济评价指标与方法概述 ··························· 78
　　　4.1.1　工程经济评价指标的分类 ····················· 78
　　　4.1.2　工程经济评价的方法 ························· 80

4.2 静态经济评价方法 ·· 82
　　4.2.1 投资收益率法 ·· 82
　　4.2.2 静态投资回收期法 ·· 83
　　4.2.3 年折算费用法 ·· 85
4.3 动态经济评价方法 ·· 86
　　4.3.1 净现值法 ·· 86
　　4.3.2 净现值率法 ·· 89
　　4.3.3 净年值法 ·· 90
　　4.3.4 费用现值和费用年值法 ·· 92
　　4.3.5 动态投资回收期法 ·· 94
　　4.3.6 内部收益率法 ·· 95
　　4.3.7 外部收益率法 ·· 99
思考练习题 ·· 100

第5章 投资方案的经济评价与比选　102

5.1 方案评价与比选概述 ·· 102
　　5.1.1 单一方案的经济评价 ·· 102
　　5.1.2 多方案的类型与比选步骤 ·· 104
5.2 寿命期相同互斥型方案的比选 ·· 105
　　5.2.1 评价指标排序法 ·· 106
　　5.2.2 最小费用法 ·· 107
　　5.2.3 增量分析法 ·· 108
5.3 寿命期不同互斥型方案的比选 ·· 112
　　5.3.1 年值法 ·· 112
　　5.3.2 现值法 ·· 114
　　5.3.3 差额内部收益率法 ·· 115
5.4 其他类型的方案评价与比选 ·· 117
　　5.4.1 完全不相关的独立方案评价 ·· 117
　　5.4.2 有资源约束的独立方案比选 ·· 118
　　5.4.3 混合型方案比选 ·· 120
思考练习题 ·· 121

第6章 投资方案的不确定性分析　123

6.1 不确定性分析概述 ·· 123
　　6.1.1 不确定性分析的概念 ·· 123
　　6.1.2 不确定性分析的作用与方法 ·· 124

6.2 盈亏平衡分析 …………………………………………………………… 126
   6.2.1 盈亏平衡分析与盈亏平衡点 ………………………………… 126
   6.2.2 线性盈亏平衡分析 …………………………………………… 127
   6.2.3 非线性盈亏平衡分析 ………………………………………… 130
   6.2.4 多方案优劣平衡分析 ………………………………………… 131
   6.2.5 盈亏平衡分析法的应用要点 ………………………………… 133
6.3 敏感性分析 ………………………………………………………………… 133
   6.3.1 敏感性分析的概念与步骤 …………………………………… 133
   6.3.2 单因素敏感性分析 …………………………………………… 135
   6.3.3 多因素敏感性分析 …………………………………………… 137
   6.3.4 敏感性分析的优点与不足 …………………………………… 138
6.4 概率分析与风险决策 …………………………………………………… 139
   6.4.1 投资方案概率分析概述 ……………………………………… 139
   6.4.2 变量概率分布的分析指标 …………………………………… 140
   6.4.3 投资方案的概率分析 ………………………………………… 141
   6.4.4 投资方案风险决策概述 ……………………………………… 143
   6.4.5 投资方案的风险决策 ………………………………………… 145
思考练习题 ……………………………………………………………………… 149

第7章 设备更新的经济分析

7.1 设备磨损概述 …………………………………………………………… 151
   7.1.1 设备磨损的类型 ……………………………………………… 151
   7.1.2 设备磨损的补偿方式 ………………………………………… 153
7.2 设备经济寿命的确定 …………………………………………………… 155
   7.2.1 设备的寿命形态 ……………………………………………… 155
   7.2.2 设备经济寿命的静态算法 …………………………………… 155
   7.2.3 设备经济寿命的动态算法 …………………………………… 158
7.3 设备大修理的经济分析 ………………………………………………… 159
   7.3.1 设备大修理概述 ……………………………………………… 159
   7.3.2 设备大修理的经济界限 ……………………………………… 161
7.4 设备更新的经济分析 …………………………………………………… 162
   7.4.1 设备更新概述 ………………………………………………… 162
   7.4.2 原型设备更新的经济分析 …………………………………… 163
   7.4.3 新型设备更新的经济分析 …………………………………… 165
7.5 设备租赁的经济分析 …………………………………………………… 168
   7.5.1 设备租赁概述 ………………………………………………… 168

7.5.2　设备租赁的经济分析方法 …………………………………… 170
　　　7.5.3　租赁费用与租金的确定 ……………………………………… 172
　思考练习题 ………………………………………………………………… 173

第 8 章　建设项目的经济评价　174

　8.1　建设项目经济评价概述 …………………………………………… 174
　　　8.1.1　建设项目的基本建设程序 …………………………………… 174
　　　8.1.2　建设项目决策的影响因素 …………………………………… 176
　　　8.1.3　可行性研究概述 ……………………………………………… 179
　　　8.1.4　可行性研究报告概述 ………………………………………… 181
　　　8.1.5　建设项目经济评价概述 ……………………………………… 184
　8.2　建设项目的财务评价 ……………………………………………… 186
　　　8.2.1　财务评价的内容与步骤 ……………………………………… 186
　　　8.2.2　财务基础数据与资金规划 …………………………………… 187
　　　8.2.3　财务评价的基本报表 ………………………………………… 191
　　　8.2.4　建设项目的财务评价方法 …………………………………… 199
　8.3　建设项目的国民经济评价 ………………………………………… 204
　　　8.3.1　国民经济评价的内容与步骤 ………………………………… 204
　　　8.3.2　费用与效益识别 ……………………………………………… 206
　　　8.3.3　影子价格的确定 ……………………………………………… 210
　　　8.3.4　建设项目的国民经济评价方法 ……………………………… 213
　8.4　改扩建项目的经济评价 …………………………………………… 217
　　　8.4.1　改扩建项目概述 ……………………………………………… 217
　　　8.4.2　改扩建项目的经济评价方法 ………………………………… 218
　　　8.4.3　并购项目的经济评价 ………………………………………… 222
　8.5　公共项目的经济评价 ……………………………………………… 224
　　　8.5.1　公共项目的概念与分类 ……………………………………… 224
　　　8.5.2　公共项目评价的目标与原则 ………………………………… 226
　　　8.5.3　公共项目的效益和费用 ……………………………………… 227
　　　8.5.4　公共项目的经济评价方法 …………………………………… 229
　　　8.5.5　费用效益分析法案例 ………………………………………… 232
　思考练习题 ………………………………………………………………… 234

第 9 章　价值工程的应用　236

　9.1　价值工程概述 ……………………………………………………… 236
　　　9.1.1　价值工程的发展沿革 ………………………………………… 236

9.1.2 价值工程的基本概念 …………………………………… 238
　　9.1.3 价值工程的特点和意义 ………………………………… 240
9.2 价值工程的基本原理 ……………………………………………… 241
　　9.2.1 工作程序与应用步骤 …………………………………… 241
　　9.2.2 团队组建与信息收集 …………………………………… 242
　　9.2.3 价值工程对象的选择 …………………………………… 243
9.3 功能分析与功能评价 ……………………………………………… 246
　　9.3.1 功能分析的内容 ………………………………………… 246
　　9.3.2 功能评价的功能成本法 ………………………………… 248
　　9.3.3 功能评价的功能系数法 ………………………………… 249
9.4 方案创新与方案评价 ……………………………………………… 251
　　9.4.1 方案的创新 ……………………………………………… 251
　　9.4.2 方案的评价 ……………………………………………… 253
　　9.4.3 方案实施与成果鉴定 …………………………………… 255
　　9.4.4 价值工程优选方案应用实例 …………………………… 256
思考练习题 ……………………………………………………………… 258

第10章 项目后评价　　260

10.1 项目后评价概述 ………………………………………………… 260
　　10.1.1 项目后评价的基本概念 ……………………………… 260
　　10.1.2 项目后评价的基本原则 ……………………………… 262
　　10.1.3 项目后评价的特点 …………………………………… 264
10.2 项目后评价的内容 ……………………………………………… 265
　　10.2.1 项目前期工作后评价 ………………………………… 265
　　10.2.2 项目建设后评价 ……………………………………… 267
　　10.2.3 项目运营后评价 ……………………………………… 269
10.3 项目后评价的方法与程序 ……………………………………… 273
　　10.3.1 项目后评价的方法 …………………………………… 273
　　10.3.2 项目后评价的程序 …………………………………… 275
思考练习题 ……………………………………………………………… 276

参考文献　　277

第 1 章

工程经济学概述

【本章内容概要】

本章首先阐述了工程技术、经济的含义,以及工程技术与经济之间的关系,介绍了工程经济学的起源与发展历程,并分析了工程经济学在学科层次和课程层次的研究对象;然后介绍了工程经济学的研究范围、目的、任务和内容,以及工程经济学的理论基础、学科性质和特点;最后阐述了工程经济学的研究原则、研究程序和研究方法。

【本章学习要点】

◆ 掌握:工程经济学的含义、工程经济学的研究目的和研究内容、工程经济学的学科特点和研究程序。

◆ 熟悉:工程经济学的研究对象和研究范围、工程经济学的基本原则和研究方法。

◆ 了解:工程技术与经济的含义及其关系、工程经济学的起源与发展、工程经济学的理论基础、工程经济学与其他相关学科的关系、工程经济学的学科性质。

1.1 工程经济学的基本概念

工程经济学是研究各类工程技术领域经济问题和经济规律的科学,是以工程技术为主体,以技术经济系统为核心,研究如何有效利用工程技术资源,促进经济增长的科学。

1.1.1 工程、技术与经济的概念

(1) 工程技术的含义

1) 工程的含义

工程经济学中的"工程"涵盖了加工制作过程、方法和技术,是指需要人们应用科学理论、技术手段和物资设备去完成的较大而复杂的具体实践活动,如土木工程、机械工程、化学工程等。工程不仅包括相应的物资设备、生产的工艺过程或作业程序方法,同时也包括了物化的科学技术,如生产技术、管理技术等应用技术。工程立足于科学技术之上,科学技术因工程而充分表现,科学技术是工程的基础和前提条件,工程是科学技术的具体应用和现实结果。

2) 技术的含义

技术有狭义和广义之分。狭义的技术,即物化形态的硬技术,是指用于改造自然的各种生

产工具、装备、工艺等物质手段的总和。广义的技术，包括硬技术和软技术，是人类在认识和改造自然的实践中，按照科学原理及一定的经济需要和社会目的发展起来的系统，这个系统是集知识、技能、手段、方法及规则为一体的复杂系统，是为达到预期目标，而对自然和社会进行的协调、控制、改造。其中，硬技术是指包括劳动工具、劳动对象等一切劳动的物质手段，如预应力钢筋混凝土技术、泵送混凝土技术等；软技术是指体现为工艺、方法、程序、信息、经验、技巧和管理能力的非物质手段，如项目管理、企业经营战略等。狭义的技术，其基础和核心是劳动工具，忽视了技术的动态过程，因此，工程经济学的研究对象是广义的技术，即工程技术。

3）工程技术的含义

工程技术是人们运用专业知识和生产实践经验完成工程建设的一种生产力，包括四个方面：①劳动工具，是工程技术的主要标志，包括生产设施、生产设备和生产工具；②劳动技能，包括生产技术、管理技术、决策和信息技术等技能；③劳动对象，包括原材料和建设产品；④劳动组织和管理，包括作业程序、劳动力生产方面的经验和技巧、管理方法和措施等。工程技术的这四个方面彼此促进、相互发展。

工程技术具有两重性，即先进性和经济性。工程技术的先进性是指能够创造落后技术所不能创造的产品和劳务，例如宇宙航行技术、海底资源开发技术、原子能利用技术等；工程技术的经济性是指能够用更少的物力和人力创造出相同的产品和劳务。对于任何一种工程技术，在一般的情况之下，都必须考虑经济效果问题。脱离了经济效果的标准，工程技术是好或是坏、是先进或是落后，都无从判断。

(2) **经济的含义**

经济有四种传统含义：①经济是指社会生产关系的总和，它研究的是生产关系运动的规律，是人类历史发展到一定阶段的社会经济制度，是政治和思想等上层建筑存在的基础，如国家的宏观经济政策、经济分配体制等；②经济是指社会或国家的国民经济的总称及其组成部分，如工业经济、农业经济、运输经济等；③经济是指社会生产和再生产，是物质资料生产、交换、分配、消费的现象和过程；④经济是指节约或节省，是对人、财、物、时间等资源的合理配置和有效利用，如经济效益、经济效果等。

工程经济学中的"经济"，对上述四种含义均有体现，涵盖了社会经济制度即生产关系、国民经济的总和、社会生产和再生产的经济效益，以及资源的节约与有效利用。主要是指从有限的资源中获得最大的利益，即对资源的合理消耗、有效利用，取得较好的经济效果。

(3) **工程技术与经济的关系**

工程技术与经济在人类进行物质生产、交易的活动中始终并存，技术具有明显的经济目的性，而经济的发展必须依赖技术手段，二者是不可分割的两个方面。

1）工程技术与经济之间存在着对立关系

工程技术与经济之间存在的对立关系表现在以下两个方面。

① 在工程的实施过程中，如果想要提高技术水平，就需要加大经济成本，而且由于技术进步带来的经济、社会以及环境效益往往在短期内不能够直观地显现出来，就会导致投资方倾向于短期经济效益而制约先进技术发展的情况。

② 在不同的自然和社会条件下，先进的技术并不一定都是经济合理的，往往所处条件不同，技术所带来的效果也不同。如，某种先进技术在有些条件下体现出较好的经济效果，而在另一些条件下并不能体现出其优越性，或者某种先进技术从长远的发展目标来看应该采用，但从近期经济效益而言，可能另一种技术更为先进。

2) 工程技术与经济之间存在着统一关系

工程技术与经济之间存在的更多是统一关系，表现在以下三个方面。

① 工程技术不断发展的过程就是经济效果不断提高的过程。随着工程技术的日新月异，人类利用较少的人力、物力获得更多更好的劳务或产品的能力越来越强。一般情况下，先进的技术往往带来良好的经济效果，而正是良好的经济效果决定了技术的先进程度，这体现了技术的先进性与其经济合理性是相一致的。

② 工程技术的进步是促进经济发展的动力和条件。任何技术的进步与发展都是为了创造更多更好的物质财富，满足人们日益增长的物质文化需求。先进的工程技术往往能够使得项目产生更大的效益，不仅仅是经济效益，还包括社会效益以及环境效益，也就促进了经济的发展。

③ 经济的发展是工程技术进步的基础和物质保障。一项新发明、新技术的发展和完善，需要大量的资金投入，需要经济基础为其提供保障，因此，任何一项技术的进步都离不开经济发展为其提供条件。而工程技术进步的驱动力就是提高效益，促进经济的发展与社会的进步。

3) 经济比工程技术占据更有力的支配地位

工程技术是人类进行生产活动和改善生活的手段，它的产生就具有明显的经济目的，是为经济发展服务的。一般情况下，技术的发展会带来经济效益的提高，绝大多数先进技术都具有较高的经济效益，因此，任何一种技术在推广应用时首先要考虑其经济效益问题，从这个意义上讲，经济比工程技术占据更有力的支配地位。

4) 二者是相互促进、相互制约的关系

一项工程被接受必须具备两个条件：技术上可行，经济上合理。技术的先进性与经济的合理性是社会活动相互联系、相互依存的两个方面。

一方面，经济是工程技术进步的动力与目的。任何一项技术应用于生产都需要经济条件保证，而先进技术如果没有相应的经济条件作支撑，就会制约自身的发展。另一方面，工程技术又是经济发展的手段。工程经济学中经济的含义主要是指国民经济和节约，而发展经济必须依靠一定的技术，技术的进步是推动经济发展的强大驱动力。

因此，工程技术与经济之间是相互促进、相互制约的关系，二者应协调发展。

1.1.2 工程经济学的发展沿革

工程经济学是随着社会经济与科学技术的发展，为适应现代化大生产和投资决策科学化的需求，解决从经济角度对技术方案进行优选而逐渐形成的一门系统学科，起源于美国，最早的思想萌芽可以追溯到19世纪末，至今已有100多年的历史。

(1) 工程经济学的形成阶段 (1887～1930年)

19世纪80年代，美国处于大规模修建铁路的时期，土木工程师惠灵顿 (Arthur M. Wellington) 在1887年出版的著作《铁路布局的经济理论》(*The Economic Theory of Railway Location*) 中，首次应用成本分析法进行了铁路的最佳长度和路线的曲率选择，并提出了工程利息的概念，就此开创了工程领域的经济评价工作。惠灵顿是目前公认的最早探讨工程经济问题的学者，他将工程经济描述为"少花钱多办事的艺术"，认为工程并不仅局限于设计、建造及使用过程，还应考虑经济问题。

20世纪20年代，菲什 (J. C. L. Fish) 和戈尔德曼 (O. B. Goldman) 等学者承袭了惠灵顿的精辟见解。菲什教授在1915年首次出版、1923年再版的第一部直接冠以《工程经济学》(*Engineering Economics*) 名称的著作中，将投资模型与证券市场联系起来，分析了包括投资、利率、初始费用与运营费用、商业组织与商业统计、估价与预测、工程报告等内容的工程经济问题。戈尔德曼教授在 1920 年出版的著作《财务工程学》(*Financial Engineering*) 中提出了相对价值的复利模型，首次将复利公式应用到不同的投资方案经济评价中，并指出工程师最基本的责任是分析成本，以使项目达到真正的经济性，即赢得最大可能数量的货币，获得最佳的财务效益。

20 世纪 30 年代，随着格兰特 (E. L. Grant) 教授的《工程经济学原理》(*Principles of Engineering*) 教科书的出版，工程经济学才真正成为了一门独立的、系统化的学科。这部出版于 1930 年的著作被誉为工程经济学经典之作，该书不仅剖析了古典工程经济理论的局限性，而且以复利计算为基础，讨论了判别因子和短期评价的重要性，并对长期投资的资本做了一般性的比较。格兰特教授首创了工程经济的评价理论和原则，同时指出人的经验判断在投资决策中具有重要作用，这些理论贡献获得了社会的公认，奠定了现代工程经济学的基础，他也被誉为"工程经济学之父"。

(2) **工程经济学的发展阶段（1950～1990 年）**

第二次世界大战之后，工程经济学作为一门独立的学科，受到凯恩斯经济理论 (Keynesian economics) 的影响，其研究内容从单纯的工程费用效益分析扩展到市场供求与投资分配领域。1951 年，在迪安 (Joel Dean) 出版的《管理经济学》中，分析了市场供求状况对企业有限投资分配的影响，开创了应用经济学的新领域。

20 世纪 60 年代，迪安又在 1961 年出版的著作《投资预算》中，阐述了动态经济评价法及其在工程经济中的应用，得出了"时间具有经济价值，所以近期的货币要比远期的货币更有价值"的结论，不仅发展了现金流量的贴现方法，而且开创了资金限额分配的现代分析方法，为工程经济学的完善和应用做出了巨大贡献。1968 年，德加莫教授在其出版的《工程经济学》一书中，主要偏重介绍工程企业的经济决策，以投资形态和决策方案的比较研究，开辟了工程经济学对经济计划和公用事业领域的应用研究。

20 世纪 70 年代到 80 年代，对于工程经济学的研究主要集中在风险投资、决策敏感性分析和市场不确定性分析三个方面，主要代表人物是卡纳达、塔奎因、布西 (L. E. Bussey) 和里格斯 (J. L. Riggs) 等学者。布西在其 1978 年出版的著作《工业投资项目的经济分析》中，全面系统地总结了建设项目的资金筹集、经济评价、优化决策以及项目的风险和不确定性分析等理论。卡纳达教授在其 1980 年出版的代表作《工程经济学》中，将研究的侧重点放在对于外在经济因素和风险性投资的分析方面。塔奎因的理论则强调投资方案的选择和比较过程，提出了各种经济性评价原则，如利润、成本与服务年限的评价原则，以及盈亏平衡原则等，成为美国工程经济学教材的主要理论依据。里格斯在其 1982 年出版的《工程经济学》中系统地阐述了货币的时间价值、时间的货币价值、货币理论、经济决策和风险，以及不确定性等工程经济学的内容，将工程经济学的学科水平向前推进了一大步。

20 世纪 90 年代以来，为了适应经济全球化的要求，西方工程经济学理论逐渐突破了传统的、从项目或技术方案角度进行的微观经济效益分析，出现了对国家的经济制度、政策，以及国家经济环境变化等宏观问题研究的新趋势。此外，随着计算机技术的迅速发展与普及，经济因素的定性化指标大多得以实现定量化，使得直接引入工程分析的因素和变量更加全面系统，也使得工程经济活动的分析、评价，以及技术方案的选择、优化等都有了新的突破，工程经济学理论和方法的研究进入了一个新的发展时期。

(3) **工程经济学在我国的研究与应用历程**

1) 起步阶段

20 世纪 50 年代初，我国在引进苏联多项科学技术的同时，也引入了技术经济分析与论证的方法,并结合我国经济建设的实践经验,创立了以成本效益分析理论和方法为主线,以技术方案比选和建设项目经济评价为主要内容的应用经济学分支,即技术经济学,这是我国对于工程经济学研究和应用的起步阶段。

2) 完善和发展阶段

20 世纪 70 年代末至 80 年代初,随着我国经济体制改革的实施,对于技术经济学的研究和应用得到了国家层面的重视,国家制定的《1978~1985 年全国科学技术发展规划纲要》中将"技术经济和管理现代化理论和方法的研究"列为 108 项重大课题研究之一。在此期间,专业的技术经济研究机构也相继成立,1978 年成立了中国科学技术协会直属的中国技术经济研究会,1980 年中国社会科学院成立了技术经济研究所,1981 年国务院成立了技术经济研究中心。与此同时,国内专家和学者通过学习引进了大量的工程经济理论与方法,以及西方经济理论中有关技术的研究成果,逐步形成了技术经济学的基本理论框架和学科体系,1980 年徐寿波出版了我国第一部技术经济学专著《技术经济学概论》。

20 世纪 80 年代中后期至 90 年代末,国家技术经济主管部门颁布了一系列理论方法与应用指南。1983 年 2 月,国家计委颁发了《建设项目进行可行性研究的试行管理办法》,其中明确规定把项目可行性研究纳入基本建设程序,要求所有新建、扩建的大中型项目,以及所有利用外资进行基本建设的项目都必须编制可行性研究报告。1985 年,国家科学技术委员会等编制出版了《工业建设项目可行性研究:经济评价方法—企业经济评价》,1987 年,国家计委和建设部发布了《关于印发建设项目经济评价方法与参数的通知》(1993 年、2006 年分别发布第二版和第三版),这些理论方法与应用指南的颁布,标志着我国初步进入了建设项目投资科学决策化的阶段。

进入二十一世纪,随着我国社会主义市场经济体制的逐步确立、政府管理经济和社会资源配置方式的变化,以及国家投资体制改革进程的加快,工程经济学的原理和方法已在项目投资决策分析、评估和管理等众多领域得到了更为广泛的应用。以工程(技术)经济学为基础理论的咨询业,诸如项目评估、项目估价、项目咨询等面向市场的知识型服务公司应运而生,成为我国现代技术服务业的重要组成部分,而有关工程经济的投资理论、项目评价等著作和文章也大量出版与发行。目前,符合我国国情的、具有较完整体系的工程经济学学科已逐步形成。

1.1.3 工程经济学的研究对象

研究对象是一门学科独立存在的首要条件,工程经济学是微观经济学的一个特殊领域,是工程与经济的交叉学科,具备工程学与经济学两个学科的属性,其研究对象分为学科和课程两个层次。

(1) 学科层次的研究对象

工程经济学的研究对象从学科层次来说,是经济对工程的影响问题和工程的经济评价问题,具体地讲就是从宏观和微观两个角度,研究国家、产业、企业和项目四个方面的工程经济问题。

1) 宏观角度的研究对象

工程经济学宏观角度的研究对象包括国家和产业两个层面的工程经济问题。

① 国家层面的工程经济问题。涉及国民经济全局,主要研究国家的技术与技术创新政策、技术创新系统的建设,以及技术进步对国民经济增长的贡献等内容。例如,国民经济发展速度以及国家投资规模的确定,生产力的合理布局以及产业结构的调整,科技发展规划以及能源开发利用,引进技术、引进外资的确定等。

② 产业层面的工程经济问题。主要研究产业的工程技术预测与分析、高新技术创新的推进、科技产业园区的发展，以及以技术创新为核心的技术进步对于行业增长的贡献等内容。例如，产业的发展规模与速度、技术发展规划与技术创新、技术扩散与转移，以及产业的规模经济、合理聚集和市场机制研究等。

2) 微观角度的研究对象

工程经济学微观角度的研究对象包括企业和项目两个层面的工程经济问题。

① 企业层面的工程经济问题。主要研究价值工程、设备更新与技术改造的经济分析，以及技术创新对技术进步与经济增长的影响等内容。例如，企业的发展战略、产品开发与技术策略、资本的运营、组织的创新，以及流程再造的研究等。

② 项目层面的工程经济问题。主要是从技术先进性与经济合理性两个方面进行工程方案的确定与比选，内容包括：通过工程方案的经济评价进行确定性分析，结合敏感性分析等不确定性分析的结论优选工程方案，并对项目的实施过程和完工运营过程进行后评价等。例如，投资项目建设资金的筹措、项目规模与技术方案的确定、项目的选址、材料与能源的选择、技术与设备的选择，以及组织之间的协调研究等。

（2）课程层次的研究对象

工程经济学属于综合性的交叉学科，从教学课程层次来讲，其研究对象是以微观角度，采用定性和定量相结合的方法，研究项目层面工程技术的经济性，为企业提供经济分析和决策理论。

本书作为工程经济学的教材，以课程层次确定研究对象，主要研究的问题包括：为什么要实施此项目？能否实施其他项目？为什么要采用此方案来实施项目？有无更经济合理的替代方案？为什么要现在实施此项目？项目实施的机会是否合适？如果项目基础数据出现了不确定性，则项目可承受的风险程度如何？通过哪些途径进行方案的优化能够提高项目的抗风险能力？

具体地讲，本书是以建设项目的技术方案为研究对象，通过评价各备选方案的经济效果，并优选最佳方案，进行建设项目的决策。

1.2　工程经济学的研究范围、目的和内容

1.2.1　工程经济学的研究范围

工程技术有两类问题：一类是科学技术方面的问题，研究如何把自然规律应用于工程实践，这些知识构成了诸如工程力学、工程材料学等学科的内容；另一类是经济分析方面的问题，研究经济规律在工程问题中的应用，这些知识构成了工程经济类学科的研究范围。

工程经济学是从技术的可行性与经济的合理性出发，运用经济理论和定量分析方法，研究工程技术投资与经济效果之间的关系。例如，在实施工程技术方案时，重点研究各种技术在应用过程中，如何以最小的投入取得最大的产出，如何用最低的寿命周期成本实现产品、作业或服务的必要功能等。工程经济学既不研究工程技术原理与应用，也不研究影响工程经济效果的各种因素，而是研究这些因素可能对建设项目的实施产生的影响结果，即研究工程技术的经济效果问题。

任何工程实践都会产生某种结果，这种结果就是该工程的实施效果，而经济效果是指人们在生产活动中付出的劳动消耗与所得的实施效果的比较，即消耗的人力、物力、财力等资源总

量与所取得的经济成果之间的比较。要注意的是，经济效果与经济效益有着不同的含义，经济效果是经济活动中产生的所有效果，它既可能是好的、有用的，也可能是不好的、无用的效果，其中只有好的、有用的经济效果，或者说实现了的经济效果，才能称为经济效益。工程经济学中研究的是工程的经济效果，其范围很广，主要包括以下几个方面。

(1) 宏观经济效果与微观经济效果

按工程技术决策的研究角度分类，工程的经济效果包括宏观经济效果和微观经济效果。

① 宏观经济效果，是从国民经济整体角度考虑的经济效果。考察建设项目对国民经济的贡献是不可忽视的一个重要环节，研究宏观经济效果，既要考虑建设项目的直接费用与直接效益，也要考虑间接费用与间接效益，是以整个国民经济或整个社会为出发点进行的建设项目的经济评价，其评价结果将是建设项目决策的前提和基础。

② 微观经济效果，是从企业个体角度考虑的经济效果。通过工程的实施获取利润最大化是企业追求的目标，研究微观经济效果，就是以企业的财务评价为主要出发点进行建设项目的经济评价，建设项目的直接费用与直接效益是微观经济效果的主要构成，其评价结果也是确定和优选项目实施方案的重要依据。

(2) 直接经济效果与间接经济效果

按建设项目实施效果的评价方法分类，工程的经济效果包括直接经济效果和间接经济效果。

① 直接经济效果。是指建设项目自身直接产生并得到的经济效果，即建设项目实施后所能够直接创造的经济价值，主要是通过财务评价得出的结论。直接经济效果是评价微观经济效果时考虑的主要因素。

② 间接经济效果。是指建设项目导致的自身之外的经济效果，要通过分析系统之外由此而产生的间接经济价值才能得到，即建设项目实施的经济效果，主要是通过国民经济评价得出的结论。间接经济效果只有在进行宏观经济效果评价时才考虑，对于必须进行国民经济评价的建设项目，其国民经济评价的结论相比财务评价的结论，是建设项目决策的首要前提和决定因素。

(3) 有形经济效果与无形经济效果

按工程实施效果的表现形式分类，工程的经济效果包括有形经济效果和无形经济效果。

① 有形经济效果，是指能够直接用货币收入的多少来表示的经济效果。例如，某工程技术方案实施后为企业带来的实际盈利，可通过利润或利润率直观地表示出来，即为有形经济效果。

② 无形经济效果，是指不能够直接用货币定量表示的经济效果。例如，某工程技术方案实施后为企业带来的生产作业环境等方面的改善，可通过定性分析得到其经济价值，但无法定量反映其经济效果，即为无形经济效果。

(4) 短期经济效果与长期经济效果

按工程实施效果的奏效时间分类，工程的经济效果包括短期经济效果和长期经济效果。

① 短期经济效果，是指在工程技术方案实施后短期内即可以实现的经济效果。一般对于盈利性的建设项目，如房地产项目等，其实施后的经济效果短期即可奏效，就称为短期经济效果。

② 长期经济效果，是指在工程技术方案实施后较长时间才可实现的经济效果。一般对于公益性的建设项目，如公路工程等基础设施建设项目，其实施后的经济效果往往需通过较长时

间的运营后方可奏效，就称为长期经济效果。

总之，工程经济学的研究范围是工程技术经济效果，是从宏观或微观的角度，通过直接或间接效益的分析，得到工程的有形、无形或短期、长期经济效果结论。通过对各种可能方案的分析、比较和完善，选择出最佳的技术方案，以保证工程的决策是建立在科学的经济效果分析之上的，从而减少决策失误。

1.2.2 工程经济学的研究目的

（1）工程经济学的研究目的

工程经济学是研究工程技术如何取得最佳经济效果的一门学科，工程经济活动更加侧重于学科理论知识的实用性。对于从事工程经济活动的技术人员而言，掌握学科理论知识是构建各种活动系统时的基本要素，但更为关键的是要在解决特定问题时能够将理论知识、实践能力和物质手段有效地融为一个有机整体，把专业的经济知识用于特定的建设项目系统中，以更有效地为社会提供商品和劳务，从而更好地满足人们的需求。

因此，工程经济学的研究目的是通过经济分析对各种备选的工程技术方案进行综合分析、计算、比较和评价，全面估算经济效果，预测面临的风险，以便做出最佳选择，为项目决策提供科学依据，具体体现在方案的确定与优选、改进与优化，以及方案实施效果评价与总结的过程中。

① 方案的确定与优选。此过程的研究目的是：a.在限定资源的条件下，初选能够实现建设项目目标的各种可行方案；b.在各方案使用资源相等的条件下，比选出投资经济效果最佳的工程技术方案。

② 方案的改进与优化。此过程的研究目的是：a.分析优选方案的不确定性与风险性；b.从企业和国民经济效益以及环境和社会效益的角度，分析工程投资项目的优化方案；c.应用优化后的方案指导建设项目的开展与实施。

③ 方案实施效果评价与总结。此过程的研究目的是：a.通过建设项目的后评价，分析和评价已竣工或已投产项目的目标达成度；b.通过工程后评价结果，总结建设项目实施的成功经验和失败教训，为今后的工程决策提供可借鉴的经验与素材，从而提高建设项目经济决策的科学性。

（2）工程经济学的研究任务

工程技术进步是推动经济发展的主要条件，是经济发展的主要因素，而技术的发展又要受到经济条件的制约，工程技术与经济的相辅相成及相互制约的关系，正是工程经济学研究的重点。

为了保证工程技术很好地服务于经济，最大限度地满足社会的需要，工程经济学的研究任务就是寻求工程技术与经济的平衡，实现二者的最佳结合与最佳匹配，并通过经济效果的计算和比较选择最优的技术，促使技术经济效用增加，从而获取最佳的经济效益。

1.2.3 工程经济学的研究内容

根据工程经济学的研究范围和研究目的，其研究内容涵盖了工程经济分析基本要素、工程经济分析基础知识、工程经济分析基本方法、不确定性分析与风险决策、设备更新的经济分析、建设项目的经济评价、价值工程，以及建设项目后评价等方面的理论知识和计算方法。

（1）工程经济分析基本要素

是工程投资方案评价与选择、建设项目的经济评价与后评价的基础数据来源，是进行工程经济分析的基本经济要素。具体内容包括：投资的分类与构成、总成本费用与经营成本、折旧费与摊销费、营业收入与利润、主要税种及其定义与作用等。

(2) 工程经济分析基础知识

是工程经济效果分析的重要理论基础与依据。具体内容包括：资金的时间价值理论、利息与利率、名义利率与实际利率的定义与换算方法，以及资金的等值计算等。

(3) 工程经济分析基本方法

是进行工程技术方案是否可行的确定性分析与评价，以及方案比选的基本方法。具体内容包括：工程投资方案经济评价的指标体系构成、静态与动态经济评价方法、单方案的确定以及多方案的选择方法等。

(4) 不确定性分析与风险决策

是进行项目投资方案不确定性因素分析以及风险决策的重要方法。具体内容包括：盈亏平衡分析、敏感性分析、概率分析方法，以及投资方案的风险决策方法等。

(5) 设备更新的经济分析

是进行设备更新方案决策的重要环节。具体内容包括：设备磨损形式与寿命形态分析，设备大修理、更新、现代化改造的经济分析与方案评价，以及设备购置与租赁方案的比选等。

(6) 建设项目的经济评价

是投资决策阶段的重要工作，其工作质量将直接影响到建设项目决策的科学性。具体内容包括：a.建设项目可行性研究、经济评价的主要内容；b.财务评价与国民经济评价的概念、范围、程序、费用与效益的划分、指标计算与评价方法等；c.改扩建项目、并购项目，以及公共项目的经济评价等。

(7) 价值工程

是目前在工程建设领域，尤其是设计阶段进行工程技术方案优选的有效的管理方法。具体内容包括：价值工程的基本概念、价值工程的原理、价值工程中的功能分析与功能评价、价值工程中的方案创新与方案评价，以及应用价值工程优选技术方案的实施程序等。

(8) 建设项目后评价

是通过对已竣工的建设项目进入经营阶段的实际数据进行分析后，得出的整个建设项目实现原定目标的综合评价结论。具体内容包括：工程后评价的概念与分类、工程后评价的内容与指标体系，以及工程后评价的实施程序与评价方法等。

1.3 工程经济学的学科特点

1.3.1 工程经济学的理论基础

工程经济学是工程技术与经济密切交融的边缘交叉学科，是与生产建设、经济发展有着直接联系的应用学科，也是自然科学、社会科学、工程科学和经济科学理论相结合的综合性学科，工程经济学包括了经济学、财务学和会计学、应用数学和项目管理学等方面的理论知识内容。

(1) 经济学

与工程经济学相关的经济学理论包括资源配置理论、机会成本理论、经济效益理论等。

1) 资源配置理论

人类拥有的各种资源，如人力、财力、物力、时间、信息等都不是取之不尽用之不竭的，是有限的，与之相对应的是人类对物质文化产品无限的需求。经济学中资源配置理论正是研究如何分配有限的资源来满足人们需求的科学，而工程经济分析的过程也包括了怎样利用有限的资源去满足社会的发展需求。

2) 机会成本理论

对于企业而言，在特定的时期内能够利用的资源是有限的，企业进行的项目扩建、新建或改建，以及技术改造或引入先进设备工艺，都是在资源限制的范围内开展的。因此，在项目决策时，工程的经济分析是着眼于未来的运营效果，在技术经济活动实施之前进行的，不考虑工程过去发生且无法在今后的决策中加以控制的费用，即工程沉没成本，而只考虑从现在起，能够为工程获得同样使用效果的各种方案的经济效果，即机会成本。

3) 经济效益理论

对技术方案的比较选择问题，也就是对于不同投资方案的比选问题，其实就是资金如何配置的问题，资源的稀缺使我们在进行工程经济分析时，需要衡量各种备选方案，并最终选择能使我们从有限的资源中获取最大报酬率的技术方案，以保证实现建设项目经济效果中有用的部分，即实现建设项目的经济效益。

综上所述，经济学理论是工程经济学的重要研究基础之一。

(2) 财务学和会计学

与工程经济学相关的财务学和会计学理论包括资金的时间价值理论、经济评价理论和长期投资决策理论等。

1) 资金的时间价值理论

资金的时间价值是资金运动的基本规律，社会的生产过程就是资金的运动过程，而货币或资金在循环周转的过程中，随着时间的推移将会产生的增值现象，即资金的时间价值。作为关键的生产要素，资金的增值是从生产经营过程所创造的新财富中取得的回报，在建设项目决策时，根据资金投入数量、时间的不同，其增值的效果也必然不同。因此，在进行工程技术方案的经济分析时，要正确地评价技术方案的经济效益，就必须计算资金的时间价值。例如，即便各方案投入的资金与生产的效益在数量上相同，但如若投入或产出效益的时间不同，则各方案的经济效益也不同。

2) 经济评价理论

建设项目的可行性研究阶段，在进行工程经济分析时，需要运用现金流量表、投资估算表、成本费用估算表、资产负债表等各类财务报表，同时，会计学的理论与方法也是进行建设项目财务评价与国民经济评价的必备知识。

3) 长期投资决策理论

建设项目的实施其实就是一个长期投资的过程，系统地分析各种工程技术方案的经济效益是工程经济学研究的重要内容，而资本预算决策、现金流量分析技术、资本预算的风险分析等长期投资决策理论，也为建设项目投资效果的经济分析提供了理论基础。

综上所述，财务学和会计学理论也是工程经济学的重要理论基础。

(3) 应用数学和项目管理学

1) 应用数学的相关方法

与工程经济学相关的应用数学的方法包括代数解析方法以及概率与统计方法。工程经济分析中数量化的方法是主要的分析手段，因此，代数解析方法的应用必不可少，如资金的时间价值与等值计算、各方案的确定性评价计算等；同时，对项目进行不确定性分析以及风险决策时，还需要概率与统计的方法。因此，应用数学理论是工程经济分析与评价的重要基础。

2）项目管理学的相关理论

与工程经济学相关的项目管理学理论包括决策理论、方案比选理论、计划与预测理论等。决策是企业和社会经济活动中的关键环节，工程经济分析的目的是为企业决策建设项目提供定量化分析过程，从而提高企业的工程技术、提高管理人员对项目决策的科学性。项目管理学中关于决策原则与决策重心的研究是工程经济分析的指导原则和分析重点，即决策的重心在于方案的比较与优选，并通过计划、预测、组织、协调等系统化管理活动，达到满足社会需要、令各方满意的效果。因此，项目管理学也是工程经济分析结论得以有效实施的重要理论基础。

1.3.2 与其他相关学科的关系

（1）与微观经济学的关系

工程经济学与微观经济学在研究问题的出发点、分析方法以及主要内容等方面都是一致的，例如，资源的稀缺性及其最佳配置是微观经济学和工程经济学分析问题的共同依据和统一目标。另外，微观经济学的研究要素如资源投入、经营成本、企业收益、项目利润、销售价格、产品供给与需求等都是工程经济学分析建设项目的基础数据；且微观经济学要研究的企业的生产目标与方式，又正是工程经济学所要回答的问题，因此，工程经济学是微观经济学的重要应用领域。

综上所述，微观经济学是工程经济学的理论基础，而工程经济学则是微观经济学研究内容的具体化和延伸。

（2）与技术经济学的关系

与工程经济学相比，技术经济学也是研究技术与经济的关系及其发展规律的学科，二者在学科性质、研究方法和研究内容方面具有共同点，在研究的范围和研究的层面上存在着较大的区别。

1）二者的共同点

① 二者的学科性质：都是介于技术科学与经济科学之间的交叉学科。其研究目标都是技术方案或建设项目的经济效益。

② 二者的研究方法：都是采用经济效果评价法进行方案的优选，包括资金时间价值及等值计算方法、多方案比较及价值分析方法、费用效益分析及风险决策方法等。

③ 二者的研究内容：都包括了技术先进与经济合理的最佳结合方案的优选，其方法论可以延伸到多个领域，如应用于工业、农业、运输、能源、建筑、冶金等产业的技术经济分析。

2）二者的区别

① 研究的范围不同。工程经济学的研究范围涉及技术方案和建设项目的实施问题，而技术经济学的研究范围则不仅包括此类技术问题，还包括了各种不同的技术政策、技术进步策略等，因此，技术经济学的研究范围比工程经济学更宽。

② 研究的层面不同。工程经济学主要研究微观层面的问题，是从企业的角度研究单个建设项目技术方案的经济效益与社会效益；而技术经济学除了研究微观层面的问题外，还要研究宏观层面的问题，从国家或产业的角度研究技术经济政策，制定国民经济及各部门技术发展和经济活动方向的准则与举措。

（3）与项目评估学的关系

与工程经济学相比，项目评估学是以项目全生命周期为研究视角，对项目进行的前评估、中期评价和后评价。

1) 项目前评估

是指在可行性研究的基础上，根据国家相关政策、评估方法和基准参数等，分别从项目或企业、国民经济、社会角度出发，由贷款银行或有关机构对拟投资项目建设的必要性、建设和生产条件、产品市场需求、工程技术的适用性，以及经济效益、社会效益和环境效益等各方面进行全面的评价分析论证。

2) 项目中期评价

是指对于尚在建设过程中的未完工项目进行的评价，主要的评价内容是项目决策、规划方案和已实施的部分是否按计划执行，是否能够按目标达成，并对过程中所发现的问题进行分析总结，针对其产生的原因，重新估计项目目标、制订实施计划，采取有效措施与对策进行纠偏，以保证之后项目目标的实现。对于确实不具备完工条件的项目可以及时终止，以避免更大的损失。

3) 项目后评价

是对已竣工或已进入运营阶段的项目进行的系统评价，主要检查项目实现原定目标的程度、产生的效益、发挥的作用、形成的影响等因素，分析项目执行过程的成败。通过项目的后评价，总结项目决策、建设与运营期间的经验教训，并及时反馈信息，为今后新建项目的决策提出建议，同时也为该评价项目的后期运营提出改进与发展建议。

因此，工程经济学与项目评估学都是对建设项目进行经济分析的系统理论与方法，但从学科性质上看，工程经济学属于方法论科学，主要偏重于经济分析的方法，虽然也涉及建设项目的评估与评价，但从内容上讲，其对于项目的社会评价、环境影响评价和管理评价等方面涉及相对较少，而项目评估学则是针对投资项目进行的全方位、全过程、全面系统的评估。

（4）与财务管理学的关系

与工程经济学相比，财务管理学也要应用资金的时间价值理论进行分析、研究项目的投资决策，也要应用财务报表进行项目的财务预测与评价，但二者在研究方向上有着较大的区别。财务管理学的内容包括长期投资决策、筹资决策、资本运营管理以及财务分析与预测等，主要研究企业对资金的筹集、计划、使用、分配以及与此财务活动有关的企业财务关系，即研究企业货币资源的获得和管理。因此，财务管理学是从企业财务角度参与企业的经营决策，不但要对建设项目投资的技术方案进行经济分析与决策，还要对企业经营项目的对外投资与融资状况、企业的资本结构以及股息策略等内容进行财务分析与决策。而工程经济学则主要是针对建设项目的技术方案进行经济分析与决策，因此，财务管理学的研究范围要比工程经济学更为宽泛。

1.3.3 工程经济学的学科特点

（1）工程经济学的学科性质

1) 具有应用经济学的性质

工程经济学以微观经济学和管理经济学为理论基础、应用费用效益分析以及可行性研究等方法对建设项目的各种技术方案进行比较分析和优选优化，为建设项目的投资决策服务。工程经济学理论已形成了微观经济学理论的又一应用领域，为人们开展工程实践活动提供了系统而具体的经济分析方法，完善了应用经济学的理论体系。

2) 具有自然科学和社会科学双重属性

工程经济学将经济学理论与工程技术相结合，分析与研究了工程技术方案的经济效益，从而客观地评价出建设项目投资方案、技术更新与技术改造的经济可行性，为决策者筛选出可行方案，并最终确定出最优方案。同时，对于最优方案的实施过程进行不确定性和风险分析，以保证决策的科学性，从而确保企业或政府组织实施的建设项目能够发挥其应有的经济效益，使有限的财力资源得到最优配置。因此，工程经济学既具有自然科学的属性即确定了工程技术的可行性，也具有社会科学的属性即保证了技术方案的经济适用性。

3) 具有很强的社会生产实用性

工程经济学是一门与社会的生产实践和经济建设有着紧密联系的学科。无论是企业投资兴建生产项目或进行设备的更新与技术改造，还是国家及各地政府兴建公共项目或建设基础设施，资源的使用或资金的投入都是不可或缺的重要环节，对于资源的合理配置就是技术方案或项目投资的决策过程，而做出正确决策的重要方法就是工程经济分析的方法。对于决策者而言，其工程技术人员必须具备技术方案的确定与经济评价的综合能力，因此，工程经济学的知识与技能，往往是现代企业或组织对管理人员素质考察的重点内容与关键环节。

(2) 工程经济学的学科特点

工程经济学是一门融合了技术经济内容的决策性学科，具有综合性和系统性、预测性和定量性、实践性和择优性的特点。

1) 综合性和系统性

工程经济学涵盖了自然科学和社会科学的内容，以应用数学、概率与数理统计、运筹学等作为理论基础，融合了工程技术、经济、管理等相关知识，既从技术的角度分析经济问题，又从经济的角度考虑技术问题，具有综合性的特点。同时，工程经济学中的技术与经济处于一个相互关联与制约的复杂系统中，涉及自然、社会、资源、环境等多个方面，必须运用系统工程的理论方法对影响因素进行全面的系统分析和论证，具有系统性的特点。

2) 预测性和定量性

工程经济学所研究的大多为决策问题，需要对市场需求、经营成本、销售价格等基础数据进行预测分析，以评价工程技术方案的可行性。这些基础数据往往基于一定的假设条件，或参照历史统计数据得到，因此，决策结果并不是实际值，只能是近似值，还需通过不确定性分析进行更为合理的评价。同时，工程经济学的研究注重定量分析，是通过建立数学模型，对各种方案进行客观合理的定量计算，衡量经济效果的大小，并以定量分析结果作为定性结论的依据。因此，工程经济学具有预测性和定量性的特点。

3) 实践性和择优性

工程经济学研究的是与国民经济直接相关的实际工程与经济问题，分析的方案来源于生产建设实践，并紧密结合生产技术和经济活动进行，其研究成果也是直接应用于生产，并通过实践来验证结果的正确性，具有很强的实践性与实用性。同时，工程经济学的实质是在技术可行的基础上进行经济合理性的研究，因此，对于众多可行的技术方案，需通过经济效果的比较和分析，从中选择出最优方案，具有择优性。

1.4 工程经济学的研究原则、程序和方法

1.4.1 工程经济学的研究原则

工程经济学是以实现评价对象经济效益的最大化为目标进行的综合分析，应遵循以下基本原则。

(1) 满足可比性原则

工程经济分析过程中所拟定的备选方案之间具有可比性是进行方案优选的基础，若方案之间不具有可比性，就不能直接进行比较，必须经过方案可比性处理之后方可进行评价。工程经济分析的可比性包括以下四个方面。

1) 满足需求可比

任何技术方案都以其产品的功能、产量和质量满足特定的需求，因此，各备选方案必须能满足相同需求时，才可相互比较或替代。

① 功能可比。是指产品具有相同的建设性质与性能，例如在进行项目分析时，在满足居住需要的住宅项目与满足生产需要的工业厂房项目之间，由于其建设性质和性能不同而不具有可比性。

② 产量可比。是指实际产出量，也称为净出力，必须满足可比性，例如在进行不同运输设备比选时，尽管两种设备的功率可能是相同的，也不能直接比较优劣，但必须要考虑两者在单位时间内的运输量，即在折合为相等运输能力的情况下方可进行比较。

③ 质量可比。质量不同，满足程度也将不同，而没有质量就不可能达到预定的效用，因此，参加比较的方案要求在质量上可比。在实际中，对于项目质量不同或针对不同的社会需求有质量差异时，需经过修正或折算后方可比较。

2) 满足消耗费用可比

对于不同备选技术方案，由于其消耗的人、财、物等不尽相同，因此各自所消耗的费用也必定不同。在满足相同需求的前提下，要做出正确比较，还必须使不同技术方案具备消耗费用的可比性，即对各技术方案采用相同的计算原则和方法，计算其全部消耗费用，且考虑的计算内容一致。例如，在考虑投资要素时，不能对某一方案只计算固定资产投资，对另一方案则计算固定资产与流动资金之和，而是应该根据项目的建设性质和功能，计算满足需求的各备选方案的总投资。

3) 满足价格指标可比

价格是价值的货币表现，不论是劳动消耗方面，还是产生的有用效果方面，都只有从价值形态上才能加以综合，并最终通过价格得以反映，因此，价格是计算各项备选技术方案经济效益分析指标的重要尺度。评价技术方案的经济效果，离不开价格指标，然而，在实际对技术方案进行比较时，可能涉及不同的价格体系，如境外价格或境内价格、计划价格或市场价格等，采用不同的价格体系计算的经济效果是不一样的，因此，在比较不同的技术方案之前，必须先进行价格的换算或折算。例如，对于不同时期技术方案的比较，应采用价格指数的方法将过去价格都折算成现行价格再进行比较；需进行企业的财务评价时，一般采用现行的市场价格，而在进行国民经济评价时，则采用影子价格。

4) 满足时间因素可比

由于资金时间价值的作用，生产要素的投入时间不同，或项目服务期限不同，都会对技术方案的经济效益产生不同的影响，因此，在方案比选时，要考虑时间因素的可比性问题。首先，相互比较的各技术方案必须采用相同的计算期，即保证其服务年限应是一致的或折算后成为一致的；同时，相互比较的各技术方案在投入和产出时间的先后顺序上会有所不同，而利率是随时间变化的，因此，技术方案在不同时期发生的收益和费用不能直接相加或相减，必须考虑资金的时间价值，按等值计算的原理，将其折算到同一时点上才具有可比性。

(2) 满足其他原则

工程经济分析时，还应满足经济效益原则、技术与经济效果评价相结合的原则，以及财务评价与国民经济评价相结合的原则等其他原则。

1) 经济效益原则

经济效益是指工程经济活动中有用的产出与投入之间的对比关系，具有以下三重含义。

① 经济效益质的规定性。是指产出的有用性，即项目的实施所带来的产品、服务及其他产出是有利于市场、经济和社会的，是对繁荣市场、发展经济和推进社会文明有贡献的。

② 经济效益量的规定性。是指产出与投入的对比关系，即以较少的社会资源，获取较多的社会产品的回报。

③ 项目的经济性。经济效益中的投入不仅包括项目实施所消耗的社会资源，也包括了项目实施所占用的社会资源，是全面的概念，在经济学的意义上，由于资源的稀缺性，应力求保证通过资源的合理配置使其发挥最大的效用。

在对建设项目进行经济分析的过程中，要以经济效益为核心原则，通过建立指标体系来考察分析项目是否具有实施的必要性。

2) 技术与经济效果评价相结合的原则

工程技术与经济之间具有相互促进、相互制约的关系，随着科学技术的进步和社会经济的发展，社会经济活动已经与现代科学技术密不可分，因此，在工程经济分析的过程中，无论是确定备选技术方案，还是进行各备选技术方案的比较，都要保证方案技术先进性与经济合理性二者的统一。在进行经济效果评价时，也要将二者结合起来，既要评价方案的技术能力与技术可靠性，也要评价其经济特性与经济价值，并根据综合评价结果优选方案。

3) 财务评价与国民经济评价相结合的原则

财务评价是从微观角度、企业或项目层面分析工程盈利状况的经济评价方法，考虑的是市场个体的局部利益；国民经济评价是从宏观角度、国家层面分析企业或项目费用和效益的情况，考虑的是社会整体的全局利益。财务评价与国民经济评价相结合，其实质是要求经济评价必须对个体和整体利益、近期和远期利益、短期和长期利益进行综合统筹考虑。一般情况下，企业或项目能否赢利是其可行性的主要判别依据，因此，财务评价是基础，但基于国家长远发展的全局考虑，保证充分利用有限的资源，以促进国民经济持续稳定的发展，以及由于外部效应的存在，从国家宏观角度出发，通过国民经济评价进行市场个体局部利益的调节和控制是必要的。同时，由于财务评价与国民经济评价所代表的利益主体不同，因而二者的结论有可能不一致，应以国民经济评价结论作为技术方案的首要选取条件。

4) 效益与费用计算口径一致的原则

工程经济分析的目的是研究实现项目的必要功能所需的最低寿命周期成本，以保证用尽可能少的费用实现更大的经济效益，这就要求选择合适的计算量纲和评价标准进行效益和费用的划分。只有将项目的效益和费用限定在同一个范围内，才有比较的基础，计算的净效益才是项目投入的真实回报，这是经济分析的基本前提。例如，在进行经济分析前，应尽量把效益和费用都转化为货币单位，以便直观地进行分析与应用；而对于无法转化为货币单位的环境、安全、教育等效益，则需通过对其应用物理量等方法进行量化后，再与所消耗的费用进行比较，以保证效益与费用的计算口径一致。

5) 收益与风险权衡的原则

项目在获取收益的同时往往要面临风险，二者总是相互联系、相互制约的，收益与风险之间的关系是：高收益面临高风险，低收益面临低风险，但高风险并不一定意味着高收益，有些情况下甚至是高损失。通常，项目的投资者关心的是效益指标，对于可能存在的风险因素考虑得不全面，对风险可能造成的损失估计不足，都可能导致项目决策失误。因此，在进行建设项目的投资决策时，应同时考虑收益与风险两个方面，权衡得失利弊后再做决策。

6) 动态分析与静态分析相结合，以动态分析为主的原则

项目方案的经济可行性分析，通常是通过一系列的评价指标来进行的，评价指标可以分为静态评价指标和动态评价指标两类，相应地，经济效果的评价方法也包括静态分析和动态分析两种。其中，用于静态分析的静态评价指标不考虑资金的时间价值，计算比较简单，但其科学性和合理性不足；而用于动态分析的动态评价指标则考虑了资金的时间价值，并运用了等值计算的方法，将不同时点的现金流量通过折现等方法进行对比分析。因此，在工程经济分析中，为了使决策结果更为科学可靠，一般是以动态分析结果为主，以静态分析结果为辅。

7) 定量与定性分析相结合，以定量分析为主的原则

随着自然科学与社会科学交互研究的深入，系统科学、计算机技术等自然科学技术已进入工程经济和管理的决策领域，使得过去只能进行定性分析的诸多影响因素，可以或有望进行定量化分析。毋庸置疑，定量化分析结论因其科学、具体、客观、针对性强和可信度高等特点，更具有直观性和说服力，但在建设项目的评价中仍然存在着许多无法定量化的指标，如资源配置、建设规模、产品方案、实施进度等定性指标，以及社会影响效果等目前仍难定量化，只能做出定性分析的评价结论。因此，工程经济学并不是纯定量分析的学科，尽管它是以工程经济效益的定量分析为主，但定性分析的内容仍然有其发挥作用的空间。在对工程技术方案进行经济分析时，要将定量分析与定性分析相结合，并尽量得出定量化的分析结论。

1.4.2 工程经济学的研究程序

(1) 工程经济分析与评价程序

任何工程方案在确定之前，都应该遵循科学的程序进行工程经济分析与评价，为实现工程经济学的研究目的，工程经济分析与评价一般包括以下6个步骤。

1) 确定工程经济分析目标

通过调查分析，根据研究对象的不同，寻找当前经济环境中的潜在需求，确定分析目标。分析目标可以是国家、地区或部门，也可以是项目或企业，目标内容可以是项目规模、设备选择或技术改造等。

2) 确定工程方案评价标准

任何一个技术方案都有经济目标，根据目标的不同，其评价标准亦不同。例如，有的是实现工程技术目标的最小成本，有的是获得建设项目的最大投资收益或社会效益，也有的是保证项目的投资回收期和实施风险最小等，在进行工程经济分析之前，应确定相应的评价标准。

3) 确定工程方案关键要素

确定关键要素是工程经济分析过程中的重要环节，关键要素就是实现目标的制约和影响因素，只有确定了系统的各种制约和影响因素，才能有针对性地采取有效措施，为实现经济分析目标提供备选方案。

4) 拟定工程备选方案

工程经济分析的重要内容是进行各种方案的比较，因此在确定关键要素后，拟定多个备选方案是工程经济分析的前提。根据确定的目标，收集有关市场、技术、经济、财务、政策法规等资料，拟定出适合要求的所有方案。从理论上讲，穷举所有备选方案，对方案的比选更为有利，但考虑到实际情况，由于项目的投入时间和资源往往都是有限的，通常对于一个项目而言，最好拟定3个以上备选方案，对于资料信息非常有限的情况，至少也应拟定2个备选方案供比选择优。

5）优选工程最佳方案

从工程技术角度提出的备选方案在技术上往往都是可行的，因此，在优选方案时，要考虑效果一定的情况下费用最低的方案，这就需要对备选方案进行经济效果评价。首先，应通过条件的设定使不同方案具有可供比较的基础，如通过时间等同化、效用等同化、价格等同化等设定进行方案可比性处理，并根据评价的目标建立方案评价指标体系；然后，通过方案的合格性检验，如内部收益率、投资回收期、净现值等指标的计算，考查各方案是否满足项目经济目标的评价标准；最后，对于可行的备选方案通过数学模型进行计算、分析与排序，优选出工程最佳方案。

6）优化最终方案并实施

根据综合评价的结果，对经过优选后的工程最佳方案进行决策，判断其是否满足工程技术上先进、经济上合理的目标要求，然后对于不满足要求的情况，重新进行备选方案的拟定与优选，对于满足要求的最终方案进行设计优化与完善后，将方案付诸实施。

（2）工程经济分析与评价流程图

工程经济分析与评价的 6 个步骤可通过流程图表示，如图 1.1 所示。

1.4.3 工程经济学的研究方法

项目经投资决策后，其建设、管理和运行过程将涉及各个领域，对社会、经济、环境、生态等方面也会产生深远的影响，因此，全面正确地评价项目技术方案的经济效果至关重要。除了常规的调查统计法、理论研究法、综合分析法之外，工程经济学的主要研究方法还包括方案比选法、动态分析法、系统分析法，以及定量与定性分析相结合的方法。

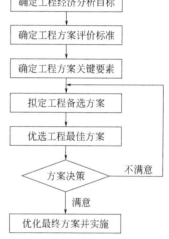

图 1.1 工程经济分析与评价流程图

（1）方案比选法

方案比选法是指通过各技术方案评价指标的对比，分析选择最优方案的方法，是贯穿于工程经济分析始终的基本方法。

任何一类项目，如工程技术开发项目、设备工艺改进项目或技术更新改造项目等，都存在着多个备选替代方案，有不同的实现路径和技术措施，其实施效果各不相同。因此，只有通过各方案的比较与选择，才能找到最优解决办法，确定最佳实施方案，从而提高项目决策的科学性与可行性。

（2）动态分析法

动态分析法是指在进行工程经济分析时，要动态考虑以下两个方面的问题。

1）要动态考虑项目资金的时间价值

是指对各技术方案的投入资金与产出收益进行参数计算和指标评价时，必须采用复利计算与动态评价方法，才能真实地反映出各技术方案的实际效益、价值以及可行性。

2）要动态考虑项目本身以及周围环境的发展变化过程

是指应用已有的经验或资料对于拟建工程投资项目进行估算与评价时，既要考虑项目本身与已建项目的区别与联系，也要同时考虑到项目发展过程中环境条件的变化情况。通过动态分析，不仅要考查在当前市场环境和价格条件下，项目将获得的经济效益，同时还要针对未来市场环境和价格的变化，对建设项目的效益和可能面临的风险进行预测与估算，以帮助技术人员做出科学的投资决策方案。

因此，动态分析法也是工程经济分析过程中常用的基本方法。

（3）**系统分析法**

系统分析法是运用系统理论研究工程经济问题的方法，而系统理论是研究系统的模式、原则、规律及其功能的科学，在工程经济分析过程中，系统分析法主要体现在以下三个方面的应用中。

1）系统总目标与子系统目标相结合

系统是由一些相互联系、相互作用的工作单元，即子系统组成的集合。系统作为一个整体分析时，与其子系统在性质上有所不同，并不能简单地看作它所包含的各个子系统的总和，系统的功能大于子系统功能之和。因此，在应用系统分析法进行工程经济分析时，要首先树立整体观念，将项目看成一个独立、完整的系统，它由许多子项目组成，各个子项目之间既相互独立又相互关联，各自具有相应的使用功能。例如，对于工业厂房建设项目而言，它包含了现场道路、生产车间、职工宿舍、办公楼、服务部等若干子项目，所有子项目使用功能的聚合才能形成最终的生产系统。工程经济的整体观念就是树立全局意识，将各个子项目的局部工作视为实现建设项目总目标的必要过程，通过各子项目目标的逐一实现保证总目标的达成与优化。

2）综合考虑系统内部与外部影响因素

在应用系统分析法进行工程经济分析时，要将项目系统看作一个开放的系统，明确系统内部以及外部关系，在进行系统优化与评价时，既要考虑项目组织内部因素对项目的影响，又要考虑社会环境等外部因素提供的技术、劳务、市场等资源对项目的影响。只有重视项目组织内部及其与社会环境外部之间的物质、能量、信息等交换因素，才能保证项目系统具有活力，从而在资源有限的约束条件下，更好地实现项目系统总目标。

3）综合考虑系统内部与外部总体效益

在评价一个项目的经济效果或经济效益时，从系统分析的角度而言，不仅要分析项目本身的投资效益，还要评价它所产生的社会效益及其对生态环境的影响，从而实现项目可持续性发展的目标，保证其与人文、社会、自然环境和谐一致。例如，对于化工类特殊建设项目或某些特大型建设项目，在进行经济评价时，要采用系统分析的方法，结合项目对于区域和宏观经济的影响进行综合评价得出科学的结论。

此外，对于建设项目的可行性研究以及后评价研究也是系统分析法的体现，因此，系统分析法是研究工程经济问题不可缺少的方法。

（4）**定量与定性分析相结合的方法**

定量分析以其科学、准确、客观等特点，在经济评价中得到广泛应用，而且现代计算机技术以及应用数学等理论的发展，也使得定量分析过程更为规范、简捷和易行。例如，在工程经济分析中，技术方案的经济效果要从工程消耗和工程成果两方面来确定，此时，就可采用定量的方法对成果和费用、产出与投入等参数进行分析和计算，并以此作为评选方案的基础依据。

但在实际项目的方案决策中，还存在着无法用数量表达的指标参数，如社会因素、政治因素、环境因素等。因此，在实际的工程经济分析评价过程中，定性分析也是不可或缺的。应将定性与定量分析方法结合起来，发挥其各自的优势，相互补充，相互验证，使分析结果更为科学、准确，更有利于决策层对项目开展过程与实施结果的全面把握。

由此可见，定性分析与定量分析相结合不仅是工程经济学的研究原则之一，也是其不可或缺的重要研究方法之一。在进行工程经济分析时，既要运用定量方法进行建设项目的经济评价、不确定性分析，以及设备更新的经济分析等，又要运用定性方法对项目可行性研究和后评价研究中的资源、建设规模与产品方案、实施进度、无形效果等非经济效果内容进行定性分析评价。因此，学习本课程，必须学会运用这两种方法，并在定量计算的基础上进行定性分析，才能提高工程经济分析和工程技术方案决策的能力。

思考练习题

1.1 简述工程经济学的含义。
1.2 简述工程经济学的研究目的。
1.3 简述工程经济学的研究内容。
1.4 简述工程经济学的研究范围。
1.5 简述工程经济学的学科特点。
1.6 简述工程经济学的研究原则。
1.7 请结合实际，阐述工程技术与经济之间的关系。
1.8 请结合相关研究资料，列举工程经济学的研究方法。

第 2 章

工程经济分析的基本要素

【本章内容概要】

本章首先介绍了现金流量的基本概念与构成,以及现金流量图和现金流量表两种表示方法;然后从定义、内容和估算方法等方面详细介绍了工程经济分析基本要素中的投资、成本和费用;最后阐述了营业收入、总成本费用、税金和利润的概念以及这些工程经济分析基本要素之间的关系。

【本章学习要点】

◆ 掌握:现金流量的构成、现金流量图编制方法、固定资产投资估算的内容与方法、固定资产折旧费的估算方法、工程经济分析中各基本要素之间的关系。

◆ 熟悉:现金流量的相关定义、投资的分类、固定资产投资的构成、投资估算的内容与步骤、流动资金的估算方法、经营成本的含义、固定成本与可变成本的含义、营业收入的概念、工程经济分析中税金的内容、利润总额与净利润。

◆ 了解:现金流量的含义、投资的定义以及资金的来源、流动资金的投资构成、资产的分类、投资估算的阶段划分、成本与费用、总成本费用及其估算、营业收入的概念与估算、利润分配原则。

2.1 现金流量及其构成

2.1.1 现金流量的概念与构成

(1) 现金流量的含义

在进行工程经济分析时,可将所考察的对象视为一个系统,这个系统可以是一个建设项目,也可以是一个企业。项目建设以及企业生产运营,都是为了通过投入资本、劳务、技术等生产要素,向社会提供有用的产品或服务,其过程都可以表达为物质形态和货币形态两个方面。从物质形态来看,项目建设以及企业生产运营表现为人们应用各种工具、设备,消耗一定量的能源,生产某种产品和提供某种服务;从货币形态来看,则表现为投入一定量的资金,花费一定量的成本,通过产品销售获取一定量的货币收入。

用货币量化建设项目和企业的投入与产出,是工程经济分析最重要的基础工作,也是正确计算经济效果评价指标的前提,而且由于资金时间价值的存在,不同时点上发生的货币无法直接加以比较,必须对其赋予相应的时间。因此,对于一个经济系统而言,投入的资金、花费的成本、获取的收入，均可看成是以货币形式体现的、该系统在一定时期内的资金流出或资金流入。而现金流量就是在考察对象一定时期各时点上实际发生的资金流出、资金流入以及二者差额的统称。

对于投资项目而言，其现金流量是以建设项目作为一个独立系统，反映项目整个计算期内的实际收入和实际支出的现金活动。现金流量展现了项目整个寿命期内资金运动的全貌，不同项目方案之间的经济性比较，其实质上就是现金流量的比较。

（2）现金流量的相关定义

1）现金

现金是通用的交换媒介，也是对其他资产计量的一般尺度，会计上对现金有狭义和广义之分。狭义的现金仅仅指库存现金，即企业金库中存放的现金，包括纸币和硬币等；广义的现金则包括库存现金、银行存款和其他货币资金三个部分。现金流量管理中的现金，不是通常所理解的手持现金，而是指企业的库存现金和银行存款，还包括现金等价物，即企业持有的期限短、流动性强、容易转换为已知金额现金、价值变动风险很小的投资等。

2）相关定义

① 现金流出（cash outflow，CO）。是指相对于某个系统，在某一时点上流出系统的资金或货币量，如投资、成本费用等，一般表示为负值。

② 现金流入（cash inflow，CI）。是指相对于某个系统，在某一时点上流入系统的资金或货币量，如营业收入、补贴收入等，一般表示为正值。

③ 净现金流量（net cash flow，NCF）。是指相对于某个系统，在某一时点上现金流入与现金流出二者之间的差额，即二者的代数和。净现金流量有正有负，当现金流入大于现金流出时，差额为正值，即为正现金流量，表示在一定周期内的净收入；反之为负现金流量，表示在一定周期内的净支出。

④ 现金流量。是指各个时点上实际发生的现金流出、现金流入与净现金流量的统称。

（3）现金流量的构成

在项目计算期内构成工程经济分析系统现金流量的基本要素包括：投资、经营成本与费用、营业收入、税金和利润等。这些经济量是构成经济系统现金流量的基本要素，也是进行工程经济分析最重要的基础数据。

1）现金流出的构成

属于现金流出的要素是：①投资，包括固定资产投资和流动资金投资，一般视为年初发生；②经营成本与费用，一般视为年末发生；③税金，一般视为年末发生。

2）现金流入的构成

属于现金流入的要素是：①营业收入，一般视为年末发生；②固定资产残值回收，一般视为年末发生；③流动资金回收，一般视为年末发生。

3）现金流入、现金流出与净现金流量的关系

现金流入、现金流出与净现金流量三者之间的关系，可用式(2.1)表示。

$$NCF_t = CI_t - CO_t \tag{2.1}$$

式中，NCF_t 为第 t 年的净现金流量；CI_t 为第 t 年的现金流入；CO_t 为第 t 年的现金流出。

4）项目净现金流量总和

项目在整个计算期（寿命期）内的净现金流量总和，可用式(2.2)表示。

$$NCF = \sum_{t=0}^{n} NCF_t = \sum_{t=0}^{n} (CI_t - CO_t) \tag{2.2}$$

式中，NCF 为项目净现金流量；n 为项目计算期或寿命期，单位可以是年、月等。

其中，项目计算期也称项目寿命期，是指对拟建项目进行现金流量分析时应确定的项目服务年限。项目计算期一般分为四个时期：建设期、投产期、达产期和回收处理期。

2.1.2 现金流量的表示方法

项目方案的实施往往需要经历一定的时间周期，在项目方案的计算期内，各种现金流量的数额及其发生的时间都不尽相同。因此，分析项目的现金流量，必须首先明确其资金流动的内容、流动的方向、发生的时间和实际发生的数额。为了便于考察经济系统在整个研究周期内的现金收支情况，计算其净现金流量，在进行工程经济分析时，经常需要借助于现金流量图或现金流量表来分析现金流量的流向（支出或收入）、数额和发生时间。

（1）现金流量图

现金流量图是描述建设项目或企业在整个计算期内各个时点上的现金流入和现金流出序列的图形，能够直观形象地反映出某一经济系统的现金流量运动状态，如图 2.1 所示。

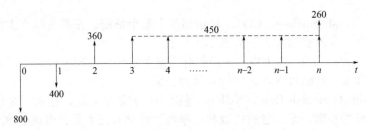

图 2.1　现金流量图的一般形式

现金流量图的绘制步骤如下。

1）画出时间轴

① 以横轴为时间轴，自左向右表示时间的延续，并根据需要将时间轴等分为若干刻度，轴上每一刻度表示一个时间单位。在工程经济分析中，通常取年为时间单位，也可视具体情况取半年、季、月、日等为时间单位。

② 时间轴上的点称为时点，除 0 时点表示期初，n 时点表示期末外，其他时点均表示两重含义，既表示该时段的结束，又同时表示下一时段的开始。例如，当时间刻度以年为单位时，时点 3 表示第 3 年年末和第 4 年年初。

2）标出现金流量

① 以垂直于横轴的箭线表示现金流量，箭头表示现金流动的方向，箭头向上表示现金流入，冠以正号；箭头向下表示现金流出，冠以负号。

② 在现金流量图中，垂直箭线的长短应与现金流量的数值大小成正比，垂直箭线与时间轴的交点表示现金流量发生的时间。

在绘制实际问题的现金流量图时，应注意以下几方面事项。

① 现金流量的三要素。资金的数额、资金收入或支出，以及资金发生的时间点，即现金流量的大小、方向和时间点是现金流量的三要素，也是正确绘制现金流量图的关键因素。

② 现金流量的性质。对于一项经济活动，站在不同的角度上，所绘制的现金流量图也是不同的，现金流量的性质，即现金流入与现金流出总是针对特定的系统而言的。例如，企业从银行贷款时，对企业来说，贷款是现金流入，还本付息是现金流出；而对于银行来说，放贷是现金流出，计取本息则是现金流入。

③ 现金流量大小的标注。在实际工程的经济分析过程中,由于经济系统各时点现金流量数值差额悬殊,常常会出现无法在现金流量图中成比例绘制的情况。因此,在绘制现金流量图时,只要垂直箭线的长短能适当地体现出各时点现金流量数值的差异,并在箭线上方或下方标明其实际数值即可。

④ 现金流量位置的确定。由于现金流量图中的每一时点均表示着本时段的结束和下时段的开始,因此,在工程经济分析中规定:对于某一时点发生的现金流量,现金流入标示在期末,而现金流出标示在期初。例如,某项目当年投资 800 万元,当年投产并盈利 400 万元,则在现金流量图中的位置应为:将投资 800 万元按现金流出标示在 0 时点上,表示第 1 年年初投资;将盈利 400 万元按现金流入标示在 1 时点上,表示第 1 年年末盈利。

【例 2.1】 某工程项目的总投资是 1000 万元,当年投资,当年投产,投产后年经营成本为 300 万元,年营业收入为 600 万元。第 4 年该项目配套追加投资 500 万元,第 8 年末回收固定资产残值 200 万元。若计算期为 8 年,试绘制该项目的现金流量图。

解:根据题意和现金流量图的绘制规则,投资 1000 万元应视为第 1 年初的现金流出,以向下箭线画在 0 时点处;年经营成本 300 万元应视为第 1 年末至第 8 年末的现金流出,以向下箭线画在 1～8 各时点处;年营业收入 600 万元应视为第 1 年末至第 8 年末的现金流入,以向上箭线画在 1～8 各时点处;第 4 年投资 500 万元应视为第 4 年年初的现金流出,以向下箭线画在 3 时点处;第 8 年末回收固定资产残值 200 万元应视为第 8 年末的现金流入,以向上箭线画在 8 时点处。该工程项目的现金流量如图 2.2 所示。

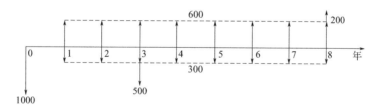

图 2.2 某工程项目的现金流量图(单位:万元)

(2) 现金流量表

现金流量表用表格的形式描述不同时点上发生的各种现金流量的大小和方向,是能够直接、清楚地反映出项目在整个计算期内各年现金流量(资金收支)情况的一种表格。现金流量表的纵列是现金流量项目,其编排按现金流入、现金流出、净现金流量等的顺序进行;表的横行是项目寿命期内各现金流量项目的基础数据及计算结果,可直接按年序列出,也可按项目计算期的各个阶段以建设期、投产期、达产期、回收期等列出。现金流量表的一般形式见表 2.1。

表 2.1 现金流量表

序号	项目	计算期					合计
		0	1	2	…	n	
1	现金流入						
1.1							
2	现金流出						
2.1							
3	净现金流量						

如表 2.1 所示，现金流量表中既包含现金流量各项目的基础数据，又包含计算的结果；既可纵向看各年的现金流动情况，又可横向看各个项目的发展变化，直观方便、综合性强。因此，现金流量表是分析评价项目投资方案经济效果的主要依据，可以利用它进行现金流量的分析，以及各项静态或动态评价指标的计算。

【例 2.2】 某工程项目，建设期为 2 年，生产期为 7 年。第 1 年初和第 2 年初的固定资产投资分别为 800 万元和 400 万元，第 3 年末项目投产并达产运行，项目投产时需流动资金 300 万元，于第 4 年初投入。投产后每年末的营业收入为 1000 万元，年经营成本和税金支出为 600 万元，生产期最后一年末回收固定资产残值 100 万元和全部流动资金，试编制现金流量表。

解：根据题意，该工程项目的现金流量如表 2.2 所示。

表 2.2　某工程项目的现金流量表　　　单位：万元

序号	项目	建设期			达产期						
		0	1	2	3	4	5	6	7	8	9
1	现金流入	0	0	0	1000	1000	1000	1000	1000	1000	1400
1.1	营业收入				1000	1000	1000	1000	1000	1000	1000
1.2	固定资产残值回收										100
1.3	流动资金回收										300
2	现金流出	800	400	0	900	600	600	600	600	600	600
2.1	固定资产投资	800	400								
2.2	流动资金投资				300						
2.3	经营成本与营业税金				600	600	600	600	600	600	600
3	净现金流量	−800	−400	0	100	400	400	400	400	400	800

2.2　投资与投资估算

2.2.1　投资的概念

(1) 投资的定义

投资是人类最重要的经济活动之一，是一种有目的的经济行为，其目的是将一定的资金、人力、技术、信息等资源投入某项工程获取所期望的报酬。一般有广义投资和狭义投资两种概念，广义投资是指企业为获取未来的期望回报，按照计划实施各种项目而预先付出资源的活动；而狭义投资则是指投资主体为了实现盈利或避免风险，通过各种途径预先垫付资金的活动。

工程经济学中所说的投资主要是指狭义投资，如建设项目的投资，是指为建造和购置固定资产、购买和储备流动资产而事先垫付的资金及其经济行为，属狭义投资的概念。狭义投资是所有投资活动中最基本的，也是最重要的投资。

（2）投资的分类

投资是复杂的经济系统，根据不同的划分依据，主要有以下两种类型。

1）直接投资和间接投资

按投资与形成资产之间关系的直接程度，可将其分为直接投资和间接投资。

① 直接投资。是指投资者运用筹措的资金直接开设厂房、独立经营，或收购原有企业，或与其他投资者合资经营、合作开发等，以获得企业经营管理权的投资行为。直接投资一般都能使实质资产存量增加，为生产产品和提供劳务创造物质基础。

② 间接投资。是指投资者运用自己的资金购买股票、债券等有价证券，以取得一定的股息为目的的投资行为。间接投资只能形成虚拟资产，其本身并不直接增加生产能力或服务能力。

2）经营性投资和非经营性投资

按投资所形成资产的用途不同，可将其分为经营性投资和非经营性投资。

① 经营性投资，是指所形成资产主要用于物质生产和营利性服务的投资行为。经营性投资资金所转换的资产在运转中进行经济核算，以其收入弥补支出，计算分析盈亏。一般情况下，经营性投资资金能完成周转过程。

② 非经营性投资，是指所形成资产主要用于服务管理性事业的投资行为。非经营性投资资金所转换的资产在运转中使用价值逐渐损耗，资产的价值无处转移，不能以收入弥补支出，不考核经济成果。一般情况下，非经营性投资资金不能形成自身的循环周转。

（3）投资资金的来源

投资项目的资金来源可分为项目资本金和项目债务资金两大类。

1）项目资本金

项目资本金，又称为项目自有资金或项目权益资金，是投资者缴付的出资额，包括资本金和资本溢价，是企业用于项目投资的新增资本金、资本公积金、提取的折旧费与摊销费以及未分配的税后利润等。

国家对项目资本金一般规定最低数额与比例，以及资本金筹集到位的期限，并明确在整个营运期内不得任意抽走，其目的是让投资者具有风险投资的意识，保证投资者承担必要的风险，从而避免无本经营或过度的负债经营。

2）项目债务资金

项目债务资金，是指企业从银行和非银行金融机构取得的贷款及发行债券的所得等，包括长期债务和短期债务。其中，长期债务是指长期借款、应付长期债券和融资租赁的长期应付款项等；短期债务是指短期借款、应付账款等。投资项目中若有需从国外引进的技术，则还需要使用外汇。通过外国政府贷款、国际金融机构组织贷款和引进国外企业直接投资已成为资金来源的重要渠道。

2.2.2 投资的构成

（1）总投资的构成

建设项目根据其用途不同，可划分为生产性建设项目和非生产性建设项目两类。其中，生产性建设项目是指直接用于物质生产或满足物质生产需要的工程项目，包括工业、农业、林业、水利、交通、商业等建设项目；非生产性建设项目是指直接用于满足人们物质和文化生活需要的工程项目，包括住宅、公共建筑、办公楼等项目。

建设项目的总投资是指从筹建开始到项目全部建成投产为止全过程所发生的费用总和。对于生产性建设项目，其总投资包括固定资产投资和流动资金；而对于非生产性建设项目，其总投资只包括固定资产投资，不含流动资金。建设项目按用途不同划分的总投资构成如图 2.3 所示。

（2）固定资产投资的构成

固定资产是指使用期限较长（使用寿命超过一个会计年度），单位价值在规定标准以上，在生产过程中为多个生产周期服务，在使用过程中保持原来物质形态的资产，包括房屋等建筑物、机械或运输设备、工具以及器具等。固定资产投资是指用于购建固定资产而预先垫付的资金，主要由设备及工器具购置费、建筑安装工程费、工程建设其他费、预备费和建设期贷款利息构成，其中除建设期贷款利息以外的费用合称为建设投资。我国现行固定资产投资的具体构成内容如图 2.4 所示。

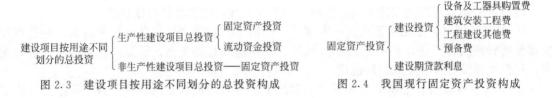

图 2.3　建设项目按用途不同划分的总投资构成　　图 2.4　我国现行固定资产投资构成

1）设备及工器具购置费

设备及工器具购置费由设备购置费和工具、器具及生产家具购置费组成。其中，设备购置费是指为建设项目购置或自制的、达到固定资产标准的各种国产或进口设备的费用；工具、器具及生产家具购置费，是指新建或扩建项目初步设计规定的，保证初期正常生产必须购置的未达到固定资产标准的设备、仪器、工具、器具、生产家具和备品备件等的费用。在生产性建设项目中，设备及工器具购置费占工程项目费用比重的增大，意味着生产技术的进步和资本有机构成的提高。

2）建筑安装工程费

建筑安装工程费是指由建设单位支付的，直接发生在建设项目施工过程中和施工企业在组织施工过程中间接为工程支付的费用，以及按照国家规定收取的利润和缴纳的规费、税金的总称。它包括建筑工程费和安装工程费两部分，其中，建筑工程费是指一般土建工程、电气照明工程、卫生技术（给排水、采暖、通风、空调等）工程、工业管道工程、特殊构筑物工程的费用；安装工程费是指机械、电气、热力等设备及安装工程的费用。

3）工程建设其他费

工程建设其他费是指从工程筹建到工程竣工验收交付使用为止的整个建设期间，除设备及工器具购置费用和建筑安装工程费用以外的，为保证工程建设顺利完成和交付使用后能够正常发挥效用而发生的各项费用。工程建设其他费用按内容可分为建设用地费、与工程建设有关的其他费用和与未来企业生产经营有关的其他费用三类。

① 建设用地费。是指为获得工程项目建设土地的使用权而在建设期内发生的各项费用，包括通过划拨方式取得土地使用权而支付的土地征用及迁移补偿费，或者通过土地使用权出让方式取得土地使用权而支付的土地使用权出让金。

② 与工程建设有关的其他费用。具体包括：建设单位管理费（含工程监理费）、可行性研究费、研究试验费、勘察设计费、环境影响评价费、劳动安全卫生评价费、场地准备及临时设施费、工程保险费、引进技术和引进设备其他费、特殊设备安全监督检验费和市政公用设施费。

③ 与未来企业生产经营有关的其他费用。具体包括：联合试运转费、专利及专有技术使用费、生产准备及开办费。

4）预备费

预备费包括基本预备费和价差预备费。其中，基本预备费又称为工程建设不可预见费，是指针对项目实施过程中可能发生难以预料的支出而事先预留的费用，如设计变更、预防自然灾害所采取的措施费用、竣工验收时进行必要的挖掘和修复的费用等。价差预备费，是指为建设期内利率、汇率或价格等因素的变化而预留的可能增加的费用，如人工、材料、施工机械的价差费，以及建筑安装工程费、工程建设其他费或利率、汇率等调整所增加的费用。

5）建设期贷款利息

建设期贷款利息是指在建设期内发生的为工程项目筹措资金的融资费用及债务资金利息。它包括向国内银行和其他非银行金融机构贷款、出口信贷、外国政府贷款、国际商业银行贷款以及在境内外发行的债券等所产生的利息。国外贷款利息的计算中，还应包括国外贷款银行根据贷款协议向贷款方以年利率的方式收取的手续费、管理费、承诺费，以及国内代理机构经国家主管部门批准的以年利率的方式向贷款单位收取的转贷费、担保费、管理费等。

（3）流动资金投资的构成

流动资金是指生产经营性项目投产后，用于购买原材料、燃料动力、备品备件，支付人力资源费用及其他经营费用所需的，以及被在产品、半成品、产成品和其他存货所占用的周转资金。流动资金投资是指在项目投产前预先垫付、在投产后生产经营过程中周转使用的资金。

流动资金是流动资产与流动负债之间的差额。其中，流动资产是指可以在一年内或超过一年的一个营业周期内变现或耗用的资产；流动负债，是指将在一年或超过一年的一个营业周期内偿还的债务，即正常生产情况下平均的应付账款。流动负债主要包括短期借款、预收货款、预提费用，以及应付票据、应付账款、应付工资、应交税金、应付利润和其他应付款等。

流动资金在生产经营活动中，以现金及各种存款、存货、应收及预付款项等流动资产的形态出现，只有在整个项目寿命期结束时，全部流动资金才能退出生产与流通，以货币资金的形式被回收。

投资第一年所需的流动资金应在项目投产前安排。为了简化计算，项目评价中假设流动资金从投产的第一年开始投入。

2.2.3 资产的分类

项目建成后，各类投资将转换形成资产，按资产内容的不同，可将其分为固定资产、流动资产、无形资产和其他资产等。

（1）固定资产

固定资产是项目建设经营和管理过程中不可缺少的物质条件。为了便于管理和核算，通常按照其经济用途、单项价值、使用时间等标准进行划分。凡达到规定标准的，作为固定资产管理和核算；不够规定标准的，作为低值易耗品管理和核算。对于固定资产，需明确其原值、折旧、净值和残值等概念。

1）固定资产原值

即固定资产的原始价值，是指在会计核算中，购建固定资产的实际支出，包括建设期贷款利息、外币借款、汇兑差额，以及项目在达到使用状态前发生的运输费、装卸费等。

2）固定资产折旧

当项目投入运营后，固定资产在使用过程中会逐渐磨损和贬值，其价值逐步转移到产品中去，这种伴随固定资产损耗发生的价值转移称为固定资产折旧。转移的价值以折旧费的形式计入产品成本，并通过产品的销售以货币形式收回投资者手中。

3）固定资产净值

是指固定资产原值扣除累计的折旧费总额，再扣除已经计提的减值准备后的净值。其中，固定资产减值是指固定资产使用一段时间后，由于损坏、技术陈旧或者其他经济原因所导致的其可回收金额低于账面价值的情况。

4）固定资产残值

当固定资产寿命期结束时，需根据社会再生产条件和市场情况对固定资产的价值重新进行评估，此时所得到的固定资产价值称为固定资产重估值。项目计算期结束时，固定资产的残余价值称为固定资产期末残值。对于某一项目，固定资产期末残值是一项在项目寿命期末可回收的现金流入。

（2）流动资产

流动资产包括现金及存款、存货、应收及预付款项、短期投资等。

1）现金及存款

在流动资产中，现金和各种存款是企业在生产经营过程中停留于货币形态的那部分资产，它具有流动性大的特点。企业要进行生产经营活动，首先必须拥有一定数量的现金和各种存款，以支付劳动对象、劳动手段和劳动方面的费用，然后通过生产经营过程，将产品销售出去，最终又获得这部分资金用于周转。

2）存货

是指企业在生产经营过程中为销售或者耗用而储存的各种有形资产，如材料、低值易耗品、产成品等。流动资产中存货的价值占有较大的比重，其特点是不断处于销售和重置或耗用和重置中，一般情况下，其价值一次性转移，并随着产品销售的实现，被耗用的价值一次性得到补偿。

3）应收及预付款项

是指企业在生产经营过程中，销售或购买产品、提供或接受劳务时应收或者预付其他单位或个人的各种款项。其中，应收款项包括应收销货款、应收票据及其他应收款；预付款项包括预付购货款、预付备料款等。

4）短期投资

短期投资是指能够随时变现，或者持有时间不超过一年的投资，包括股票、债券、基金等。

流动资产在经营过程中，其价值一次性转移到产品成本中去，并随着产品价值的实现而得到补偿，是运营长期占用并周转使用的营运资金，不包含运营中需要的临时性营运资金。

（3）无形资产

无形资产是指由特定主体控制的不具有独立实体，对生产经营能长期持续地发挥作用，并具有获利能力的资产。

1）无形资产的特点和内容

① 特点：无形资产无独立实体，但又依托于实体，具有排他性，是一种无形财产权。

② 内容：无形资产是企业为生产商品、提供劳务、出租或为管理目的而持有的、没有实物形态的非货币性长期投资，一般包括专利权、非专利技术、商标权、著作权、土地使用权和商标等。

2）无形资产的分类

无形资产可以分为可确指的和不可确指的两大类。

① 可确指的无形资产。根据内容可分为知识产权、对物产权、行为权利、公共关系等。其中，知识产权指的是专利权、商标权、版权、服务标志、顾客名单等；对物产权指的是土地使用权、矿业开发权、优惠融资权等；行为权利指的是专营权、许可证、专有技术等；公共关系则包括客户关系、销售网络、职工队伍等。

② 不可确指的无形资产。主要指商誉，它是由企业的素质、管理水平以及经营历史等因素综合决定的，并通过超额利润来反映，其价值只能通过企业整体资产评估的途径来确定。

（4）其他资产

其他资产是指除了固定资产、流动资产、无形资产等上述资产以外的其他资产，主要包括长期待摊费用和其他长期资产。

1) 长期待摊费用

长期待摊费用是指企业已经支出，但摊销期限在 1 年以上（不含 1 年）的各项费用，包括开办费、租入固定资产的改良支出以及摊销期在 1 年以上的固定资产大修理支出、股票发行费用等。例如递延资产，是除了固定资产、流动资产、无形资产以外的长期待摊费用，指的是企业已经支付这些费用，但其影响不仅限于支付当期，还需由支付当期以后的各期共同分摊的长期投资，又称为递延费用。

2) 其他长期资产

其他长期资产是指具有特定用途，不参加正常生产经营过程的，除了固定资产、流动资产、长期投资、无形资产和长期待摊费用以外的资产。一般包括经国家特批的特准储备物资、银行冻结存款和冻结物资、涉及诉讼中的财产等。其中，特准储备物资是指由于特殊原因经国家批准储备的特定用途的物资，未经批准，不得挪作他用。银行冻结存款和冻结物资是指人民法院对被执行人在银行的存款，或企业的物资实施强制执行的一种措施，是经冻结后的存款和物资。

2.2.4 投资估算的内容

投资估算是指建设项目在整个投资决策的过程中，依据已有的资料，运用一定的方法和手段，对建设项目全部投资费用进行的预测和估算。通过投资估算可以确定项目总投资金额，并提前制定资金筹措和使用安排计划，它是项目建议书和可行性研究报告的重要组成部分，是对建设项目进行技术经济评价和投资决策的重要依据，是论证拟建项目的重要经济文件。

（1）投资估算的阶段划分

投资估算贯穿于整个建设项目的决策阶段，涉及项目规划、项目建议书、项目初步可行性研究和详细可行性研究等投资决策的各个过程，按投资决策各阶段的要求与内容的不同，其对投资估算精度的要求也不同。我国建设项目的投资估算相应地分为以下四个阶段。

1) 项目规划阶段的投资估算

是指有关部门根据国民经济发展规划，以及地区和行业发展规划的要求，编制项目的建设规划时，按项目规划的要求和内容，粗略估算建设项目所需投资额的经济文件。这个阶段对投资估算精度的要求为允许误差大于 $\pm 30\%$。

2) 项目建议书阶段的投资估算

是指根据项目建议书中的建设规模、产品的技术方案和生产工艺等初步设定资料，估算建设项目所需投资额的经济文件。这个阶段的投资估算是审批或核准项目建议书的依据，是判断项目是否有必要进入可行性研究阶段的主要依据，其对投资估算精度的要求为误差控制在 $\pm 30\%$ 以内。

3) 初步可行性研究阶段的投资估算

是指在进一步细化方案、掌握的资料更为具体深入的条件下，估算建设项目所需投资额的经济文件。这个阶段项目的投资估算是初步明确项目方案、进行项目的技术经济论证以及判断是否进行详细可行性研究的主要依据，其对投资估算精度的要求为误差控制在±20%以内。

4) 详细可行性研究阶段的投资估算

是对项目进行详细的技术经济分析，决定项目是否可行，并据此优选投资方案所依据的经济文件。这个阶段的投资估算将作为整个建设项目全生命周期的投资限额，其对投资估算精度的要求为误差控制在±10%以内。

科学的投资估算对项目进行合理的经济评价以及项目建设过程中的资金控制都起着重要作用，其准确性直接影响到建设项目的投资经济效果。

(2) 投资估算的内容与步骤

1) 投资估算的内容

根据国家规定，从满足建设项目投资计划和投资规模的角度，建设项目投资估算包括建设项目的总投资，由固定资产投资估算和流动资金估算构成，如图2.5所示。

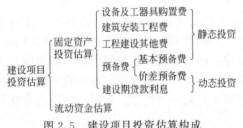

图2.5 建设项目投资估算构成

其中，固定资产投资估算又可分为静态投资和动态投资两部分，静态投资包括设备及工器具购置费、建筑安装工程费、工程建设其他费、基本预备费；动态投资包括价差预备费和建设期贷款利息。流动资金是指生产经营性项目投产后，用于购买原材料、燃料，支付工资及其他经营费用等所需的周转资金，是由流动资产与流动负债之间的差值得到的。在投资估算中，流动资产主要考虑现金、应收账款和存货，流动负债主要考虑应付账款。

因此，建设项目投资估算的内容也可以表达为由固定资产的静态投资、固定资产的动态投资和流动资金三部分构成。

2) 投资估算的步骤

投资估算根据其内容构成，在计算时应按以下步骤进行。

① 估算固定资产静态投资。即：a.分别估算各单项工程所需的建筑工程费、设备及工器具购置费、安装工程费；b.在汇总各单项工程费用的基础上，估算工程建设其他费用和基本预备费。

② 估算固定资产动态投资。即估算价差预备费和建设期贷款利息。

③ 估算流动资金。即分别估算流动资产和流动负债后求差值。

④ 估算建设项目总投资。即汇总静态投资、动态投资和流动资金三部分，估算出总投资。

2.2.5 投资估算的方法

(1) 固定资产静态投资估算方法

不同阶段的固定资产投资估算，其编制方法和允许误差都是不同的。项目规划和项目建议书阶段，投资估算的精度要求低，可采取简单的匡算法，如生产能力指数法、比例估算法等。在可行性研究阶段尤其是详细可行性研究阶段，投资估算的精度要求较高，则需采用相对详细的投资估算方法，如指标估算法。

1) 生产能力指数法

这种方法根据已建成的、性质类似的建设项目或生产装置的投资额和生产能力,以及拟建项目或生产装置的生产能力估算拟建项目的投资额,计算公式如下。

$$C_2 = C_1 \left(\frac{Q_2}{Q_1}\right)^n f \tag{2.3}$$

式中,C_1 为已建类似项目或装置的投资额;C_2 为拟建项目或装置的投资额;Q_1 为已建类似项目或装置的生产能力;Q_2 为拟建项目或装置的生产能力;f 为不同时期、不同地点的定额、单价、费用变更等的综合调整系数;n 为生产能力指数,$0 \leqslant n \leqslant 1$。

关于生产能力指数 n 的取值说明:若已建类似项目或装置的规模和拟建项目或装置的规模相差不大,生产规模比值在 0.5~2 之间,则 n 的取值近似为 1;若已建类似项目或装置与拟建项目或装置的规模相差不大于 50 倍,且拟建项目规模的扩大仅靠增大设备规模来达到时,则 n 的取值约在 0.6~0.7 之间,若是靠增加相同规格设备的数量达到时,则 n 的取值约在 0.8~0.9 之间。

采用这种方法,计算简单,速度快;但要求类似工程的资料可靠,条件基本相同,否则误差就会增大。

2) 比例估算法

是以拟建项目的设备费或主要工艺设备投资为基数,以其他相关费用占基数的比例系数来估算项目总投资的方法。以拟建项目或装置的设备费为基数编制投资估算的公式如下。

$$C = E(1 + f_1 p_1 + f_2 p_2 + f_3 p_3 + \cdots) + I \tag{2.4}$$

式中,C 为拟建项目或装置的投资额;E 为根据拟建项目或装置的设备清单按当时当地价格计算的设备费(包括运杂费)总和;p_1,p_2,$p_3\cdots$ 为已建项目中建筑、安装及其他工程费用等占设备费的百分比;f_1,f_2,$f_3\cdots$ 为由于时间因素引起的定额、价格、费用标准等变化的综合调整系数;I 为拟建项目的其他费用。

3) 指标估算法

这种方法是根据编制的各种具体的投资估算指标,进行单位工程投资的估算。投资估算指标的表达形式较多,如元/m、元/m^2、元/m^3、元/t 等。根据这些投资估算指标,乘以所需的面积、体积、容量等,就可以求出相应的土建工程、给排水工程、照明工程、采暖工程、变配电工程等各单位工程的投资,在此基础上,可汇总成某一单项工程的投资,然后,再估算工程建设其他费用及预备费,汇总后即可得到所需的投资额。

(2) 固定资产动态投资估算的方法

1) 价差预备费

价差预备费,又称为价格变动不可预见费,是指为建设期内利率、汇率或价格等因素的变化而预留的可能增加的费用。价差预备费的估算,一般是根据国家规定的投资综合价格指数,以估算年份价格水平的投资额为基数,采用复利方法计算的,有两种计算方法。

① 当项目投资估算的年份与项目开工年份在同一年时,价差预备费的计算公式如下。

$$\text{PF} = \sum_{t=1}^{n} I_t [(1+f)^t - 1] \tag{2.5}$$

式中,PF 为价差预备费;I_t 为建设期中第 t 年的投资计划额,包括设备及工器具购置费、建筑安装工程费、工程建设其他费用和基本预备费,即第 t 年的静态投资计划额;n 为建设期年份数;f 为年涨价率;t 为施工年度。

② 当项目投资估算的年份与项目开工年份相隔一年以上时,价差预备费的计算公式如下。

$$\mathrm{PF} = \sum_{t=1}^{n} I_t \left[(1+f)^m (1+f)^{0.5} (1+f)^{t-1} - 1 \right] \tag{2.6}$$

式中，m 为建设前期年限（从编制估算到开工建设），年；其他字母的含义同式(2.5)。

【例 2.3】 某工程项目计划当年开工建设，建设期为 3 年，各年的投资计划额为：第一年投资 3000 万元，第二年 7500 万元，第三年 1200 万元。若年均投资价格上涨率为 6%，试计算该工程项目的价差预备费。

解：根据式(2.5)，计算价差预备费的步骤如下。

$$\mathrm{PF}_1 = I_1 [(1+f) - 1] = 3000 \times 0.06 = 180 (万元)$$
$$\mathrm{PF}_2 = I_2 [(1+f)^2 - 1] = 7500 \times (1.06^2 - 1) = 927 (万元)$$
$$\mathrm{PF}_3 = I_3 [(1+f)^3 - 1] = 1200 \times (1.06^3 - 1) = 229.22 (万元)$$

则建设期的价差预备费为：PF = 180 + 927 + 229.22 = 1336.22（万元）

【例 2.4】 某工程项目，建设前期为 2 年，建设期为 3 年，各年的投资计划额为：第一年投资 600 万元，第二年 1800 万元，第三年 800 万元。若年均投资价格上涨率为 6%，试计算该工程项目建设期间的价差预备费。

解：$\mathrm{PF}_1 = I_1 [(1+f)^2 (1+f)^{0.5} (1+f)^0 - 1] = 600 \times 0.157 = 94.2 (万元)$
$\mathrm{PF}_2 = I_2 [(1+f)^2 (1+f)^{0.5} (1+f)^1 - 1] = 1800 \times 0.226 = 406.8 (万元)$
$\mathrm{PF}_3 = I_3 [(1+f)^2 (1+f)^{0.5} (1+f)^2 - 1] = 800 \times 0.3 = 240 (万元)$

则建设期的价差预备费为：PF = 94.2 + 406.8 + 240 = 741（万元）

2）建设期贷款利息

建设期贷款利息是指在建设期内发生的、为工程项目筹措资金的融资费用，以及债务资金产生的利息。它包括向国内银行和其他非银行金融机构贷款、出口信贷、外国政府贷款、国际商业银行贷款，以及在境内外发行的债券等在建设期内应偿还的借款利息，按规定应列入建设项目投资之内。建设期贷款利息根据贷款发放方式的不同，按复利计息法计算，具体的计算方法详见第 3 章 3.2 节。

（3）流动资金的估算方法

流动资金的估算一般采用扩大指标估算法和分项详细估算法。

1）扩大指标估算法

扩大指标估算法是根据现有同类企业的实际资料，求得各种流动资金率指标，亦可依据行业或部门给定的参考值或经验确定比率，然后将各类流动资金率乘以相对应的费用基数来估算流动资金。

计算公式为：　　年流动资金额 = 年费用基数 × 各类流动资金率　　(2.7)

扩大指标估算法一般常用的基数有营业收入、经营成本、总成本费用和固定资产投资等，具体依行业习惯确定；所采用的比率可根据经验或现有同类企业的实际资料确定，也可按行业、部门给定的参考值确定。

① 按营业收入资金率估算。一般加工工业项目大多采用营业收入资金率进行估算。

计算公式为：　　流动资金额 = 年营业收入额 × 营业收入资金率

② 按经营成本资金率估算。由于经营成本是一项综合性指标，能反映项目的物资消耗、生产技术和经营管理水平以及自然资源条件的差异等实际状况，一些采掘工业项目常采用经营成本资金率估算流动资金。

计算公式为：　　流动资金额 = 年经营成本 × 经营成本资金率

③ 按固定资产投资资金率估算。固定资产投资资金率是流动资金占固定资产投资总额的

百分比,如火电厂等项目可按固定资产投资资金率估算流动资金。

计算公式为: 流动资金额=固定资产价值总额×固定资产价值资金率

④ 按单位产量资金率估算。如煤矿等项目,可按单位资金率估算流动资金。

计算公式为: 流动资金额=年生产能力×单位产量资金率

扩大指标估算法计算流动资金时,方法简便易行,但准确性差,适用于决策初期项目建议书阶段的流动资金估算。

2) 分项详细估算法

分项详细估算法也称为分项定额估算法,是基于在投资决策阶段,往往只需估算出铺底流动资金(财务中的营运资金,是保证项目投产后正常生产经营所需要的最基本的周转资金)即可的原则,通过流动资产和流动负债的差值估算流动资金的方法,也是国际上通行的流动资金估算方法。

采用分项详细估算法进行流动资金估算时,流动资金等于项目投产运营后所需全部流动资产扣除流动负债后的余额。其中,流动资产主要考虑应收账款、现金和存货;流动负债主要考虑应付账款和预收账款,计算公式如下。

$$流动资金=流动资产-流动负债 \qquad (2.8)$$
$$流动资产=现金+存货+应收账款+预付账款 \qquad (2.9)$$
$$流动负债=应付账款+预收账款 \qquad (2.10)$$

应用式(2.8)~式(2.10)时,各分项的计算方法如下所述。

① 现金的估算。流动资金中的现金是指企业生产运营活动中停留于货币形态的那部分资金,是为维持正常生产运营所必须预留的货币资金,包括企业库存现金和银行存款。计算公式如下。

$$现金=\frac{年工资+年福利费+年其他费}{年现金周转次数} \qquad (2.11)$$

式中,年其他费为制造费用、管理费用、营业费用三项费用之和减去这三项费用中所含的工资及福利费、折旧费、摊销费和修理费。

② 存货的估算。存货是指企业在日常生产经营活动中持有以备出售的产成品或商品、仍然处在生产过程中的在产品,以及在生产过程或提供劳务过程中消耗的材料或物料等,包括各类材料、在产品、半成品、产成品和库存商品等。为简化计算,流动资金估算中的存货仅考虑外购原材料、燃料、其他材料、在产品和产成品,并分项进行计算,计算公式如下。

$$存货=外购原材料、燃料+其他材料+在产品+产成品 \qquad (2.12)$$

式(2.12)中,各项费用的计算公式如下。

$$外购原材料、燃料=\frac{年外购原材料、燃料费用}{分项周转次数}$$

$$其他材料=\frac{年其他材料费用}{其他材料周转次数}$$

$$在产品=\frac{年外购原材料、燃料动力费+年工资福利费+年修理费+年其他制造费用}{在产品周转次数}$$

$$产成品=\frac{年经营成本-年营业费用}{产成品周转次数}$$

注:在产品计算式中的年其他制造费用,指的是由制造费用中扣除生产单位管理人员工资及福利费、折旧费、修理费之后的其余部分。

③ 应收账款的估算。应收账款是指企业对外赊销商品、提供劳务尚未收回的资金,计算

公式如下：

$$应收账款 = \frac{年经营成本}{应收账款周转次数} \tag{2.13}$$

④ 预付账款的估算。预付账款是指企业为购买各类材料、半成品或服务所预先支付的款项，计算公式如下：

$$预付账款 = \frac{外购商品或服务年费用金额}{预付账款周转次数} \tag{2.14}$$

⑤ 流动负债的估算。流动负债是指在 1 年或者超过 1 年的一个营业周期内，需要偿还的各种债务，包括短期借款、应付票据、应付账款、预收账款、应付工资、应付福利费、应付股利、应交税金、其他暂收应付款、预提费用和 1 年内到期的长期借款等。在可行性研究阶段，流动负债的估算可以只考虑应付账款和预收账款两项，计算公式如下：

$$应付账款 = \frac{年外购原材料 + 年外购燃料动力费}{应付账款周转次数} \tag{2.15}$$

$$预收账款 = \frac{预收的营业收入年金额}{预收账款周转次数} \tag{2.16}$$

(4) 流动资金估算的注意事项

在采用分项详细估算法进行流动资金估算时，应注意以下几个方面。

1) 周转次数的确定

周转次数，是指流动资金的各个构成项目在 1 年内（通常按 360 天考虑）完成多少个生产过程。在进行流动资金各分项的计算时，应先确定各类流动资产和流动负债的年周转次数。

计算公式为：　　　　　周转次数 = 360/流动资金最低周转天数

式中，各类流动资产和流动负债的最低周转天数，可参照同类企业的平均周转天数并结合项目特点确定，或按部门（行业）的规定计算。

2) 其他注意事项

① 对于现金、应收账款、存货和应付账款等分项的最低周转天数，应根据项目的实际情况分别确定，并考虑一定的保险系数；对于存货中的外购原材料和燃料的最低周转天数，则要根据不同的品种和来源，考虑具体的运输方式和距离，以及占用流动资金的比例等因素综合确定。

② 不同生产负荷下的流动资金，应按相应负荷所需的各项费用金额，分别按上述的计算公式进行估算，不能直接按照正常（100%）生产负荷下的流动资金乘以生产负荷求得。

③ 流动资金属于长期性（永久性）的流动资产，其筹措可通过长期负债和资本金（一般要求占 30%）的方式解决。

④ 流动资金通常应在投产前一年开始筹措，为了简化计算，可规定在投产的每一年开始按生产负荷安排流动资金需要量，流动资金的借款部分按全年计算利息，其利息应计入财务费用，项目计算期末收回全部流动资金（不含其利息）。

【例 2.5】　某建设项目达到设计生产能力后全厂定员 3000 人，工资和福利费按每人每年 24000 元估算，每年的其他费用为 1500 万元，年外购原材料、燃料动力费估算为 32000 万元，年经营成本为 36000 万元，年修理费占年经营成本的 10%，预收的营业收入年金额为 34600 万元。各项流动资金的最低周转天数分别为：应收账款 30 天，现金 40 天，应付账款 30 天，预付账款 30 天，存货 40 天，预收账款 30 天。试估算该项目的流动资金。

解：根据资料收集情况，可采用分项详细估算法进行流动资金的估算。

1) 估算流动资产

① 现金 = $(3000 \times 2.4 + 1500) \div (360 \div 40) = 966.67$（万元）

② 应收账款＝36000÷(360÷30)＝3000(万元)
③ 外购原材料、燃料＝32000÷(360÷40)＝3555.56(万元)
在产品＝(32000＋3000×2.4＋36000×10%＋1500)÷(360÷40)＝4922.22(万元)
产成品＝36000÷(360÷40)＝4000(万元)
故，存货＝3555.56＋4922.22＋4000＝12477.78(万元)
故，流动资产＝966.67＋3000＋12477.78＝16444.45(万元)
2) 估算流动负债
① 应付账款＝32000÷(360÷30)＝2666.67(万元)
② 预收账款＝34600÷(360÷30)＝2883.33(万元)
故，流动负债＝2666.67＋2883.33＝5550(万元)
3) 估算流动资金
流动资金＝16444.45－5550＝10894.45（万元）

2.3 成本与费用

2.3.1 成本与费用的概念

(1) 成本与费用的含义

成本与费用是指在项目生产经营期内组织和销售活动中发生的全部成本和费用，是生产经营活动中活劳动与物化劳动消耗的货币表现。其中，活劳动也称为劳动消耗，是劳动力作用于生产资料，借以创造使用价值的劳动，是劳动者在物质资料生产过程中脑力和体力的消耗；物化劳动也称为劳动占用，是活劳动作用于生产资料后，凝结在劳动对象中，体现为新的使用价值的物质形态的劳动。

成本与费用在不同的场合下或不同的用途中有着不同的含义。就广义而言，成本与费用指的是为了实现某种目标所付出的代价；就狭义而言，成本与费用指的是产品成本和期间费用，其中，成本是指企业为生产产品、提供劳务而发生的各种耗费，费用则是指企业为销售商品、提供劳务等日常活动所发生的经济利益的流出。

成本与费用尽管都是企业经济资源的耗费，但二者之间的区别在于：成本是指工程耗用的各种生产资料的价值，是针对一定的成本核算对象（如某一项目）而言的，与工程项目的实际消耗相联系；费用则是指针对一定的期间支付给劳动者的报酬。

(2) 在工程经济分析中的特点

1) 与财务会计分析中成本与费用的区别

① 财务会计分析中，成本与费用是指对于企业经营活动和产品生产过程中实际发生的各种费用支出的实际记录，具有唯一性和真实性；而工程经济分析中，成本与费用则是指在一定假设前提之下对拟实施的投资方案未来情况的预测，具有不确定性。

② 财务会计分析中，对成本与费用的计算是针对特定会计期间的企业生产经营活动和过程进行的；而工程经济分析中，对成本与费用的计算则是针对某一工程项目方案的实施效果进行的。

③ 工程经济分析中的成本与费用，既涉及生产成本和期间费用等财务会计中的成本与费用概念，同时还要考虑到如机会成本、资金成本等财务会计中没有的成本概念。

2) 工程经济分析中成本与费用的特点

在工程经济分析中不严格区分成本与费用，它可以综合地反映企业生产经营活动的技术水平、工艺完善程度、资金利用效率、劳动生产率水平以及经营管理水平等，是从劳动消耗角度衡量建设项目投入的基本指标。

2.3.2 总成本费用及其估算

总成本费用，是项目或投资方案在运营期内，为生产和销售产品或提供服务所发生的全部费用，按其形成过程来看，主要由生产成本和期间费用构成。

（1）生产成本

是与生产直接相关的各项支出，它与一定品种和数量的产品相联系，随产品的销售转为销售成本。这类费用在企业生产过程中，有的直接为产品所消耗，有的则与管理和组织生产直接相关，根据经济用途又可分为直接费用和制造费用。

1) 直接费用

是指为生产商品和提供劳务等所发生的各项费用，包括直接材料费、直接燃料和动力费、直接工资，以及其他直接费用（支出）等。

① 直接材料费。包括企业生产经营过程中实际消耗的原材料、辅助材料、备品配件、外购半成品、包装物以及其他直接材料费。

② 直接燃料和动力费。包括企业生产经营过程中实际消耗的燃料、动力费。

③ 直接工资。包括企业直接从事产品生产人员的工资、奖金、津贴和补贴等。

④ 其他直接费用（支出）。包括企业直接从事产品生产人员的职工福利费等。

2) 制造费用

是指企业各生产单位为组织和管理生产所发生的各项间接费用。包括生产单位管理人员工资、津贴、奖金、职工福利费，生产单位房屋、建筑物、机械设备等固定资产折旧费，低值易耗品摊销、租赁费（不包括融资租赁）、水电费、矿山维简费、修理费、保险费、办公费、差旅费、劳动保护费等。

（2）期间费用

是指企业当期发生的、与特定生产经营期密切相关，但与生产活动没有直接联系的、不能直接或间接归入某种产品成本的，而直接计入损益的各项费用，包括管理费用、财务费用和销售费用。

1) 管理费用

是指企业行政管理部门为管理和组织经营活动所发生的各项费用。主要包括公司经费、工会经费、职工教育经费、业务招待费、税金、技术开发费、无形资产摊销费、其他资产摊销费、董事会会费以及其他管理费用等。

① 公司经费。包括总部管理人员工资、职工福利费、办公费、差旅费、折旧费、修理费、物料消耗费、低值易耗品摊销费以及其他的公司费用。

② 工会经费。是指按照职工工资总额2%计提的、拨交给工会的经费。

③ 职工教育经费。是指企业为职工学习先进技术和提高文化素质支付的费用，一般按照职工工资总额的1.5%计提。

④ 业务招待费。是指企业为业务经营的合理需要而支付的费用，必须是与企业生产经营活动相关且真实发生的费用支出，按照发生额60%扣除，但最高不得超过当年营业收入的5‰。

⑤ 税金。是指企业按照规定支付的房产税、车船使用税、土地使用税、印花税等。

⑥ 技术开发费。是指企业研究开发新产品、新技术、新工艺所发生的设计费，与新产品试制、技术研究有关的其他经费，工艺标准制定费、设备调试费、原材料和半成品的试验费，未纳入国家计划的中间试验费、研究人员的工资，以及委托其他单位进行科研试制的费用等。

⑦ 无形资产摊销费。是指专利权、商标权、著作权、土地使用权、非专利技术等无形资产的摊销费用。

⑧ 其他资产摊销费。是指企业开办费和以经营租赁方式租入的固定资产改良支出等其他资产的摊销费用。

⑨ 董事会会费。是指企业最高权力机构及其成员为执行职能而发生的各项费用，如差旅费、会议费等。

2) 财务费用

是指筹集资金等财务活动中发生的费用，包括企业生产经营期间发生的利息支出（减利息收入）、汇兑净损失、调剂外汇手续费、金融机构手续费以及筹资发生的其他费用等。

3) 销售费用

是指企业销售产品和提供劳务过程中发生的各项费用以及专设销售机构的各项经费。包括应由企业负担的运输费、装卸费、包装费、保险费、委托代销手续费、展销费、广告费、租赁费（不包括融资租赁费），以及为销售产品而专设的销售机构的人员工资、职工福利费、差旅费、办公费等经常性费用。

（3）总成本费用的构成

总成本费用的具体费用构成明细，如表2.3所示。

表2.3 总成本费用的构成明细表

总成本费用	生产成本	直接费用	直接材料费、直接燃料和动力费、直接工资、其他直接费用
		制造费用	管理人员工资、津贴、奖金、职工福利费、固定资产折旧费、低值易耗品摊销、租赁费(不包括融资租赁)、水电费、矿山维简费、修理费、保险费、办公费、差旅费、劳动保护费等
	期间费用	管理费用	公司经费、工会经费、职工教育经费、业务招待费、税金、技术开发费、无形资产摊销费、其他资产摊销费、董事会会费，以及土地使用费及损失补偿费、咨询费、诉讼费、排污费、审计费、提取的坏账损失、提取的存货跌价准备、中介机构费、研究与开发费、劳动保险费等其他管理费用
		财务费用	生产经营期间发生的利息支出、汇兑净损失、调剂外汇手续费、金融机构手续费、筹资发生的其他费用等。
		销售费用	企业负担的运输费、装卸费、包装费、保险费、委托代销手续费、展销费、广告费、租赁费(不包括融资租赁费)、专设销售机构的职工工资、福利费、差旅费、办公费、折旧费、修理费、物料消耗费、低值易耗品摊销费等

（4）总成本费用的估算方法

按照形成过程与表现形态的不同，总成本费用的估算包括生产成本加期间费用估算法和生产要素估算法两种，前者是通过分别估算每一个具体的成本项目来估算总成本费用，后者是通过分别估算每一类费用要素来估算总成本费用。在工程经济分析中，为了便于分析计算，通常采用生产要素估算法。

1) 生产成本加期间费用估算法

这种方法是按照形成过程，将总成本费用分为生产成本和期间费用按下式计算。

$$总成本费用＝生产成本＋期间费用 \tag{2.17}$$

式(2.17)中，生产成本为直接费用与制造费用之和，期间费用为管理费用、财务费用、销售费用之和，即总成本费用又可表示为下式。

$$总成本费用＝直接费用＋制造费用＋管理费用＋财务费用＋销售费用 \tag{2.18}$$

2) 生产要素估算法

这种方法按照各费用要素的经济性质及表现形态，将总成本费用分为外购原材料费、外购燃料及动力费、工资及福利费、折旧费、摊销费、财务费用、修理费和其他费用等八项费用，进行归类后汇总计算，计算公式如下。

$$总成本费用＝外购原材料费＋外购燃料及动力费＋工资及福利费＋折旧费＋$$
$$摊销费＋财务费用＋修理费＋其他费用 \tag{2.19}$$

式中，其他费用是指从制造费用、销售费用和管理费用中扣除了折旧费、摊销费、修理费、工资及福利费以后的其余费用。

2.3.3 相关成本与经营成本

(1) 固定成本与可变成本

按照各种成本费用与产品产量或服务数量之间的关系，可以将总成本费用分为固定成本和可变成本两部分。

1) 固定成本

固定成本是指在一定时期和一定业务范围限度内不受产品产量或服务数量增减变动影响的费用，简言之，就是产品成本中不随产量增减而变动的费用，一般包括在制造费用成本项目中。例如，折旧费（按平均年限法计提）、修理费、摊销费、工资（计件工资除外）及福利费和其他费用等，通常把运营期发生的全部利息也作为固定成本。

需要注意的是，固定成本指的是费用发生的总额是固定的，但就单位成本而言，却是变动的，因为在成本总额固定的情况下，业务量小，单位产品成本所负担的固定成本就高；业务量大，单位产品所负担的固定成本就低。另外，固定成本并非永远固定不变，其只是在产品产量发生短期波动，或者经营条件发生了变化，但企业还来不及根据这种变化调整固定生产要素存量的条件下使用。因此，固定成本的节约主要是通过降低一定时期内的费用支出额来实现的。

2) 可变成本

可变成本是指产品成本中随产品产量或服务数量的增减变动成比例增减的费用，简言之，就是产品成本中随产量增减而变动的费用。主要包括构成产品实体的原材料费、燃料和动力费，以及实行计件工资制的计件工资等。

需要注意的是，产品成本随产量增减呈非成比例变化时，称为半可变（半固定）成本，如财务费用中的流动资金利息、长期借款利息、汇兑损失等。另外，可变成本所强调的变动对象是成本总额，而非单位成本，就单位成本而言，则是固定的，因为只有单位成本保持固定，变动成本总额才能与业务量之间保持正比例的变化。因此，单位产品变动成本的节约，主要是通过降低单位产品在生产过程中的原材料和劳动消耗来实现的。

(2) 沉没成本与机会成本

1) 沉没成本

沉没成本又称沉落成本，是指过去已经支出而现在无法得到补偿的成本，在设备更新分析中是很重要的概念。例如，已经使用多年的设备，其沉没成本是指设备的账面净值与其现在市场价值之差。与沉没成本对应的成本概念是新增成本,沉没成本是决策非相关成本,在项目决策时无须考虑;相对的,新增成本是决策相关成本,在项目决策时必须考虑。

从成本的形态看,沉没成本可以是固定成本,也可以是变动成本。例如,企业在停止某种产品生产时,沉没成本中既包括机器设备等固定成本,也包括原材料、零部件等变动成本,通常情况下,固定成本比变动成本更容易沉没。从成本的数量看,沉没成本可以是整体成本,也可以是部分成本。例如,中途弃用的机器设备,如果能通过变卖出售获得部分价值,那么其账面价值不会全部沉没,只有变现价值低于账面价值的部分才是沉没成本。通常情况下,资产的流动性、通用性、兼容性越强,其沉没的部分就越少。

2) 机会成本

机会成本又称经济成本,是将一种具有多用途的有限资源,置于特定用途后而放弃的其他用途中所能获得的最高收益。机会成本不是通常意义上实际所需支付的成本,而是一种失去的收益,这种收益不是实际发生的,而是潜在的。在工程经济分析中,只有考虑了某种资源用于其他用途的潜在收益时,才能做出正确决策,使资源得到有效利用。例如,土地这种有限资源具有多项用途,投入土地资源可能有很多相应收益的机会,如果用于修建公路,必然要放弃修建民用或商业建筑的机会,在所放弃的机会之中最佳机会可能带来的收益,就是将土地资源置于修建公路的机会成本。

机会成本总是针对具体方案的,离开被放弃的方案就无从计量确定,因此,也可以理解为在面临多方案抉择时,被舍弃方案中的最高价值者是本次决策的机会成本。例如,一定量的资金用于项目投资,有甲、乙、丙三个项目,若选择甲,就只能放弃乙和丙的投资机会,而如果丙项目的获益高于乙项目时,则丙项目的可能收益就是甲项目的机会成本。

(3) 平均成本与边际成本

平均成本是指一定范围和一定时期内成本耗费的平均水平,是产品总成本与产品总产量之比,即平均单位产品成本。一定时期产品平均成本的变化,往往可反映出一定范围内成本管理总体水平的变化,不同时期的平均成本可能有很大变化,通过比较分析,能了解成本变化的总体水平并进行深入的经济分析。

边际成本是指每增加一个单位产品产量所增加的成本,即每一单位新增产品带来的总成本的增量。一般情况下,从规模效应来看,随着产量的增加,总成本递减的增加将导致边际成本下降,例如,仅生产 1 辆汽车的成本是很高的,生产第 100 辆汽车时,成本就会低得多,而当生产第 10000 辆汽车时,其成本将大大降低。但是,考虑到机会成本,随着生产量的增加,机会成本也可能会增加。例如,生产新的一辆车时,所消耗的材料可能有更好的用途,所以要尽量用最少的材料生产出最多的车,这样才能提高边际收益。

当平均成本等于边际成本时,平均成本最低。

(4) 经营成本

经营成本是工程经济学中的特定术语,是指总成本费用扣除折旧费、摊销费和财务费(利息支出)后的成本费用。经营成本涉及项目生产及销售、企业管理过程中的人力、物料和能源的投入费用,能够准确地反映企业生产和管理水平,与同类产品或服务的企业具有可比性,因而是工程经济分析的重要指标。

经营成本是项目在生产经营期的经常性实际支出,其计算公式如下。

$$\text{经营成本} = \text{总成本费用} - \text{折旧费} - \text{摊销费} - \text{财务费用(利息支出)} \quad (2.20)$$

计算经营成本之所以要从总成本中剔除折旧费、摊销费和利息支出,主要原因如下。

① 折旧费和摊销费的剔除。折旧费是指对固定资产的折旧,摊销费是指对无形资产和其

他资产的摊销,不属于现金流量,是对方案初期投资所形成资产的补偿价值。而固定资产、无形资产和其他资产投资已在其发生的时间作为一次性支出被计作现金流出,所以不能再将折旧费和摊销费在生产经营期作为现金流出重复计算。

② 财务费(利息支出)的剔除。投资现金流量分析是以全部投资为计算基础,从项目获利能力来考察项目方案的可行性与合理性,不分投资资金来源,利息支出则属于全部投资内部的现金转移,因此,不作为现金流出;而以资本金为计算基础的自有资金现金流量表中,已将利息支出单列,因此,其经营成本中也不包括利息支出。

2.3.4 折旧费与摊销费估算

(1) 固定资产折旧的概念

1) 折旧与固定资产折旧

折旧费是政府允许公司保留的不对其征税的资金,是资本化成本在其有效年限内的分配。按照国家规定的折旧制度,企业把已发生的资本性支出转移到产品成本费用中去,然后通过产品的销售,逐步回收初始的投资费用。

对于资产计提折旧需满足的条件是:寿命期在一年以上,必须在经营或生产过程中使用,会由于自然原因而磨损、损耗、废弃或者贬值。而投资所形成的固定资产符合此计提条件,在使用过程中会逐渐磨损和贬值,其价值逐步转移到产品中,将转移价值以折旧费的形式计入产品成本,则产品销售后便以货币形式回到投资者手中。因此,计提固定资产折旧并将折旧费计入成本费用,是企业回收其固定资产投资的一种手段。

固定资产折旧费是指固定资产在使用过程中由于磨损而逐步转移到产品价值中的那部分固定资产的价值。在工程经济分析中,固定资产折旧费既不计入现金流出,也不计入现金流入,而是非现金费用,但因税法允许其冲减应税收入,在技术方案有盈利的情况下,会减少应纳税所得额,即折旧费将以减少纳税方式间接影响方案的现金流量。因此,在分析和计算技术方案现金流量时,必须对折旧费进行计算。

2) 固定资产折旧的范围

固定资产折旧的范围包括按国家规定应计提折旧的固定资产类型。应计提折旧的固定资产包括:①房屋、建筑物,不论使用与否,从入账的次月起计提折旧;②在用的机械设备、运输车辆、工具器具等;③季节性停用和在修理停用的设备;④以经营租赁方式租出的固定资产;⑤以融资租赁方式租入的固定资产;⑥通过局部轮番大修理实现整体更新的固定资产;⑦生产任务不足,处于半停产企业的设备。

(2) 折旧方法与折旧年限

从企业角度看,折旧费本身就不是实际的支出,而只是一种会计手段,是把以前发生的一次性支出在各计算期内进行分摊,以核算当期所缴付的所得税和可以分配的利润,折旧的多少与快慢并不代表企业这项费用实际支出的多少与快慢,但是,为了能够少交或缓交所得税,通常企业总是希望多提和快提折旧费。因此,为保证国家正常的税收来源,防止企业多提和快提折旧费的倾向,现行财务制度对折旧方法和折旧年限均有明确规定。

1) 固定资产的折旧方法

固定资产的折旧方法是指将固定资产成本在其使用期限内合理、系统地进行分摊的方法。常用的方法包括直线折旧法和加速折旧法。

① 直线折旧法。也称为平均折旧法,是指按照时间或完成的工作量平均计提折旧的方法,包括平均年限法和工作量法等。

② 加速折旧法。也称为递减折旧法，是指在固定资产使用初期计提折旧较多而在后期计提折旧较少，从而相对加速折旧的方法，包括双倍余额递减法和年数总和法等。采用加速折旧法时，由于各年的折旧额呈递减趋势，因此，一般只采用逐年个别折旧的方式。

固定资产折旧的主要方法如图 2.6 所示。

运用不同的折旧方法，对某一时期企业营运所产生的影响是不同的。加速折旧法使固定资产价值在使用年限内尽早得到补偿，是一种鼓励投资的措施，国家先让利给企业，加速回收投资，增强还贷能力，促进技术进步。因此，一般情况下，多采用直线折旧法中的平均年限法或工作量法等进行计算；只有对于技术进步快或使用寿命受工作环境影响较大的施工机械和运输设备，经财政部批准，才可采用加速折旧法中的双倍余额递减法或年数总和法等计提折旧。

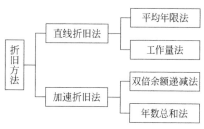

图 2.6　固定资产的折旧方法

2) 固定资产的折旧年限

固定资产的折旧年限，即固定资产的估计使用年限，是对设备进行正确的折旧计算的前提，应该既反映设备的有形磨损，又反映其无形磨损。如估计过长，人为扩大利润，则企业将会缺乏发展后劲；如估计过短，人为增加成本，缩小利润，则侵占了上缴国家的财政税收。因此，国家有关部门在考虑到现代生产技术发展快，世界各国实行加速折旧的情况下，为适应资产更新和资本回收的需要，对各类固定资产折旧的最短年限做出了以下规定。

① 房屋、建筑物为 20 年；火车、轮船、机器、机械和其他生产设备为 10 年。

② 电子设备和火车、轮船以外的运输工具以及与生产、经营业务有关的器具、工具、家具等为 5 年。

③ 在可行性研究与项目评估中，对轻工、机械、电子等行业的折旧年限，一般可确定为 8～15 年；有些项目的折旧年限可确定为 20 年；对港口、铁路、矿山等项目的折旧年限可超过 30 年。

④ 若采用综合折旧，项目的生产期即为折旧年限。

按财务制度的有关规定，企业有权选择具体的折旧方法和折旧年限。但折旧方法和折旧年限一经确定，不得随意变更，需要变更的，由企业提出申请，并在变更年度前报主管财政机关，得到批准后实施。

(3) 折旧计算的相关规定

1) 固定资产原值和净值的规定

固定资产虽然在生产过程中始终保持其原有的物质形态，但其价值却由于逐渐磨损或贬值而处于不断变化之中。因此，将项目投产时核定的固定资产价值称为固定资产原值，也称账面原值，主要由工程费用、待摊投资（工程建设其他费用中应计入固定资产原值的部分，即除了按规定计入无形资产和其他资产以外的工程建设其他费用）、预备费和建设期利息计算求得。将固定资产原值扣除折旧费以后的价值称为固定资产净值，也称账面净值。

2) 固定资产残值和残值率的规定

固定资产残值或余值，是项目终结时核定的固定资产价值，指的是固定资产报废时可能收回的残余材料价值扣除发生的清理费用后的金额，有两种形式，一种是账面残值或余值，另一种是当时的市场交易价值。

净残值率是预计的企业固定资产净残值与固定资产原值的比率。根据行业会计制度规定，一般情况下，企业净残值率按照固定资产原值的 3%～5% 确定；特殊情况下，当净残值率低于 3% 或高于 5% 时，由企业自主确定，并报主管财政机关备案；在可行性研究与项目评估中，由于折旧年限是根据项目的固定资产经济寿命期决定的，因此固定资产的残余价值较大，净残值率一般可按 10% 计取。

3) 固定资产折旧的计提规定

根据我国会计制度，固定资产折旧，从固定资产投入使用月份的次月起，按月计提。停止使用的固定资产，从停用月份的次月起，停止计提折旧。

4) 固定资产折旧的基本公式

计算固定资产折旧的基本公式为：应提折旧额＝折旧基数×折旧率 (2.21)

式中，折旧基数是指通过折旧应予以弥补的固定资产原值价格或重置价值。

(4) 固定资产折旧费的估算

根据式(2.21)计算固定资产折旧额时，随着折旧方法的不同，相应折旧率和折旧基数的确定方法也不同。

1) 平均年限法

平均年限法根据固定资产的原值、估计的净残值率和折旧年限计算折旧，是将固定资产的应计折旧总额均衡地分摊到各期、在资产寿命期内各年都计提相等折旧费用的一种折旧方法。

① 采用平均年限法计算固定资产折旧的公式如下。

$$年折旧率 = \frac{1 - 预计净残值率}{折旧年限} \times 100\% \quad (2.22)$$

$$年折旧额 = 固定资产原值 \times 年折旧率 \quad (2.23)$$

② 还可以根据需要按以下公式计算月折旧额和期末固定资产净值。

$$月折旧额 = 年折旧额/12$$

$$期末固定资产净值 = 固定资产原值 - 累计折旧额$$

采用平均年限法计算的每期折旧额相等，它是折旧时间而非使用状况的函数，是由于时间引起的固定资产价值的降低，适用于那些在预计使用年限内提供的效用、损耗的速度都较为均衡的固定资产，如房屋、建筑物以及不受季节影响的动力、传导、加工和维修设备等固定资产的折旧计算。

【例 2.6】 已知某工程设备的原始价值为 60000 元，预计使用 10 年，预计残值为 2500元，寿命期末清理费用需 1000 元，试采用平均年限法计算该工程设备的年折旧额、年折旧率、第 9 年末和第 10 年末的账面净值。

解：① 年折旧额＝[(60000－(2500－1000)]/10＝5850(元)

② 年折旧率＝5850÷60000＝9.75%

③ 第 9 年末账面净值＝60000－5850×9＝7350(元)

④ 第 10 年末账面净值＝60000－1000－5850×10＝500(元)

【例 2.7】 某企业的机械设备固定资产原值为 1500 万元，预计净残值率为 4%，预计使用年限为 10 年，试采用平均年限法计算该机械设备的年折旧率、年折旧额和月折旧额。

解：① 年折旧率＝(1－4%)/10×100%＝9.6%

② 年折旧额＝1500×9.6%＝144(万元)

③ 月折旧额＝144/12＝12(万元)

2) 工作量法

工作量法是指按照固定资产预计完成的工作总量平均计提折旧的方法，其累计折旧额为完成工作量的线性函数，计算公式如下。

$$单位工作量折旧额 = \frac{固定资产原值 \times (1 - 预计净残值率)}{预计总工作量} \qquad (2.24)$$

$$年折旧额 = 单位工作量折旧额 \times 年实际完成工作量 \qquad (2.25)$$

对于不同的固定资产，其工作量表现形式不同。如运输设备类表现为运输里程，而机械设备类表现为工作时间，因此，工作量法又可分为行驶里程法和工作小时法。

① 行驶里程法。是以运输机械行驶里程（一般以千米为单位）作为计提折旧费的基础，计算公式如下。

$$单位里程折旧额 = \frac{固定资产原值 \times (1 - 预计净残值率)}{预计总行驶里程}$$

$$年折旧额 = 单位里程折旧额 \times 年行驶里程$$

② 工作小时法。是以工作时间（一般以时为单位）作为计提折旧费的基础，计算公式如下。

$$单位工作小时折旧额 = \frac{固定资产原值 \times (1 - 预计净残值率)}{预计总工作小时}$$

$$年折旧额 = 单位工作小时折旧额 \times 年工作小时$$

工作量法一般适用于价值较高的大型精密机床以及运输设备等固定资产的折旧计算。因为这类固定资产的价值较高，每年的工作量一般不均衡，若采用平均年限法计提折旧，会导致各年成本费用的负担不合理。而工作量法是随着耗用工作量的变动而变动的，若某年工作量多或工作时间长，则多计提折旧；反之，则少计提折旧，故更为合理适用。

【例 2.8】 某施工企业的一辆自卸汽车，原值为 350000 元，预计净残值率为 5%，预计行驶总里程为 50 万千米，试计算该汽车第二年行驶 4 万千米的折旧额。

解：单位里程折旧额 = 350000 × (1−5%)/500000 = 0.665(元/km)

第二年的折旧额 = 0.665 × 40000 = 26600(元)

【例 2.9】 某施工企业的塔吊设备，原值为 600000 元，预计净残值率为 5%。预计该设备使用寿命为 87800h，第一年使用了 60 天，第二年使用了 80 天，试计算该设备第一年和第二年的折旧额。

解：单位工作小时折旧额 = 600000 × (1−5%)/87800 = 6.492(元/h)

第一年的折旧额 = 6.492 × 60 × 24 = 9348.48(元)

第二年的折旧额 = 6.492 × 80 × 24 = 12464.64(元)

3) 双倍余额递减法

双倍余额递减法是指根据平均年限法的折旧率加倍计算提取折旧，并在折旧年限到期前 2 年内，将固定资产净值扣除净残值后的净额平均摊销的折旧方法。其计算公式如下。

$$年折旧率 = \frac{2}{折旧年限} \times 100\% \qquad (2.26)$$

$$年折旧额 = 固定资产净值 \times 年折旧率 \qquad (2.27)$$

采用双倍余额递减法的目的是加速折旧，其特点是资产使用前期提取的折旧较多，随着时间的推移，提取额越来越小。为了避免固定资产的账面净值降低到其预计净残值以下，通常在固定资产折旧年限到期的前两年内，将固定资产净值扣除预计净残值后的余额平均摊销，即最后两年改用直线法折旧。

【例 2.10】 根据【例 2.7】的机械设备情况，试采用双倍余额递减法计算该设备的折旧额。

解：年折旧率 = 2/10 × 100% = 20%

采用双倍余额递减法时，每年的折旧额均不相同，计算结果如表 2.4 所示。

表 2.4　固定资产折旧计算表（双倍余额递减法）　　　　　　　　单位：万元

使用年限/年	1	2	3	4	5	6	7	8	9	10	合计
资产净值	1500	1200	960	768	614	491	393	314	251	155.5	60
年折旧额	300	240	192	154	123	98	79	63	95.5	95.5	1440

表 2.4 中，第 9 年、第 10 年的折旧额均为：$(314-63-1500 \times 4\%)/2 = 191/2 = 95.5(万元)$

4）年数总和法

年数总和法是以固定资产原值扣除预计净残值后的余额作为计提折旧的计算基数，以某年尚可使用年数占预计可使用年数总和的比重作为年折旧率，按照逐年递减的方式计提折旧的方法。计算公式如下。

$$年折旧率 = \frac{折旧年限 - 已使用年数}{折旧年限 \times (折旧年限 + 1) \div 2} \times 100\% \tag{2.28}$$

或

$$年折旧率 = \frac{尚可继续使用的年数(包括当年)}{逐年可使用的年数总和} \tag{2.29}$$

$$年折旧额 = (固定资产原值 - 预计净残值) \times 年折旧率 \tag{2.30}$$

采用年数总和法时，由于折旧率是以该项固定资产预计尚可使用的年数（包括当年）作为分子，以逐年可使用的年数之和作为分母，即分母是固定的、分子是逐年递减的，故折旧率逐年递减；而计算基数是固定的，因此计提的折旧额也是逐年递减的。

【例 2.11】　根据【例 2.7】的机械设备情况，试采用年数总和法计算该设备的折旧额。

解：采用年数总和法计提折旧时，每年的折旧率和折旧额均不相同，各年计算结果如表 2.5 所示。

表 2.5　固定资产折旧计算表（年数总和法）

使用年限/年	1	2	3	4	5	6	7	8	9	10
年折旧率(%)	18.2	16.4	14.5	12.7	10.9	9.1	7.3	5.5	3.6	1.8
年折旧额/万元	262	236	209	183	157	131	105	79	52	26

应用年数总和法计算折旧的过程示例如下。

① 计算基数，即固定资产原值与净残值之间的差值 $=1500 \times (1-4\%) = 1440(万元)$。

② 计算各年折旧额。

第 1 年折旧额：$1440 \times 10/55 = 262(万元)$；

第 2 年折旧额：$1440 \times 9/55 = 236(万元)$；

第 3 年折旧额：$1440 \times 8/55 = 209(万元)$；

以此类推，计算得到第 4~9 年的折旧额；

第 10 年折旧额：$1440 \times 1/55 = 26(万元)$；

累计折旧额 $= 1440(万元)$。

5）几种折旧方法的比较

综上所述，按平均年限法计算的各年折旧率和年折旧额均相同；按双倍余额递减法计算的各年折旧率相同，但年折旧额因固定资产净值变小而逐年变小；按年数总和法进行计算时，基数不变，但因各年折旧率逐渐变小，故年折旧额也逐年变小。总之，无论按哪种方法计算，只要折旧年限相同，所取净残值率相同，则在设定的折旧年限内，总折旧额都是相同的。

(5) 摊销费的估算

1) 摊销费的含义

资产的原始价值要在规定的年限内，按年度或产量转移到产品的成本之中，这一部分被转移的资产原始价值，称为摊销，摊销费是指无形资产和其他资产一次性或集中投入费用的分摊，其性质与固定资产折旧费相同。企业通过计提摊销费，回收无形资产和其他资产的资本支出。

2) 无形资产摊销费的估算

无形资产从开始使用之日起，在有效使用期限内平均计算摊销费。关于有效使用期限的确定原则如下。

① 法律、合同或者企业申请书分别规定有法定的有效期限和受益年限的，取两者较短者为有效使用年限；

② 法律没有规定有效期限的，按照合同或者企业申请书规定的受益年限确定有效使用年限；

③ 法律、合同或者企业申请书均未规定有效期限或者受益年限的，按照不少于 10 年确定有效使用期限。

3) 其他资产摊销费的估算

其他资产包括开办费和以经营租赁方式租入的固定资产改良支出等，其估算原则如下。

① 开办费的摊销费从企业开始生产经营起，按照不少于 5 年的期限平均摊销。

② 以经营租赁方式租入的固定资产改良支出，在租赁有效期内分期平均摊销。

2.4 营业收入、税金与利润

2.4.1 营业收入

(1) 营业收入的概念

销售过程是企业再生产过程的重要环节，是产品价值的实现过程，在这个过程中，企业一方面需要把生产出来的产品或劳务按照合同约定提供给采购方；另一方面需要按照销售的数量和价格，从采购方收回货币资金。营业收入指的就是在企业销售产品或提供服务等日常活动中所形成的经济利益总流入，这里的日常活动是指企业为完成其经营目标从事的所有活动以及与之相关的其他活动，如制造业销售产品、服务业提供产品和服务等活动。

营业收入是企业生产经营阶段的主要收入来源，主要包括产品营业收入和其他营业收入。其中，产品营业收入指的是销售产成品、自制半成品、工业性劳务取得的收入；其他营业收入指的是材料销售、技术转让、包装物出租、外购产品销售、承担运输等非工业性劳务所取得的收入。对于生产多种产品和提供多项服务的企业，应分别估算各种产品及服务的营业收入。

(2) 营业收入的估算

营业收入是财务分析的重要数据，计算公式如下。

$$营业收入 = 产品销售量 \times 销售价格$$

1) 产品销售量的确定

① 在工程经济分析中，应先根据市场需求预测项目产品的市场份额，进而合理确定企业的生产规模，再根据企业的设计生产能力确定年产量。

② 在工程经济分析中，由于市场波动而引起库存变化导致产量与销售量存在差别，产品

年销售量不一定等于年产量，且对因市场波动引起的库存量变化难以准确估算。因此，在估算营业收入时，不考虑项目的库存情况，假设当年生产出来的产品在当年全部售出。

2) 销售价格的确定

产品销售价格是估算营业收入的重要因素，可根据实际情况按以下原则选定销售价格。

① 对于同类产品或类似产品已在市场上销售，且此产品既与外贸无关，也不属于计划控制的范围时，可选择现行市场价格作为产品的销售价格。也可以现行市场价格为基础，根据市场供求关系上下浮动作为产品的销售价格。

② 对于外贸进出口类产品可按口岸价格作为产品的销售价格。口岸价格是指以口岸为交货地点而确定的产品买卖价格，对于进口产品而言是到岸价格，即以进口商负责将货物交到装运港船上并支付运到目的港的运费和保险费为条件的价格；对于出口产品而言是离岸价格，即以出口商负责将货物交到装运港船上为条件的价格。

(3) 工程经济分析中营业收入的特点

1) 营业收入与总产值的区别

营业收入与总产值是有区别的，总产值是指企业生产的成品、半成品和处于加工过程中的在制品的价值总和，可根据当前价格或不变价格计算，但营业收入是指出售商品的货币收入，是按出售时的市场价格计算的。企业生产的产品只有在市场上出售，才能成为给企业带来收益的有用的劳动成果，因此，营业收入才是反映企业真实收益的经济参数。

2) 营业收入在工程经济分析与财务核算中的区别

工程经济分析与财务核算中所计算的营业收入是不同的。

① 在财务核算中，确定营业收入时，必须满足的条件是：a. 相关的收入和成本能够可靠计量，新的价格未确定前不能确定收入；b. 销售价款有把握回收；c. 企业将与产品所有权有关的主要风险和报酬已转移给买方，其中，风险指的是因产品贬值、损坏、报废等造成的损失，报酬指的是因产品升值等给企业带来的未来经济利益；d. 企业既没有保留与所有权相联系的继续管理权，也没有对已出售的产品实施控制。因此，按会计方法计算的营业收入并不一定等于实际现金流入。

② 在工程经济分析中，为简便起见，计算营业收入时，假设的前提是：a. 生产出来的产品全部按预定的价格售出；b. 销售量等于生产量。因此，工程经济分析中的营业收入与财务核算不同，是现金流量表中主要的现金流入量。

2.4.2 税金

(1) 税金的含义

税金是国家依据法律对有纳税义务的单位和个人征收的财政资金，这种筹集财政资金的方式称为税收。税收是国家凭借政治权力参与国民收入分配和再分配的一种方式，是国家取得财政收入的主要渠道，也是国家对各项经济活动进行宏观调控的重要杠杆。税收具有强制性、无偿性和固定性的特点，在工程经济分析中，只有正确地计量各项税金，才能科学准确地进行投资方案的评价。

我国现行税收制度包含的税种有 18 种，按其性质和作用分为五大类，如表 2.6 所示。

表 2.6 我国现行税收种类

税类	税种	作用
流转税类	增值税、消费税、关税	在生产、流通领域，或者服务业中发挥调节作用

续表

税类	税种	作用
所得税类	企业所得税、个人所得税	在国民收入形成后,对生产经营者的利润和个人纯收入发挥调节作用
资源税类	资源税、城镇土地使用税	对开发和利用自然资源差异而形成的级差收入发挥调节作用
财产和行为税类	房产税、车船税、印花税、契税、船舶吨位税	对某些财产和行为发挥调节作用
特定目的税类	城市维护建设税、土地增值税、车辆购置税、耕地占用税、烟叶税、环境保护税	为达到特定目的,对特定对象和特定行为发挥调节作用

(2) 工程经济分析中的税金

工程经济分析中涉及的税金主要包括:从营业收入中扣除的增值税、消费税、城市维护建设税和资源税;计入总成本费用的房产税、城镇土地使用税、车船税和印花税等;从利润中扣除的企业所得税等。

1) 增值税

增值税是以商品(含应税劳务)在流转过程中产生的增值额作为计税依据而征收的一种流转税。从计税原理上看,增值税是以商品在生产、流通、劳务服务等各个环节的新增价值或商品的附加值为征税对象实行的价外计税,由消费者负担,有增值才征税,无增值不征税。增值税纳税人按其经营规模大小以及会计核算是否健全,划分为一般纳税人和小规模纳税人,一般纳税人是指年增值税销售额(包括出口销售额和免税销售额)对于工业企业在 50 万元以上,对于商业企业在 80 万元以上的企业。小规模纳税人是指年销售额在规定标准以下,并且会计核算不健全,不能按规定报送有关税务资料的增值税纳税人。

① 对一般纳税人,就其销售(或进口)货物或者提供加工、修理修配劳务的增加值征税,基本税率为 13%;交通运输、建筑、基础电信服务等行业及农产品等货物的增值税税率为 9%;出口货物为 0(国务院另有规定的除外)。计税公式如下。

$$应纳增值税额＝当期销项税额－当期进项税额$$

式中,当期销项税额是按照当期销售额和规定的增值税率计算的增值税额;当期进项税额是购进货物或接受应税劳务应负担的增值税额。准予从销项税额中抵扣的进项税额是指增值税扣税凭证(增值税专用发票及海关提供的完税凭证)上注明的增值税额。

② 对小规模纳税人,实行简易办法计算应纳税额,征收率为 3%,计税公式如下。

$$应纳增值税额＝销售额×增值税税率$$

自 2016 年 5 月 1 日起,我国全面实行"营改增",即以前缴纳营业税的应税项目改征增值税,增值税只对产品或者服务的增值部分纳税。实行"营改增"的意义在于:避免了营业税重复征税、不能抵扣、不能退税的弊端,实现了增值税"道道征税,层层抵扣"的目的,能有效降低企业税负;改变了市场经济交往中的价格体系,把营业税的"价内税"变成了增值税的"价外税",形成了增值税进项和销项的抵扣关系,这将从深层次上影响到产业结构的调整以及企业的内部架构。

2) 消费税

消费税是国家为体现消费政策、调节消费结构、正确引导消费方向,在普遍征收增值税的基础上,对生产、委托加工、零售和进口的应税消费品征收的一种流转税。其征收范围包括五类产品:①一些过度消费会对人类健康、社会秩序、生态环境等方面造成危害的特殊消费品(如烟、酒、鞭炮);②奢侈品、非生活必需品(如化妆品、贵重首饰、珠宝);③高能耗及高档消费品（如小汽车、摩托车）；④不可再生的资源（如汽油、柴油）；⑤有财政意义的产品。

消费税的纳税义务人是在我国境内从事生产和进口税法规定的应税消费品的单位和个人，实行价内征收，即消费税是价内税，只在应税消费品的生产、委托加工和进口环节缴纳，是对特定的消费品和消费行为在特定的环节征收的一种间接税。企业交纳的消费税计入销售税金，抵减产品销售收入。消费税采用从量定额和从价定率两种征收办法，应纳消费税额计算公式如下。

实行从价定率法计算：应纳消费税额＝销售额×税率

实行从量定额法计算：应纳消费税额＝销售数量×单位税额

采用从价定率计征办法的，按不含增值税税金但含有消费税税金在内的价格和规定税率计算征收消费税，销售额为纳税人销售应税消费品向购买方收取的全部价款和价外费用，不包括向买方收取的增值税税款。

3）城市维护建设税和教育费附加

① 城市维护建设税是为了加强城市的维护建设，扩大和稳定城市维护建设资金的来源，以纳税人实际缴纳的消费税和增值税税额为计税依据征收的一种地方税。城市维护建设税按纳税人所在地区实行差别税，其收入专用于城乡公用事业和公共设施的维护建设，计算公式如下。

城市维护建设税＝（增值税＋消费税）×适用税率

② 教育费附加是国家为了发展教育事业，提高公民的文化素质，自1984年开始在全国对缴纳增值税、消费税的单位和个人征收的一种附加费。主要作为教育专项基金，用于发展地方教育事业，扩大地方教育经费的资金来源。教育费附加以增值税税额为计税依据，按项目所在地的教育费附加征收并计算，其计算公式如下。

应纳教育费附加＝（增值税＋消费税）×教育费附加费率

4）资源税

资源税是以各种应税自然资源为课税对象，为了调节资源级差收入并体现国有资源有偿使用，对在我国境内从事某些初级资源（如石油、天然气、煤炭、金属矿产品和其他非金属矿产品资源）开发的单位和个人征收的一种税。资源税的计税依据为销售量，包括销售、自用和捐赠的数量。资源税的应纳税额，按照应税产品的课税数量和规定的单位税额计算。应纳资源税额计算公式如下。

应纳资源税额＝课税数量×单位税额

式中，课税数量是指纳税人开采或者生产应税产品的销售数量或自用数量。对于开采或者生产应税产品销售的，以销售数量为课税数量；对于开采或者生产应税产品自用的，以自用数量为课税数量。单位税额根据开采或生产应税产品的资源状况而定。

5）房产税、城镇土地使用税、车船税和印花税

① 房产税是以房产为征税对象，依据房产价格或房产租金收入向房产所有人或经营人征收的一种税。房产税的计税依据是房产的计税价值或房产的租金收入，按照房产的计税价值征税的称为从价计征，按照房产的租金收入征税的称为从租计征。

② 车船税是指在中华人民共和国境内的车辆、船舶的所有人或者管理人按照中华人民共和国车船税法应缴纳的一种税。该税种对节能汽车，减半征收车船税；对新能源车船，免征车船税。

③ 印花税是对经济活动和经济交往中订立、领受具有法律效力的凭证的行为征收的一种税，因采用在应税凭证上粘贴印花税票作为完税的标志而得名。印花税的纳税人包括在中国境内设立和领受规定经济凭证的企业、行政单位、事业单位、军事单位、社会团体、其他单位、

个体工商户和其他个人。印花税纳税人的应纳税额,根据应纳税凭证的性质,分别按比例税率或者定额税率计算。

④ 城镇土地使用税是指国家在城市、县城、建制镇、工矿区范围内,对使用土地的单位和个人,以其实际占用的土地面积为计税依据,按照规定的税额计算征收的一种税。开征城镇土地使用税,有利于通过经济手段,加强对土地的管理,变土地的无偿使用为有偿使用,促进合理、节约使用土地,提高土地使用效益;有利于适当调节不同地区、不同地段之间的土地级差收入,促进企业加强经济核算,理顺国家与土地使用者之间的分配关系。

6) 企业所得税

企业所得税是对企业生产、经营所得和其他所得征收的一种税。企业所得税以企业每一纳税年度的收入总额,减去不征税收入、免税收入、各项扣除以及允许弥补的以前年度亏损后的余额作为应纳税所得额,适用税率为 25%。收入总额包括生产经营收入、财产转让收入、利息收入、租赁收入、特许权使用费收入以及股息收入等。企业应纳所得税额的计算公式如下。

$$应纳所得税额=应纳税所得额\times适用税率$$

2.4.3 利润

企业的最终财务成果,是用货币形式反映的一定时期内企业生产经营活动的效率和效益,是以企业生产经营所创造的收入与所发生的成本对比的结果。企业的最终财务成果为正值时称为利润;为负值时则称为亏损。利润的实现表明企业生产耗费得到了补偿,并取得了盈利。对利润进行核算可以及时反映企业在一定时期的经营业绩和获利能力,反映企业的投入产出效率和经济利益。

(1) 利润总额与净利润

利润主要是指利润总额和净利润,利润总额是指营业利润、投资净收益、补贴收入之和与营业外收支净额之间的差值,净利润是指利润总额扣除所得税后的差额,计算公式如下。

$$利润总额=营业利润+投资净收益+补贴收入-营业外收支净额$$

$$净利润=利润总额-所得税$$

1) 营业利润

营业利润是指主营业务与其他业务的利润之和与期间费用之间的差值,计算公式如下。

$$营业利润=主营业务利润+其他业务利润-期间费用$$

$$主营业务利润=主营业务收入-主营业务成本-主营业务税金及附加$$

$$其他业务利润=其他业务收入-其他业务成本$$

① 主营业务利润计算式中,主营业务收入是指销售产品、提供劳务等取得的收入;主营业务成本是指企业已销售的产品、劳务等的制造成本;主营业务税金及附加是指应由销售的产品、提供的劳务等负担的销售税金及附加,包括消费税、城建税(城市维护建设税)、教育费附加、资源税等,并扣减减免税退回的税金。

② 其他业务利润计算式中的数据可以根据其他业务收入和其他业务成本账户上的有关资料确定。

③ 期间费用是指管理费用、财务费用和营业费用。

2) 投资净收益

投资净收益是指投资收益扣减投资损失后的数额,计算公式如下。

$$投资净收益=对外投资收益-对外投资损失$$

式中,对外投资收益包括对外投资分得的利润、股利和债券利息,以及投资到期回收或者中途转让、出售取得的款项高于账面价值的差额等;对外投资损失包括投资到期回收或者中途转让、出售取得的款项低于账面价值的差额,以及按权益法核算的股权投资在被投资单位减少的净资产所分担的资产数额等。

3) 补贴收入

补贴收入是指企业按照国家规定取得的各种补贴,包括国家财政拨付的专项储备商品、特准储备物资、临时储备商品的补贴,亏损补贴及其他补贴收入。对于实行增值税后采取即征即退、先征后退、先征税后返还等形式减免的增值税,企业应于收到减免的增值税时,计入补贴收入。

4) 营业外收支净额

营业外收支净额是指与企业生产经营无直接关系的收入与支出的差额,即营业外收入扣减营业外支出。营业外收入是与企业生产经营活动无直接关系的各项收入,是一种纯收入,不需要也不可能与有关费用进行配比。营业外支出是指与企业生产经营活动无直接关系的各项支出,包括固定资产盘亏、处理固定资产损失、非常损失、罚款支出、资产评估减值等。

5) 所得税

净利润是税后利润,在净利润计算公式中的年应纳所得税额是以年利润总额与弥补以前年度亏损之差作为计算基数,乘以适用的所得税税率得到的。

(2) 利润分配

利润是劳动者新创造的价值,应在全社会范围内进行分配,其中,一部分以交纳所得税的方式交给国家,作为国家的财政收入;另一部分企业缴纳所得税后的利润,除国家另有规定外,一般按照固定的顺序分配。利润分配就是企业将实现的税后利润在投资者之间进行分配,具体表现为在法定盈余公积金、任意盈余公积金以及股东之间分配利润、股利等。

企业当期实现的净利润,加上年初未分配利润或减去年初未弥补的亏损和其他转入后的余额,即为可供分配的利润。如果可供分配的利润为负值(即亏损),则不能进行后续分配;如果可供分配的利润为正值(即利润),应按以下顺序进行分配。

1) 弥补以前年度的亏损

根据企业所得税法规定,公司发生年度亏损,可以用以后年度的应纳税所得进行弥补,1年弥补不足的,可以逐年连续弥补,但最长不能超过5年。根据公司法规定,公司的法定盈余公积金主要用处之一就是弥补亏损。

2) 提取法定盈余公积金和任意盈余公积金

法定盈余公积金按照本年度实现的净利润扣除被没收的财物损失、违反税法规定支付的滞纳金和罚款及弥补以前年度亏损后净额的10%提取,当盈余公积金已达注册资金的50%时,可不再提取。向股东分配利润之前提取任意盈余公积金作为公司的留存收益,主要是出于经营管理上的需要,是为了控制向投资者分配利润的水平以及调整各年利润波动而采取的限制措施。

3) 提取公益金

提取公益金主要用于企业职工集体福利设施支出,可根据具体情况按税后利润的一定比例计提。

4) 向投资者分配利润

在提取盈余公积金、公益金之后,其余为可供投资者分配的利润,并在应付利润和未分配利润之间分配。应付利润按照一定的比例向投资者分配利润,企业当年无利润时,不得向投资者分配利润,但股份有限公司在用盈余公积金弥补亏损后,经股东会特别决议,可以按照不超过股票面值6%的比率,用盈余公积金分配股利;在分配股利后,企业法定盈余公积金不得低于注册资金的 25%。

5) 保留未分配利润

税后利润经过以上顺序分配以后，余值为未分配利润。未分配利润主要用于偿还借款本金，以前年度的未分配利润可以并入本年度向投资主体分配。

2.4.4 基本要素之间的关系

在工程经济分析中，主要是预测项目投资本身的经济效益，对其他的收支收益情况可不予考虑或不可能预测。如营业利润中的投资净收益不属于项目投资的效益，可不必考虑；其他业务利润无法预测；营业外收支一般数额较小，且不便估算，一般也不予考虑。因此，工程经济分析基本要素营业收入、总成本费用、税金和利润之间的关系，如图 2.7 所示。

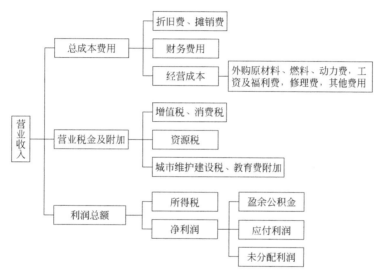

图 2.7 营业收入、总成本费用、税金和利润之间的关系

思考练习题

2.1 简述现金流量的构成要素。
2.2 简述固定资产投资估算的内容。
2.3 简述平均年限法和双倍余额递减法的区别。
2.4 简述经营成本和营业收入的含义。
2.5 简述工程经济分析中包括的税金项目。
2.6 简述工程经济分析中各基本要素之间的关系。
2.7 某建设项目期初投资 200 万元，年营业收入为 120 万元，年折旧费为 23 万元，税金及附加为 2.5 万元，年经营成本为 55 万元，所得税税率为 25%，不考虑固定资产残值。试计算该项目的年净现金流量。
2.8 某拟建项目建设期为 3 年，第 1 年初投资 800 万元，第 2 年初投资 1000 万元，第 3 年初投资 1200 万元。从第 4 年末起，连续 8 年每年的营业收入均为 4800 万元，经营成本均为 2200 万元，折旧费均为 600 万元，税金及附加均为 150 万元，所得税税率为 25%，项目期末的残值预计为 500 万元。试绘制该项目的现金流量图并计算各年的净现金流量。

2.9 已知某加工工业项目的年营业收入为1200万元,其类似项目百元销售量的流动资金占用额为28元,则该项目的流动资金为多少?

2.10 某项目建设期为3年,计划当年开工建设,总投资额为3500万元,各年的投资比例分别为30%、45%、25%,建设期价格的上涨指数为6%,试估算该项目的价差预备费。

2.11 某建筑机械设备原始价值为35万元,残值为1.2万元,预计可使用6000h,该设备投入使用后,第1个月使用了60h,第2个月使用了80h,第3个月使用了90h,试用工作量法计取3个月的折旧费。

2.12 某工业设备的固定资产原值为400万元,若折旧年限为5年,残值率为5%,试分别用平均年限法、双倍余额递减法、年数总和法计算各年的折旧费。

第 3 章

工程经济分析的基础知识

【本章内容概要】
  本章首先介绍了资金时间价值的概念及其在工程经济分析中的应用,并分析了资金时间价值的影响因素;然后介绍了利息与利率的含义、决定因素和计算要素,分析得出单利计息法与复利计息法的特点和公式,以及建设期贷款利息的两种计算方式,并对名义利率和实际利率的概念、公式及其转换关系进行了详细说明;最后阐述了资金等值的相关概念,并通过推导得出六个包括整付和等额分付类型的等值计算公式,以及两个变额分付类型的特殊等值计算公式。

【本章学习要点】
  ◆ 掌握:资金时间价值的定义与内涵、利息的计算要素、单利计息法、复利计息法、名义利率的确定、实际利率的计算、资金等值计算的参数与类型、整付类型等值计算公式。
  ◆ 熟悉:资金时间价值的影响因素、利息与利率的含义、建设期贷款利息的计算、名义利率与实际利率的关系、资金等值与资金等值计算的概念、等额分付等值计算公式、等值公式应用要点。
  ◆ 了解:资金时间价值在工程经济分析中的应用、资金时间价值的形成原因、利息与利率的决定因素、名义利率与实际利率的相关概念及其应用、特殊变额分付类型等值计算公式。

3.1 资金时间价值概述

3.1.1 资金时间价值的概念

(1) 定义与内涵

1) 资金时间价值的定义

  任何物质资源的存在和发展都和时间密切联系,都包含与体现着时间的价值。在工程经济活动中也不例外,由于项目的经济效益是在一定时间内创造的,不讲时间,也就谈不上效益,因此,时间就是经济效益。

  在工程经济分析中,工程技术方案所发挥的经济效益最终是以货币形态表现出来的,货币是固定的、充当一般等价物的特殊商品,它能够衡量商品价值的大小,充当商品交换的媒介,货币如果用贮藏手段保存起来,不论经过多长时间仍为同数量货币,金额不会改变。

  资金是社会再生产过程中财产、物资的货币表现,只有参与了生产过程循环的货币才能成为资金,资金运动反映了物化劳动和活劳动的运动过程,而这个过程也是资金随时间运动的过程。因此，资金的实质是再生产过程中运动着的价值，是随时间变化而变化的时间函数，且随时间的推移而增值，资金的这种增值现象称为资金的时间价值，其增值的这部分资金就是原有资金的时间价值。

2) 资金时间价值的内涵

等额资金在不同的时间点上具有不同的价值，即资金在扩大再生产及其循环周转过程中，随着时间的延续而产生增值。它是社会劳动创造价值能力的一种表现形式。也就是说，一般的资金并不会自己增值，只有同劳动结合且有时间上的推移的资金才具有时间价值。资金时间价值的内涵可以从投资者和消费者两个角度来理解。

① 从投资者的角度来看，将资金用作某项投资时，在资金的"流通—生产—流通"运动过程中可获得一定的收益或利润，其价值产生了增值，而增值的实质是劳动力在生产过程中创造了剩余价值。因此，资金的时间价值体现为资金的增值。

② 从消费者的角度来看，资金一旦用于某项投资时，就不能进行现期消费，而牺牲现期消费是为了能在将来得到更多的消费资金，因此，资金的时间价值体现为对放弃现期消费的损失所应给予的必要补偿。

现代社会商品经济高度发达，如果能在生产、流通过程中自觉地运用资金的增值原理，在各项基本建设投资中重视资金的时间价值，尽量缩短建设周期，加速资金的周转，即可获取更大的经济效益。

(2) **工程经济分析中的应用**

资金的时间价值来源于资金运动，来源于生产与交换，而不是来源于时间，但资金时间价值与时间的关系十分密切，在工程技术方案的经济分析与评价过程中，各备选方案在时间上可能存在着以下几种情况。

① 投资的时间和投资的阶段不同。对于早投资或晚投资、集中投资或分期投资的情况，其经济效果是完全不同的。

② 投产的时间和达产的阶段不同。对于早投产或晚投产、投产即达到生产能力或投产后逐年达到生产能力的情况，其经济效果也是完全不同的。

③ 使用寿命期和年经营费用不同。实现技术方案后，对于各年经营费用不同的方案，如有的方案前期经营费用大，后期费用小，或有的前期费用小，后期费用大，以及根据整个项目的使用寿命期，有的早报废、有的晚报废等情况，其经济效果亦不同。

因此，在工程经济分析时，不仅要着眼于方案资金量的大小（资金收入与支出的多少），而且也要考虑资金发生的时点（投资与收益的时间），以及使用寿命期等。对于存在着时间因素不可比的备选方案，必须在考虑资金时间价值的前提下，通过换算、假设或近似等方法进行指标的计算与对比，以消除方案时间上的不可比性，符合工程经济分析的可比性原则，从而保证经济效果评价结论的正确性与可靠性。

3.1.2 资金时间价值的影响因素

(1) **资金时间价值的形成原因**

导致资金具有时间价值的原因很多，从投资角度分析，主要体现在投资产生的盈利、通货膨胀的补偿和风险因素的影响等方面。其中，投资产生的盈利是通过投资盈利率或收益率来体现的，指的是在没有通货膨胀和风险因素影响的情况下，单位投资所能取得的赢利或收益，是生产的本质和投资的目的；通货膨胀的补偿是通过通货膨胀补偿率来体现的，指的是对于因通货膨胀、货币贬值等造成的损失所应做出的补偿；风险因素的影响是通过风险因素补偿率来体现的，指的是对于因风险因素的存在,而可能带来的损失即对于未来的不确定性所应做出的补偿。

根据所考虑成因的不同,资金时间价值的概念有广义和狭义之分。其中,广义的资金时间价值是指随时间的变化,由以上所有因素所引起的资金价值的变化量;而狭义的资金时间价值则是指不考虑通货膨胀和风险因素的情况下,资金价值针对投资额的真实变化量。要注意的是,在一般的工程经济分析中通常是针对狭义的资金时间价值所进行的评价与决策。

(2) 资金时间价值的影响因素

影响资金时间价值的主要因素包括:资金的投入、使用和回收时间,以及资金的数量和周转速度。

1) 资金的投入、使用和回收时间

① 在总资金一定的条件下,前期投入的资金越多,资金的负效益越大,资金的时间价值就越小;反之,则资金的时间价值越大。

② 在单位时间的资金增值率一定的条件下,资金的使用时间越长,资金的时间价值就越大;反之,则资金的时间价值越小。

③ 在资金回收额一定的条件下,离投入时间越近,回收的资金越多,资金的时间价值就越大;反之,则资金的时间价值越小。

2) 资金的数量和周转速度

① 在其他条件不变的情况下,资金的数量越多,资金的时间价值就越大;反之,则资金的时间价值越小。

② 在一定时间内等量资金的周转次数越多,即资金的周转速度越快,资金的时间价值就越大;反之,则资金的时间价值越小。

3.2 利息、利率及其计算

3.2.1 利息与利率概述

(1) 利息与利率的含义

利息或净收益、利率或收益率都是衡量资金时间价值的尺度,根据其表现形式的不同,又可分为绝对尺度和相对尺度,其中,利息或净收益是绝对尺度,利率或收益率是相对尺度。

1) 衡量资金时间价值的绝对尺度

利息和净收益(盈利或利润)都是资金时间价值的基本表现形式,都是资金增值的一部分,是社会劳动在不同部门的再分配。其中,利息是指通过金融机构产生的资金增值,是以信贷为媒介的资金使用权的报酬,如银行存款获得的资金增值;净收益(盈利或利润)是指通过投入生产建设产生的资金增值,是由生产经营、流通部门产生的资金增值。对于投资者而言,利息和净收益都是一种收入,是投资得到的报酬总额,且都是资金随着时间的推移而产生的增值,因此,称其为衡量资金时间价值的绝对尺度。其中,利息一般应用于计算和分析资金的信贷情况,净收益(盈利或利润)一般应用于研究某项投资的经济效果。

2) 衡量资金时间价值的相对尺度

利率是指一定时期内获得的利息与最初存款或贷款总额的比率,收益率(盈利率或利润率)是指一定时期内获得的盈利或利润与原投入资金总额的比率,二者都反映了资金随时间变化其增值速度的快慢,即资金的增值率。因此,称其为衡量资金时间价值的相对尺度,也称之为使用资金的报酬率,通常用百分比(%)表示。

(2) 利息与利率的决定因素

1) 利息与利率在工程经济活动中的作用

① 利息和利率是以信用方式动员和筹集资金的动力。自愿性是以信用方式筹集资金的重要特点，而自愿性的动力主要源于利息和利率。例如，对于投资者而言，最先考虑的是投资该项目所得利息是否高于将此资金投入其他项目所得的利息，如果是，那这笔资金就会投入该项目，而反之，则这笔资金将可能投入其他项目或不投资。

② 利息与利率是金融企业经营发展的重要条件。金融机构作为企业，其经营目的是获取利润。金融机构的业务收入来源于存款和贷款利率不同所形成的利息差额，此差额扣除业务费后的余额就是金融机构的利润，也就是说，利息和利率对于金融机构利润的获取至关重要，也是激励金融企业经营发展的重要保障。

③ 利息与利率促进企业加强经济核算，节约使用资金。企业借款需支付的贷款利息将增加企业资金的支出负担，这就促使企业在经营过程中必须仔细筹划，将贷款资金合理应用，以减少借入资金的占用，从而少付利息，同时也可使企业自觉压缩库存的限额，从而减少多环节占压资金的情况。

2) 利率高低的决定因素

利率是国家管理经济的重要杠杆，国家在不同时期制定不同的利率政策，对不同地区不同部门规定不同的利率标准，都会对整个国民经济产生长足的影响，利率的高低一般取决于以下几个因素。

① 国民经济发展方向。一般来说，对于限制发展的部门和企业，利率规定的较高，而对于提倡发展的部门和企业，利率则规定的较低，以引导部门和企业的生产经营服从国民经济发展的总方向。

② 社会平均利润率。通常情况下，社会平均利润率是利率的最高界限。这是由于一旦社会平均利润率低于利率，则对于需贷款的投资方而言将无利可得，也就不会产生贷款行为，因此，利率始终低于社会平均利润率。

③ 借贷资本的供求情况。在金融市场的社会平均利润率不变的情况下，当借贷资本供过于求时，利率降低；反之，利率升高。

④ 贷款风险。指的是银行借出资本时所承担的风险，此风险的大小将影响利率的高低。银行所承担的风险越大，利率越高；反之，利率越低。

⑤ 通货膨胀率。通货膨胀的情况下，实际利率水平低于物价指数，利率上涨的幅度没有物价上涨的幅度大，因此，通货膨胀率直接影响着利息和利率的波动，在资金贬值时，利息和实际利率往往会在无形中成为负值。

⑥ 借出资本的期限长短。对于银行贷款，其借款期限越长，资金占用时间越长，不可预见的因素越多，风险越大，则利率相应越高；反之，利率相应越低。

3) 利息多少的决定因素

利息的多少与利率、时间、本金有关。利率越高、时间越长、本金越多，则利息越多，反之则越少。

(3) 利息的计算要素

在工程经济分析中，资金的时间价值是根据银行计算利息的方法得到的。利息主要有三个计算要素，即本金、时间和利率。

1) 本金

在资金时间价值的计算公式中，本金通常用字母 P 表示。是指产生利息的那部分资金，即用来获利的原始资金,也称为本钱。对于银行而言,本金就是其借贷资金,对于工程项目而言,本金就是项目的总投资。

2)时间

时间指的是与存贷款相关的时间参数,包括计息期、计息周期和计息次数。

① 计息期。是指计算利息的整个时期,对于银行而言,就是存款期或贷款期,对于工程项目而言,就是其寿命期。

② 计息周期。是指计算一次利息的时间单位,可以是年、半年、季、月、周或日等,通常用年或月表示。例如,计息周期以年为单位时,表示一年计息 1 次;若以月为单位时,则表示一月计息 1 次,一年计息 12 次。

③ 计息次数。在资金时间价值的计算公式中,计息次数通常以字母 n 表示,是由计息周期与计息期相乘得到的。例如,以月为计息周期,则一年的计息次数 $n=12$,而三年的计息次数 $n=12\times3=36$;以年为计息周期,则一年的计息次数 $n=1$,而三年的计息次数 $n=1\times3=3$。

3)利率

在资金时间价值的计算公式中,利率通常以字母 i 表示,指的是单位时间内产生的利息和本金之比,即折现率,通常是国家根据国民经济发展状况统一制定的,利率的计算公式如下。

$$i=\frac{I}{P}\times100\% \tag{3.1}$$

例如,某人向银行贷款 50000 元,一年期末应还 3000 元贷款利息,则银行贷款的年利率为 6%。

利率按其计息时间的长短可分为:年利率、季利率、月利率、周利率、日利率等,常用的年利率、月利率和日利率三种利率之间的换算关系如下。

年利率=月利率×12=日利率×360
月利率=年利率÷12=日利率×30
日利率=月利率÷30=年利率÷360

4)利息的计算公式

在资金时间价值的计算公式中,一个计息周期的利息通常以字母 I 表示,是借款人向贷款人支付的报酬,即占用资金所付出的代价。利息的计算公式如下。

$$I=F-P \tag{3.2}$$

式中,F 表示本利和,即还本付息总额。

3.2.2 利息的计算方法

利息的计算方法有单利计息法和复利计息法两种。

(1) 单利计息法

单利计息法,又称"利不生利"计息法,是指在计算利息时,仅对本金计算利息,而对本金产生的利息不再计算利息的方法。单利计息的特点是:无论计息周期为多少,每经一期均按原始本金计息一次,利息不再产生利息,每期计算的利息都相等。例如,银行对于个人的定期存款采用的就是单利计息的方法,仅以存款本金计算利息,并未将所获利息纳入后期的利息计算中。

根据单利计息法的定义和特点,单利计息公式推导过程如表 3.1 所示。

表 3.1 单利计息公式的推导过程

计息周期	期初欠款	当期利息	期末本利和
1	P	Pi	$P+Pi=P(1+i)$
2	$P(1+i)$	Pi	$P(1+i)+Pi=P(1+2i)$
3	$P(1+2i)$	Pi	$P(1+2i)+Pi=P(1+3i)$
⋮	⋮	⋮	⋮
n	$P[1+(n-1)i]$	Pi	$P[1+(n-1)i]+Pi=P(1+ni)$

由表 3.1 可得单利计息公式如下。

$$F_n=P(1+in) \tag{3.3}$$
$$I_n=F_n-P=Pin \tag{3.4}$$

单利计息法虽然部分考虑了资金的时间价值，但并未将之前已经产生的利息纳入下一期的计息基础中，进行累计计息，因此，应用单利计息法计算的资金时间价值是不完善的，一般只适用于短期投资以及不超过一年的短期贷款的情形。

(2) 复利计息法

复利计息法，又称"利上加利"计息法，是以本金与累计利息之和为基数计算利息的方法。复利计息的特点是：不仅本金计算利息，每一计息周期的利息也要并入本金，再计利息，即所谓的"利滚利"。例如，银行对于企业的贷款采用的就是复利计息的方法，是以贷款本金及其每期所获利息的累计值作为计算基础进行贷款利息计算的。

根据复利计息法的定义和特点，复利计息公式推导过程如表 3.2 所示。

表 3.2 复利计息公式的推导过程

年份	年末欠款	年末欠利息	年末欠本利和
1	P	Pi	$P+Pi=P(1+i)$
2	$P(1+i)$	$P(1+i)i$	$P(1+i)+P(1+i)i=P(1+i)^2$
3	$P(1+i)^2$	$P(1+i)^2 i$	$P(1+i)^2+P(1+i)^2 i=P(1+i)^3$
⋮	⋮	⋮	⋮
n	$P(1+i)^{n-1}$	$P(1+i)^{n-1}i$	$P(1+i)^{n-1}+P(1+i)^{n-1}i=P(1+i)^n$

由表 3.2 可得复利计息公式如下。

$$F_n=P(1+i)^n \tag{3.5}$$
$$I_n=F_n-P=P[(1+i)^n-1] \tag{3.6}$$

复利计息法考虑了利息投入生产或流通过程参与资金运动所获得的全部收益，符合资金运动的客观规律，可完全地反映出资金的时间价值，因此，在工程经济分析与评价中常采用复利计息法。

(3) 计算实例及分析

【例 3.1】 某企业向银行贷款 50 万元，贷款期限为 5 年，利率为 6%，试分别按单利计息法和复利计息法计算企业到期应付的本利和，并列表比较两种计息方法得出结论。

解：1) 单利计息法

$$F=P(1+in)=50\times(1+6\%\times5)=65(万元)$$

按单利计息法计算时，5年中每年的利息与本利和的计算结果，如表3.3所示。

表3.3 单利计息应付利息及本利和　　　　　　　　　　单位：万元

计息期/年	期初欠款	当期利息	期末本利和
1	50	50×6%=3	50+3=53
2	53	50×6%=3	53+3=56
3	56	50×6%=3	56+3=59
4	59	50×6%=3	59+3=62
5	62	50×6%=3	62+3=65

2）复利计息法

$$F=P(1+i)^n=50\times(1+6\%)^5=66.91(万元)$$

按复利计息法计算时，5年中每年的利息与本利和的计算结果，如表3.4所示。

表3.4 复利计息应付利息及本利和　　　　　　　　　　单位：万元

计息期/年	期初欠款	当期利息	期末本利和
1	50	50×6%=3	50+3=53
2	53	53×6%=3.18	53+3.18=56.18
3	56.18	56.18×6%=3.37	56.18+3.37=59.55
4	59.55	59.55×6%=3.57	59.55+3.57=63.12
5	63.12	63.12×6%=3.79	63.12+3.79=66.91

3）单利计息法和复利计息法的对比

按单利计息法和复利计息法计算的结果对比如表3.5所示。

表3.5 单利和复利计息法对比表　　　　　　　　　　单位：万元

计息期/年	单利计息法			复利计息法		
	期初欠款	当期利息	期末本利和	期初欠款	当期利息	期末本利和
1	50	3	53	50	3	53
2	53	3	56	53	3.18	56.18
3	56	3	59	56.18	3.37	59.55
4	59	3	62	59.55	3.57	63.12
5	62	3	65	63.12	3.79	66.91

从表3.5的对比结果可以看出，应用复利法计算的利息大于单利法计算的利息，多出的利息值为：66.91－65＝1.91(万元)，这1.91万元就是各年利息的利息，由此，可得到以下结论。

① 对于同一笔贷款，在利率和计息周期相同的情况下，用复利法计算的利息金额及应偿还的本利和比用单利法计算的大。当本金越大、利率越高、计息周期越长时，用两种方法计算的结果差距就越大。

② 复利计息法中，考虑了期初本金在计息周期内产生的增值，即各期利息值并非闲置起来，而是继续投入生产领域，又会继续产生增值，即利上加利。因此，较单利法而言，复利法

的计算虽然相对复杂一些，但就资金在整个社会生产过程中的运动情况看，复利计息法更符合资金在社会再生产中的实际状况。

（4）建设期贷款利息的计算

建设期贷款利息实行复利计算，根据贷款发放方式的不同，有以下两种计算方法。

1）一次性发放总贷款且利率固定的贷款利息计算方法

对于贷款总额一次性贷出且利率固定的贷款，其建设期贷款利息可直接应用复利计算公式(3.6)，即：

$$I_n = F_n - P = P[(1+i)^n - 1]$$

在计算建设期贷款利息时，式中 F_n 表示建设期贷款的本利和；P 表示年初一次性贷款额；i 表示贷款年利率；n 表示贷款期限；I_n 表示建设期贷款利息。

2）分年均衡发放总贷款的贷款利息计算方法

对于总贷款是分年均衡发放的情况，建设期贷款利息可按当年借款在年中支用考虑，即当年贷款按半年计息，上年贷款按全年计息，其建设期贷款利息的计算公式如下。

$$I_j = \left(P_{j-1} + \frac{1}{2}A_j\right)i \tag{3.7}$$

式中，I_j 为建设期第 j 年应计贷款利息；P_{j-1} 为建设期第 $(j-1)$ 年末累计本金与利息之和；A_j 为建设期第 j 年贷款金额；i 为贷款年利率。

【例 3.2】 某拟建项目的总投资为 2200 万元，根据项目实施进度规划，项目建设期为 3 年，3 年的投资分年使用比例分别为 30%、40%、30%。各年投资中贷款占比为年投资额的 30%，预计建设期内各年的贷款利率分别为 5%、5.5%、6%，试估算该项目建设期的贷款利息。

解：$I_1 = (2200 \times 30\% \times 30\% \times 0.5) \times 5\% = 4.95$（万元）

$I_2 = (2200 \times 30\% \times 30\% + 4.95 + 2200 \times 40\% \times 30\% \times 0.5) \times 5.5\% = 18.42$（万元）

$I_3 = (2200 \times 30\% \times 30\% + 4.95 + 2200 \times 40\% \times 30\% + 18.42 + 2200 \times 30\% \times 30\% \times 0.5) \times 6\% = 35$（万元）

则该项目的建设期贷款利息总额为：$I = 4.95 + 18.42 + 35 = 58.37$（万元）

3.2.3　名义利率与实际利率

在复利计算中，利率周期通常以年为单位，它可以与计息周期相同，也可以不同。例如，给定的利率是年利率，而计息周期是半年、一个季度或一个月时，一年内计息次数就不止 1 次，而是相应的为 2 次、4 次或 12 次，则此时的实际利率就不同于年利率。因此，当计息周期小于一年时，就出现了名义利率和实际利率的概念。

（1）相关概念

1）名义利率

名义利率是指非实际计息的利率，按计息周期的不同，可以是年名义利率、月名义利率或日名义利率等。一般情况下，在通常计算中所给定的利率，如果没有特别指出时，都是名义利率，而且多数是年名义利率。例如，给定利率为 12%，无特殊说明时，则可知其为年利率，且其年名义利率亦为 12%。

2）实际利率

实际利率，又称为有效利率，是指资金在计息周期内所发生的利率。当计息周期等于一年时，则所给定利率既是年名义利率又是实际利率；当计息周期小于一年时，考虑到年内再生利息的因素，实际利率则是通过复利计算的方法，将各种不同计息期的利率换算为以年为计息期的利率。

例如，给定年利率为12%，若一年计息1次，则此时的年名义利率就是年实际利率，均为12%；若一年计息2次，则此时年名义利率的1/2，即6%就是以半年为计息期的实际利率；若一年计息4次，则此时年名义利率的1/4，即3%就是以季度为计息期的实际利率。

（2）名义利率的确定

名义利率的确定取决于计息周期与给定利率周期之间的关系，主要分为以下两种情况。

1）计息周期与利率周期相同时的名义利率

当计息周期的时间单位与所给定利率的时间单位相同时，则所给定的利率就是该时间单位的名义利率。例如，当给定年利率为12%，按年计息，即一年计息1次时，则年利率12%就是年名义利率；当给定月利率为1%，按月计息，即一个月计息1次时，则月利率1%就是月名义利率。

2）计息周期小于利率周期时的名义利率

当计息周期的时间单位小于所给定利率的时间单位时，可分别确定计息周期和给定利率周期的年名义利率。

① 计息周期的名义利率，等于所给定利率除以其一年的计息次数。例如，所给定的年利率为12%，按月计息，即其计息周期为一个月，则一年计息12次，所以月名义利率为：12%/12=1%。

② 给定利率周期的年名义利率，等于计息周期的名义利率乘以其一年的计息次数。例如，所给定的月利率为1%，按月计息，则其月名义利率为1%，而年名义利率为：1%×12=12%，即"年利率（名义利率）为12%，按月计息"。

由此可知，在确定名义利率时忽略了前面各期利息再生的因素，与单利计息法的计算思路相同。

（3）实际利率的计算

1）名义利率与实际利率的换算

设名义利率为 r，一年的计息次数为 m，则每一个计息周期内的利率为 r/m，其1年后利息为：

$$I = F - P = P\left(1 + \frac{r}{m}\right)^m - P = P\left[\left(1 + \frac{r}{m}\right)^m - 1\right] \tag{3.8}$$

则其实际利率为：

$$i_{实} = \frac{I}{P} = \frac{P\left[\left(1 + \frac{r}{m}\right)^m - 1\right]}{P} = \left(1 + \frac{r}{m}\right)^m - 1 \tag{3.9}$$

2）间断式与连续式复利计息

复利计息可分为间断式和连续式两种方式，实际利率亦有相应的计算方法。

① 如果计息周期为一个确定的时间（如年、季、月等），并按期进行复利计息，则称为间断式复利计息。间断式复利计息期内的实际利率按式(3.9)计算。

② 如果计息周期无限缩短，一年内无限多次计息，即当 $m \to \infty$ 时，按瞬时进行复利计息，称为连续式复利计息。连续式复利计息期内实际利率的计算公式推导如下：

$$i = \lim_{m \to \infty}\left[\left(1 + \frac{r}{m}\right)^m - 1\right] = \lim_{m \to \infty}\left[\left(1 + \frac{r}{m}\right)^{\frac{m}{r}}\right]^r - 1$$

而其中，$\lim_{m\to\infty}\left(1+\dfrac{r}{m}\right)^{\frac{m}{r}}=e$，所以，连续复利计息时的实际年利率公式如下。

$$i = e^r - 1 \tag{3.10}$$

式(3.10)中，e 是自然对数的底，其值为 2.71828。

由于整个社会的资金处于不停地运动过程中，每时每刻都会通过生产和流通环节增值，所以从理论上讲，应该采用连续式复利计息法计算资金的时间价值，但在实际的工程经济活动中，计息周期不可能无限缩短，因此在进行工程经济分析时，通常采用较为简便易行的间断式复利计息法进行实际利率、利息以及资金的等值计算。

(4) **名义利率与实际利率的关系**

1) 实例分析

假设年名义利率 $r=12\%$，则按年、半年、季、月、周、日计的年实际利率如表 3.6 所示。

表 3.6 实际利率与名义利率的关系

年名义利率(r)	计息周期	年计息次数(m)	计息周期名义利率($i=r/m$)	年实际利率
12%	年	1	12%	12%
	半年	2	6%	12.36%
	季	4	3%	12.551%
	月	12	1%	12.683%
	周	52	0.231%	12.734%
	日	365	0.0329%	12.747%

从表 3.6 可知，当 $m=1$ 时，年名义利率等于年实际利率；当 $m>1$ 时，年实际利率大于年名义利率。且每年计息次数 m 越多，年实际利率与年名义利率相差越大。

2) 名义利率与实际利率之间的关系

① 工程经济分析中，如果各方案的计息期不同，就不能简单地用名义利率来进行方案的分析，而必须换算成实际利率后通过等值计算进行评价和优选，否则会得出错误的结论。

② 实际利率与名义利率之间的差异，主要取决于实际计息期与名义计息期之间的差异。

③ 当计息周期小于一年时，实际利率计算时需采用复利计息法，因此，由于单利计息与复利计息之间概念的不同，实际利率要大于名义利率。

(5) **名义利率与实际利率的应用**

【例 3.3】 某银行对未收回的贷款按每月 1.12% 的利率计取复利，试计算其年名义利率和年实际利率。

解：设年名义利率和年实际利率分别为 r 和 i，因为是按月计息，所以 $m=12$。

则有：$r = 12 \times 1.12\% = 13.44\%$

可得：$i = (1+r/m)^m - 1 = (1+13.44\%/12)^{12} - 1 = 14.3\%$

【例 3.4】 某企业向国际经济合作发展组织贷款 1500 万美元，贷款年利率为 6.5%，按半年复利计息，贷款期为 8 年，试计算到期应还贷款的本利和为多少？利息为多少？

解：设年实际利率为 i，因为是按半年计息，所以 $m=2$。

则有：$i = (1+r/m)^m - 1 = (1+6.5\%/2)^2 - 1 = 6.61\%$

可得：$F = P(1+i)^n = 1500 \times (1+6.61\%)^8 = 2503.08$(万美元)

$I = 2503.08 - 1500 = 1003.08$(万美元)

【例 3.5】 某企业投资项目需向银行贷款 500 万元，年利率为 6%，贷款期为 5 年，试用间断计息法和连续计息法分别计算到期应还贷款的本利和。

解：1）间断计息法
$$F = P(1+i)^n = 500 \times (1+6\%)^5 = 669.11(万元)$$

2）连续计息法
$$i = e^r - 1 = e^{0.06} - 1 = 6.18\%$$
$$F = P(1+i)^n = 500 \times (1+6.18\%)^5 = 674.81(万元)$$

【例 3.6】 某企业拟向两个银行贷款以扩大规模，甲银行每季度利率为 1.4%，按年计息；乙银行年利率为 5%，按月计息。则该企业应向哪家银行贷款？

解：甲银行的年名义利率 $r_甲 = 4 \times 1.4\% = 5.6\%$，则年实际利率为 $i_甲 = r_甲 = 5.6\%$

乙银行的名义利率 $r_乙 = 5\%$，$m = 12$

则有：$i_乙 = (1 + r/m)^m - 1$
$= (1 + 0.05/12)^{12} - 1$
$= 5.12\%$

因 $i_乙 < i_甲$，故应向乙银行贷款。

3.3 资金等值计算

3.3.1 资金等值计算概述

在经济活动中，由于资金具有时间价值，因而不同时间的资金不能直接对比，资金等值是一个非常重要的概念，在工程技术方案的评价、比选过程中广泛应用。

(1) 资金等值的概念

1）资金等值的含义

资金等值是指资金的经济价值相等，例如，对于年利率为 6% 的 1000 元贷款，其 3 年后的价值按复利计息公式计算：$1000 \times (1+6\%)^3 = 1191(元)$，即在考虑资金时间价值的情况下，按 6% 的利率，现在的 1000 元相当于是 3 年后的 1191 元；或者说，3 年后的 1191 元与现在的 1000 元价值相等。

因此，资金等值是考虑资金时间价值时的等值，指的是在时间因素的作用下，按特定利率计算的、发生在不同时期绝对数值不等的资金具有相等的经济价值。包括两重含义：即使金额相等，由于发生的时间不同，其价值并不一定相等；反之，不同时间上发生的金额不等，其资金的价值却可能相等。

资金等值并不意味着资金具有相等的用途，资金的等值仅仅是一种衡量尺度，度量的是在同一利率下不同现金流量方案的评价结果，等值本身并不具有购置、筹款投资和再投资等手段的含义。

2）资金等值的影响因素

影响资金的等值有三个因素：资金金额的大小、资金发生的时点、利率的大小。其中，利率是关键因素，在进行资金的等值分析时，必须以相同的利率作为基本参数，且一定要保证换算期数的时间单位与利率的时间单位一致。如，计息期数是按月计算时，换算利率也必须是月利率。

(2) 资金等值计算的概念

利用等值的概念，把在不同时点发生的资金金额换算成同一时点的等值金额，这一过程叫作资金等值计算。资金的等值计算，是以资金时间价值原理为依据，以利率为杠杆，结合资金的使用时间及增值能力，对工程项目和技术方案的现金进行折算，以期找出共同时点上的等值资金额来进行比较、计算和流量选择。

【例 3.7】 某企业贷款 100 万元，若需在 5 年内以年利率 6% 全额还清本金和利息，根据资金等值的含义可采用四种偿还方案。方案一：至第 5 年末，一次还清本金和利息。方案二：5 年内，每年年末仅偿付利息 6 万元，至第 5 年末在付息同时将本金一并归还。方案三：采取等额分付的方式，即 5 年内，每年年末将本金分期偿还，额度不等，但每年偿还的本金加利息总额相等。方案四：将本金均匀分摊至 5 年，于每年年末偿还本金 20 万元，同时偿还当期利息，此方案由于所欠本金逐年递减，故利息也随之递减，至第 5 年末全部还清。四种偿还方案如表 3.7 所示。

表 3.7 四种偿还方案分析　　　　　　　　　　　单位：万元

偿还方案	年份	年初欠款①	欠款利息②=①×6%	年末欠款③=①+②	本金偿还④	年终偿付⑤=②+④	现金流量图
一	1	100.00	6.00	106.00	0	0	
	2	106.00	6.36	112.36	0	0	
	3	112.36	6.74	119.10	0	0	
	4	119.10	7.15	126.25	0	0	
	5	126.25	7.58	133.83	100.00	133.83	
			33.83		100.00	133.83	
二	1	100.00	6.00	106.00	0	6.00	
	2	100.00	6.00	106.00	0	6.00	
	3	100.00	6.00	106.00	0	6.00	
	4	100.00	6.00	106.00	0	6.00	
	5	100.00	6.00	106.00	100.00	106.00	
			30.00		100.00	130.00	
三	1	100.00	6.00	106.00	17.74	23.74	
	2	82.26	4.94	87.20	18.80	23.74	
	3	63.46	3.81	67.27	19.93	23.74	
	4	43.53	2.61	46.14	21.13	23.74	
	5	22.40	1.34	23.74	22.40	23.74	
			18.70		100.00	118.70	
四	1	100.00	6.00	106.00	20.00	26.00	
	2	80.00	4.80	84.80	20.00	24.80	
	3	60.00	3.60	63.60	20.00	23.60	
	4	40.00	2.40	42.40	20.00	22.40	
	5	20.00	1.20	21.20	20.00	21.20	
			18		100.00	118.00	

由【例 3.7】可知，当年利率为 6% 不变时，四种不同偿还方案均与企业贷款的 100 万元本金等值。也就是说，无论贷款企业采取四种方案中的哪一种，都可以在 5 年内向银行抵偿贷款本金 100 万元，因此，对银行而言，愿意提供 100 万元贷款；同时，对贷款企业而言，只要确定 5 年内以这四种方案中任何一种偿付贷款，就可以得到这 100 万元的使用权。

(3) 资金等值计算的参数与类型

在进行资金的等值计算时，需要用到以下参数。

1) 折现率

折现率 (discount rate)，也称为贴现率，与利率一样，通常以字母 i 表示。折现或贴现，指的是把将来某一时点的资金金额换算成现在的等值金额的换算过程，而折现率或贴现率，指的是折现或贴现时所采用的利率。

2) 现值

现值 (present value)，即资金的"现在"价值，与本金一样，通常以字母 P 表示，是指发生在（或折算到）时间序列起点的效益或费用。

需要说明的是，现值是一个相对的概念，是资金的现在瞬时价值，而当未来某时点发生的资金折现到现在的某个时点时，所得的等值资金就是未来那个时点上资金的现值。例如，将 $t+k$ 个时点上发生的资金折现到第 t 个时点，所得的等值金额就是第 $t+k$ 个时点上资金金额在 t 时点的现值。

在对方案进行经济比较时，通常是把各方案的逐年收支费用通过折现，折算成现值，根据它们的现值总和作出对比。

3) 终值

终值 (future value)，即资金的未来值，与本利和一样，通常以字母 F 表示，是与现值等价的将来某时点的资金价值，是指发生在（或折算到）时间序列终点的效益或费用。如果说现值是将来时点上的资金折现到现在时点的资金的价值，则终值就是资金现值按照一定的利率、经过一定的时间后所得到的资金新值。

4) 年值

年值 (annual value)，又称为年金，即分期等额收支的资金，通常以字母 A 表示，指的是在连续每期期末等额支出（收入）的每一期资金支出（收入）额，由于通常情况下，各期间隔均为一年，且各年金额相等，故又称为年金。

5) 等差递增（减）年值或等比递增（减）率

等差递增（减）年值是指现金流量逐期等差递增（减）时相邻两期资金的差额，通常用符号 G 表示。等比递增（减）率是指等比序列现金流量逐期递增（减）的百分比，通常用符号 q 表示。

6) 资金等值计算的类型

资金的等值计算需要应用普通的复利利率进行，其计算公式也与复利计息公式相同，可根据求解的参数不同分为现值计算、终值计算以及年值计算，也可根据支付方式的不同分为整付、等额分付，以及特殊变额分付等类型进行等值计算。

3.3.2 整付类型等值计算

整付，又称为一次支付，是指在分析经济系统的现金流量时，只有一个时点有现金流入或流出发生，如图 3.1 所示。

在考虑资金时间价值的情况下，现金流入 F 与现金流出 P 相等，则 P 与 F 就是等值的。P 是 F 的现值，F 是 P 的终值。整付类型等值计算包括整付终值公式和整付现值公式。

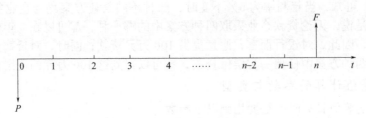

图 3.1 整付类型的现金流量图

(1) 整付终值公式

整付终值公式又称一次支付终值公式,指的是已知期初投资 P,利率为 i 的情况下,求解第 n 年末一次偿还本利和 F 的计算公式,现金流量如图 3.2 所示。

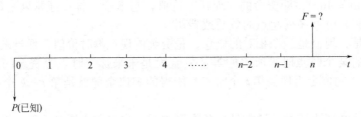

图 3.2 整付终值计算现金流量图

整付终值公式与复利计算的本利和公式在形式上是一样的,它是等值计算的基本公式。整付终值的等值计算公式如下。

$$F=P(1+i)^n \tag{3.11}$$

式(3.11) 中,$(1+i)^n$ 是一种复合利率,称为整付终值系数,也称为一次支付复利系数。其经济含义是现值 1 元钱按利率 i 复利计息,则 n 年后可得到 $(1+i)^n$ 元钱,即 1 元钱的本利和。整付终值系数通常记为 $(F/P,i,n)$,斜线左侧表示待求的等值现金流量,斜线右侧表示已知的参数。则式(3.11) 也可表示如下。

$$F=P(F/P,i,n) \tag{3.12}$$

式(3.12) 中,整付终值系数 $(F/P,i,n)$ 可事先根据不同利率计算出不同计息期的数值,以复利系数表的形式给出,本书二维码中列出了常用利率在不同时期的复利系数,以便于查表计算。

【例 3.8】 某企业扩建需向银行贷款 100 万元,年利率为 6%,约定借款期为 5 年,则该企业 5 年后应向银行偿付的本利和为多少?其中的利息为多少?

解:由式(3.11),可直接求得:
$$F=P(1+i)^n=100\times(1+6\%)^5=100\times1.3382=133.8(万元)$$

也可由式(3.12),通过查复利系数表求得:
$$F=P(F/P,i,n)=100\times(F/P,6\%,5)=100\times1.3382=133.8(万元)$$

其中的利息:$I=133.8-100=33.8$(万元)

(2) 整付现值公式

整付现值公式又称一次支付现值公式,指的是已知第 n 年末的终值 F,在利率为 i 的情况下,求解现值 P 的计算公式,现金流量如图 3.3 所示。

整付现值公式是整付终值公式的逆运算,计算公式如下。

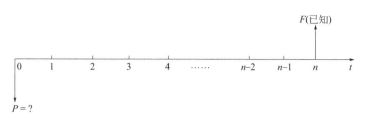

图 3.3 整付现值计算现金流量图

$$P = F\left[\frac{1}{(1+i)^n}\right] \tag{3.13}$$

式(3.13)中，$\frac{1}{(1+i)^n}$称为整付现值系数，也称为一次支付贴现系数。其经济含义是 n 年后 1 元钱按利率 i 换算后的现值，它和一次支付终值系数 $(F/P, i, n)$ 互为倒数关系。整付现值系数通常记为 $(P/F, i, n)$，则式(3.13)也可表示如下。

$$P = F(P/F, i, n) \tag{3.14}$$

【例 3.9】 某企业需在 3 年后进行设备更新，需资金 80 万元，若银行存款利率为 6%，则该企业现在应一次存入银行的资金为多少？

解：由式(3.13)可直接求得：

$$P = F\left[\frac{1}{(1+i)^n}\right] = 80 \times (1+6\%)^{-3} = 80 \times 0.8396 = 67.2(万元)$$

也可由式(3.14)通过查贴现系数表求得：

$$P = F(P/F, i, n) = 80 \times (P/F, 6\%, 3) = 80 \times 0.8396 = 67.2(万元)$$

3.3.3 等额分付类型等值计算

对于经济系统分析期内的现金流量进行等值计算时，如果是集中发生在一个时点上的，即一次支付，可以应用整付类型的计算公式；但大多数现金流量是分布在整个分析期内不同时点上的，即多次分付。而现金流入和流出发生在多个时点的现金流量，其数额可以是不等的，也可以是相等的。当现金流量序列是连续的且数额相等时，就称为等额分付序列现金流量，如图 3.4 所示。

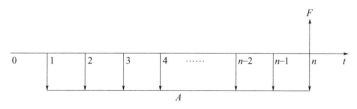

图 3.4 等额分付类型的现金流量图

等额分付类型等值计算包括四个公式：等额分付终值公式、等额分付偿债基金公式、等额分付现值公式、等额分付资金回收公式。应用等额分付类型等值计算公式的基本条件是每期支付均为年金 A，即数额相等、支付间隔相同且每期支付均在期末，最后一期支付与终值同时发生。

(1) 等额分付终值公式

等额分付终值公式指的是已知支付年金 A，在利率为 i 的情况下，求解与 n 年内全部现金流量等值的终值 F 的计算公式，现金流量如图 3.5 所示。

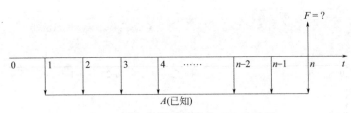

图 3.5 等额分付终值计算现金流量图

图 3.5 中，各期期末年金 A 相对于第 n 期期末的终值的计算如表 3.8 所示。

表 3.8 各期期末等额分付终值计算表

期数	1	2	3	⋯	$n-1$	n
每期末年金	A	A	A	⋯	A	A
n 期末年金终值	$A(1+i)^{n-1}$	$A(1+i)^{n-2}$	$A(1+i)^{n-3}$	⋯	$A(1+i)$	A

由表 3.8 可得，n 年末等额分付终值如下：

$$F=A(1+i)^{n-1}+A(1+i)^{n-2}+A(1+i)^{n-3}+\cdots+A(1+i)+A$$
$$=A[(1+i)^{n-1}+(1+i)^{n-2}+(1+i)^{n-3}+\cdots+(1+i)+1] \quad ①$$

① 式两边同时乘以因子 $(1+i)$，则有：

$$F(1+i)=A[(1+i)^{n}+(1+i)^{n-1}+(1+i)^{n-2}+\cdots+(1+i)^{2}+(1+i)] \quad ②$$

将②式－①式，可得

$$F(1+i)-F=A[(1+i)^{n}-1]$$

由此即可得出等额分付终值公式如下：

$$F=A\left[\frac{(1+i)^{n}-1}{i}\right] \tag{3.15}$$

或将①式右侧括号内的式子视为公比为 $(1+i)$ 的等比数列，也可应用等比数列求和公式得到式(3.15)。

式(3.15) 中，$\dfrac{(1+i)^{n}-1}{i}$ 称为等额分付终值系数，其经济含义是指当期利率为 i 时，与每期期末的 1 元钱按利率 i 换算后的总额等值的第 n 期期末的终值 F，也可记为 $(F/A,i,n)$，因此，式(3.15) 也可表示如下：

$$F=A(F/A,i,n) \tag{3.16}$$

【例 3.10】 某企业为设立奖励基金，每年年末存入银行 10 万元，若年利率为 4%，则该企业第 5 年末可得的本利和为多少？

解：由式(3.15)，可直接求得：

$$F=A\left[\frac{(1+i)^{n}-1}{i}\right]=10\times\left[\frac{(1+4\%)^{5}-1}{4\%}\right]=10\times5.4163=54.2(万元)$$

也可由式(3.16) 通过查等额分付终值系数表求得：

$$F=A(F/A,i,n)=10\times(F/A,4\%,5)=10\times5.4163=54.2(万元)$$

(2) 等额分付偿债基金公式

等额分付偿债基金公式指的是在利率为 i 的情况下，求解与第 n 年末的终值 F 等值的 n 年内每年末的等额年金 A 的计算公式，现金流量如图 3.6 所示。

由图 3.6 可知，等额分付偿债基金公式是等额分付终值公式的逆运算，计算公式如下：

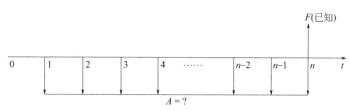

图 3.6　等额分付偿债基金计算现金流量图

$$A = F\left[\frac{i}{(1+i)^n - 1}\right] \tag{3.17}$$

式(3.17)中，$\dfrac{i}{(1+i)^n - 1}$ 称为等额分付偿债基金系数，其经济含义是指当期利率为 i 时，与第 n 期期末的终值 1 元等值的每期期末的资金额，记为 $(A/F, i, n)$，与等额分付终值系数 $(F/A, i, n)$ 互为倒数，因此，式(3.17) 也可表示如下。

$$A = F(A/F, i, n) \tag{3.18}$$

【例 3.11】　某企业需在 5 年后进行厂房扩建，需资金 500 万元，若银行年利率为 4%，则该企业从今年起每年末应存入多少资金？

解：由式(3.17)可直接求得：

$$A = F\left[\frac{i}{(1+i)^n - 1}\right] = 500 \times \left[\frac{4\%}{(1+4\%)^5 - 1}\right] = 500 \times 0.1846 = 92.3(万元)$$

也可由式(3.18)通过查等额分付偿债基金系数表求得：

$$A = F(A/F, i, n) = 500 \times (A/F, 4\%, 5) = 500 \times 0.1846 = 92.3(万元)$$

(3) **等额分付现值公式**

等额分付现值公式指的是对于期初一次性投资，当年运营当年收益，n 年内每年末所获净现金流量为年金 A，在利率为 i 的情况下，求解与 n 年内每年末的等额现金流入总额等值的期初现值 P 的计算公式，现金流量如图 3.7 所示。

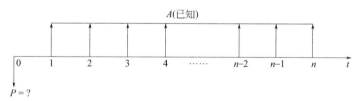

图 3.7　等额分付现值计算现金流量图

图 3.7 中，可先由等额分付终值公式 $F = A\left[\dfrac{(1+i)^n - 1}{i}\right]$ [式(3.15)] 求出与 n 年内各年末的现金流入等值的终值 F，再由整付现值公式 $P = F\left[\dfrac{1}{(1+i)^n}\right]$ [式(3.13)] 将终值折算成现值，即可求得与 n 年内各年末的现金流入等值的期初投资 P，过程如下。

$$P = F\left[\frac{1}{(1+i)^n}\right] = A\left[\frac{(1+i)^n - 1}{i}\right]\left[\frac{1}{(1+i)^n}\right]$$

可得等额分付现值公式为：

$$P = A\left[\frac{(1+i)^n - 1}{i(1+i)^n}\right] \tag{3.19}$$

式(3.19)中，$\dfrac{(1+i)^n-1}{i(1+i)^n}$ 称为等额分付现值系数，其经济含义指当期利率为 i 时，与每期期末的1元钱按利率 i 换算后的总额等值的期初现值 P，记为 $(P/A,i,n)$，因此，式(3.19)也可表示如下。

$$P=A(P/A,i,n) \tag{3.20}$$

【例 3.12】 某工程项目预期当年运营当年收益，预计每年末可获利润为 800 万元，项目的寿命期为 10 年，银行的存款年利率为 5%，则项目期初投资应为多少？

解：由式(3.19)，可直接求得：

$$P=A\left[\dfrac{(1+i)^n-1}{i(1+i)^n}\right]=800\times\left[\dfrac{(1+5\%)^{10}-1}{5\%(1+5\%)^{10}}\right]=800\times 7.7217=6177.4(万元)$$

也可由式(3.20)通过查等额分付现值系数表求得：

$$P=A(P/A,i,n)=800\times(P/A,5\%,10)=800\times 7.7217=6177.4(万元)$$

(4) 等额分付资金回收公式

等额分付资金回收公式指的是对于期初投资 P，在年利率为 i 的情况下，在 n 年内每年末以等额资金 A 回收，若使所有的回收额等值于期初投资 P 时，求解年金 A 的计算公式，现金流量图如图 3.8 所示。

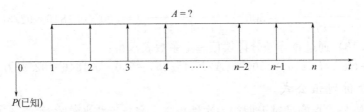

图 3.8 等额分付资金回收现金流量图

由图 3.8 可知，等额分付资金回收公式是等额分付现值公式的逆运算，计算公式如下。

$$A=P\left[\dfrac{i(1+i)^n}{(1+i)^n-1}\right] \tag{3.21}$$

式(3.21)中，$\dfrac{i(1+i)^n}{(1+i)^n-1}$ 称为等额分付资金回收系数，其经济含义是指当期利率为 i 时，与期初现值1元钱等值的每期期末的资金额。在对项目进行经济分析时，此系数常用于核定考虑资金时间价值的前提下，根据计算得到的单位投资值在项目生产经营期或回收成本期内每年至少应收回的资金额，若项目的年实际收回资金小于此额度时，就视为该项目在寿命期内无法按要求收回投资资本。

等额分付资本回收系数记为 $(A/P,i,n)$，与等额分付现值系数 $(P/A,i,n)$ 互为倒数，因此，式(3.21)也可表示如下。

$$A=P(A/P,i,n) \tag{3.22}$$

【例 3.13】 某项目期初投资为 2000 万元，年利率为 5%，如果计划在 8 年内连本带息收回投资，则每年的等额净收益为多少？

解：由式(3.21)可直接求得：

$$A=P\left[\dfrac{i(1+i)^n}{(1+i)^n-1}\right]=2000\times\left[\dfrac{5\%\times(1+5\%)^8}{(1+5\%)^8-1}\right]=2000\times 0.1547=309.4(万元)$$

也可由式(3.22)通过查等额分付资金回收系数表求得：

$$A = P(A/P, i, n) = 2000 \times (A/P, 5\%, 8) = 2000 \times 0.1547 = 309.4(万元)$$

3.3.4 特殊变额分付类型等值计算

经济系统分析期内的现金流量并不仅限于一次支付或等额分付的情形,且往往并不局限于某一种类型,而是多种类型的组合。当现金流量序列是连续的,但数额大小不等时,就属于变额分付类型。与等额分付一样,变额分付也属于多次分付类型,但其计算过程较等额分付复杂得多,以下介绍的等差和等比序列现金流量的等值计算公式,是在等额分付系列等值计算的基础上,得到的两种特殊情况下有规律可循的变额序列现金流量的公式。

(1) 等差序列等值公式

等差序列现金流量是指在分析期内,每年年末发生的方向相同、大小成等差关系变化的现金流量,包括等差递增序列和等差递减序列。设 A_1 为初始值,公差为 G 时,对于等差递增序列,其序列现金流量为:A_1,A_1+G,A_1+2G,A_1+3G,…,$A_1+(n-2)G$,$A_1+(n-1)G$,如图 3.9 所示;对于等差递减序列,其序列现金流量为:A_1,A_1-G,A_1-2G,A_1-3G,…,$A_1-(n-2)G$,$A_1-(n-1)G$。

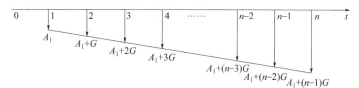

图 3.9 等差递增序列的现金流量图

为推导等差序列等值计算公式,可将图 3.9 所示的等差递增序列现金流量图,化简为图 3.10(a) 与图 3.10(b) 两个支付情形,图 3.10(a) 表示年金为 A_1 的等额序列现金流量图,图 3.10(b) 表示以零为初始值,以 G 为公差的等差递增序列现金流量图。图 3.10(a) 可由等额序列等值公式计算,因此,只需解决图 3.10(b) 等差序列支付问题即可。

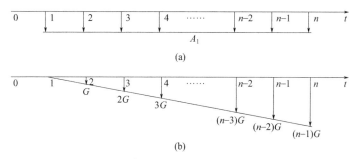

图 3.10 等差序列递增现金流量换算图

1) 等差序列终值计算公式

即已知 A_1,G,i,求 F,包括等差递增序列终值公式和等差递减序列终值公式。

① 等差递增序列终值公式。

由图 3.9 可得:
$$F = F_{A_1} + F_G \quad ①$$

根据图 3.10(a),可得:
$$F_{A_1} = A_1 \frac{(1+i)^n - 1}{i} = A_1(F_{A_1}/A_1, i, n) \quad ②$$

根据图 3.10(b)，可得：
$$F_G = G(1+i)^{n-2} + 2G(1+i)^{n-3} + 3G(1+i)^{n-4} + \cdots + (n-2)G(1+i) + (n-1)G \quad ③$$
两边同乘以 $(1+i)$，得：
$$F_G(1+i) = G(1+i)^{n-1} + 2G(1+i)^{n-2} + 3G(1+i)^{n-3} + \cdots + (n-2)G(1+i)^2 + (n-1)G(1+i) \quad ④$$
由④－③，得
$$\begin{aligned} F_G i &= G[(1+i)^{n-1} + (1+i)^{n-2} + (1+i)^{n-3} + \cdots + (1+i) + 1] - nG \\ &= G \times \frac{(1+i)^n - 1}{i} - nG \\ &= G\left[\frac{(1+i)^n - 1 - ni}{i}\right] \end{aligned}$$

则有，
$$F_G = G\left[\frac{(1+i)^n - (1+ni)}{i^2}\right] \tag{3.23}$$

式(3.23) 中，$\dfrac{(1+i)^n - (1+ni)}{i^2}$ 为等差序列终值系数，记作 $(F_G/G, i, n)$。

因此，式(3.23) 也可表示如下。
$$F_G = G(F_G/G, i, n) \tag{3.24}$$

由式①、式②、式(3.23) 和式(3.24)，可得等差递增序列终值公式为：
$$F = A_1 \frac{(1+i)^n - 1}{i} + G\left[\frac{(1+i)^n - (1+ni)}{i^2}\right] \tag{3.25}$$

式(3.25) 也可表示如下。
$$F = A_1(F_{A_1}/A_1, i, n) + G(F_G/G, i, n) \tag{3.26}$$

② 等差递减序列终值公式。

对于等差递减序列，有：$F = F_{A_1} - F_G$

推导过程同①，可得等差递减序列终值公式为：
$$F = A_1 \frac{(1+i)^n - 1}{i} - G\left[\frac{(1+i)^n - (1+ni)}{i^2}\right] \tag{3.27}$$

式(3.27) 也可表示如下。
$$F = A_1(F_{A_1}/A_1, i, n) - G(F_G/G, i, n) \tag{3.28}$$

③ 等差序列终值公式。

综上分析，可将等差序列终值公式综合表示为：
$$F = A_1 \frac{(1+i)^n - 1}{i} \pm G\left[\frac{(1+i)^n - (1+ni)}{i^2}\right] \tag{3.29}$$

式(3.29) 也可表示如下。
$$F = A_1(F_{A_1}/A_1, i, n) \pm G(F_G/G, i, n) \tag{3.30}$$

注："±" 中加号表示递增序列，减号表示递减序列。

2) 等差序列现值计算公式

即已知 A_1，G，i，求 P，包括等差递增序列现值公式和等差递减序列现值公式。

将整付终值公式(3.11) 代入式(3.29)，则有
$$P(1+i)^n = A_1 \frac{(1+i)^n - 1}{i} \pm G\left[\frac{(1+i)^n - (1+ni)}{i^2}\right]$$

因此，可得等差序列现值计算公式为：

$$P = A_1 \frac{(1+i)^n - 1}{i(1+i)^n} \pm G\left[\frac{(1+i)^n - (1+ni)}{i^2(1+i)^n}\right] \quad (3.31)$$

式中，$\frac{(1+i)^n - (1+ni)}{i^2(1+i)^n}$ 为等差序列现值系数，记为 $(P_G/G, i, n)$，则式(3.31) 也可表示如下。

$$P = A_1(P_{A_1}/A_1, i, n) \pm G(P_G/G, i, n) \quad (3.32)$$

注："±"中加号表示递增序列，减号表示递减序列。

3）等差序列年值计算公式

即已知 A_1、G、i，求 A，包括等差递增序列年值公式和等差递减序列年值公式。

将等额分付终值公式(3.15) 代入式(3.29)，则有：

$$A\frac{(1+i)^n - 1}{i} = A_1\frac{(1+i)^n - 1}{i} \pm G\left[\frac{(1+i)^n - (1+ni)}{i^2}\right]$$

因此，可得等差序列年值计算公式为：

$$A = A_1 \pm G\left[\frac{(1+i)^n - (1+ni)}{i[(1+i)^n - 1]}\right] \quad (3.33)$$

式中，$\frac{(1+i)^n - (1+ni)}{i[(1+i)^n - 1]}$ 为等差序列年值系数，也可表示为 $\frac{1}{i} - \frac{n}{i}(A_G/F_G, i, n)$，又称为梯度系数，记为 $(A_G/G, i, n)$，则式(3.33) 也可表示如下。

$$A = A_1 \pm G(A_G/G, i, n) \quad (3.34)$$

注："±"中加号表示递增序列，减号表示递减序列。

【例 3.14】 某机械设备的维修基金支出情况为：在其使用期 6 年内，于每年末分别支出维修费 600、700、800、900、1000、1100 元，若年利率按 6% 计取，则该维修基金的终值、现值和年值分别为多少？

解：根据题意可知，$A_1 = 600$，$G = 100$ 元，$n = 6$，$i = 6\%$，由式(3.34)，可得：

年值为：$A = 600 + 100 \times (A_G/G, 6\%, 6) = 600 + 100 \times 2.3304 = 833$(元)

则终值为：$F = A(F/A, i, n) = 833 \times (F/A, 6\%, 6) = 833 \times 6.9753 = 5810$(元)

现值为：$P = A(P/A, i, n) = 833 \times (P/A, 6\%, 6) = 833 \times 4.9173 = 4096$(元)

(2) 等比序列等值公式

等比序列现金流量是指在分析期内，每年年末发生的方向相同、大小成等比关系变化的现金流量，包括等比递增序列和等比递减序列。假设：A_1 为初始值、q 为公比、增减百分比为 h，则对于等比递增序列，其序列现金流量为：A_1，$A_1(1+h)$，$A_1(1+h)^2$，$A_1(1+h)^3$，…，$A_1(1+h)^{n-2}$，$A_1(1+h)^{n-1}$，如图 3.11 所示；对于等比递减序列，其序列现金流量为：A_1，$A_1(1-h)$，$A_1(1-h)^2$，$A_1(1-h)^3$，…，$A_1(1-h)^{n-2}$，$A_1(1-h)^{n-1}$。

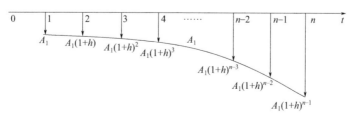

图 3.11 等比递增序列现金流量图

1) 等比序列现值计算公式

即已知 A_1, h, i, n, 求 P, 包括等比递增序列现值公式和等比递减序列现值公式。

由图 3.11 可得等比序列现值公式为:

$$P = A_1 \left[\frac{1}{(1+i)} + \frac{1 \pm h}{(1+i)^2} + \cdots + \frac{(1 \pm h)^{n-1}}{(1+i)^n} \right]$$

$$= \frac{A_1}{1 \pm h} \left[\left(\frac{1 \pm h}{1+i} \right) + \left(\frac{1 \pm h}{1+i} \right)^2 + \cdots + \left(\frac{1 \pm h}{1+i} \right)^n \right]$$

$$= \frac{A_1}{1 \pm h} \sum_{t=1}^{n} \left(\frac{1 \pm h}{1+i} \right)^t$$

当 $h \neq i$ 时,用等比级数求和公式可得:

$$P = A_1 \left[\frac{1 - (1 \pm h)^n (1+i)^{-n}}{i \mp h} \right] \tag{3.35}$$

注:"±"中加号表示递增序列,减号表示递减序列。

式(3.35) 中, $\dfrac{1 - (1 \pm h)^n (1+i)^{-n}}{i \mp h}$ 为等比序列现值系数,记作 $(P/A_1, i, h, n)$。

因此,式(3.35) 也可表示如下。

$$P = A_1 (P/A_1, i, h, n) \tag{3.36}$$

2) 等比序列终值计算公式

即已知 A_1, h, i, n, 求 F, 包括等比递增序列终值公式和等比递减序列终值公式。

将整付终值公式(3.11) 代入式(3.35),则有:

$$F = P(1+i)^n = A_1 \left[\frac{1 - (1 \pm h)^n (1+i)^{-n}}{i \mp h} \right] (1+i)^n$$

整理后得到:

$$F = A_1 \left[\frac{(1+i)^n - (1 \pm h)^n}{i \mp h} \right] \tag{3.37}$$

注:"±"中加号表示递增序列,减号表示递减序列。

式(3.37) 中, $\dfrac{(1+i)^n - (1 \pm h)^n}{i \mp h}$ 为等比序列终值系数,记作 $(F/A_1, i, h, n)$。

因此,式(3.37) 可表示如下。

$$F = A_1 (F/A_1, i, h, n) \tag{3.38}$$

3) 等比序列年值计算公式

即已知 A_1, h, i, n, 求 A, 包括等比递增序列年值公式和等比递减序列年值公式。

将等额分付终值公式(3.15) 代入式(3.37),则有:

$$F = A \frac{(1+i)^n - 1}{i} = A_1 \left[\frac{(1+i)^n - (1 \pm h)^n}{i \mp h} \right]$$

整理后得到:

$$A = A_1 \frac{i(1+i)^n - i(1 \pm h)^n}{(i \mp h)[(1+i)^n - 1]} \tag{3.39}$$

注:"±"中加号表示递增序列,减号表示递减序列。

式(3.39) 也可表示为:

$$A = \frac{(A_1/P, i, n) - (1 \pm h)^n (A_1/F, i, n)}{i \mp h} \tag{3.40}$$

式(3.40)中，$\dfrac{(A_1/P,i,n)-(1\pm h)^n(A_1/F,i,n)}{i\mp h}$为等比序列年值系数，记作$(A/A_1,i,h,n)$。

因此式(3.40)又可写作：$\qquad A=A_1(A/A_1,i,h,n)$ \hfill (3.41)

【例 3.15】 某公司发行的股票第一年股息为 100 元，预计在此基础上，之后每年股息的增长率为 10%，若 5 年后希望达到 12% 的投资收益率，则该股票的终值、现值和年值分别为多少？

解：根据题意可知，$A_1=100$，$h=10\%$，$n=5$，$i=12\%$，

由式(3.37)，可得对于该等比递增序列有：

$F=A_1\left[\dfrac{(1+i)^n-(1+h)^n}{i-h}\right]=100\times\left[\dfrac{(1+12\%)^5-(1+10\%)^5}{12\%-10\%}\right]=100\times 7.59=759(元)$

则，$P=F(P/F,i,n)=759\times(P/F,12\%,5)=759\times 0.5674=431(元)$

$A=F(A/F,i,n)=759\times(A/F,12\%,5)=759\times 0.1574=119(元)$

3.3.5 等值计算公式总结

(1) 等值计算公式表

在资金时间价值的计算公式中，整付终值公式、整付现值公式、等额分付终值公式、等额分付偿债基金公式、等额分付现值公式、等额分付资金回收公式是六个常用的等值计算基本公式。这六个公式的推导是以整付终值公式为基础进行的，而变额现金流量序列的两个公式又是在这六个常用基本公式的基础上推导而来的。因此，为便于比较和记忆，将六个主要资金等值计算公式以及等差和等比两个特殊变额序列的等值计算公式列表汇总，如表 3.9 所示。

表 3.9 资金等值计算公式

支付类型	已知→求解	现金流量图	公式名称与计算式	系数名称与表现形式
整付	P→F		整付终值公式 $F=P(1+i)^n$	整付终值系数 $(F/P,i,n)$
	F→P		整付现值公式 $P=F\left[\dfrac{1}{(1+i)^n}\right]$	整付现值系数 $(P/F,i,n)$
等额分付	A→F		等额分付终值公式 $F=A\left[\dfrac{(1+i)^n-1}{i}\right]$	等额分付终值系数 $(F/A,i,n)$
	F→A		等额分付偿债基金公式 $A=F\left[\dfrac{i}{(1+i)^n-1}\right]$	等额分付偿债基金系数 $(A/F,i,n)$
	A→P		等额分付现值公式 $P=A\left[\dfrac{(1+i)^n-1}{i(1+i)^n}\right]$	等额分付现值系数 $(P/A,i,n)$
	P→A		等额分付资金回收公式 $A=P\left[\dfrac{i(1+i)^n}{(1+i)^n-1}\right]$	等额分付资金回收系数 $(A/P,i,n)$

支付类型	已知→求解	现金流量图	公式名称与计算式	系数名称与表现形式
特殊变额分付	$G \to F_G$		等差序列终值公式 $F_G = G \left[\dfrac{(1+i)^n - (1+ni)}{i^2} \right]$	等差序列终值系数 $(F_G/G, i, n)$
	$G \to P_G$		等差序列现值公式 $P_G = G \left[\dfrac{(1+i)^n - (1+ni)}{i^2 (1+i)^n} \right]$	等差序列现值系数 $(P_G/G, i, n)$
	$G \to A_G$		等差序列年值公式 $A_G = G \left[\dfrac{(1+i)^n - (1+ni)}{i[(1+i)^n - 1]} \right]$	等差序列年值系数 $(A_G/G, i, n)$
	$A_1, h \to F$		等比序列终值公式 $F = A_1 \left[\dfrac{(1+i)^n - (1 \pm h)^n}{i \mp h} \right]$	等比序列终值系数 $(F/A_1, i, h, n)$
	$A_1, h \to P$		等比序列现值公式 $P = A_1 \left[\dfrac{1 - (1 \pm h)^n (1+i)^{-n}}{i \mp h} \right]$	等比序列现值系数 $(P/A_1, i, h, n)$
	$A_1, h \to F$		等比序列年值公式 $A = A_1 \dfrac{i(1+i)^n - i(1 \pm h)^n}{(i \mp h)[(1+i)^n - 1]}$	等比序列年值系数 $(A/A_1, i, h, n)$

(2) 等值公式应用要点

1) 等值计算系数之间的关系

掌握各系数之间的关系,便于进行等值换算。但应注意,只有在 i、n 等条件相同的情况下,下述关系才成立。

① 具有倒数关系的如下。

$$(F/P, i, n) = 1/(P/F, i, n)$$
$$(A/P, i, n) = 1/(P/A, i, n)$$
$$(A/F, i, n) = 1/(F/A, i, n)$$

② 具有乘积关系的如下。

$$(F/A, i, n) = (P/A, i, n) \times (F/P, i, n)$$
$$(F/P, i, n) = (A/P, i, n) \times (F/A, i, n)$$

③ 具有其他关系的如下。

$$(A/P, i, n) = (A/F, i, n) + i$$
$$(F/G, i, n) = [(F/A, i, n) - n]/i$$
$$(P/G, i, n) = [(P/A, i, n) - n(P/F, i, n)]/i$$
$$(A/G, i, n) = [1 - n(A/F, i, n)]/i$$

2) 等值计算公式应用注意事项

① 等值计算时,0 点为第一期期初,也称零期;本期期末即等于下期期初,如第一期期末等于第二期期初,以此类推。

② 现值 P 发生在第一计息期期初,即零期;终值 F 发生在考察期期末,即 n 期期末;各期的等额分付年值 A,发生在各期期末。

③ 当问题包括现值 P 与年值 A 时，现金流量序列的第一个 A 与 P 隔一期，即 P 发生在序列 A 的前一期；当问题包括终值 F 与年值 A 时，现金流量序列的最后一个 A 与 F 同时发生。

④ P_G 发生在第一个 G 的前两期；A_1 发生在第一个 G 的前一期。

⑤ 等值计算时，应充分利用现金流量图。现金流量图不仅可以清晰地反映现金收支情况，而且有助于准确确定计息期数，使计算准确可靠。

思考练习题

3.1　简述资金时间价值的含义。

3.2　简述资金时间价值的影响因素。

3.3　简述单利计息法与复利计息法的区别。

3.4　简述名义利率与实际利率的含义。

3.5　简述资金等值与资金等值计算的含义。

3.6　简述资金等值计算公式的类型。

3.7　某企业设置奖励基金，若年利率为 6%，则需多长时间基金额度达到现值的 3 倍？若该基金在 10 年内达到现值的 2 倍，则年利率应为多少？

3.8　某企业拟向银行贷款 500 万元，偿还期为 5 年，可选择的计息方式有三种：年贷款利率为 5%，每年计息一次；年贷款利率为 4.8%，每半年计息一次；年贷款利率为 4.7%，每季度计息一次，则该企业应选择哪种贷款方案？为什么？

3.9　某建设项目建设期为三年，分年度贷款：第一年贷款 400 万元、第二年贷款 600 万元、第三年贷款 300 万元，贷款年利率为 5%，试计算建设期贷款利息总额。

3.10　应用正确的等值计算公式进行下列支付类型的计算。

① 已知：连续 5 年，每年年初存入银行 1 万元，年利率为 4%。求终值和现值。

② 已知：第 1 年初投资 1000 万元，连续 10 年，每年年末净收益 10 万元，年利率为 5%。求终值与年值。

③ 已知：第 1 年年末贷款 100 万元，之后 3 年每年末递增贷款 10 万元，年利率为 5%。求现值、终值与年值。

3.11　列出【例 3.7】中四种方案的计算过程。

3.12　某企业新建厂房，投资方案为：建设期 2 年，生产运营期 12 年，第 1 年年初贷款投资 500 万元，第 2 年初贷款投资 1000 万元，年利率为 5%，该项目第 3 年年初投产并获利，每年净收益为 800 万元，计划从投产后分 5 年等额偿还银行贷款，试确定该方案是否可行？为什么？

第4章

工程经济评价的基本方法

【本章内容概要】

本章首先介绍了工程经济评价指标的分类与选取原则,以及工程经济评价方法的类型;然后通过投资收益率、静态投资回收期指标的含义及其表达式、判别准则及其适用范围,以及年折算费用法的应用步骤和应用实例等介绍了三种静态经济评价方法;最后通过净现值、净现值率、净年值、费用现值和费用年值、动态投资回收期、内部收益率、外部收益率指标的含义及其表达式、判别准则及其适用范围,以及各自的应用要点和应用实例等介绍了七种动态经济评价方法。

【本章学习要点】

◆ 掌握:工程经济评价指标和方法按是否考虑时间因素划分的类别,静态投资回收期法、净现值法、净年值法和内部收益率法的计算指标及其表达式、判别准则、特点以及适用范围。

◆ 熟悉:工程经济评价指标和方法按其他因素划分的类别,投资收益率法、净现值率法、费用现值和费用年值法、动态投资回收期法的计算指标及其表达式、判别准则、特点以及适用范围。

◆ 了解:年折算费用法和外部收益率法的计算指标及其表达式、判别准则、特点以及适用范围,净现值函数、内部收益率和外部收益率的经济含义,内部收益率的几种情况。

4.1 经济评价指标与方法概述

4.1.1 工程经济评价指标的分类

工程经济分析的任务就是根据所考察投资项目的预期目标和所拥有的资源条件,分析该项目的现金流量情况,选择合适的技术方案,以获得最佳的经济效果,因此,对于投资方案经济效果的评价是工程经济分析的核心。工程经济效果可采用不同的评价指标来表达,而经济评价指标根据不同的标准,也可作不同的分类,从而形成不同的评价指标体系。

(1) 按计量形式和性质分类

工程经济评价指标根据计量形式的不同,其反映的经济结果性质也不同,可分为时间性评价指标、价值性评价指标和效率性评价指标。

① 时间性评价指标。是以时间单位计量的形式衡量工程资金回收情况,得出经济评价结果的指标,如投资回收期指标。

② 价值性评价指标。是以货币单位计量的形式衡量工程经济效果,得出经济评价结果的指标,如净现值指标。

③ 效率性评价指标。是以比率计量的形式衡量资金利用效率，得出经济评价结果的指标，如内部收益率指标。

按计量形式和性质不同分类的时间性评价指标、价值性评价指标和效率性评价指标构成的指标体系如图 4.1 所示。

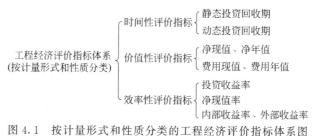

图 4.1　按计量形式和性质分类的工程经济评价指标体系图

（2）按是否考虑时间因素分类

工程经济评价指标按计算方法是否考虑时间因素分类，可分为静态评价指标和动态评价指标两类。

① 静态评价指标。是指不考虑时间因素，忽略资金运动中的增值作用进行工程经济效果计算的指标，如静态投资回收期指标。

② 动态评价指标。是指考虑时间因素，在评价指标的计算过程中必须把资金的时间价值因素考虑进去的指标，如净现值指标。

按是否考虑时间因素分类的静态评价指标和动态评价指标体系内容如图 4.2 所示。

图 4.2　按是否考虑时间因素分类的工程经济评价指标体系图

（3）工程经济评价指标的选取

由于工程的复杂性和评价目标的多样性，在进行工程经济效果的评价时，既要保证基础数据的完整性和可靠性，同时也要保证选取评价指标体系的合理性，而评价指标体系的内容、特点及指标性质等都决定着评价结果的正确性与可行性，不同类型评价指标的特点及其性质如表 4.1 所示。

表 4.1　不同类型工程经济评价指标的特点与性质

评价指标类型	评价指标特点	具体指标	指标性质
静态评价指标	计算简便、直观、易于掌握，但反映经济效果并不准确，以此作为决策依据时通常易导致资金的积压和浪费	静态投资回收期	时间性
		投资收益率	效率性
动态评价指标	克服了静态评价指标的缺点，但需要较多的数据和资料，计算比较复杂，工作量比较大，通常要借助计算机等辅助工具	动态投资回收期	时间性
		净现值、净年值、费用现值、费用年值	价值性
		净现值率、内部收益率、外部收益率	效率性

由表 4.1 可见，在进行工程经济评价时，一方面要根据需要科学而恰当地选用具体的评价指标，以准确衡量方案的经济效果，例如，同时选取时间性指标投资回收期、价值性指标净现值，以及效率性指标内部收益率对某方案进行经济评价；另一方面考虑到任何一种评价指标都具有局限性，只能从一定的角度反映项目的经济效果，因此，也要把多个指标结合起来应用，以保证全面评价方案的目的。例如，在进行经济评价时，既采用静态评价指标又采用动态评价指标来综合评价方案的经济效果，总之，只有全面正确地选取了评价指标，才能使得经济评价的结果与客观实际情况相吻合，才具有实际意义。

4.1.2 工程经济评价的方法

工程经济评价的方法根据评价内容、用途和计算方式不同，可分为确定性评价和不确定性评价、定性评价和定量评价，以及静态评价和动态评价等方法。

（1）按是否考虑不确定因素分类

根据是否考虑工程实施的风险与不确定性因素，工程经济评价的基本方法分为确定性评价方法和不确定性评价方法两类。

1）确定性评价方法

确定性评价，又称为确定性分析，即采用时间性、价值性或效率性指标计算后得出方案是否可行的确定性评价过程。确定性评价方法可根据评价指标的计算内容分为现值法、年值法、投资回收期法和收益率法，如表 4.2 所示。

① 现值法。是通过对现金流量或现金流出的折现计算，分析其净现值、净现值率、费用现值指标，根据评价准则进行确定性评价的方法，或对多方案进行差额净现值计算择优的方法。

② 年值法。是通过对现金流量或现金流出的年金等值计算，分析其净年值和费用年值指标，根据评价准则进行确定性评价的方法，或对多方案进行差额净年值计算择优的方法。

③ 投资回收期法。是通过对计算得到的项目投资回收期指标与基准投资回收期的对比分析进行确定性评价的方法，或对多方案进行差额投资回收期计算择优的方法。

④ 收益率法。是通过对计算得到的投资收益率、内部收益率和外部收益率指标与基准收益率的对比分析进行确定性评价的方法，或对多方案进行差额内部收益率计算择优的方法。

⑤ 差额分析法。也称增量分析法，是通过计算增量净现金流量评价增量投资经济效果，从而得出最优方案的评价方法，包括对多方案进行差额净现值、差额净年值、差额投资回收期或差额内部收益率计算择优的方法。

表 4.2 确定性评价方法及计算指标表

评价方法	具体计算指标
现值法	净现值、净现值率、费用现值
年值法	净年值、费用年值
投资回收期法	静态投资回收期、动态投资回收期
收益率法	投资收益率、内部收益率、外部收益率
差额分析法	差额净现值、差额净年值、差额投资回收期、差额内部收益率

2）不确定性评价方法

不确定性评价，又称为不确定性分析，即考虑风险及不确定因素后，采用的盈亏平衡分析、敏感性分析或概率分析等过程。不确定性评价方法包括盈亏平衡分析法、敏感性分析法和概率分析法。

按是否考虑不确定性因素分类的工程经济评价方法如图4.3所示，对于同一个项目，在进行方案决策时，必须同时进行确定性评价和不确定性评价。

图4.3　按是否考虑不确定性因素分类的工程经济评价方法

（2）按评价结论表达方式分类

根据工程经济评价结论呈现性质即表达方式的不同，可分为定性评价和定量评价两种方法。其中，定性评价是指对无法量化或精确度量的因素采取的程度估量分析方法，定性评价的表达方式往往是体现程度的方案等，例如在指标初选或初步确定指标影响程度时，采用专家调查法、头脑风暴法等方法得出指标重要程度的排序或定性的结论。定量分析是指对可度量因素的分析方法，表达方式往往是定量化的数值。例如，应用层次分析法或模糊评价法等方法得出评价指标的权重，从而进行定量判断。

按评价结论表达方式分类的工程经济评价方法如图4.4所示，对于同一个项目，在进行方案决策时，应坚持定性与定量分析相结合、以定量分析为主的原则。

图4.4　按评价结论表达方式分类的工程经济评价方法

（3）按是否考虑时间因素分类

根据是否考虑时间因素，工程经济评价的方法可分为静态评价方法和动态评价方法。其中，静态评价方法是采用静态评价指标的计算结论进行方案评价的方法，是不考虑资金的时间因素的，即不考虑时间因素对资金价值的影响，而对现金流量分别进行直接汇总来计算评价指标。动态评价方法是采用动态评价指标的计算结论进行方案评价的方法，强调利用复利方法计算资金时间价值，它将不同时间内资金的流入和流出换算成同一时点的价值，从而为不同方案的经济比较提供了可比基础，并能反映方案在未来时期的发展变化情况。

按是否考虑时间因素分类的工程经济评价方法如图4.5所示，对于同一个项目，在进行方案决策时，一般以动态评价方法为主，辅以静态评价结论为参考。

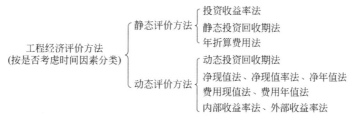

图4.5　按是否考虑时间因素分类的工程经济评价方法图

4.2 静态经济评价方法

静态经济评价方法主要包括投资收益率法、静态投资回收期法和年折算费用法,是不考虑资金时间价值因素的经济效果评价方法。

4.2.1 投资收益率法

投资收益率法是指在不考虑资金时间价值的情况下,采用总投资收益率指标的计算结果对项目作出经济效果评价的方法。

(1) 计算指标及其表达式

1) 总投资收益率指标及其定义表达式

总投资收益率(return on investment,ROI),用字母 ROI 表示,又称投资效果系数,是指项目在正常年份的净收益与期初的投资总额的比值。

总投资收益率的定义表达式为:

$$\text{ROI} = \frac{\text{NB}}{K} \tag{4.1}$$

式中,NB 为正常年份的净收益,根据不同的分析目的,可以是税前利润、税后利润,也可以是年净现金流入等;K 为投资总额,包括固定资产投资和流动资金投资,$K = \sum_{t=0}^{n} k_t$,k_t 为第 t 年的投资额,n 为完成投资额的年份。

2) 总投资收益率指标的其他表达形式

根据投资和净收益的具体含义,投资收益率也可以表现为投资利润率、投资利税率或资本金利润率等具体形式。

① 投资利润率。是指项目达到设计生产能力后的一个正常年份的年息税前利润与项目总投资的比率。对于生产期内各年的年息税前利润变化幅度较大的项目,则应计算生产期内平均年息税前利润与项目总投资的比率。表达式为:

$$\text{投资利润率} = \frac{\text{年利润总额}}{\text{全部投资额}} \times 100\% \tag{4.2}$$

② 投资利税率。是指项目达到设计生产能力后的一个正常年份的年息税后利润与项目总投资的比率,表达式为:

$$\text{投资利税率} = \frac{\text{年利税总额}}{\text{全部投资额}} \times 100\% \tag{4.3}$$

③ 资本金利润率。投资收益率是反映项目总投资收益情况的指标,总投资中既包括自有资金,也包括负债资金。作为投资者,更关心自有资金即资本金的投资收益情况,项目资本金利润率正是从投资者的角度,考察自有资金的投资收益情况。表达式为:

$$\text{资本金利润率} = \frac{\text{年利润总额}}{\text{项目资本金}} \times 100\% \tag{4.4}$$

(2) 判别准则及其适用范围

1) 投资收益率法的判别准则

用投资收益率指标评价投资方案的经济效果,需将计算得到的投资收益率 ROI 与基准收益率 R_C 进行比较,基准收益率可以是行业根据平均水平或先进水平规定的收益率,也可以是根据同类项目的历史数据统计分析得到或根据投资者意愿确定的收益率。若 $\text{ROI} \geqslant R_C$,则项目可以考虑接受；若 ROI<R_C，则项目应予以拒绝。

2）投资收益率法的优、缺点及适用范围

投资收益率法计算简便、意义明确，但未考虑资金的时间价值，也未考虑项目的建设期、寿命期等相关经济数据的影响，因此，一般仅用于项目初步可行性研究阶段，且适用于投资不大、生产比较稳定的项目的财务营利性分析。

（3）投资收益率法应用实例

【例 4.1】 某项目总投资为 1000 万元，正常年份的销售收入为 600 万元，年销售税金与附加为 15 万元，年总成本费用为 400 万元，试求投资利润率、投资利税率。若行业基准投资收益率为 15%，判断项目是否可行。

解：1）该项目年利润总额为：600－15－400＝185(万元)

故，投资利润率＝185/1000＝18.5%

2）该项目年利税总额为：185＋15＝200(万元)

故，投资利税率＝200/1000＝20%

判断：因计算得到的投资利润率和投资利税率均大于行业基准的投资收益率，故以静态投资指标投资收益率衡量时，此项目可行。

4.2.2 静态投资回收期法

投资回收期也称为投资返本期或投资偿还期，是指以项目的净收益回收其全部投资所需要的时间，是反映投资回收能力的重要指标，一般以年为计算单位。按是否考虑资金的时间价值，投资回收期法可分为静态投资回收期法和动态投资回收期法。静态投资回收期法是指采用静态投资回收期指标的计算结果对项目作出投资回收能力评价的方法。

（1）计算指标及其表达式

1）静态投资回收期指标及其定义表达式

静态投资回收期（static payback time），用字母 P_t 表示，是指用投资方案所产生的净现金收入补偿原投资所需的时间。

静态投资回收期的定义表达式为：
$$\sum_{t=0}^{P_t}(CI-CO)_t = 0 \tag{4.5}$$

式(4.5)中，$(CI-CO)_t$ 表示第 t 年年末的净现金流量。

注：静态投资回收期一般是从项目投建之年开始计算的，若从投产年或达产年份开始计算时，应予以注明。

2）静态投资回收期指标的其他表达形式

式(4.5)表明累计净现金流量为零的年份就是该项目的静态投资回收期 P_t，而在实际计算中，可能遇到以下两种情况，而相应有不同的表达形式。

① 若项目建成投产后各年的净现金流量均相等时，则表达式如下。

$$P_t = \frac{K}{A} \tag{4.6}$$

式(4.6)中，K 为项目总投资；A 为每年的净收益，即 (CI－CO)。

② 若项目建成投产后各年的净现金流量不相等，且累计净现金流量等于零时的时间不是某一自然年份时，则可采用如下所示的式(4.7)计算该项目的静态投资回收期。

$$P_t = (\text{累计净现金流量开始出现正值的年份数} - 1) + \frac{\text{上一年净现金流量累计值的绝对值}}{\text{当年的净现金流量}} \tag{4.7}$$

(2) 判别准则及其适用范围

1) 静态投资回收期法的判别准则

用静态投资回收期指标评价投资方案的回收能力进而判断项目可行性时,需将计算得到的静态投资期 P_t 与国家或行业规定的基准投资回收期 P_C 进行比较。若 $P_t \leqslant P_C$,则项目可以考虑接受;若 $P_t > P_C$,则项目应予以拒绝。

2) 静态投资回收期法的优点

静态投资回收期指标经济意义明确、评价结果直观、计算方法简便,在一定程度上反映了方案经济效果的优劣;而且由于它选择方案的标准是回收资金的速度越快越好,因此也符合投资者急于了解资金回收风险的心理。

3) 静态投资回收期法的缺点

① 静态投资回收期法在评价时是以投资的回收快慢作为决策的依据的,只考虑了投资回收之前的效果,没有考虑回收期以后的收入与支出数据,不能反映回收投资之后的效益大小,容易使人接受短期效益好的方案,忽视短期效益低而长期效益高的方案。因此,在方案选择时,采用静态投资回收期指标排序,可能导致错误的结论。

例如,某项目建设期 1 年,在建设期初一次性投资 1000 万元,项目的寿命期为 8 年,项目第 2 年开始盈利。如表 4.3 所示为项目的四个备选方案 A、B、C、D 在投产后 5 年内每年的净收益。

表 4.3 各方案投产后的年净收益表   单位:万元

年份	1	2	3	4	5
方案 A	−500	0	200	200	200
方案 B	−500	0	300	300	300
方案 C	−600	−200	500	500	500
方案 D	−800	−300	400	400	400

从表 4.3 中的数据可知,根据静态投资回收期指标会首先考虑方案 A 和方案 B,因其静态投资回收期均为 2 年,但从第 3 年末的净收益来看,这两个方案都不如方案 C 或方案 D,这就是由于静态投资回收期指标无法反映出回收之后的收益情况而导致的决策错误。

② 静态投资回收期没有考虑资金的时间价值,也没有考虑项目寿命期和寿命期末残值的回收,以及项目在整个计算期内的总收益和获利能力,因此,用静态投资回收期无法正确地判别方案的优劣,从而难以对不同方案作出正确判断。

4) 静态投资回收期法的适用范围

静态投资回收期作为能够反映一定经济性和风险性的回收期指标,在项目评价中只能作为一种辅助指标,而不能单独采用,也不能用于多方案的比较择优。

(3) 静态投资回收期法应用实例

【例 4.2】 某建设项目期初投资为 6200 万元,2 年建成投产,投产后每年净收益均为 1020 万元,则该项目的静态投资回收期为多少?若基准投资回收期为 5 年,则项目是否可行?

解:该项目的静态投资回收期为

$$P_t = \frac{K}{A} = \frac{6200}{1020} = 6(年) > 5 年$$

判断:因静态投资回收期大于行业基准投资回收期,故该项目不可行。

【例 4.3】 某建设项目的现金流量如表 4.4 所示，若行业基准投资回收期为 6 年，试用静态投资回收期法评价该项目的可行性。

表 4.4　某建设项目现金流量表　　　　　　　　　　　　　　　单位：万元

年末	0	1	2	3	4	5	6
现金流入		270	310	310	310	310	310
现金流出	1200						

解：列表计算出该项目各年的净现金流量及累计净现金流量，如表 4.5 所示。

表 4.5　项目的净现金流量及累计净现金流量计算表　　　　　　单位：万元

年末	0	1	2	3	4	5	6
现金流入		270	310	310	310	310	310
现金流出	1200						
净现金流量	−1200	270	310	310	310	310	310
累计净现金流量	−1200	−930	−620	−310	0	310	620

根据式(4.5)和表 4.5，可得该项目的静态投资回收期即为累计净现金流量为零的年份，即，$P_t = 4$(年)

判断：因 $P_t < 6$ 年，故以静态投资回收期法衡量，该项目可行。

4.2.3　年折算费用法

在进行投资方案评价和比选时，对于净收益无法计量的项目，不需要进行全面比较，可以只分析计算各方案的费用，选用费用最小的方案为最优方案。

(1) 年折算费用法的定义和表达式

投资项目备选方案的费用主要指的是投资和各年的经营费用，由于投资常常是一次性的且在项目建设初期支出，而经营费用是项目投资后发生的，所以二者不能简单相加，必须通过一定的方法将初始投资分摊到各年（常用基准投资效果系数进行换算），然后再与各年经营费用相加，所得的结果即为方案的年折算费用。

其计算公式为：
$$Z = C + E_c \times I \tag{4.8}$$

式中，Z 为年折算费用；I 为总投资；C 为年经营费用；E_c 为折算系数，一般指的是基准投资效果系数。

(2) 年折算费用法的特点与适用范围

年折算费用指标是未考虑资金时间价值的静态比选指标，计算非常简便，易于快速比较各方案的优劣；而且该指标用一种合乎逻辑的方法将一次性投资与经常性的经营成本统一为一种性质的费用，可直接用以评价项目设计方案的优劣。但其缺点是必须有投资效果系数 E_c 的具体数值，且投资效果系数值的大小将直接影响到方案的取舍。因此，采用年折算费用法正确选择方案的首要条件是投资效果系数值的合理性。

(3) 年折算费用法的应用实例

【例 4.4】 某企业要扩大生产规模，有三个设计方案：方案 A 是改建现有工厂，一次性投资 2800 万元，年经营成本 800 万元；方案 B 是新建厂，一次性投资 3500 万元，年经营成本 700 万元；方案 C 是扩建现有工厂，一次性投资 4500 万元，年经营成本 670 万元。三个方案的寿命期相同，所在行业的基准投资效果系数为15%，试用年折算费用法选择最优方案。

解：由式(4.8)，可得各设计方案的年折算费用值如下。

$$Z_A = 800 + 2800 \times 0.15 = 1220(万元)$$
$$Z_B = 700 + 3500 \times 0.15 = 1225(万元)$$
$$Z_C = 670 + 4500 \times 0.15 = 1345(万元)$$

因为 Z_A 的费用最小，故方案 A 最优。

4.3　动态经济评价方法

动态经济评价方法主要包括净现值法、净现值率法、净年值法、费用现值和费用年值法、动态投资回收期法、内部收益率法、外部收益率法等，是考虑了资金时间价值因素的经济效果评价方法。

4.3.1　净现值法

净现值法是指采用净现值指标进行项目经济性评价的方法，是在项目评价中计算投资效果的一种常用的动态分析方法。

(1) 计算指标及其判别准则

1) 净现值指标的定义

净现值 (net present value, NPV)，是指按基准折现率或给定的折现率，将投资项目在分析期内各年的净现金流量折现到计算基准年（通常是期初）的现值累加值。净现值指标也可描述为：按照行业的基准收益率或项目所期望的收益率，把项目寿命期内各年的净现金流量折现到建设期初的现值之和。其经济含义是：项目超出最低期望收益的超额收益的现值。

注：基准折现率，又称为基准收益率，是企业或行业或投资者以动态的观点所确定的、可接受的投资项目最低标准的收益水平，是投资决策者对项目资金时间价值的估值。

2) 净现值指标的表达式

净现值指标的定义表达式为：

$$\text{NPV} = \sum_{t=0}^{n}(\text{CI}-\text{CO})_t(1+i_c)^{-t} \quad (4.9)$$

式中，i_c 为基准折现率；NPV 为净现值；n 为计算期。

根据式(4.9)，视具体情况，在计算净现值指标时也可采用以下两种表达式。

$$\text{NPV} = \sum_{t=0}^{n}(\text{CI}-\text{CO})_t(P/F, i_c, t) \quad (4.10)$$

或

$$\text{NPV} = \sum_{t=0}^{n}\text{CI}_t(P/F, i_c, t) - \sum_{t=0}^{n}\text{CO}_t(P/F, i_c, t) \quad (4.11)$$

式(4.11)表示的是：净现值等于现金流入现值和与现金流出现值和之间的差值。

3) 净现值法的判别准则

根据净现值指标的定义和经济含义，当 NPV>0 时，表明项目实施后不仅可以达到期望收益率的要求且还有盈余；当 NPV=0 时，表明项目实施后正好达到期望收益率的要求；当 NPV<0 时，表明项目实施后达不到最低期望收益率的要求。

因此，净现值法的判别准则为：对于单一方案，若 NPV≥0，项目可以考虑接受；若 NPV<0 时，则项目应予以拒绝。对于寿命期相等的多方案比选，采用净现值最大准则进行优选，即以净现值大的方案为最优。

(2) 净现值函数

净现值函数指的是净现值 NPV 随折现率 i 变化的函数关系。从净现值计算公式(4.9)可知，在方案净现金流量确定的情况下，i 变化时，NPV 将随 i 的增大而减小。若 i 连续变化时，可得出 NPV 值随 i 变化的函数，此函数即为净现值函数。

1) 净现值函数的特点

例如，某项目于第 1 年年初投资 1000 万元并于第 1 年年末投产运营，假设该项目在寿命期 5 年内每年净现金流量均为 300 万元，该项目的净现金流量及其净现值随折现率变化而变化的对应关系如表 4.6(a)、表 4.6(b) 所示。如果纵坐标为净现值 NPV，横坐标为折现率 i，则可绘制出净现值函数曲线，如图 4.6 所示。

表 4.6(a)　净现金流量表　　　　　　　　　　　　　　　　　单位：万元

年份	0	1	2	3	4	5
净现金流量	−1000	300	300	300	300	300

表 4.6(b)　净现值随折现率的变化表　　　　　　　　　　　　单位：万元

$i/\%$	0	10	15.24	20	30	40	50	∞
NPV(i)	500	137	0	−103	−269	−389	−479	−1000

注：NPV(i) = −1000 + 300 (P/A, i, 5)。

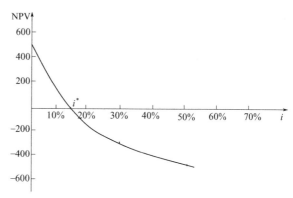

图 4.6　某项目净现值函数曲线

根据图 4.6，可以看出净现值函数一般具有以下特点：

① 同一净现金流量的 NPV 随 i 的增大而减小，故当基准折现率 i_c 越大时，净现值 NPV 就越小，甚至为零或负值，则此时可被接受的方案也就随之越少。

② NPV 可能随着 i 的增大而从正值变为负值，因此，必然存在着使 NPV=0 的某一数值 i^*，如图 4.6 所表明的，当 $i<i^*$ 时，NPV(i)>0；当 $i>i^*$ 时，NPV(i)<0；只有当净现值函数曲线与横坐标相交，即 $i^*=15.24\%$ 时，NPV(i)=0，因此，i^* 是一个具有重要经济意义的折现率临界值。

2) 净现值对折现率的敏感性问题

从净现值函数的分析结果可知，当折现率 i 从某一值变为另一值时，净现值也会有相应变化，例如，两个备选方案 A 和 B 的净现金流量及其在 i 分别为 10% 和 20% 时计算得到的净现值如表 4.7 所示。

表 4.7　备选方案 A、B 在折现率变动时的净现值　　　　　　　单位：万元

方案	年末						NPV(i=10%)	NPV(i=20%)
	0	1	2	3	4	5		
A	−300	150	150	150	100	100	203.43	104.38
B	−150	80	80	80	100	100	194.37	118.50

从表 4.7 中数据可以看出，当 i 取值分别为 10% 和 20% 时，A、B 两方案的净现值均大于零，即两个方案都是可行的，则根据净现值越大越好的原则，当 $i=10\%$ 时，因 $NPV_A > NPV_B$，故方案 A 优于方案 B，应选择方案 A；而当 $i=20\%$ 时，因 $NPV_A < NPV_B$，故方案 B 优于方案 A，则应选择方案 B。由此可知，不同的基准折现率会使方案的评价结论截然不同，这是由于方案的净现值对折现率的敏感性不同造成的。而净现值对折现率的敏感性问题指的就是当 i 从某一值变为另一值时，若按净现值最大的原则优选项目方案，可能会出现前后结论相悖的情况。

3）净现值对折现率的敏感性问题及其在投资决策中的作用

净现值对折现率的敏感性问题在进行项目的投资决策时具有非常重要的意义。

例如，假设有 5 个净现值大于 0 的项目 A、B、C、D、E，总投资限额为 K，现仅可以支持其中的 4 个项目，当设定折现率为 i_{01} 时，计算得到的 5 个方案优劣排序为 A、D、B、E、C，选择投资项目 A、D、B、E；当设定折现率为 i_{02} 且有 $i_{02} > i_{01}$ 时，计算得到的 5 个方案优劣排序为 A、E、C、D、B，选择投资项目 A、E、C、D。因此，得出结论：①对于 i_{01}，最后选定的 4 个项目为 A、D、B、E；②当 i_{01} 增大至 i_{02} 时（往往由于总投资 K 发生了变化，如资金压缩等情况），则最后被优选投资的项目就变成了 A、E、C、D。

这种现象是由于基准折现率提高到某一数值时，因各项目方案净现值对基准折现率的敏感性不同，有可能导致原来净现值小的项目，其现在的净现值可能大于原来净现值大的项目。由此可见，在基准折现率随着投资总额变动的情况下，按净现值准则选择项目不一定会遵循原有的项目排列顺序。

综上，基准折现率是投资项目经济效果评价中的一个非常重要的参数，是评价项目方案经济效益的合理性尺度，也是选择方案的决策标准。因此，作为对投资调控的必要手段，国家有关部门按照企业和行业投资收益率，并考虑了产业政策、资源劣化程度、技术进步和价格变动等因素后，分行业确定并颁布基准收益率。

(3) 特点及其适用范围

1）净现值法的优点

净现值指标考虑了投资项目在整个寿命期内的现金流量，反映了纳税后的投资效果即净收益，以及项目的盈利能力；净现值指标是考虑了资金时间价值的动态指标，且直接以货币量的形式表示项目的净收益，经济意义明确直观。

2）净现值法的缺点

净现值法的缺点主要体现在以下两个方面。

① 需预先确定基准折现率 i_c，这就给项目决策带来了困难，若 i_c 确定过高，则方案不易通过，可能会使经济效益较好的方案也变得不可行；反之，若 i_c 确定过低，则方案较容易被通过，可能会使经济效益不好的方案变为可行。而确定符合经济现实的基准收益率是一个复杂的过程。

② 在应用净现值指标进行方案比选时，没有考虑到各方案投资额的大小，因而不能直接反映资金的利用效率。例如，A、B 两个方案，A 方案的投资总额为 1000 万元，净现值为 10 万元；B 方案的投资总额为 50 万元，净现值为 5 万元，若按净现值比选方案，则因 $NPV_A > NPV_B$，故 A 方案优于 B 方案。但 A 方案的投资总额是 B 方案的 20 倍，而净现值却只有 B 方案的 2 倍，如果建 20 个 B 方案，净现值可达 100 万元，显然 B 方案的资金利用率高于 A 方案。基于此，为了考虑资金的利用效率，在应用净现值指标进行项目经济效果评价时，通常还需采用净现值率作为净现值的辅助指标。

3）净现值法的适用范围

净现值法既能做单一方案费用与效益的比较，又能进行多方案的优劣比较；但因为不满足时间上的可比性原则，故净现值法不能对寿命期不同的方案进行直接比较。

(4) 应用实例

【例 4.5】 某项目总投资 2200 万元，投产后年经营成本 800 万元，年销售额 1500 万元，第 2 年年末工程项目配套追加投资 1000 万元。若计算期为 8 年，基准收益率为 10%，残值等于零。试计算该项目的净现值，并据此判别项目的可行性。

解：该项目的现金流量图如图 4.7 所示。

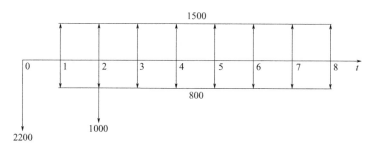

图 4.7 某项目的现金流量图

$$\begin{aligned}\text{NPV} &= -2200 + 1500(P/A,10\%,8) - 800(P/A,10\%,8) - 1000(P/F,10\%,2)\\ &= 708(万元) > 0\end{aligned}$$

判断：该项目的净现值为 708 万元，大于零，说明该项目实施后的经济效益除达到 10% 的收益率外，还有 708 万元的收益现值，从净现值的评判角度，项目可行。

4.3.2 净现值率法

在应用净现值法进行多方案比较时，虽然能反映各方案的赢利水平，但由于没有考虑到各方案的投资额度，因此并不能直接反映资金的利用效率。净现值率法是指采用净现值率指标进行项目经济性评价的动态分析方法，可以作为净现值法的补充，在方案的比选排序中考察资金的利用效率。

(1) 计算指标及其判别准则

1) 净现值率指标的定义

净现值率 (net present value rate, NPVR) 是指按基准折现率求得的方案计算期内的净现值与其全部投资现值的比率。NPVR 意味着项目单位投资所获得的超额净效益大小，反映了投资资金的利用效率。净现值率的最大化，有利于实现有限投资取得净贡献的最大化。

2) 净现值率指标的表达式

净现值率的定义表达式为：

$$\text{NPVR} = \frac{\text{NPV}}{K_P} = \frac{\sum_{t=0}^{n}(\text{CI}-\text{CO})_t(1+i_c)^{-t}}{\sum_{t=0}^{n}K_t(1+i_c)^{-t}} \quad (4.12)$$

式中，NPV 为净现值；K_P 为总投资现值。

净现值率指标的经济含义是：项目除确保基准收益率外，单位投资尚可获得的额外收益。

3) 净现值率法的判别准则

对于单一方案，若 NPV≥0，则 NPVR≥0（因为 K_P>0），此时项目可以考虑接受；若 NPV<0 时，则 NPVR<0，项目应予以拒绝。因此，用净现值率评价单一项目经济效果时，

判别准则与净现值相同。多方案比选时，如果被选方案的投资额相近，则净现值率最大的就表明其投资收益大，该方案即为最佳方案。

(2) 特点及其适用范围

1) 净现值率法的优、缺点

① 优点。净现值率法的指标能够明确反映单位投资可获得的净现值，这对于提高资金利用效果、加强资金运用的管理工作具有实际意义，该指标与净现值法结合采用时，既考虑了投资方案的绝对收益，也考虑了其相对经济效益。

② 缺点。净现值率指标在进行多方案优选时，容易选择投资较少、收益较大的方案，而放弃投资大、收益也大的方案。

2) 净现值率法的适用范围

① 对于投资没有限制的情况，在进行方案比较时，原则上直接以净现值为判别依据；但投资有限制时，由于更加注重单位投资效率，应辅以净现值率指标作综合评判。

② 在进行多方案比选时，净现值率常用于多方案的优劣排序。且以净现值率最大为准则，有利于投资偏小的项目，所以净现值率法仅适用于投资额相近的方案比选。

(3) 应用实例

【例 4.6】 试计算【例 4.5】中投资项目的净现值率，并据此判断该项目的可行性。

解：该投资项目的净现值率为：

$$\text{NPVR} = \frac{\text{NPV}}{K_\text{P}} = \frac{708}{2200 + 1000(P/F,10\%,2)} = 0.2339 > 0$$

判断：该项目的净现值率为 0.2339，说明该项目实施后的经济效益除达到 10% 的收益率外，还有 0.2339 的额外收益。可见，该项目具有一定的经济效益，从净现值率的评判角度，项目可行。

4.3.3 净年值法

净年值法，也称为净年金法，是将投资方案在寿命期内不同时点发生的所有现金流量都按基准收益率换算成与其等值的等额支付序列年金后，再进行评价、比较和选择最优方案的方法。由于换算后的年金在任何年份均相等，因此，与净现值法不同的是，净年值法在进行不同寿命期方案比选时满足了时间上的可比性。

(1) 计算指标及其判别准则

1) 净年值指标的定义

净年值（net annual value，NAV）是指按给定的基准折现率，通过等值换算将方案计算期内各个不同时点的净现金流量分摊到计算期内各年的等额年值，即投资方案在寿命期内的年净现金流量按给定的折现率折算的年均值。

2) 净年值指标的表达式

净年值指标与净现值指标之间的关系其实就是总量和加权均量的关系，如图 4.8 所示。

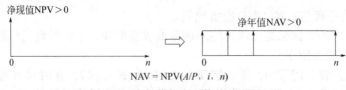

图 4.8 净年值与净现值的关系图

因此，净现值指标的定义表达式为：

$$\mathrm{NAV} = \mathrm{NPV}(A/P, i_c, n) = \Big[\sum_{t=0}^{n}(\mathrm{CI}-\mathrm{CO})_t(1+i_c)^{-t}\Big](A/P, i_c, n) \qquad (4.13)$$

根据式(4.13)，视具体情况，在计算净年值指标时也可采用现值求年值和终值求年值两种表达式。

$$\mathrm{NAV} = \Big[\sum_{i=0}^{n}(\mathrm{CI}-\mathrm{CO})_t(P/F, i_c, n)\Big](A/P, i_c, n) \qquad (4.14)$$

$$\mathrm{NAV} = \Big[\sum_{i=0}^{n}(\mathrm{CI}-\mathrm{CO})_{n-t}(F/P, i_c, n-t)\Big](A/F, i_c, n) \qquad (4.15)$$

式(4.14)为现值求年值公式；式(4.15)为终值求年值公式。

3) 净年值法的判别准则

对于单一方案，若 NAV≥0，项目可以考虑接受；若 NAV<0 时，则项目应予以拒绝。对于多方案比选，采用净年值最大准则进行优选，即以净年值大的方案为最优。

(2) 特点及其适用范围

1) 净年值法的特点

就项目的评价结论而言，净年值和净现值是等效评价指标。净现值是指整个寿命期内获取的超出最低期望盈利的超额收益的现值；而净年值是指寿命期内每年的等额超额收益，与净现值 NPV 成比例关系，因此，净年值与净现值在项目评价的结论上总是一致的。

2) 净年值法的适用范围

由于指标的含义不同，在某些决策结构形式下，采用净年值比采用净现值更为简便和易于计算，故净年值指标在经济评价指标体系中也占有相当重要的地位，特别适用于寿命期不等的方案之间的评价、比较和选择。

(3) 应用实例

【例 4.7】 试计算【例 4.5】中投资项目的净年值，并据此判断项目的可行性。

解：由【例 4.5】得出，该项目的 NPV=708 万元，

故，NAV=NPV(A/P, 10%, 8)=708×0.1874=132.68(万元)>0

判断：该项目的净年值为 132.68 万元，大于零，说明该项目实施后的经济效益除达到 10%的收益率外，每年还有 132.68 万元的收益。因此，从净年值的评判角度，该项目可行。

【例 4.8】 某投资方案的净现金流量如图 4.9 所示，设基准收益率为 10%，试计算该方案的净年值（分别应用现值求年值和终值求年值两种方法计算）。

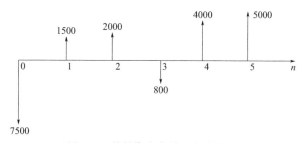

图 4.9 某投资方案的现金流量图

解：① 用现值求年值计算如下。

NAV =[−7500+1500(P/F, 10%, 1)+2000(P/F, 10%, 2)−800(P/F, 10%, 3)

$$+4000(P/F,10\%,4)+5000(P/F,10\%,5)](A/P,10\%,5)$$
$$=198.4(万元)>0$$

② 用终值求年值计算如下。
$$NAV=[-7500(F/P,10\%,5)+1500(F/P,10\%,4)+2000(F/P,10\%,3)$$
$$-800(F/P,10\%,2)+4000(F/P,10\%,1)+5000](A/F,10\%,5)$$
$$=198.4(万元)>0$$

4.3.4 费用现值和费用年值法

在进行多方案比选时，如果各备选方案的产出价值均相同，或者各方案能满足同样的需要，但其产出效益难以用价值形态衡量，如环保、教育、保健、国防等的效益难以用货币计量时，可以通过对各方案费用现值或费用年值的比较进行选择。

(1) 费用现值法

费用现值法，也称为最小费用法，是利用费用现值对备选方案的优劣进行对比分析的动态评价方法。

1) 计算指标与判别准则

费用现值 (present cost, PC)，也称为现值成本，是指方案寿命期内的投资与各成本费用折现后的代数和，就是将不同方案计算期内的各年成本按基准收益率换算到基准年的现值与方案总投资现值之和，用符号 PC 表示。费用现值的计算思路如图 4.10 所示。

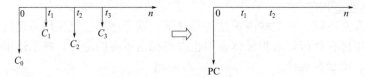

图 4.10 费用现值的计算思路图

费用现值的定义表达式为：

$$PC=\sum_{t=0}^{n}CO_t(P/F,i_c,t) \tag{4.16}$$

也可据实表达为：

$$PC=\sum_{t=0}^{n}(K+C-S-W)_t(P/F,i_c,t) \tag{4.17}$$

式中，PC 为费用现值；K 为投资额；C 为年经营成本；S 为计算期末回收的固定资产残值；W 为计算期末回收的流动资金。

应用费用现值法进行多方案比选时，其判别准则是：费用现值越小，其方案经济效益越好。

2) 费用现值法的应用要点

① 在应用费用现值法时，各方案除费用指标外，其他指标和有关因素如产量、质量、收入等应基本相同，在此基础上方可比较费用的大小。

② 在应用费用现值法时，各备选方案特别是费用现值最小的方案，应是能够达到赢利目的的方案。

③ 由于费用现值只能反映费用的大小，不能反映净收益情况，因此这种方法只能用于比较方案优劣，而不能用于判断方案是否可行。

3) 费用现值法应用实例

【例 4.9】 某企业购置生产设备有三个备选型号 A、B、C，均能满足生产的需要，其费用数据如表 4.8 所示，基准收益率为 10%，试应用费用现值法确定最优方案。

表 4.8　三种设备的费用数据表　　　　　　　　　　单位：万元

设备型号	购置费用	年运营费	固定资产残值	寿命期
A	50	5	6	6
B	60	3	9	6
C	45	4	7	6

解：$PC_A = 50 + 5(P/A, 10\%, 6) - 6(P/F, 10\%, 6)$
　　　$= 50 + 5 \times 4.3553 - 6 \times 0.5645$
　　　$= 68.4$(万元)
　$PC_B = 60 + 3(P/A, 10\%, 6) - 9(P/F, 10\%, 6)$
　　　$= 60 + 3 \times 4.3553 - 9 \times 0.5645$
　　　$= 68.0$(万元)
　$PC_C = 45 + 4(P/A, 10\%, 6) - 7(P/F, 10\%, 6)$
　　　$= 45 + 4 \times 4.3553 - 7 \times 0.5645$
　　　$= 58.5$(万元)

根据费用最小的优选原则：设备 C 最优，设备 B 次之，设备 A 最差。

故，选择设备 C。

(2) 费用年值法

与净年值和净现值指标的关系类似，费用年值与费用现值也是一对等效评价指标，费用年值法是利用费用年值对备选方案的优劣进行对比分析的评价方法。

1) 计算指标与表达式

费用年值 (annual cost, AC)，是将方案计算期内不同时点发生的所有费用支出，按一定折现率折算成与其等值的等额支付序列年费用，用符号 AC 表示，费用年值的计算思路如图 4.11 所示。

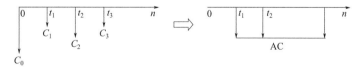

图 4.11　费用年值的计算思路图

费用年值的定义表达式为：

$$AC = \left[\sum_{t=0}^{n} CO_t (P/F, i_c, t) \right] (A/P, i_c, n) \tag{4.18}$$

也可据实表达为：

$$AC = \left[\sum_{t=0}^{n} (K + C - S - W)_t (P/F, i_c, t) \right] (A/P, i_c, n) \tag{4.19}$$

费用年值与费用现值之间的转换公式为：

$$AC = PC(A/P, i_c, n) \tag{4.20}$$

2) 费用年值法的判别准则与应用要点

由于费用年值与费用现值是等效评价指标,因此,应用费用年值法进行多方案比选时,判别准则也是:费用年值越小,其方案经济效益越好。

在应用费用年值法时,也应满足相同的需要。不同的是,由于费用年值相当于年平均值的概念,因此,比费用现值更具可比性,尤其对于寿命期不等的方案,采用费用年值法比较各方案更简便也更适用。

3) 费用年值法应用实例

【例 4.10】 某项目现有两个寿命期不等的投资方案 A、B,均能满足项目的需要,其费用数据如表 4.9 所示,基准收益率为 15%,试应用费用年值法确定最优投资方案。

表 4.9 两个备选方案的费用数据表 　　　　　　　　　　单位:万元

方案	初始投资	年经营成本	固定资产残值	寿命期
A	2000	560	80	8
B	3000	320	140	12

解:$AC_A = [2000 + 560(P/A, 15\%, 8) - 80(P/F, 15\%, 8)](A/P, 15\%, 8)$
$\quad\quad\quad = (2000 + 560 \times 4.4873 - 80 \times 0.3269) \times 0.2229$
$\quad\quad\quad = 1000(万元)$
$AC_B = [3000 + 320(P/A, 15\%, 12) - 140(P/F, 15\%, 12)](A/P, 15\%, 12)$
$\quad\quad = (3000 + 320 \times 5.4206 - 140 \times 0.1869) \times 0.1845$
$\quad\quad = 869(万元)$

因为 $AC_A > AC_B$,故,根据费用最小的优选原则,选择方案 B。

4.3.5 动态投资回收期法

动态投资回收期法主要是为了克服静态投资回收期法未考虑时间因素的缺点,采用动态投资回收期指标的计算结果对项目作出投资回收能力评价的方法。

(1) 计算指标及其表达式

动态投资回收期(dynamic payback time),用字母 P_D 表示,是指在考虑资金时间价值的情况下,按照设定的基准收益率,用项目投产后各年净收益回收全部投资额所需要的时间。

动态投资回收期的定义表达式为:

$$\sum_{t=0}^{P_D}(CI - CO)_t(1 + i_c)^{-t} = 0 \tag{4.21}$$

式中,P_D 为动态投资回收期。

式(4.21)指的是用基准收益率将投资与各期净收益折现为净现值,使净现值等于零时的计算期期数就是该项目的动态投资回收期 P_D。而在实际计算中,往往需应用现金流量表中的累计净现金流量计算求得,其表达式如下。

$$P_D = (累计净现值开始出现正值或零的年份数 - 1) + \frac{上一年累计折现值的绝对值}{当年折现值} \tag{4.22}$$

(2) 判别准则及其适用范围

1) 动态投资回收期法的判别准则

用动态投资回收期指标评价投资方案的回收能力进而判断项目可行性时,需将计算得到的

动态投资期 P_D 与国家或行业规定的基准投资回收期 P_C 进行比较。若 $P_D \leqslant P_C$，则项目可以考虑接受；若 $P_D > P_C$，则项目应予以拒绝。

2）动态投资回收期法的适用范围

动态投资回收期不仅考虑了资金的时间价值，而且也具有静态投资回收期的优点，即概念明确、计算简单，突出了资金的回收速度，因此，动态投资回收期法比静态投资回收期法的应用范围更广。但动态投资回收期法也没有考虑投资回收之后的经济效果，以及投资项目的使用年限和期末余值，因此，该方法也不能全面地反映项目在寿命期内的真实效益，通常只宜进行辅助性评价，或者用于资金紧缺且投资风险很大的项目的评价依据。

(3) 应用实例

【例 4.11】 用【例 4.3】的数据计算动态投资回收期并据此判断项目的可行性，设基准折现率为 10%，行业基准投资回收期为 6 年。

解：列表计算出该项目的折现值和累计折现值，如表 4.10 所示。

表 4.10 项目的折现值及累计折现值计算表　　　　　　　　　　　　单位：万元

年末	0	1	2	3	4	5	6
净现金流量	-1200	270	310	310	310	310	310
折现值	-1200	245.45	256.18	232.9	211.73	192.47	175
累计折现值	-1200	-954.55	-698.37	-465.47	-253.74	-61.27	113.73

根据式(4.22)和表 4.10，可得：

$$P_D = (6-1) + \frac{|-61.27|}{175} = 5.4 (年)$$

判断：因 $P_D < 6$ 年，故以动态投资回收期法衡量，该项目也是可行的。

4.3.6 内部收益率法

内部收益率法是指采用内部收益率指标进行项目经济性评价的方法，是除净现值法外的另一种重要的常用动态经济评价方法。

(1) **计算指标及其判别准则**

1) 内部收益率指标的定义

内部收益率（internal rate of return，IRR）又称内部报酬率，是指项目在计算期内各年净现金流量现值的累计值，即项目在寿命期内的净现值等于零时的折现率。与净现值不同，内部收益率并不代表项目寿命期内的绝对收益，而是一个用百分数表示的利率，这个利率并不是随意设定的，而是特定条件下得出的能够使项目净现值等于零的折现率，常用字母 IRR 表示。

内部收益率指标的定义表达式为：

$$\sum_{t=0}^{n}(CI-CO)_t(1+IRR)^{-t}=0 \tag{4.23}$$

2) 内部收益率法的判别准则

① 对于单一方案，需将计算得到的内部收益率 IRR 与国家或行业规定的基准收益率 i_c 进行比较。若 IRR $\geqslant i_c$，表明项目的收益率已达到或超过基准收益率水平，项目可以考虑接受；若 IRR $< i_c$，则项目应予以拒绝。

② 对于寿命期相等的多方案比选，内部收益率是反映项目实际收益率的一个动态指标，

所以采用内部收益率最大的准则进行优选，即以内部收益率大的方案为最优。

（2）内部收益率的计算

1）计算原理

内部收益率的定义表达式(4.23)是一个高次方程，直接用以求解 IRR 是比较复杂的，因此在实际计算中可以根据内部收益率的几何意义采用"线性插值法"求得 IRR 的近似解。关于内部收益率的几何意义可以从图 4.6 中得到解释，在图 4.6 中，随着折现率的不断增大，净现值在不断减小，当折现率增至 15.24% 时，项目的净现值为零，即该项目的内部收益率为 15.24%。因此，一般情况下，项目的内部收益率 IRR 即为净现值曲线与横轴交点处的折现率 i^*。

据此可得，线性插值法求解 IRR 的计算原理如图 4.12 所示。

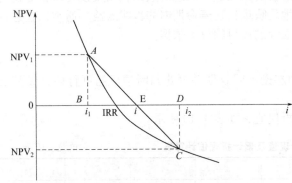

图 4.12 线性插值法求解 IRR 的原理

图 4.12 中，如果设定 i_1 和 i_2 两个折现率，就可计算出与之相对应的净现值 $NPV(i_1)$ 和 $NPV(i_2)$，并且 $NPV(i_1) > 0$ 和 $NPV(i_2) < 0$，此时即可应用内插法计算出 IRR 的近似值。因为 $\triangle ABE$ 相似于 $\triangle CDE$，所以 $AB:CD = BE:DE$，将 $NPV(i_1)$ 和 $NPV(i_2)$ 分别表示为 NPV_1 和 NPV_2，即 $NPV_1 : |NPV_2| = BE : [(i_2-i_1)-BE]$，则有插值公式如下。

$$\text{IRR} \approx i = i_1 + BE = i_1 + \frac{NPV_1}{NPV_1 + |NPV_2|}(i_2 - i_1) \tag{4.24}$$

式(4.24)中，i_1 为插值用的低折现率；i_2 为插值用的高折现率；NPV_1 为用 i_1 计算得到的大于零的净现值；NPV_2 为用 i_2 计算得到的小于零的净现值。

2）计算步骤

应用线性插值公式(4.24)求解内部收益率的计算步骤如下。

① 首先列出 NPV 的表达式及 NPV 等于零时的方程式。

② 预先估计两个适当的折现率 i_1 和 i_2，需满足两个条件：① $i_1 < i_2$，且 $|i_1 - i_2| \leq 5\%$；实际应用中，为减少内插的误差，往往需要 $|i_1 - i_2| \leq 3\%$；② $NPV_1 > 0$ 和 $NPV_2 < 0$。如果预估的折现率 i_1 和 i_2 不满足这两个条件，则要重新预估直至满足条件。

③ 将 i_1、i_2、NPV_1、NPV_2 的数据代入式(4.24)，即可计算得到 IRR。

【例 4.12】 某企业投资 100 万元购置了一套生产线设备，寿命期为 4 年，基准收益率为 9%，各年的净现金流量如表 4.11 所示，试计算该项目的内部收益率。

表 4.11 设备的净现金流量表   单位：万元

年份	0	1	2	3	4
净现金流量	−100	40	35	26	22

解：① 列出净现值表达式：

$$NPV = -100 + 40(P/F, i, 1) + 35(P/F, i, 2) + 26(P/F, i, 3) + 22(P/F, i, 4)$$

② 假设 $i_1 = 8\%$，$i_2 = 10\%$，则有：

$$NPV_1 = 100 + 40(P/F, 8\%, 1) + 35(P/F, 8\%, 2) + 26(P/F, 8\%, 3) + 22(P/F, 8\%, 4)$$

$$=3.85(万元)>0$$
$$\mathrm{NPV}_2 = 100+40(P/F,10\%,1)+35(P/F,10\%,2)+26(P/F,10\%,3)+22(P/F,10\%,4)$$
$$=-0.15(万元)<0$$

③ 因 $|i_1-i_2|=2\%<5\%$，且 $\mathrm{NPV}_1>0$，$\mathrm{NPV}_2<0$，满足应用式（4.24）的条件，故有：

$$\mathrm{IRR}=8\%+\frac{3.85}{3.85+|-0.15|}(10\%-8\%)$$
$$=9.9\%$$

因为 IRR=9.9%>9%，所以该方案可行。

(3) 内部收益率的经济含义

从经济上讲，内部收益率就是使得项目在寿命期结束时，投资刚好被全部收回的折现率，也就是说，在项目整个寿命期内，按照利率 $i=\mathrm{IRR}$ 计算，始终存在未能收回的投资，即项目始终处于偿付未被收回的状态，只有在寿命期结束时，投资刚好被全部收回。因此，项目的偿付能力完全取决于项目内部，故有内部收益率之称。

内部收益率还可以理解为：是用以评价项目方案全部投资经济效益的指标，其数值大小表达的并不是一个项目初始投资的收益率，而是尚未回收的投资余额的年盈利率。它不仅受到项目初始投资规模的影响，也受到寿命期内各年净收益大小的影响，因此，内部收益率反映出项目对占有资金的一种恢复能力，其值越高，一般来说方案的经济性越好。

【例 4.13】 以【例 4.12】验证内部收益率的经济含义。

解：按照 $i=\mathrm{IRR}=10\%$ 计算【例 4.13】项目每年末未收回的资金如下。

① 第 1 年年末未收回的资金为：
$$-100(F/P,10\%,1)+40=-70(万元)$$
所以，第 1 年末处于偿付状态。

② 第 2 年年末未收回的资金为：
$$-100(F/P,10\%,2)+40(F/P,10\%,1)+35=-42(万元)$$
所以，第 2 年末处于偿付状态。

③ 第 3 年年末未收回的资金为：
$$-100(F/P,10\%,3)+40(F/P,10\%,2)+35(F/P,10\%,1)+26=-20.2(万元)$$
所以，第 3 年末处于偿付状态。

④ 第 4 年年末未收回的资金为：
$$-100(F/P,10\%,4)+40(F/P,10\%,3)+35(F/P,10\%,2)+26(F/P,10\%,1)+22=0(万元)$$
所以，第 4 年末投资全部被收回。

由此可知，按照内部收益率计算时，本项目在寿命期内的前 3 年始终处于偿付状态，资金未被完全收回，只有到第 4 年年末，寿命期结束时，投资才全部被收回，这就验证了内部收益率的经济含义。

(4) 特点及其适用范围

1) 内部收益率法的优点

① 考虑了资金的时间价值，对项目进行动态评价，结果可信度高。

② 考虑了项目在整个寿命周期内的经济状况，能够直观地反映出项目的最大盈利能力，便于投资者理解和做出判断。

③ 内部收益率是内生决定的，也就是由项目的现金流量系数等特征决定的，不需要事先

给定折现率,只需知道基准收益率的大致范围即可。

2) 内部收益率法的缺点

① 计算烦琐,试算通常很难一次成功,并且需要大量的相关数据。

② 对于具有非常规现金流量的项目而言,其内部收益率可能有多解,也可能不存在解。

③ 虽然能明确表示出项目投资的盈利能力,但内部收益率过高或过低时,往往会失去其实际意义。

3) 内部收益率法的适用范围

内部收益率法适用于独立方案的经济评价和可行性判断,但在进行多方案分析时一般不能直接用于比较和优选;内部收益率也不适用于只有现金流入或现金流出的项目评价。

(5) **内部收益率的几种情况**

1) 常规项目的内部收益率

常规项目是指各年的净现金流量序列符号只变化一次的项目,这种项目在寿命期初(包括建设期和投资初期),净现金流量一般为负值(现金流出大于现金流入),而当项目进入正常的生产期后,净现金流量就会成为正值(现金流入大于现金流出)。对于常规项目,一般情况下当累计净现金流量大于零时,内部收益率就有唯一的正数解。

因此,对于常规项目,在计算内部收益率时,必须先判断是否存在内部收益率,判断的简要方法是:当项目现金流量的流入代数和大于流出代数和时,项目存在内部收益率;反之,则不存在。只有存在内部收益率,才有必要进行进一步的计算和分析。

2) 非常规项目的内部收益率

非常规项目是指各年的净现金流量序列符号变化多次的项目,这种项目在寿命期的各个时刻可能都有现金流出和现金流入,各个时刻的净现金流量可能为正也可能为负。因此,非常规项目的高次方程可能有多个正实数根,这些根是否都是内部收益率需要按照内部收益率的经济含义进行检验。检验方法是:以这些根作为折现率计算寿命期内各个时刻末期的资金,看是否存在未偿付的资金(未被回收的投资)。一般情况下,对于非常规项目,只要内部收益率方程存在多个正实数根,则所有的根都不是项目真正的内部收益率;但若非常规项目的内部收益率方程只有一个正实数根,则这个根就是项目的内部收益率。

3) 非投资情况

非投资情况指的是先从项目取得资金,然后偿付项目有关费用的一种特殊情况。即投资者先从项目取得资金,然后再向方案投资,这种情况只要项目现金流量的流出代数和大于流入代数和时,项目就存在内部收益率。也就是说,非投资情况也存在内部收益率,只是其净现值函数图正好与常规项目相反,即随着折现率的逐渐增加,净现值也逐渐增加,并由负值变为正值。

【例 4.14】 某项目于第 1 年年初投资,在第 1 年年末获益后又投资,其现金流量如表 4.12 所示,试验证该项目是否存在内部收益率。

表 4.12 某项目的净现金流量表　　　　　　　　　　单位:万元

年末	0	1	2	3
净现金流量	−100	470	−720	360

解:该项目净现值等于零的方程式为:

$$NPV = -100 + \frac{470}{1+i} - \frac{720}{(1+i)^2} + \frac{360}{(1+i)^3} = 0$$

此高次方程的系数从－100，先后变为470、－720、360，系数的符号变化了3次，因此，此方程式相应有3个根。

经计算，此净现值方程式的3个根为：$i_1=20\%$，$i_2=50\%$，$i_3=100\%$。

当$i_1=20\%$时，第1年年末未被收回的资金为：$-100\times(1+20\%)+470=350$(万元)，不存在未被收回的资金；

当$i_2=50\%$时，第1年年末未被收回的资金为：$-100\times(1+50\%)+470=320$(万元)，不存在未被收回的资金；

当$i_3=100\%$时，第1年年末未被收回的资金为：$-100\times(1+100\%)+470=270$(万元)，不存在未被收回的资金；

综上，根据验证，该方程的3个根均不符合内部收益率的经济含义，都不是项目的内部收益率，因此，该项目不存在内部收益率。

4.3.7 外部收益率法

外部收益率法是指采用外部收益率指标进行项目经济效果动态评价的方法，与内部收益率法不同的是，外部收益率指标是在给定一个回收资金再投资的收益率即基准收益率的基础上计算的。

(1) 外部收益率指标的定义

外部收益率（external rate of return，ERR）是指投资项目在整个计算期内各年净现金流量终值累计等于零时的收益率，即全部投资的收益等于各年净收益以基准收益率进行再投资之和时的折现率，以字母ERR表示。

(2) 内部收益率与外部收益率之间的关系

对投资方案内部收益率IRR的计算，隐含着一个基本假定，即项目寿命期内所获得的净收益全部可用于再投资，且再投资的收益率等于项目的内部收益率，这种隐含假定是由于现金流量计算是采用复利计算方法所导致的。

因此，求解内部收益率IRR的方程也可写成下面的形式。

$$\sum_{t=0}^{n}(\mathrm{NB}_t-K_t)(1+\mathrm{IRR})^{-t}=0 \quad ①$$

式①中，K_t为第t年的净投资；NB_t为第t年的净收益。

将式①两端同时乘以$(1+\mathrm{IRR})^n$，即，将式①左端的现值折算成n年末的终值，可得

$$\sum_{t=0}^{n}(\mathrm{NB}_t-K_t)(1+\mathrm{IRR})^{n-t}=0$$

即

$$\sum_{t=0}^{n}\mathrm{NB}_t(1+\mathrm{IRR})^{n-t}=\sum_{t=0}^{n}K_t(1+\mathrm{IRR})^{n-t} \quad ②$$

式②左边是项目每年净收益NB_t按IRR再投资的终值之和；右边是项目各年净投资K_t的终值。此等式意味着，项目各年投资的收益能力（按IRR折算到n年末的终值）与把项目每年的净收益以IRR为收益率进行再投资，直到n年末所得到的终值之和相等。由于投资机会的限制，这种假定往往难以与实际情况相符，而且这种假定也是造成非常规投资项目的IRR方程可能出现多解的原因。

外部收益率实际上是对内部收益率的一种修正。计算外部收益率时也假定项目寿命期内所获得的净收益全部可用于再投资，所不同的是，假定再投资的收益率等于基本折现率。

(3) 外部收益率的表达式

求解外部收益率的表达式如下。

$$\sum_{t=0}^{n} K_t (1+\text{ERR})^{n-t} = \sum_{t=0}^{n} \text{NB}_t (1+i_c)^{n-t} \qquad (4.25)$$

式中，ERR 为外部收益率；i_c 为基准折现率。

式(4.25) 也可表示为：

$$\sum_{t=0}^{n} \text{CO}_t (1+\text{ERR})^{n-t} = \sum_{t=0}^{n} \text{CI}_t (1+i_c)^{n-t} \qquad (4.26)$$

(4) 外部收益率的经济含义

从式(4.25) 或式(4.26) 可知，ERR 的经济含义为：项目寿命期内的净收益全部用于再投资，并假定再投资的收益率等于基准收益率且全部投资在项目寿命期末回收。因此，外部收益率是在项目寿命期末回收投资情况下的全部投资收益率，反映了项目所占用资金的盈利能力。

(5) 外部收益率的判别准则与适用范围

ERR 指标用于评价投资方案经济效果时，需要与设定的基准折现率 i_c 相比较。其判别准则是：若 ERR≥i_c，则项目可以被接受；若 ERR<i_c，则项目应予以拒绝。

外部收益率指标的应用并不普遍，但是对于非常规项目的评价，由于内部收益率指标存在多个解或无解的情况，而外部收益率指标则有唯一解，因此具有其优越之处。

【例 4.15】 某企业购置大型设备的方案为：初始投资 20 万元，寿命期 6 年，期末固定资产残值为 5 万元。寿命期内平均每年的收入为 16 万元，每年的费用为 10 万元。试用外部收益率指标评价该方案是否可行。

解：按式(4.26) 可得方程式：$(16-10)(F/A, i_c, 6) + 5 = 20(1+\text{ERR})^6$

当设定 $i_c=10\%$，则 ERR=17%，项目可行；而当设定 $i_c=25\%$，则 ERR=24%，项目不可行。

因此可知，ERR 的大小与 i_c 的取值有关，具体的关系对应情况如表 4.13 所示。

表 4.13 ERR 与 i_c 取值的关系表

i_c 的取值/%	10	15	20	23	25	30	35	40
对应的 ERR/%	17	20	22	23	24	26	29	31

由表 4.13 中的数据分析可得以下结论。

① 当基准折现率 i_c<23%时，ERR>i_c，项目可行；
② 当基准折现率 i_c=23%时，ERR=i_c，此时，ERR=IRR；
③ 当基准折现率 i_c>23%时，ERR<i_c，项目不可行。

思考练习题

4.1 简述工程经济评价指标按是否考虑时间因素的划分类型。
4.2 简述工程经济评价方法按是否考虑时间因素的划分类型。
4.3 简述静态投资回收期与动态投资回收期的区别。
4.4 简述净现值法与净年值法的区别。

4.5 简述净现值率法的特点及其适用范围。

4.6 简述费用现值法和费用年值法的适用范围。

4.7 某建设项目的资金构成为：银行贷款占40%，自有资金占60%，项目总投资额为2000万元，每年的利润总额为1500万元，项目寿命期为10年，试计算该建设项目的投资利润率和资本金利润率。

4.8 某建设项目预计期初总投资金额为4500万元，项目当年建成投产后每年的净收益为660万元，则该项目的静态投资回收期为多少年？若基准收益率为8%，项目寿命期为10年，则该项目的动态投资回收期为多少年？若基准投资回收期为8年，则分别从静态和动态投资回收期的角度判断项目是否可行？

4.9 某项目在第1年初、第2年初的投资额分别为1200万元、1000万元，项目第3年初投产运行，正常运营期为15年，每年的净收益为350万元，若行业的基准收益率为8%，试计算该项目的净现值、净现值率和净年值指标，并判断项目是否可行。

4.10 某贷款项目，银行贷款年利率为6%时，项目净现值为40万元；银行贷款年利率为8%时，项目净现值为−27万元，试计算使得项目净现值为零的贷款年利率为多少？这个利率等同于哪项评价指标？若项目基准收益率为12%，试判断项目是否可行。

第 5 章
投资方案的经济评价与比选

【本章内容概要】

本章首先介绍了单一方案经济评价的方法和步骤,并介绍了多方案按经济关系或按现金流量关系划分的五种类型及其比选步骤;然后介绍了寿命期相同互斥型方案的三种常用比选方法,即评价指标排序法、最小费用法和增量分析法;其次介绍了寿命期不同互斥型方案的三种常用比选方法,即年值法、现值法和差额内部收益率法,以及此类方案比选的特殊情况;最后介绍了其他类型的方案评价与比选方法,主要包括完全不相关的独立方案评价方法以及有资源约束的独立方案和混合型方案的比选方法。

【本章学习要点】

◆ 掌握:单一方案经济评价的方法与步骤、多方案的比选步骤、寿命期相同互斥型方案比选的评价指标排序法、最小费用法和增量分析法。

◆ 熟悉:多方案的类型、寿命期不同互斥型方案比选的年值法和现值法、完全不相关的独立方案评价方法。

◆ 了解:寿命期不同互斥方案比选的差额内部收益率法及特殊情况、有资源约束的独立方案的互斥化法和效率型指标排序法、混合型方案比选法。

5.1 方案评价与比选概述

在进行投资项目方案的经济效果评价时,一般需要处理两种情况:一种是单一方案的评价,另一种是多方案之间的比选。而在实践中,由于决策结构的复杂性,往往更多的情况是需要对多个备选方案进行综合比较评价,这就要求决策者明确投资方案比选的类型,以及可采用的各类比选方法,以决策出技术上先进适用、经济上合理有效,且兼具良好社会效益的最优方案。

5.1.1 单一方案的经济评价

单一方案,即独立方案,指的是投资项目只有一种方案或虽有多个方案但相互独立的情况。对于单一方案进行选择的实质是在"做"与"不做"之间进行评价,因此,单一方案的经济评价,其实就是指对某个初步选定的投资方案,根据项目收益与费用的情况,通过计算其经济评价指标,确定项目的可行性,从而决定项目的取舍。

(1) 单一方案经济评价方法

单一方案经济评价的方法根据选取的评价指标不同，可分为静态评价方法和动态评价方法两种。

1) 静态评价方法

对于单一方案的静态经济评价，主要是选取投资收益率或静态投资回收期指标进行计算，然后将计算所得值与确定的行业平均投资收益率或基准投资回收期进行比较，若方案的投资收益率大于行业平均投资收益率，或方案的静态投资回收期小于基准投资回收期，则方案就是可行的。

2) 动态评价方法

对于单一方案进行动态经济评价，主要是应用投资方案的净现值和内部收益率指标进行评价。若净现值大于零，或项目的内部收益率大于基准收益率，则方案就是可行的。在此基础上，也可选择净年值法、净现值率法或动态投资回收期法进行辅助评价。

3) 动态评价方法与静态评价方法的区别

① 动态评价方法计算复杂，而静态评价方法计算简便且直观。

② 由于考虑了资金的时间价值，当单一方案的使用寿命较长时，动态评价方法得出的结论是正确的，而静态评价方法的结论则不一定正确。

③ 在使用范围上，动态评价方法要比静态评价方法宽得多，静态评价方法一般用在计算精度要求不高的规划阶段，比较适用于投资期限短、收益水平低的项目。

在进行单一方案经济评价时，最有效的方法是将静态评价和动态评价相结合进行综合评价。

(2) 单一方案经济评价步骤

单一方案的经济评价方法确定以后，具体的评价步骤如下。

① 确定项目的现金流量情况，编制项目现金流量表或绘制现金流量图；

② 根据公式计算项目的静态或动态经济评价指标，如投资收益率、净现值、内部收益率等；

③ 根据计算得到的评价指标值及其相对应的判别准则，确定项目的可行性。

(3) 单一方案经济评价实例

【例 5.1】 某建设项目的现金流量如表 5.1 所示，若行业基准投资回收期为 8 年，行业基准收益率为 18%，试分别应用静态投资回收期法和投资收益率法评价项目的可行性。

表 5.1 某建设项目的现金流量表　　　　　　　　　　　单位：万元

年末	0	1	2	3	4	5	6	7	8	9
现金流入			600	800	1000	1000	1000	1000	1000	1000
现金流出	5000									

解：列表计算出该项目各年的净现金流量及累计净现金流量，如表 5.2 所示。

表 5.2 项目的净现金流量及累计净现金流量计算表　　　　单位：万元

年末	0	1	2	3	4	5	6	7	8	9
现金流入			600	800	1000	1000	1000	1000	1000	1000
现金流出	5000									
净现金流量	−5000	0	600	800	1000	1000	1000	1000	1000	1000
累计净现金流量	−5000	−5000	−4400	−3600	−2600	−1600	−600	400	1400	2400

① 应用静态投资回收期法计算如下。
根据式(4.7)和表5.2,可得:

$$P_t = (7-1) + \frac{|-600|}{1000} = 6.6(年)$$

判断:因 $P_t < 8$(年),故以静态投资回收期法衡量,该项目可行。
② 应用投资收益率法计算如下。

$$ROI = \frac{NB}{K} = \frac{1000}{5000} = 0.20 \times 100\% = 20\%$$

判断:因 ROI>18%,故以投资收益率法衡量,该项目也是可行的。

5.1.2 多方案的类型与比选步骤

多方案指的是投资项目有几种可供选择的备选方案的情况,多方案的评价与比选方法,视各方案之间相互关系的不同而各异。对于多方案的类型主要有两种划分方式:一种是按方案之间的经济关系划分为相关方案和非相关方案;另一种是按备选方案现金流量之间的关系划分为互斥型方案、独立型方案和混合型方案。

(1) 相关与非相关方案

按方案之间的经济关系,可将各方案分为相关方案与非相关方案两种类型。

1) 相关方案

如果采纳或放弃某一方案将显著地改变其他方案的现金流量序列,或者会影响其他方案,则即可认为这两个或多个方案在经济上是相关的。相关型方案主要包括互补型方案和现金流量相关型方案两种。

① 互补型方案。在多方案中,出现技术经济互补的方案称为互补型方案,根据互补方案间相互依存的关系,互补方案可能是对称的,也可能是不对称的。例如,建设一个大型的非坑口电站,必须同时建设铁路、电厂,它们无论在建成时间还是建设规模上都要彼此适应,缺少其中任何一个项目,其他项目都不能运行,因此,它们之间是互补的,又是对称的。还存在大量不对称的经济互补型方案,例如,建造一座建筑物 A 和增加一个空调系统 B,建筑物 A 本身是有用的,增加空调系统 B 后会使建筑物 A 更有用,但不能说采用 A 方案的同时一定要采用 B 方案,因此,它们之间是互补的,但并不是对称的。

② 现金流量相关型方案。在多方案中,如果各方案的现金流量之间存在着相互影响关系,即使方案间不完全互斥,也不完全互补,但如果若干方案中任何一方案的取舍会导致其他方案现金流量的变化,则这些方案之间也具有相关性。例如,对于过江项目可以有两个考虑方案,一个是建桥方案 A,另一个是轮渡方案 B,两个方案都是免费的,则此时任一方案的实施或放弃都会影响另一个方案的现金流量。

2) 非相关方案

如果采纳或放弃某一方案并不显著地改变另一方案的现金流量序列,或者不影响另一方案,则认为这两个方案在经济上是不相关的。

(2) 互斥、独立与混合型方案

根据多方案中各备选方案现金流量之间的相互关系,可将其分为互斥型方案、独立型方案和混合型方案三种类型。

1) 互斥型方案

互斥型方案指的是各备选方案之间存在互不相容的关系,且在多方案中只能选择一个,其余方案均必须放弃,不能同时存在,方案之间的关系具有互相排斥的性质。例如,开发商在做投资决策时,对于特定地块,是建高档别墅、经济适用房还是建公用建筑呢?这种备选方案的选择就具有互斥性。

2) 独立型方案

独立型方案指的是作为评价对象的各个方案的现金流量是独立的,不具有相关性,且任一方案的采用与否都不影响其他方案的取舍,即方案之间不具有排斥性。如西部大开发项目中的公路、机场、矿山等项目即为独立方案,这些方案各自的决策不会受到其他方案的影响,其现金流量是相互独立的,既可以只选择其中的一个方案,也可以选择两个甚至全部的方案。

独立型方案的特点是具有可叠加性,即选择的各备选方案的投资、收益、费用等均可相加。例如,对于投资额分别为 1000 万元和 2000 万元的 A、B 两个独立投资方案而言,若两方案的寿命期相等,在同时选择了这两个方案时,就可将总投资额叠加为 3000 万元。

独立方案的采用与否,仅取决于方案自身的经济性,即只需检验方案自身能否达到各评价指标的评价标准,据此判断其可行性。因此,如果决策对象是单一方案,则可认为是独立方案的特例,多个独立方案的评价与单一方案的评价方法相同。

3) 混合型方案

混合型是指由备选方案组成的整个方案群内所包含的各个方案之间,既有独立关系,又有互斥关系。例如,在有限的资金约束下,备选方案之间既有现金流量相关型的,又有互斥型的,可能还有独立型的情况。

(3) 多方案的比选步骤

与单一方案相比,多方案的比选要复杂得多,可以说,多方案比选是一个复杂的系统工程,所涉及的影响因素不仅包括经济因素,还包括诸如项目本身以及项目内外部的其他相关因素。多方案的评价与比选步骤如下。

1) 通过绝对检验筛选可行方案

根据单一方案的评价方法对各备选方案进行检验,剔除掉不可行的方案。即采用绝对效果评价标准检验方案自身的经济性,也称为绝对检验或绝对经济效果评价。凡通过绝对检验的方案,就认定为经济上可行,否则就应予以拒绝。

2) 通过相对检验选择最优方案

① 对于互斥方案和混合型方案,应根据多方案的类型以及可比性情况,如寿命周期、投资额度、收益情况等,选择适合的多方案比选方法。

② 互斥型方案进行比较时,必须具备的可比性条件包括:a. 被比较方案的费用及效益计算口径一致;b. 被比较方案具有相同的计算期;c. 被比较方案现金流量具有相同的时间单位。如果这几个条件不能满足,各个方案之间就不能进行直接比较,必须经过一定的转化后方能进行比较。

③ 依次计算各可行方案的比选经济效果指标,如差额净现值、差额内部收益率等,并按照多方案比选评判准则对各方案指标的计算结果从大到小进行排序,优胜劣汰,最终选择出综合性能最优的方案。

5.2 寿命期相同互斥型方案的比选

对于寿命周期相同的互斥方案,计算期通常设定为其寿命周期,这样能满足在时间上可比的要求。寿命期相同的互斥方案的比选方法有:评价指标排序法(包括净现值法、净现值率法、净年值法)、最小费用法(包括年折算费用法、费用现值法和费用年值法)、增量分析法(包括差额净现值法、差额内部收益率法、差额静态投资回收期法)等。

5.2.1 评价指标排序法

评价指标排序法主要是指根据所计算评价指标的大小按照多方案评价原则进行排序择优的方法,包括净现值法、净现值率法、净年值法。

(1) 净现值法

净现值法就是通过计算各个备选方案的净现值,并比较其大小而判断方案优劣的方法,是多方案比选中最常用的一种方法。

净现值法比选方案的基本步骤是:①分别计算各个方案的净现值,并用判别准则加以检验,剔除 NPV<0 的方案;②对所有 NPV≥0 的方案比较其净现值;③根据净现值最大准则,选择净现值最大的方案为最优方案。

(2) 净现值率法

净现值率法不能单独采用,是在利用净现值法评价完成后,再通过计算各个备选方案的净现值率并比较其大小而判断方案优劣的方法,是在投资有限制时辅助净现值比选法进行方案排序的一种方法。

净现值率法比选方案的基本步骤是:①分别计算各个方案的净现值,并用判别准则加以检验,剔除 NPV<0 的方案;②对所有 NPV≥0 的方案计算其净现值率 NPVR;③根据净现值率的排序结果,选择净现值率最大的方案为最优方案。

(3) 净年值法

净年值法就是通过计算各个备选方案的净年值,并比较其大小而判断方案优劣的方法,是多方案比选中与净现值法等效的一种常用方法。

净年值法比选方案的基本步骤是:①分别计算各个方案的净年值,并用判别准则加以检验,剔除 NAV<0 的方案;②对所有 NAV≥0 的方案比较其净年值;③根据净年值最大准则,选择净年值最大的方案为最优方案。

(4) 应用实例

【例 5.2】 某企业为适应生产发展的需要,设计了寿命期为 5 年的两个项目方案 A 和方案 B,现金流量如表 5.3 所示,已知该企业资金供应充足,设基准折现率为 10%,试分别应用净现值法与净现值率法择优,并分析两种计算结果,得出最终结论。

表 5.3 方案 A 和方案 B 的现金流量表　　　　　　　单位:万元

年份	0		1		2		3		4		5	
方案	A	B	A	B	A	B	A	B	A	B	A	B
投资	500	800										
现金流入			280	320	320	600	320	600	320	600	320	600
现金流出			120	280	150	280	150	280	150	280	150	280

解:① 按净现值计算如下。

$NPV_A = -500 + (280-120)(P/F,10\%,1) + (320-150)(P/A,10\%,4)(P/F,10\%,1)$

$$= 135.4 \text{（万元）} > 0$$
$$\text{NPV}_B = -800 + (320-280)(P/F, 10\%, 1) + (600-280)(P/A, 10\%, 4)(P/F, 10\%, 1)$$
$$= 158.53 \text{（万元）} > 0$$

因 NPV_A 和 NPV_B 均大于零，所以方案 A 和方案 B 均可行；又因 $\text{NPV}_A < \text{NPV}_B$，所以方案 B 为最优方案。

② 按净现值率计算如下。
$$\text{NPVR}_A = \text{NPV}_A / K_A = 135.4/500 = 0.2708 > 0$$
$$\text{NPVR}_B = \text{NPV}_B / K_B = 158.53/800 = 0.1981 > 0$$

因 NPVR_A 和 NPVR_B 均大于零，所以方案 A 和方案 B 均可行；又因 $\text{NPVR}_A > \text{NPVR}_B$，所以方案 A 为最优方案。

③ 计算结果分析。由计算结果可知，应用净现值法和净现值率法进行单个方案经济可行性判断时，结果是一致的；但两种方法对于方案的择优结果却是相反的，因此，当方案的投资额不相等时，除了采用净现值法外，还应采用净现值率作为辅助评价指标，才能做出合理的评价。

④ 结论。由于该企业资金供应充足，因此选择以净现值率评价得到的方案 A，即项目除了有 10% 的基准收益率外，每万元投资现值尚可获得 0.2708 万元的收益现值。

5.2.2 最小费用法

有些互斥方案寿命期相同，提供的服务或产出也相同，如水力发电和火力发电、铁路运输和公路运输等项目方案；也有些互斥方案的净收益无法计量，如社会公用设施方面的工程等。对于这类互斥方案的评价，不需要进行全面比较，可以只计算比较其不同的部分，即分析计算各方案的费用，选择费用最小的方案为最优方案。

最小费用法就是指根据所计算的费用值按照最小费用原则进行排序择优的方法，包括年折算费用法（静态方法）、费用现值法（动态方法）和费用年值法（动态方法）。

(1) 年折算费用法

年折算费用法就是通过计算各个备选方案的年费用，并以费用最小方案为最优方案的一种静态比选方法。年折算费用法比选方案的基本步骤是：①利用基准投资效果系数分别折算各个方案的初始一次投资为年费用，并与年经营费用相加；②根据最小费用准则，选择年费用最小的方案为最优方案。

(2) 费用现值法

费用现值法就是通过计算各个备选方案的费用现值，并以费用最小方案为最优方案的一种动态比选方法。费用现值法比选方案的基本步骤是：先分别计算各个方案的费用现值，然后根据最小费用准则，选择费用现值最小的方案为最优方案。

(3) 费用年值法

费用年值法就是通过计算各个备选方案的费用年值，并以费用最小方案为最优方案的一种动态比选方法。费用年值法比选方案的基本步骤是：先分别计算各个方案的费用年值，然后根据最小费用准则，选择费用年值最小的方案为最优方案。

(4) 应用实例

【例 5.3】 某项目有 3 个备选方案 A、B、C，均能满足项目的需要，其费用数据如表 5.4 所示，基准收益率为 15%，试分别应用费用现值法和费用年值法确定最优方案。

表 5.4　各备选方案的费用数据表　　　　　　　　　　单位：万元

方案	年初总投资（第 1 年初）	年运营费用（第 1～3 年末）	年运营费用（第 4～8 年末）
A	2000	300	500
B	3000	100	150
C	1500	400	600

解：① 各备选方案的费用现值计算如下。

$PC_A = 2000 + 300(P/A, 15\%, 3) + 500(P/A, 15\%, 5)(P/F, 15\%, 3) = 3787(万元)$

$PC_B = 3000 + 100(P/A, 15\%, 3) + 150(P/A, 15\%, 5)(P/F, 15\%, 3) = 3558.93(万元)$

$PC_A = 1500 + 400(P/A, 15\%, 3) + 600(P/A, 15\%, 5)(P/F, 15\%, 3) = 3735.72(万元)$

根据费用最小的优选原则，方案 B 最优，方案 C 次之，方案 A 最差。

故，按照费用现值法计算，应选择方案 B。

② 各备选方案的费用年值计算如下。

$AC_A = PC_A(A/P, 15\%, 8) = 3787 \times 0.2229 = 844.12(万元)$

$AC_B = PC_B(A/P, 15\%, 8) = 3558.93 \times 0.2229 = 793.29(万元)$

$AC_C = PC_C(A/P, 15\%, 8) = 3735.72 \times 0.2229 = 832.69(万元)$

根据费用最小的优选原则，方案 B 最优，方案 C 次之，方案 A 最差。

故，按照费用年值法计算，应选择方案 B，与费用现值法计算等效。

5.2.3　增量分析法

【例 5.4】　某项目有两个互斥方案 A 和 B，其各年的现金流量如表 5.5 所示，$i_c = 10\%$，试对方案 A 和 B 进行评价和比选。

表 5.5　互斥方案 A、方案 B 的净现金流量及经济效果指标值　　　　单位：万元

年份	0	1～10	NPV	IRR
方案 A 的净现金流量	−200	39	39.64	14.4%
方案 B 的净现金流量	−100	20	22.89	15.1%
增量净现金流量（A−B）	−100	19	16.75	13.8%

应用净现值法和内部收益率法的比较结果分析如下。

① 根据净现值计算结果，$NPV_A = 39.64(万元) > 0$，$NPV_B = 22.89(万元) > 0$，方案 A 和方案 B 均可行，又因为 $NPV_A > NPV_B$，所以，方案 A 优于方案 B。

② 根据内部收益率计算结果，$IRR_A = 14.4\% > 10\%$，$IRR_B = 15.1\% > 10\%$，方案 A 和方案 B 均可行，又因为 $IRR_B > IRR_A$，所以，方案 B 优于方案 A。

可见，对于方案 A 和方案 B 的绝对检验，应用净现值指标和内部收益率指标的结论是一致的，即两个方案均可行；但对于两个方案的优劣进行相对检验时，应用净现值指标与内部收益率指标得出的结论相悖，究竟以哪个结论为准更合理呢？

要解决这个问题就必须分析投资方案比选的实质。投资额不等、寿命期相同的互斥方案的比选实质就是判断增量投资（或称差额投资）的经济合理性，即投资额大的方案相对于投资额小的方案，多投入的资金能否带来满意的增量收益。如果能，则投资额大的方案优于投资额小的方案，如果不能，则投资额小的方案优于投资额大的方案。

增量分析法又称为差额分析法，是通过计算增量净现金流量评价增量投资经济效果，对投资额不等的互斥方案进行比选的方法，主要包括差额净现值法、差额内部收益率法和差额静态投资回收期法。

(1) 差额净现值法

差额净现值法是指应用差额净现值指标进行方案比选的方法。

1) 差额净现值的含义

差额净现值是用于增量分析的指标，指的是对于寿命期相同的互斥方案，各方案间的差额净现金流量按一定的基准折现率计算的累计折现值，或相比较方案的净现值之差。

2) 差额净现值的计算公式

设 A、B 为投资额不等的互斥方案，$K_A > K_B$，则有：

$$\Delta NPV = \sum_{t=0}^{n} [(CI_A - CO_A)_t - (CI_B - CO_B)_t](1+i_c)^{-t} \tag{5.1}$$

$$= \sum_{t=0}^{n} (CI_A - CO_A)_t (1+i_c)^{-t} - \sum_{t=0}^{n} (CI_B - CO_B)_t (1+i_c)^{-t}$$

$$= NPV_A - NPV_B$$

即差额净现值就是净现值的差额。

3) 分析过程、判别准则及应用要点

首先计算两个方案的净现金流量之差，其次分析投资大的方案相对投资小的方案所增加的投资在经济上的合理性，即差额净现值是否大于零。当 $\Delta NPV \geq 0$ 时，表明增加的投资在经济上是合理的，即投资大的方案优于投资小的方案；当 $\Delta NPV < 0$ 时，表明投资小的方案较经济。

在【例 5.4】中，可算得差额净现值为：

$\Delta NPV = -100 + 19(P/A, 10\%, 10) = 16.75(万元) > 0$，因此，选投资额大的方案 A。

当有多个互斥方案进行比较时，为了选出最优方案，需要在各个方案之间进行两两比较。首先将备选方案按照投资额从大到小的顺序进行排列，其次从小到大进行比较，每比较一次就淘汰一个方案，这样可以大大减少比较次数。

需要注意的是，差额净现值只能用来检验差额投资的效果，或者说是相对效果。对于 $\Delta NPV \geq 0$ 的情况只表明增加的投资是合理的，并不表明全部投资是合理的，因此，在应用差额净现值法进行方案比选时，必须保证各方案都是可行的。

4) 应用实例

【例 5.5】 某项目有三个互斥方案 A、B、C，其各年的现金流量如表 5.6 所示，寿命周期均为 10 年，$i_c = 15\%$，试对方案 A、B、C 进行评价和比选。

表 5.6　互斥方案 A、方案 B、方案 C 的初始投资和年净收益表　　　　　单位：万元

项目	方案 A	方案 B	方案 C	B−A	C−A
初始投资	−220	−300	−370	−80	−150
年净收益	55	70	88	15	33

解：三个投资方案按投资额从小到大的排列顺序为 A、B、C。

① 按差额净现值的计算方法优选。

a. 检验方案 A 的绝对经济效果，将方案 A 先与不投资的情况进行比较。

$$NPV_{A-0} = -220 + 55(P/A, 15\%, 10) = 56.03(万元)$$

由于 $NPV_{A-0} > 0$，说明方案 A 的绝对效果是好的。

b. 检验方案 B 的绝对经济效果，将方案 B 与方案 A 进行比较。

$$NPV_{B-A} = -80 + 15(P/A, 15\%, 10) = -4.72(万元)$$

由于 $NPV_{B-A} < 0$，说明方案 A 优于方案 B，淘汰方案 B。

c. 检验方案 C 的绝对经济效果，将方案 C 与方案 A 进行比较。

$$NPV_{C-A} = -150 + 33(P/A, 15\%, 10) = 15.62(万元)$$

由于 $NPV_{C-A} > 0$，说明方案 C 优于方案 A，淘汰方案 A。

② 按净现值法可得到同样的结论。

$$NPV_A = -220 + 55(P/A, 15\%, 10) = 56.03(万元)$$
$$NPV_B = -300 + 70(P/A, 15\%, 10) = 51.32(万元)$$
$$NPV_C = -370 + 88(P/A, 15\%, 10) = 71.65(万元)$$

由于 $NPV_C > NPV_A > NPV_B$，所以方案 C 最优，方案 A 次之，方案 B 最差。

因此，在实际经济方案比选时应根据具体情况选择合适的比选方法，当有多个互斥方案时，直接用净现值法即净现值最大准则选择最优方案比两两增量分析方法更为简便。

(2) 差额内部收益率法

差额内部收益率法是指应用差额内部收益率指标进行方案比选的方法。

1) 差额内部收益率的含义

差额内部收益率，又称为差额投资内部收益率，也是用于增量分析的指标，指的是进行比选的两个互斥方案的差额净现值等于零时的折现率，或互斥方案的净现值相等时的折现率。

2) 差额内部收益率的计算公式

设 A、B 为投资额不等的互斥方案，且 $K_A > K_B$。

则有，$\Delta NPV_{A-B}(\Delta IRR) = 0$

即，$NPV_A(\Delta IRR) - NPV_B(\Delta IRR) = 0$

也可写作，$NPV_A(\Delta IRR) = NPV_B(\Delta IRR)$

因此，差额内部收益率的表达式为：

$$\sum_{t=0}^{n}(CI_A - CO_A)_t(1+\Delta IRR)^{-t} = \sum_{t=0}^{n}(CI_B - CO_B)_t(1+\Delta IRR)^{-t} \tag{5.2}$$

3) 判别准则及应用要点

用差额内部收益率法进行方案比选的判别准则是：当 $\Delta IRR \geq i_c$ 时，表明增加的投资在经济上是合理的，即投资大的方案优于投资小的方案；当 $\Delta IRR < i_c$ 时，表明投资小的方案较经济，为最优方案。

在【例 5.4】中，可算得差额内部收益率为 $\Delta NPV = -100 + 19(P/A, \Delta IRR, 10) = 0$，通过试算，求得 $\Delta IRR = 13.8\% > i_c$。因此，选投资额大的方案 A。这与净现值法以及差额净现值法选择结论一致，说明方案 A 多投资的资金是值得的。

因此，在对互斥方案进行比较选择时，净现值最大准则是正确的，而内部收益率最大准则只在基准折现率大于被比较两方案的差额内部收益率的前提下成立。也就是说，如果将投资大的方案相对于投资小的方案的增量投资用于其他投资机会，会获得高于差额内部收益率的盈利率时，用内部收益率最大准则进行方案比选的结论就是正确的。但是若基准折现率小于差额内部收益率，用内部收益率最大准则选择方案就会导致错误的决策。由于内部收益率是由方案的现金流量决定的，而基准折现率是人为设定的，不依赖于具体待比选方案的差额内部收益率，故用内部收益率最大准则比选方案是不可靠的。

与差额净现值法类似,差额内部收益率只能说明增加投资部分的经济性,并不能说明全部投资的绝对效果。因此,采用差额内部收益率法进行方案比选时,首先必须要判断备选方案的绝对效果,只有在某一方案的绝对效果较好的情况下,才能用作比选对象。

4) 应用实例

【例 5.6】 某项目有两个互斥方案 A 和 B,其各年的现金流量如表 5.7 所示,$i_c=15\%$,试应用差额内部收益率法对方案 A 和方案 B 进行评价和比选。

表 5.7 互斥方案 A、方案 B 的净现金流量表　　　　单位:万元

年份/年	0	1～10	10(残值)
方案 A 的净现金流量	−5000	1200	200
方案 B 的净现金流量	−6000	1400	0
增量净现金流量(B−A)	−1000	200	−200

解:① 绝对经济效果检验,计算 NPV。

$NPV_A = -5000 + 1200(P/A, 15\%, 10) - 200(P/F, 15\%, 10) = 1072(万元) > 0$

$NPV_B = -6000 + 1400(P/A, 15\%, 10) = 1027(万元) > 0$

$\Delta NPV = 1027 - 1072 = -45(万元) < 0$,所以,按净现值法判断:方案 A 最优。

② 相对经济效果检验,计算 ΔIRR。

$$\Delta NPV = -1000 + 200(P/A, \Delta IRR, 10) - 200(P/F, \Delta IRR, 10) = 0$$

取 i_1,i_2 试算 ΔNPV_1,ΔNPV_2(需满足两个条件)

$\Delta NPV(i_1 = 12\%) = -1000 + 200(P/A, 12\%, 10) - 200(P/F, 12\%, 10) = 66(万元)$

$\Delta NPV(i_2 = 15\%) = -1000 + 200(P/A, 15\%, 10) - 200(P/F, 15\%, 10) = -45(万元)$

$$\Delta IRR = 12\% + \frac{66}{66 + |-45|}(15\% - 12\%)$$
$$= 13.8\% < 15\%$$

故,应选择方案 A,即投资小的方案,此选择结论与净现值法一致。

(3) **差额投资回收期法**

差额投资回收期法是指应用差额投资回收期指标进行方案比选的方法。

1) 差额投资回收期的含义

差额投资回收期,又称为追加投资回收期,也是可以用作增量分析的指标,指的是在不考虑资金时间价值的情况下,用投资大的方案比投资小的方案所节约的经营成本回收差额投资所需的时间。即静态条件下,一个方案比另一个方案多支出的投资,用年经营成本的节约额(或年净收益的差额)逐年回收所需要的时间。

2) 差额投资回收期的计算公式

$$\Delta P_t = \frac{\Delta K}{\Delta C} = \frac{K_2 - K_1}{C_1 - C_2} \tag{5.3}$$

或,

$$\Delta P_t = \frac{\Delta K}{\Delta NB} = \frac{K_2 - K_1}{NB_2 - NB_1} \tag{5.4}$$

式(5.3) 和式(5.4) 中,ΔP_t 为差额投资回收期;K_1、K_2 为方案 1、方案 2 的投资额,且 $K_2 > K_1$;C_1、C_2 为方案 1、方案 2 的年经营成本,且 $C_1 > C_2$;NB_1、NB_2 为方案 1、方案 2 的净收益,且 $NB_2 > NB_1$。

当两个方案业务量即年产量不同时,则需将投资和经营成本转化为单位业务量的投资和成

本，然后再计算差额投资回收期，进行方案比较。

$$\Delta P_t = \frac{\left(\dfrac{K_2}{Q_2} - \dfrac{K_1}{Q_1}\right)}{\left(\dfrac{C_1}{Q_1} - \dfrac{C_2}{Q_2}\right)} \tag{5.5}$$

或

$$\Delta P_t = \frac{\left(\dfrac{K_2}{Q_2} - \dfrac{K_1}{Q_1}\right)}{\left(\dfrac{NB_2}{Q_2} - \dfrac{NB_1}{Q_1}\right)} \tag{5.6}$$

式中，K/Q 为单位产量的投资；C/Q 为单位产量的经营成本；NB/Q 为单位产量的净收益。

3）判别准则及优缺点

差额投资回收期的判别准则为：当 $\Delta P_t \leqslant P_C$（基准投资回收期）时，投资大的方案优；反之，当 $\Delta P_t > P_C$ 时，投资小的方案优。

差额投资回收期的优点在于比较两个方案时，直观、简便；但仅仅反映了方案的相对经济性，无法说明方案本身的经济效果，且没有考虑资金的时间价值，因此只能用于初步评估。

4）应用实例

【例5.7】 某新建企业有两个设计方案，方案甲的总投资为 4000 万元，年经营成本为 1200 万元，年产量为 2500 件；方案乙的总投资为 3900 万元，年经营成本为 1950 万元，年产量为 3250 件，基准投资回收期 $P_C = 6$ 年，试选出最优设计方案。

解：① 计算各方案单位产量的投资和费用。

$K_甲/Q_甲 = 4000/2500 = 1.6$（万元/件）；$K_乙/Q_乙 = 3900/3250 = 1.2$（万元/件）

$C_甲/Q_甲 = 1200/2500 = 0.48$（万元/件）；$C_乙/Q_乙 = 1950/3250 = 0.6$（万元/件）

② 计算差额投资回收期 ΔP_t。

$$\Delta P_t = \frac{1.6 - 1.2}{0.6 - 0.48} = 3(年) < 6(年)$$

所以，选择投资较大的方案甲为最优方案。

5.3 寿命期不同互斥型方案的比选

对于寿命周期不同的互斥方案，同样要求备选方案之间具有时间可比性，满足这一条件需解决两方面问题：其一是设定合理的共同分析期；其二是对寿命期不等于共同分析期的方案，要选择合理的方案接续假定或者残值回收假定。寿命期不同互斥方案的比选方法包括：年值法、现值法和差额内部收益率法。

5.3.1 年值法

年值法是将投资方案在计算期的收入及支出，按一定的折现率换算成年值，用各方案的年值评价、比选方案的一种方法，其计算指标包括净年值（NAV）与费用年值（AC）。

(1) 年值法的表达式

设有 m 个互斥方案，其寿命期分别为 $n_1, n_2, n_3, \cdots, n_m$，则方案 $j(j=1, 2, 3, \cdots, m)$ 在其寿命期内的净年值和费用年值的表达式分别如下。

1) 净年值法的表达式

方案 j 在其寿命期内的净年值为：

$$\text{NAV}_j = \text{NPV}_j(A/P, i, n_j)$$
$$= \left[\sum_{t=0}^{n_j}(\text{CI}_j - \text{CO}_j)_t(P/F, i_c, t)\right](A/P, i_c, n_j) \tag{5.7}$$

2) 费用年值法的表达式

方案 j 在其寿命期内的费用年值为：

$$\text{AC}_j = \left[\sum_{t=0}^{n_j}(\text{CO}_j)_t(P/F, i_c, t)\right](A/P, i_c, n_j) \tag{5.8}$$

（2）判别准则及适用范围

用年值法进行寿命期不同的互斥方案比选，实际上隐含着这样一种假定：各备选方案在其寿命期结束时均可按原方案重复实施或以与原方案经济效果水平相同的方案接续。因为一个方案无论重复实施多少次，其年值是不变的，所以年值法实际上假定了各方案可以无限多次重复实施。在这一假定前提下，年值法以"年"为时间单位比较各方案的经济效果，从而使寿命不同的互斥方案间具有可比性。

应用净年值法进行寿命期不同互斥方案比选的判别准则是：净年值最大且非负的方案为最优可行方案，具体来说就是满足 $\max\{\text{NAV}_j\}$ 且 $\text{NAV}_j \geqslant 0$ $(j=1, 2, 3, \cdots, m)$ 的方案为最优可行方案。应用费用年值法进行寿命期不同互斥方案比选的判别准则是：费用年值最小的方案为最优可行方案，具体来说就是满足 $\min\{\text{AC}_j\}$ $(j=1, 2, 3, \cdots, m)$ 的方案为最优可行方案。

在对寿命期不同的互斥方案进行比选时，尤其是对于备选方案数目众多的情况，年值法是最为简便的方法。

（3）年值法应用实例

【例 5.8】 某企业开发项目，有 A、B 两个方案，A 方案的寿命期为 15 年，经计算其净现值为 100 万元；B 方案的寿命期为 10 年，经计算其净现值为 90 万元。设基准折现率为 10%，试用年值法比较两个方案的优劣。

解：$\text{NAV}_A = \text{NPV}_A(A/P, 10\%, 15) = 100 \times 0.1315 = 13.15$（万元）$> 0$

$\text{NAV}_B = \text{NPV}_B(A/P, 10\%, 10) = 90 \times 0.1627 = 14.64$（万元）$> 0$

由计算结果可知，方案 A 和方案 B 均可行，但 $\text{NAV}_B > \text{NAV}_A$，故方案 B 优于方案 A。

【例 5.9】 现有互斥方案 A、方案 B、方案 C，各方案的费用支出如表 5.8 所示，试用费用年值法在基准折现率为 15% 的条件下选择最优方案。

表 5.8 方案 A、方案 B 和方案 C 的费用支出

方案	投资额/万元	年经营成本/万元	寿命期/年
A	320	70	5
B	400	65	6
C	480	52	8

解：计算各方案的净年值

$\text{AC}_A = 320(A/P, 15\%, 5) + 70 = 165.46$（万元）

$\text{AC}_B = 400(A/P, 15\%, 6) + 65 = 170.68$（万元）

$$AC_C = 480(A/P, 15\%, 8) + 52 = 159(万元)$$

由于 $AC_C < AC_A < AC_B$，故以方案 C 为最优方案。

5.3.2 现值法

一般情况下，当互斥方案寿命期不同时，各投资方案的现金流量在各自寿命期内的现值不具有可比性。如果要应用现值指标，如净现值进行方案比选，就必须设定一个共同的分析期。设定共同分析计算期的方法主要包括最小公倍数法和年值折现法。

(1) 共同分析期的设定方法

1) 最小公倍数法

最小公倍数法是以不同方案使用寿命期的最小公倍数作为共同的研究周期，在此期间各方案分别考虑以同样规模重复投资多次，据此算出各方案的净现值，然后进行比较优选的方法。

【例 5.10】 某企业生产线设备购置有两个寿命期不同的互斥方案 A、B 可供选择，各方案的现金流量见表 5.9，基准折现率为 15%，试用净现值法选择最优方案。

表 5.9 互斥方案 A、方案 B 的现金流量情况表

方案	投资额/万元	年净收益/万元	寿命期/年
A	1000	400	6
B	1500	520	8

解：由于方案 A 和方案 B 的寿命期不同，需以两方案的最小公倍数作为共同的分析期，两个方案寿命期的最小公倍数为 24 年，则方案 A 需重复 4 次，方案 B 需重复 3 次，两个方案的现金流量图如图 5.1 所示。

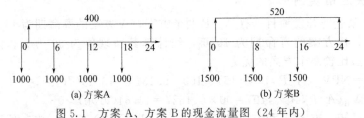

图 5.1 方案 A、方案 B 的现金流量图（24 年内）

$$NPV_A = -1000 - 1000(P/F, 15\%, 6) - 1000(P/F, 15\%, 12) - 1000(P/F, 15\%, 18) + 400(P/A, 15\%, 24)$$
$$= 873.52(万元)$$

$$NPV_B = -1500 - 1500(P/F, 15\%, 8) - 1500(P/F, 15\%, 16) + 520(P/A, 15\%, 24)$$
$$= 1194.88(万元)$$

由于 $NPV_B > NPV_A$，故方案 B 优于方案 A，应选择方案 B。

2) 年值折现法

年值折现法实际上是年值法的一种变形，隐含着与年值法相同的接续方案假定，指的是按某一共同的分析期将各备选方案的年值折现，以得到用于方案比选的现值的方法，具体的计算指标可采用净现值和费用现值。设有 m 个互斥方案，其寿命期分别为 $n_1, n_2, n_3, \cdots, n_m$，共同分析期为 N，则方案 j（$j=1, 2, 3, \cdots, m$）在其寿命期内的净现值和费用现值的表达式分别如下。

① 净现值法的表达式。

方案 j 在其共同分析期 N 内的净现值为：

$$\mathrm{NPV}_j = \left[\sum_{t=0}^{n_j}(\mathrm{CI}_j - \mathrm{CO}_j)_t(P/F, i_c, t)\right](A/P, i_c, n)(P/A, i_c, N) \tag{5.9}$$

② 费用现值法的表达式。

方案 j 在其共同分析期 N 内的费用现值为：

$$\mathrm{PC}_j = \left[\sum_{t=0}^{n_j}(\mathrm{CO}_j)_t(P/F, i_c, t)\right](A/P, i_c, n)(P/F, i_c, N) \tag{5.10}$$

用年值折现法求净现值或费用现值时，共同分析期 N 的取值大小不会影响到方案的比选结果，但通常情况下，N 的取值范围设定在各备选方案中最长和最短寿命期内，既不能大于最长的方案寿命期，也不能小于最短的方案寿命期，一般按最短方案寿命期选取。

（2）判别准则及应用实例

1）判别准则

用最小公倍数法或年值折现法计算出的净现值，用于寿命不同互斥方案评价的判别准则是：净现值最大且非负的方案为最优可行方案。对于仅有或仅需计算费用现金流量的互斥方案，计算出费用现值的判别准则是：费用现值最小的方案即为最优方案。

2）应用实例

【例 5.11】 试采用年值折现法进行【例 5.10】的方案择优。

解：取方案 A 和方案 B 最短的寿命期 6 年作为共同的分析期，用年值折现法来求各方案的净现值。

$$\mathrm{NPV}_A = -1000 + 400(P/A, 15\%, 6) = 513.8(万元)$$
$$\mathrm{NPV}_B = [-1500(A/P, 15\%, 8) + 520](P/A, 15\%, 6) = 702.6(万元)$$

由于 $\mathrm{NPV}_A < \mathrm{NPV}_B$，所以选择方案 B。

5.3.3 差额内部收益率法

差额内部收益率法是通过对各备选方案进行相对经济效果评价后优选方案的一种方法，将差额内部收益率法用于寿命期不同的互斥方案比选中，其应用思路是：首先对各备选方案采用净现值或内部收益率指标进行绝对效果检验，然后再对通过绝对效果检验的方案，即净现值大于或等于零、内部收益率大于或等于基准折现率的方案，采用计算差额内部收益率的方法进行比选。

（1）概念及判别准则

1）概念及表达式

寿命期不同互斥方案之间的差额内部收益率是指两个方案的净年值相等时所对应的折现率，其求解方程可用令两方案净年值相等的方式建立，其中隐含了方案可重复实施的假定。即当 $K_A > K_B$ 时，差额内部收益率 $\Delta\mathrm{IRR}_{A-B}$ 应满足：$\mathrm{NAV}_A(\Delta\mathrm{IRR}_{A-B}) = \mathrm{NAV}_B(\Delta\mathrm{IRR}_{A-B})$。

设互斥方案 A、方案 B 的寿命期分别为 n_A、n_B，且 $n_A \neq n_B$，则求解差额内部收益率的方程为：

$$\sum_{t=0}^{n_A}(\mathrm{CI}_A - \mathrm{CO}_A)_t(P/F, \Delta\mathrm{IRR}, t)(A/P, \Delta\mathrm{IRR}, n_A)$$
$$= \sum_{t=0}^{n_B}(\mathrm{CI}_B - \mathrm{CO}_B)_t(P/F, \Delta\mathrm{IRR}, t)(A/P, \Delta\mathrm{IRR}, n_B) \tag{5.11}$$

即，$\Delta NAV(\Delta IRR)=0$

2) 应用条件及判别准则

一般情况下，用差额内部收益率进行寿命期不同的互斥方案比选，应满足下列条件之一：①初始投资额大的方案年均净现金流量大，且寿命期长；②初始投资额小的方案年均净现金流量小，且寿命期短。

方案 j 的年均净现金流量为：$NCF_j = \sum_{t=0}^{n_j}(CI_j - CO_j)_t / n_j$

若以 K 表示初始投资额，以 n 表示方案的寿命期，以 NCF_j 表示方案的年均净现金流量，则对于寿命期不同的互斥方案采用差额内部收益率法的条件可描述为：$K_A > K_B$，$NCF_A > NCF_B$，且 $n_A > n_B$。

用差额内部收益率法进行寿命期不同互斥方案比选的判别准则是：在 ΔIRR 存在的情况下，若 $\Delta IRR > i_c$ 时，则年均净现金流量大的方案为优；若 $0 < \Delta IRR < i_c$ 时，则年均净现金流量小的方案为优。

(2) 应用实例

【例 5.12】 某企业购置大型生产设备，现有两个寿命期不同的互斥方案 A 和方案 B，方案 A 的寿命期为 5 年，方案 B 的寿命期为 3 年，两方案在寿命期内的净现金流量如表 5.10 所示。基准收益率为 12%，试用差额内部收益率法比选最优方案。

表 5.10　互斥方案 A 和方案 B 的净现金流量表　　　　　　单位：万元

方案	0 年	1 年	2 年	3 年	4 年	5 年
A	−300	96	96	96	96	96
B	−100	42	42	42		

解：1) 绝对效果检验

计算出方案 A 和方案 B 在各自寿命期内的内部收益率。

根据方程：$-300 + 96(P/A, IRR_A, 5) = 0$

$-100 + 42(P/A, IRR_B, 3) = 0$

可求得，$IRR_A = 18.14\%$，$IRR_B = 12.53\%$。

由于 IRR_A、IRR_B 均大于基准收益率 12%，故方案 A 和方案 B 均通过绝对效果检验，为可行方案。

2) 计算差额内部收益率指标

① 计算方案 A 和方案 B 的年均净现金流量。

方案 A：$NCF_A = -300/5 + 96 = 36$(万元)

方案 B：$NCF_B = -100/3 + 42 = 8.7$(万元)

因此，该比选问题满足应用差额内部收益率法的条件，即 $K_A > K_B$，$NCF_A > NCF_B$，且 $n_A > n_B$。

② 对方程 $[-300 + 96(P/A, \Delta IRR, 5)](A/P, \Delta IRR, 5)$
$-[-100 + 42(P/A, \Delta IRR, 3)](A/P, \Delta IRR, 3) = 0$

应用线性插值公式，可求得 $\Delta IRR = 20.77\%$。

3) 应用差额内部收益率法比选方案

因为，$\Delta IRR = 20.77\% > i_c$，

所以，由判断准则可知，该企业应选择年均净现金流量大的方案 A。

(3) 寿命期不同互斥方案比选的特殊情况

对于某些不可再生资源开发型项目,如石油开采项目,在进行寿命期不同互斥方案的比选时,方案可重复实施的假定并不成立。因此,在这种情况下,不能用含有方案重复假定的年值法、现值法,以及差额内部收益率法。

对于这类特殊项目的备选方案,可以按方案各自寿命期计算的净现值直接进行比选。这种处理方法所隐含的假定是:用最长的方案寿命期作为共同分析期,寿命期短的方案在其寿命期结束后,其再投资按基准折现率取得收益。

5.4 其他类型的方案评价与比选

多方案的类型除了互斥型方案,还有独立型方案和混合型方案两种,其中,独立型方案还可细分为完全不相关的独立方案以及有投资限额或其他资源限制的独立方案;混合型主要是各种类型方案并存时的比选类型,这些类型的多方案比选在具体的方法上各有特色。

5.4.1 完全不相关的独立方案评价

对于完全不相关的独立方案的采用与否,只取决于各方案自身的经济性,即只需考察各方案是否能够通过净现值、净年值或内部收益率等绝对效益评价指标的检验,因此,多个完全不相关独立方案的评价方法与单一方案是相同的。其具体的评价步骤也是首先计算各方案自身的绝对效果指标净现值、净年值、内部收益率等,然后根据各指标的判别准则进行绝对效果检验并决定取舍。需要注意的是,对于独立方案而言,经济上是否可行的判断依据是其绝对经济效果指标是否优于相应的检验标准即指标判别准则,因此,无论采用净现值、净年值和内部收益率中的哪一种评价指标,其评价结论都是一致的。

【例 5.13】 现有两个独立方案 A 和方案 B,其现金流量如表 5.11 所示。基准收益率为 $i_c = 10\%$,试分别采用净现值、净年值和内部收益率判断其经济可行性。

表 5.11 独立方案 A 和方案 B 的净现金流量

方案	期初投资/万元	年销售收入/万元	年经营成本/万元	寿命期/年
A	1500	1150	650	10
B	2300	1475	825	10

解:对方案 A 和方案 B 分别采用 NPV、NAV、IRR 指标计算与评价如下:

1) 用净现值指标评价

$$NPV_A = -1500 + (1150 - 650)(P/A, 10\%, 10) = 1572(万元)$$
$$NPV_B = -2300 + (1475 - 825)(P/A, 10\%, 10) = 1694(万元)$$

由于 $NPV_A > 0$,$NPV_B > 0$,据净现值判别准则,方案 A 和方案 B 均可接受。

2) 用净年值指标评价

$$NAV_A = NPV_A(A/P, 10\%, 10) = 1572(A/P, 10\%, 10) = 255.76(万元)$$
$$NAV_B = NPV_B(A/P, 10\%, 10) = 1694(A/P, 10\%, 10) = 275.61(万元)$$

由于 $NAV_A > 0$,$NAV_B > 0$,据净年值判别准则,方案 A 和方案 B 均可接受。

3) 用内部收益率指标评价

设 A 方案内部收益率为 IRR_A,B 方案的内部收益率为 IRR_B,则由方程:

$$-1500 + 500(P/A, IRR_A, 10) = 0$$

$$-2300+650(P/A,\text{IRR}_B,10)=0$$

可以得出，$\text{IRR}_A=31.2\%$，$\text{IRR}_B=25.34\%$

由于 $\text{IRR}_A>i_c$，$\text{IRR}_B>i_c$，据内部收益率指标判别准则，方案 A 和方案 B 均可接受。

5.4.2 有资源约束的独立方案比选

有资源约束的独立方案是指方案之间虽然不存在互斥或互补的关系，但由于资源方面的约束，不可能满足所有方案对投资的要求；或者由于投资项目的不可分性，这些约束条件意味着接受某几个方案就必须要放弃另一些方案，而使之成为相关的互相排斥的方案。

对于有资源约束的独立方案，可采用独立方案互斥化法、效率型指标排序法等方法进行评价与比选。

（1）独立方案互斥化法

尽管独立方案之间互不相关，但在有资源约束的条件下，它们会转为相关方案。独立方案互斥化法的思路就是将各个独立方案进行组合，其中每一个组合方案就代表一个相互排斥的方案，这样就可以利用互斥方案的比选方法，选择最佳的方案组合。

1）应用步骤

应用独立方案互斥化法的基本步骤如下。

① 列出全部相互排斥的组合方案。如果有 m 个独立方案，那么组合方案数 $N=2^m-1$（不投资除外），这 N 个组合方案相互排斥。

② 在所有组合方案中，除去不满足约束条件的组合，并且按投资额从小到大的顺序进行方案排列。

③ 采用净现值、净年值、差额内部收益率等方法选择最佳方案组合。

2）应用实例

【例 5.14】 某企业有三个独立投资方案 A、B、C，各方案的有关数据如表 5.12 所示，已知企业的总投资限额是 1600 万元，基准折现率为 15%，试选择最优投资方案组合。

表 5.12 独立方案 A、方案 B、方案 C 的相关数据表

方案	投资/万元	年净收入/万元	寿命期/年
A	800	180	10
B	400	90	10
C	900	210	10

解：由于 3 个方案的总投资合计为 2100 万元超过了投资限额 1600 万元，因此，虽为独立方案，但不能同时选择，采用独立方案互斥法优选过程如下。

① 列出全部相互排斥的组合方案。本例中有 3 个独立方案，互斥组合方案共有 7 个，这 7 个组合方案互不相容，互相排斥，各独立方案的组合情况如表 5.13 所示。

表 5.13 各独立方案的组合情况表

序号	A	B	C	组合方案	总投资/万元
1	1	0	0	A	800
2	0	1	0	B	400
3	0	0	1	C	900

续表

序号	A	B	C	组合方案	总投资/万元
4	1	1	0	A+B	1200
5	1	0	1	A+C	1700
6	0	1	1	B+C	1300
7	1	1	1	A+B+C	2100

② 在所有组合方案中除去不满足约束条件的组合（A+C）和（A+B+C），并且将剩余方案组合按投资额从小到大的顺序排序。

③ 采用净现值法进行比选，选出净现值最大的组合方案为最佳组合方案，即方案 B 与方案 C 组合为最佳。采用净现值法优选最佳组合方案的计算过程如表 5.14 所示。

表 5.14　净现值法优选最佳组合方案计算表

序号	组合方案	投资/万元	净现值/万元	决策
1	B	400	51.7	
2	A	800	103.4	
3	C	900	153.9	
4	A+B	1200	155.1	
5	B+C	1300	205.6	最佳
6	A+C	1700	—	超出投资限额
7	A+B+C	2100	—	超出投资限额

由表 5.14 可知，按最佳投资决策确定选择方案 B 和方案 C。

3）适用范围

在采用独立方案互斥化法进行方案比选时，随着方案个数的增加，其组合数也将成倍增加，就会导致计算过程非常烦琐，所以这种方法比较适用于独立方案个数比较少的情况。当独立方案的数目较多时，可采用效率型指标排序法进行方案的评价与比选。

（2）**效率型指标排序法**

效率型指标排序法是指选取能反映投资效率的评价指标，通过这些指标的计算结果将投资方案以投资效率高低顺序进行排列，以保证在资金约束的条件下选择最佳方案组合，使有限资金能获得最大效益。常用的效率型排序指标包括内部收益率和净现值率。

1）内部收益率排序法

内部收益率排序法是将各方案按内部收益率从大到小依次排序，然后按顺序选取方案。内部收益率排序法的目标是使选取的方案的总投资效益最大。

2）净现值率排序法

净现值率排序法是将各方案按净现值率从大到小依次排序，并依此次序选取方案。净现值率排序法的目标是使选取的方案在投资限额内获得的净现值最大。

3）应用实例

【例 5.15】　表 5.15 所示为 7 个相互独立的投资方案，寿命期均为 10 年。基准折现率为 15%，若投资限额为 1200 万元，试采用净现值率法进行方案比选。

表 5.15　各投资方案的相关数据表　　　　　　　　　　　　　单位：万元

方案	投资额	年净收益
A	260	75
B	380	80
C	190	50
D	300	95
E	320	78
F	220	40
G	120	30

解：各方案的净现值、净现值率及排序结果如表 5.16 所示。

表 5.16　各投资方案的相关指标计算与排序表

方案	净现值/万元	净现值排序	净现值率	净现值率排序
A	116.41	2	0.45	2
B	21.5	6	0.06	6
C	60.94	4	0.32	3
D	176.8	1	0.59	1
E	71.46	3	0.22	5
F	−19.25	—	−0.09	—
G	30.56	5	0.25	4

由表 5.16 可知，方案 F 净现值率小于零，应直接淘汰。按净现值率的排序情况得到各方案的优先顺序为：D—A—C—G—E—B，且应取前五个方案 D、A、C、G、E，即总投资为 1190 万元＜1200 万元。因此，当投资限额为 1200 万元时，最优组合方案是 D、A、C、G、E。

4）应用要点

值得注意的是，用内部收益率或净现值率排序法进行有资源约束的独立方案评价与优选时，并不一定能保证获得最佳组合方案。只有当各方案投资占总投资比例很小或者入选方案正好能够分配完总投资时才能保证采用这种方法获得最佳组合方案，因为没有分配的投资是无法产生效益的。

5.4.3　混合型方案比选

独立型方案或互斥型方案的评价与比选，均属于单项决策的范围，但在实际情况下，需要考虑各个决策之间的相互关系。而当方案组合中既包含互斥方案，又包含独立方案时，就构成了混合型方案。混合型方案的特点就是在分别决策的基础上，研究系统内诸方案的相互关系，从中选择最优的方案组合。

混合型方案比选的步骤为：首先，按组际间的方案互相独立、组内方案互相排斥的原则，形成所有各种可能的方案组合；其次，以互斥型方案比选的原则筛选组内方案；最后，在总的投资限额约束下，以独立型方案比选原则选择最优的方案组合。

【例 5.16】　某投资项目的 6 个备选方案中，有 2 个是互斥型方案，其余 4 个均为独立型方案。基准收益率为 15%，各方案的投资额、净现值及净现值率等相关数据如表 5.17 所示。

试按混合型方案比选的步骤，分别进行两种投资限额（①投资限额为 1000 万元；②投资限额为 2000 万元）情况下的方案比选。

表 5.17 混合型方案相关数据表

投资方案		投资/万元	净现值/万元	净现值率
互斥型	A	400	220	0.55
	B	1000	290	0.29
独立型	C	600	180	0.30
	D	1000	260	0.26
	E	500	180	0.36
	F	400	140	0.35

解：由表 5.17 可知，该项目 6 个方案的净现值均大于零，表明这 6 个方案均是可行的。
1) 投资限额为 1000 万元的情况
以净现值率为比选依据时，选择 A、E 两个方案，
得，A、E 方案的组合效益为：$NPV_{AE}=220+180=400(万元)$
且 $K_{AE}=900(万元)<1000(万元)$
故，投资限额为 1000 万元时，最优方案组合为 A 和 E。
2) 投资限额为 2000 万元的情况
以净现值率为比选依据时，选择 A、E、F、C 四个方案，
得，A、E、F、C 四个方案的组合效益为：$NPV_{AEFC}=220+180+140+180=720(万元)$
且 $K_{AEFC}=1900(万元)<2000(万元)$
故，投资限额为 2000 万元时，最优方案组合为 A、E、F、C。
从本例也可看出，在有投资限制的情况下，以净现值率排序优选方案更为合理。

思考练习题

5.1 简述单一方案静态与动态经济评价方法的特点与区别。
5.2 简述单一方案经济评价的步骤。
5.3 简述评价指标排序法包括的三种方法的基本步骤。
5.4 简述年折算费用法的基本步骤。
5.5 简述增量分析法的定义及其包括的三种主要方法。
5.6 简述寿命期不同互斥方案可比性的解决途径与比选方法。
5.7 某项目有 A、B、C 三个互斥方案，项目建设期均为 2 年，第 3 年投入运营，三个方案在建设期的投资额以及运营期的年均收益值如表 5.18 所示，若基准折现率为 12%，试分别采用净现值法和净现值率法进行方案的评价与比选，并择优。

表 5.18 各方案现金流量相关数据表

| 方案 | 0 年 | 1 年 | 2～15 年 | 项目寿命期/年 |
	投资/万元	投资/万元	年均收益/万元	
A	550	0	120	15

续表

方案	0年 投资/万元	1年 投资/万元	2~15年 年均收益/万元	项目寿命期/年
B	200	350	120	15
C	80	470	120	15

5.8 某建设项目有 A、B 两个互斥方案，各方案的净现金流量如表 5.19 所示，若基准折现率为 10%，试采用净现值法和净年值法进行方案比选，并择优。

表 5.19 方案 A、方案 B 的现金流量相关数据表 单位：万元

方案	0年	1年	2~8年	9年	10年
A	−620	−400	450	140	60
B	−1350	−950	850	850	1000

5.9 某建设项目现有互斥方案 A 和 B，其年收益与寿命期均相同，但投资与年经营费用不同，如表 5.20 所示，若基准折现率为 8%，试分别采用费用现值法和费用年值法进行方案的比选，并择优。

表 5.20 方案 A、方案 B 的投资与费用相关数据表

方案	0年 投资/万元	1年 投资/万元	2~8年 年经营费用/万元	9~11年 年经营费用/万元	12年 期末残值/万元
A	300	380	200	140	60
B	460	560	350	120	100

5.10 某企业投资工业项目有三个独立互斥方案 A、B、C，寿命期均为 12 年，基准折现率为 12%，期初预计投资额和每年净收益如表 5.21 所示，企业的投资限额为 2000 万元时，试采用独立方案互斥化法进行最优方案组合。

表 5.21 方案 A、方案 B、方案 C 的相关数据表

方案	A	B	C
投资/万元	500	1000	1100
年净收益/万元	120	180	200

第 6 章

投资方案的不确定性分析

【本章内容概要】
　　本章首先介绍了不确定性分析的必要性及其与风险分析之间的关系,并阐述了不确定性产生的原因以及进行不确定性分析的作用和方法;然后介绍了盈亏平衡分析法和敏感性分析法的应用步骤与要点,其中,盈亏平衡分析法主要包括线性盈亏平衡分析、非线性盈亏平衡分析和多方案优劣平衡分析三种情况,敏感性分析法主要包括单因素敏感性分析和多因素敏感性分析两种情况;最后介绍了投资方案概率分析的定义、思路,变量概率分布的分析指标,以及进行风险决策的期望值法、决策树法、标准差及离散系数决策法。

【本章学习要点】
　　◆ 掌握:线性盈亏平衡分析的前提条件、盈亏平衡点的确定、盈亏平衡分析法的应用要点、敏感性分析的一般步骤、单因素敏感性分析法、变量概率分布的分析指标、期望值法、决策树法、标准差及离散系数决策法。
　　◆ 熟悉:不确定性分析与风险分析的关系、不确定性分析的作用与方法、盈亏平衡分析和盈亏平衡点的定义、多方案的优劣平衡分析法、敏感性分析的概念与作用、敏感性分析的优点与不足、概率分析的概念与步骤、风险决策的条件与原则。
　　◆ 了解:不确定性分析的必要性与产生的原因、非线性盈亏平衡分析法、多因素敏感性分析法、蒙特卡洛模拟法。

6.1 不确定性分析概述

6.1.1 不确定性分析的概念

　　不确定性分析是工程经济分析与评价中的一个重要内容,它是对投资决策方案受到各种事前无法人为控制的外部因素变化与影响所进行的分析与估计,是研究投资方案中主要不确定性因素对经济效益影响的一种有效的方法。
　　(1) 不确定性分析的必要性
　　项目投资方案的经济评价是定性与定量分析相结合,以定量分析为主的过程,需要事先预测、整理、确定大量的数据,而经济评价是在项目建设运营之前进行的,所有用于投资方案经济分析与评价的数据,均是由建设方案的制订者在事前通过对以往和现在的市场状况、现有的和历史的相近资料等,对项目未来的情况进行的综合预测与估算。如项目的建设期、投产期和生产期、项目的生产能力、产品的销售价格等。实践证明，人们对项目投资方案的分析和预测不可能完全符合未来的情况和结果，因为投资活动所处的环境、条件及相关因素是变化发展的。正是客观事物发展多变的特点，以及对其认识的局限性和渐近性，决定着决策者对于客观事物的预测或估计总是会包含着许多不确定性因素。这些因素的存在往往导致预测结果偏离决策预期目标，因此，不确定性是所有项目投资方案的固有的内在特性，而这种特性因各类经济参数预测过程与方法的不同，其不确定程度也有所不同。为了提高投资决策的可靠性，减少决策时所承担的风险，就必须采用适当的方法对项目投资方案的风险和不确定性进行正确的分析和评价。

(2) 不确定性分析与风险分析的关系

1) 不确定性与风险的定义

不确定性（uncertainty）是指在缺乏足够信息的情况下估计可变因素，使项目实际值与决策者期望值之间产生偏差，其结果无法用概率分布来描述。是决策者事先不知道决策的所有可能结果，或者虽然知道所有可能结果但不知道它们出现的概率。项目不确定性产生的直接原因是方案评价中所采用的各种数据与实际值出现了偏差，如项目总投资、年销售收入、年经营成本、产量、设备残值、利率等的变化对投资方案经济效果的影响。

风险（risk）是指未来发生不利事件的概率或可能性，是由于随机原因所引起的项目总体的实际价值与预期价值之间的差异。风险是对可能结果的描述，即决策者事先可能知道决策所有可能的结果，以及知道每一种结果出现的概率。投资项目的经济风险是指由于不确定性的存在导致项目实施后偏离预期经济效益的可能性，其结果可以用概率分布来描述，因此风险是能够通过数学分析方法来计量的。

2) 不确定性与风险的区别

根据不确定性与风险的定义可以看出，风险与不确定性的差别在于两个方面。其一是：不确定性问题是指不知道未来可能发生的结果，或不知道各种结果发生的可能性；而风险问题是指知道未来可能发生的各种结果的概率。其二是：程度不同，不确定性比风险更难以预测。解决不确定性问题的方法称为不确定性分析，解决风险问题的方法称为风险分析，但严格来讲，不确定性分析中包括了不确定性分析和风险分析两方面的内容。

但在现实的技术经济活动中，风险和不确定性很难区分。而且从投资活动和方案经济评价的实用性角度来看，将两者严格区分开来的实际意义并不大，因此，一般将未来可能变化的因素对投资方案效果的影响分析统称为不确定性分析（uncertainty analysis）。具体定义是：分析和研究由于不确定性因素的变化所引起的项目经济效益指标的变化和变化程度。

3) 不确定性分析与风险分析的关系

在进行不确定性分析时，借助于风险分析就可得知不确定性因素发生的可能性以及给项目带来的经济损失的程度。而不确定分析又可结合到风险分析的过程中，比如，项目经济风险的分析是通过对风险因素的识别，应用定性或定量分析的方法估计各风险因素发生的可能性及其对项目的影响程度，确定影响项目成败的关键风险因素，提出项目风险的预防、预警与对策，为投资决策服务；同时还可以通过信息反馈，在项目可行性研究的过程中优化设计方案，从主动控制的角度预先防范风险，起到降低项目风险的作用。而通过不确定性分析找出的敏感因素就可作为风险因素识别和风险估计的依据，并据此展开风险评价与防范对策的研究，二者相辅相成，使得投资方案经济评价结论更为可靠。

6.1.2 不确定性分析的作用与方法

(1) 不确定性产生的原因

产生不确定性或风险的原因很多，究其根本主要是缘于基础数据不准确、预测方法的局限性、技术的进步与发展、未来经济形势的变化及其他外部影响因素，以及项目建设与实施过程中的问题等包括以下几个方面。

1）基础数据不准确

主要是指项目经济分析与评价所依据的基础数据不足或统计偏差。这是使投资方案产生不确定性或风险的主要原因，是指由于原始统计上的误差、统计样本点的不足、公式或模型的套用不合理等造成的误差。如项目固定资产投资和流动资金是经济评价中重要的基础数据，但在估算过程中可能由于类似资料的不准确或方法的不适用，使得数据误差过大，从而影响评价结果。

2）预测方法的局限性

主要是指预测方法的局限性导致的评价结果不可靠，或存在着无法定量表达的定性因素对评价效果的影响，以及由于预测的假设不充分而引起的计算结果适用性差等问题，使得投资方案评价结果可信度低。

3）技术的进步与发展

主要是指如生产工艺或技术手段的进步与发展变化，会引起新老产品和工艺的更新换代，从而导致按原有技术条件和生产水平估计出的年营业收入或产量等基本参数与实际值产生较大偏差，从而影响实际经济效果。

4）未来经济形势的变化及其他外部影响因素

主要是指如通货膨胀、市场供求结构的变化等，引起物价的变化，从而影响项目方案评价中所用到的价格，进而导致诸如年营业收入、年经营成本等数据与实际发生偏差，影响项目评价结果；另外，如经济政策的变化、新的法律法规的颁布以及国际政治经济形势的变化等，都会对项目实施后的经济效果产生较大的或难以预料的影响。

5）项目建设与实施过程中的问题

① 资金的筹措方式与来源。随着项目法人制以及资本金制度的实行，建设项目的资金由业主出具资本金部分并负责剩余资金的筹措，筹措的方式与来源的多样化导致了相应的资金筹措风险也呈现出复杂性。

② 项目干系人及组织内部风险。主要是指包括业主、监理、设计单位、供应商、承包商、分包商等项目干系人构成的项目整体环境，以及项目组织结构形式的选择、指挥或协调沟通的渠道等都会影响到项目的建设效果。

③ 工程价款的预结算失控。概预算资料的欠缺、施工单位的造价管理不善、变更与索赔的增多，以及统计预测方法的不当等都可能引起工程结算超支，也会给项目带来较大的不确定性和风险。

（2）不确定性分析的作用

由于不确定因素或风险因素的存在而影响投资决策正确性的逻辑关系如图 6.1 所示。

由图 6.1 可以看出，投资方案的分析与评价过程是：首先确定基础数据，如产量、单价、投资、经营成本等；然后据此计算评价指标；最后根据指标评价准则得出项目可行与不可行的结论。在这个过程中，由于各种不确定因素或风险因素的存在，导致估计值与实际值之间有出入，从而引起基础数据的波动，此波动将直接影响到评价指标的计算结果，可能最终使得方案由可行变为不可行，也就是说，不确定性或风险的存在，影响到了投资决策的正确性。

为了分析不确定性因素对方案经济评价指标的影响，应根据拟建项目的具体情况，分析各种外部条件发生变化或者测算数据误差对方案经济效果的影响程度，以估计项目可能承担的不确定性的风险及其承受能力，确保项目在经济上的可靠性，并采取相应的对策力争把风险降低到最小。为此，必须对经过了确定性评价的投资方案或项目再进行不确定性分析，以明确影响

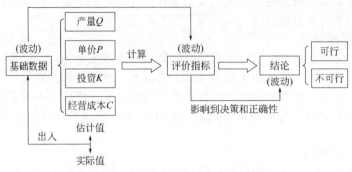

图 6.1 不确定性影响决策的逻辑关系图

项目经济效果的各种不确定性因素。

(3) 不确定性分析的方法

1) 意义

不确定性分析的意义具体体现在三个方面：①分析不确定性因素，以尽量弄清并减少不确定性因素对经济效果评价的影响；②预测项目可能承担的风险，并确定项目在财务上、经济上的可靠性；③避免项目投产后不能获得预期的利润和收益。

2) 方法

常见的不确定性因素主要包括：投资、经营成本、销售量、产品价格、项目建设工期和寿命期等。常用的不确定性分析的主要方法包括：盈亏平衡分析法、敏感性分析法和概率分析法。

不确定性分析的方法在具体应用时，要综合考虑项目的类型、特点，决策者的要求，相应的人力、财力以及项目对国民经济的影响程度等条件来进行选择。一般情况下，盈亏平衡分析法只适用于项目的财务评价，而敏感性分析法和概率分析法则同时适用于财务评价和国民经济评价。

6.2 盈亏平衡分析

投资方案的经济效果会受到各种不确定性因素的影响，如投资额、销售量、生产成本、产品价格、项目寿命期等。当这些因素的变化达到某一临界值时，就会影响方案的取舍。盈亏平衡分析的目的就是找出使项目从盈利到亏损的临界值，据此判断项目风险的大小及其对不确定性因素变化和风险的承受能力，为投资决策提供科学的依据。

6.2.1 盈亏平衡分析与盈亏平衡点

(1) 盈亏平衡分析的定义

盈亏平衡分析，又称为收支平衡分析，是指在项目达到设计生产能力的条件下，研究分析项目成本费用与收益关系的一种定量分析方法。它是通过对产品的产量、成本、利润之间相互关系的分析，判断项目对市场需求变化的适应能力，所以也称量、本、利分析。

根据生产成本及营业收入与产销量之间是否呈线性关系，盈亏平衡分析又可进一步分为线性盈亏平衡分析和非线性盈亏平衡分析。在投资项目的决策分析与评价中，一般只进行线性盈亏平衡分析。盈亏平衡分析不仅可以进行量、本、利分析，也可以进行单方案检验和多方案比选，适用范围较广。

(2) 盈亏平衡点的定义

盈亏平衡分析的首要任务就是确定盈亏平衡点，然后据此分析和判断项目风险的大小，因此盈亏平衡点的确定是盈亏平衡分析的核心。所谓盈亏平衡点（break-even point，BEP）就是项目盈利与亏损的分界点，它标志着项目不盈不亏的生产经营临界水平，反映了在达到一定的生产经营水平时该项目的收益与成本的平衡关系。盈亏平衡点也称为保本点，通常用产量表示，也可以根据分析目的的不同而采用生产能力利用率、营业收入、产品单价等来表示。

(3) 盈亏平衡点的确定

根据盈亏平衡点的定义，在盈亏平衡点处项目处于不盈不亏的保本状态，即项目的收益与成本在该点处相等，可表示为：

$$TR = TC \tag{6.1}$$

式中，TR 为项目的总营业收入（或总收益）；TC 为项目的总成本费用。

由于 TR 与 TC 都是产品产量的函数，因此从式(6.1)着手即可求出项目在盈亏平衡点处的产量，即盈亏平衡产量。

盈亏平衡点反映了项目对市场变化的适应能力和抗风险能力，项目的盈亏平衡点越低，其适应市场的能力就越大，抗风险能力也就越强。以盈亏平衡产量为例，如果一个项目的盈亏平衡产量较低，则项目投产后只需销售少量的产品就可以保本，只要市场情况不发生很大的变化，其实际销售量就很有可能超过这个较低的盈亏平衡产量，从而使项目产生盈利。因此，也可以理解为盈亏平衡点的高低反映了项目风险性的大小。

6.2.2 线性盈亏平衡分析

独立方案盈亏平衡分析的目的是通过分析产品产量、成本与方案盈利能力之间的关系找出投资方案盈利与亏损在产量、产品价格、单位产品成本等方面的界限，以判断在各种不确定性因素作用下方案的风险情况。当项目的收益与成本都是产量的线性函数时，称为线性盈亏平衡分析。

(1) 前提条件

1) 相关假定

对独立方案进行线性盈亏平衡分析需满足以下四个假定条件。

① 产品的产量等于销售量。即当年生产的产品当年全部销售出去，没有库存。
② 总成本可分为固定成本和变动成本两部分。
③ 产量变化，产品售价不变，从而营业收入是销售量的线性函数。
④ 项目只生产一种产品，或者生产多种产品时可以将其换算成一种产品计算，即不同产品负荷率的变化是一致的。

2) 营业收入与产品产量、价格的关系

进行盈亏平衡分析的前提是如果按销售量组织生产，产品销售量等于产品产量。要满足此条件需假定市场条件不变，产品价格为一常数，营业收入与销售量呈线性关系，即：

$$TR = P(1-r)Q \tag{6.2}$$

式中，TR 为营业收入；P 为单位产品价格；r 为税金及附加；Q 为产品产量（或销售量）。

3) 产品的总成本费用与产品产量的关系

进行盈亏平衡分析时，总成本费用是固定成本与变动成本之和，其中，固定成本指的是在一定的生产规模限度内不随产量的变动而变动的费用，与产量无关；变动成本指的是随产品产量的变动而变动的费用,在经济分析中一般可近似认为变动成本与产品产量成正比例关系,从而总成本费用与产品产量的关系也可以近似地认为是线性函数关系,即:

$$TC = F + C_v Q \tag{6.3}$$

式中,TC 为总成本费用;F 为总固定成本;C_v 为单位产品变动成本。

在总成本费用中,固定成本主要包括工资(计件工资除外)、折旧费、无形资产及其他资产的摊销费、修理费和其他费用等;变动成本主要包括原材料、燃料、动力消耗、包装费和计件工资等。

(2) 盈亏平衡点的确定

线性盈亏平衡分析的目的就是找到项目方案的盈亏平衡点,盈亏平衡点可以用图解法或解析法确定。

1) 图解法

图解法是线性盈亏平衡分析中常用的一种确定盈亏平衡点的方法,它是在以横轴表示产量(或销售量),纵轴表示成本(或收益)的坐标系中画出收益与成本曲线,求出其交点,此交点即为盈亏平衡点,然后据此进行盈亏平衡分析的一种方法。

图解法的基本步骤为:①画出坐标系,以横轴表示产品产量,纵轴表示成本或收益;②以原点为起始点,按式(6.2)画出营业收入线 TR;③按式(6.3)根据叠加法画出总成本线 TC,其中固定成本线 F 是一条平行于横轴的水平线,变动成本线 $C_v Q$ 是以原点为起点的斜线;④求盈亏平衡点,即营业收入线与总成本线的交点。图解法的绘制过程与结果如图 6.2 所示。

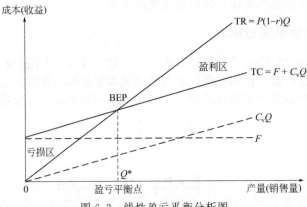

图 6.2 线性盈亏平衡分析图

从图 6.2 可以看出,当产量在 $0 < Q < Q^*$ 的范围,即产量水平低于盈亏平衡产量时,TC 线位于 TR 线之上,此时项目处于亏损状态;而当产量在 $Q > Q^*$ 的范围,即产量水平高于盈亏平衡产量时,TR 线位于 TC 线之上,此时项目处于盈利状态。因此,TR 线与 TC 线的交点 BEP 对应的产量 Q^* 就是盈亏平衡点产量。盈亏平衡点越低,到达此点时盈亏平衡产量和收益或成本也就越小,因而项目的盈利机会就越大,亏损的风险就越小。

2) 解析法

解析法也称代数法,是通过数学解析的方法计算出盈亏平衡点的一种方法。根据式(6.1)~式(6.3),即 TR=TC、TR=$P(1-r)Q$、TC=$F+C_v Q$,就可得到以产量、营业收入、生产能力利用率、销售价格,以及单位变动成本等指标表示的盈亏平衡点的值。

① 以产量表示的盈亏平衡点(Q^*),即盈亏平衡产量。指的是项目不发生亏损时至少应达到的产量。由 $P(1-r)Q^* = F + C_v Q^*$,可得:

$$Q^* = \frac{F}{P(1-r)-C_v} \tag{6.4}$$

② 以营业收入表示的盈亏平衡点（TR^*）。指的是项目不发生亏损时至少应达到的营业收入。由 $TR^* = P(1-r)Q^*$，可得：

$$TR^* = \frac{P(1-r) \times F}{P(1-r)-C_v} \tag{6.5}$$

③ 以生产能力利用率表示的盈亏平衡点（q^*）。指的是项目不发生亏损时至少应达到的生产能力利用率。

$$q^* = \frac{Q^*}{Q_0} \times 100\% \tag{6.6}$$

式中，Q_0 为设计年生产能力。

④ 若按设计能力进行生产和销售，则用销售价格表示的盈亏平衡点（P^*）为：

$$P^* = \frac{F + C_v Q_0}{Q_0(1-r)} \tag{6.7}$$

⑤ 若按设计能力进行生产和销售，且销售价格已定，则盈亏平衡点的单位变动成本（C_v^*）为：

$$C_v^* = \frac{P(1-r)Q_0 - F}{Q_0} \tag{6.8}$$

从项目盈利及承受风险的角度出发，q^* 越小，P^* 越低，C_v^* 越高，则项目的盈利能力就越大，抗风险能力也就越强。

(3) 应用实例

【**例 6.1**】 某方案的设计年产量为 42 万件产品，每件售价 16 元，单位产品变动成本为 14 元，年固定成本为 60 万元，预计年营业收入为 480 万元，不计税金。试分别以产量、营业收入、生产能力利用率、产品价格表示盈亏平衡点，并计算目标利润 E 为 120 万元时的盈亏平衡产量。

解：$Q^* = F/(P-C_v) = 600000/(16-14) = 300000$（件）

$TR^* = P \times F/(P-C_v) = 16 \times 600000/(16-14) = 4800000$（元）

$q^* = (Q^*/Q_0) \times 100\% = (300000/420000) \times 100\% = 71.4\%$

$P^* = C_v + F/Q = 14 + 600000/420000 = 15.4$（元/件）

当 $E = 120$ 万元时，

$Q = (F+E)/(P-C_v) = (60+120)/(16-14) = 90$（万件）

【**例 6.2**】 某企业生产的某种产品年设计生产能力为 6 万件，单位产品价格为 3500 元，总成本费用为 18000 万元，其中固定成本为 6000 万元，总变动成本与产品产量成正比例，销售税率为 5%，试分别以产量、销售价格、单位产品变动成本、营业收入、生产能力利用率表示盈亏平衡点，并分析计算结果。

解：1) 先计算出单位产品变动成本 C_v

$$C_v = \frac{TC - F}{Q_c} = \frac{(18000-6000) \times 10^4}{6 \times 10^4} = 2000（元/件）$$

2) 计算盈亏平衡产量、销售价格、单位产品变动成本、营业收入和生产能力利用率。

① 盈亏平衡产量为：

$$Q^* = \frac{F}{P(1-r)-C_v} = \frac{6000 \times 10^4}{3500 \times (1-5\%)-2000} = 45283(\text{件})$$

② 盈亏平衡销售价格（含税）为：

$$P^* = \frac{F+C_v Q_c}{Q_c(1-r)} = \frac{6000 \times 10^4 + 2000 \times 6 \times 10^4}{6 \times 10^4 \times (1-5\%)} = 3158(\text{元/件})$$

③ 盈亏平衡单位产品变动成本为：

$$C_v^* = P(1-r) - \frac{F}{Q_c} = 3500 \times (1-5\%) - \frac{6000 \times 10^4}{6 \times 10^4} = 2325(\text{元/件})$$

④ 盈亏平衡营业收入（税后）为：

$$TR^* = P(1-r)Q^* = 3500 \times (1-5\%) \times 4.5283 \times 10^4 = 15057(\text{万元})$$

⑤ 盈亏平衡生产能力利用率为：

$$q^* = \frac{Q^*}{Q_c} \times 100\% = \frac{45283}{60000} \times 100\% = 75.5\%$$

3）计算结果分析

在本例中，通过计算盈亏平衡点，结合市场预测，可以对投资方案发生亏损的可能性做出大致判断。①如果未来的产品销售价格及生产成本与预期值相同，项目不发生亏损的条件是年销售量不低于45283件，此时，生产能力利用率不低于75.5%；②如果按设计能力进行生产并能全部销售，生产成本与预期值相同，则项目不发生亏损的条件是产品价格不低于3158元/件；③如果销售量、产品价格与预期值相同，则项目不发生亏损的条件是单位产品变动成本不高于2325元。

6.2.3 非线性盈亏平衡分析

独立方案的线性盈亏平衡分析方法简单明了，但它在应用中有一定的局限性。在实际的生产经营活动过程中，产品的销售收入与销售量之间、成本费用与产量之间，并不一定是线性关系，可能呈非线性关系。例如，当项目的产量在市场中占有较大的份额时，其产量的高低可能会明显影响到市场的供求关系，从而使得市场价格发生变化；而且在生产中还有一些辅助性的生产费用是以半变动成本的形式随着产量呈非线性的梯形分布等。这些情况的存在，使得产品的营业收入与总成本及产量之间的关系也不再是线性变化，而是非线性关系。因此，有必要了解独立方案非线性盈亏平衡分析的思路与方法。

在图6.3表示的非线性盈亏平衡分析图中可以看出，当产量小于Q_1或大于Q_2时，项目

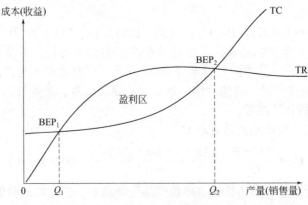

图 6.3 非线性盈亏平衡分析图

都处于亏损状态，只有当产量处于 $Q_1 \leqslant Q \leqslant Q_2$ 时，项目才处于盈利区域。因此，Q_1 和 Q_2 是项目的两个盈亏平衡点。同时在盈利区域存在着一个利润最大的产量 Q_{max} 和一个利润最小的产量 Q_{min}。

因此，非线性盈亏平衡分析的原理与线性盈亏平衡分析的原理是相同的，都是通过求解盈亏平衡算式获得盈亏平衡点，不同的是，非线性盈亏平衡分析的销售收入函数与成本函数是非线性的，其平衡点往往不止一个，若要求某一特定值，如最大利润等，还要应用利润函数对产量求导解决。

以下通过实例说明非线性盈亏平衡分析的步骤与要点。

【例 6.3】 某项目预计投产后，年固定成本为 68000 元，单位变动成本为 30 元，单位产品销售价格为 60 元。据测算，每多生产一件产品，单位变动成本就可降低 0.0015 元，每增加一件产品的销售量，销售价格将下降 0.004 元。试确定该项目的经济规模区域（盈亏平衡产量）、最大利润以及与其相对应的销售量。

解：根据题意，可得

营业收入函数为：$TR(Q) = (60 - 0.004Q)Q = 60Q - 0.004Q^2$

总成本函数为：$TC(Q) = 68000 + (30 - 0.0015Q)Q = 68000 + 30Q - 0.0015Q^2$

令 $TR = TC$，整理得：$0.0025Q^2 - 30Q + 68000 = 0$

解方程得：$Q_1 = 3033$（件），$Q_2 = 8967$（件）

由此可知，该项目的生产经济规模，即盈亏平衡产量区间为：3033～8967 件之间。

由利润表达式：$E = TR - TC$，得

$$E(Q) = -0.0025Q^2 + 30Q - 68000$$

对利润函数求导，并令其等于零，得：$-0.005Q + 30 = 0$

求得，$Q_{max} = 6000$（件），最大利润 $E_{max} = -0.0025 \times 6000^2 + 30 \times 6000 - 68000 = 22000$（元）

如图 6.4 所示，该项目的经济规模区域（盈亏平衡产量）为 3033 件～8967 件、最大利润为 22000 元，对应最大利润的销售量为 6000 件。

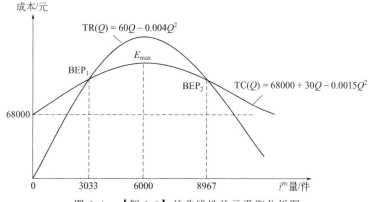

图 6.4 【例 6.3】的非线性盈亏平衡分析图

6.2.4 多方案优劣平衡分析

盈亏平衡分析不仅可用于单一方案或独立方案的不确定性分析，还可用于多个方案的比选分析。在运用盈亏平衡分析的原理对多个互斥方案的优劣进行比较时，是根据互斥方案的优劣平衡点进行的，这种方案的比选方法称为优劣平衡分析法。所谓方案的优劣平衡点，即方案无差异点，是指使两个对比方案具有同等价值时，某一共同变量的特定值。

(1) 思路与步骤

在对若干个互斥方案进行比选的情况下，如果是某一个共同的不确定因素影响这些方案的取舍，就可以采用优劣平衡分析法进行方案优选，优选步骤如下。

首先，设两个互斥方案的经济效果都受到某不确定因素 x 的影响，因此，可以将 x 看作一个变量，将两个方案的经济效果指标都表示为 x 的函数，则有：

$$E_1 = f_1(x); E_2 = f_2(x)$$

式中，E_1 和 E_2 分别为方案1与方案2的经济效果指标，当两个方案的经济效果相同时，则有：$f_1(x) = f_2(x)$

然后，从方程中解出 x 的值，即为方案1与方案2的平衡点，也就是决定这两个方案优劣的临界点。

最后，结合对不确定因素 x 未来取值范围的预测，就可以做出相应的决策。

(2) 优劣平衡分析法的应用实例

【例 6.4】 某企业生产测量仪器有甲、乙、丙三个备选方案。甲方案：全部采用国产设备，年固定成本为300万元，单位产品变动成本为200元。乙方案：从国外引进关键设备，年固定成本为400万元，单位产品变动成本为150元。丙方案：全部引进国外设备，年固定成本为600万元，单位产品变动成本为100元。试用优劣平衡法分析各种方案适用的生产规模和经济性。

解：甲、乙、丙三个方案的年总成本均可表示为产量 Q 的函数，则有：

$$TC_甲 = 300 \times 10^4 + 200Q$$
$$TC_乙 = 400 \times 10^4 + 150Q$$
$$TC_丙 = 600 \times 10^4 + 100Q$$

各方案的年总成本函数曲线如图6.5所示。

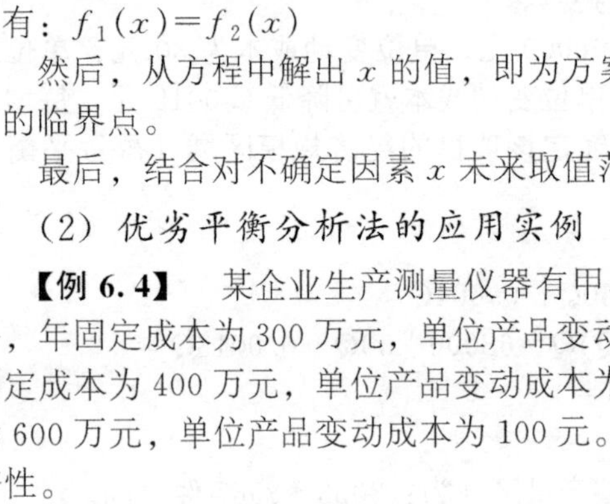

图 6.5 各方案的年总成本函数曲线图

由图6.5可以看出，三条成本曲线分别相交于 A、B、C 三点，各个交点所对应的产量就是相应两个方案的盈亏平衡点。Q_A 是甲方案与乙方案的盈亏平衡点；Q_B 是乙方案与丙方案的盈亏平衡点。显然，当 $Q < Q_A$ 时，甲方案的总成本最低；当 $Q_A < Q < Q_B$ 时，乙方案的总成本最低；当 $Q > Q_B$ 时，丙方案的总成本最低。

当 $Q = Q_A$ 时，$TC_甲 = TC_乙$，即：

$$300 \times 10^4 + 200Q_A = 400 \times 10^4 + 150Q_A$$
$$Q_A = 2(万件)$$

当 $Q = Q_B$ 时，$TC_乙 = TC_丙$，即：

$$400 \times 10^4 + 150Q_B = 600 \times 10^4 + 10Q_B$$
$$Q_B = 4(万件)$$

由此可知，当预期产量低于2万件时，应采用方案甲；当预期产量在2万～4万件之间时，应采用方案乙；当预期产量高于4万件时，应采用方案丙。

在【例6.4】中，采用的是产量作为盈亏平衡分析的共有变量，根据年总成本费用的高低判断方案的优劣。在各种不同的情况下，根据实际需要，也可以用投资额、产品价格、经营成本、贷款利率、项目寿命期、期末固定资产残值等作为盈亏平衡分析的共有变量，用净现值、净年值、内部收益率等作为衡量方案经济效果的评价指标。

6.2.5 盈亏平衡分析法的应用要点

(1) 盈亏平衡分析的注意事项

① 盈亏平衡点应按项目达产年份的数据计算，不能按计算期内的平均值计算。这是由于盈亏平衡点表示的是相对于设计能力达到的平衡产量或生产能力利用率，所以必须按项目达产年份的营业收入和成本费用数据计算。

② 当各年数值不同时，最好按还款期间和还完借款之后的年份分别计算。这是由于即便在达产以后的年份，由于固定成本中的利息各年不同，折旧费和摊销费也不是每年都相同，所以成本费用数值可能因年而异，选择还款期间的第一个达产年和还完借款之后的年份分别计算，便于分别给出最高的盈亏平衡点和最低的盈亏平衡点。

(2) 盈亏平衡分析法的不足

盈亏平衡分析虽然能够度量项目风险的大小，但并不能提示产生项目风险的根源，无法得出降低盈亏平衡点的方法。也就是说尽管决策者知道降低盈亏平衡点就可以降低项目的风险，提高项目的安全性，甚至了解到可以采用降低固定成本或其他的方法，但如何降低固定成本，应该采取哪些针对性的措施或有效的途径来达到目的，仅通过盈亏平衡分析是得不出结论的，还必须采用其他的方法来进一步解决这些问题，因此，在应用盈亏平衡分析法时应注意使用的场合及预期的目标，以便扬长避短，恰当地运用这种方法。

6.3 敏感性分析

敏感性分析，又称灵敏性分析，是项目投资方案评价中最常见的一种不确定性分析方法。用以考察项目涉及的各种不确定因素对项目效益的影响，找出敏感性因素，估计项目效益对其的敏感程度，粗略预测项目可能承担的风险，为进一步进行风险分析打下基础。

6.3.1 敏感性分析的概念与步骤

(1) 敏感性分析的概念与作用

1) 敏感性因素与敏感性分析

敏感性是指影响因素的变化对项目投资方案经济效果的影响程度，若影响因素的小幅度变化能导致经济效果评价指标的较大变化，则称投资方案的经济效果评价指标对参数的敏感性大，或称这类影响因素为敏感性因素；反之，则称为非敏感性因素。

敏感性分析是指通过分析不确定因素的变化量所引起的经济效果评价指标的变化幅度大小，找出影响评价指标的最敏感因素，判明最敏感因素发生不利变化时，评价指标可行与否的临界值。

敏感性分析的目的就是通过分析及预测影响项目投资方案经济评价指标的主要因素（如投资、成本、价格、折现率、建设工期等）发生变化时，这些经济评价指标（如净现值、内部收益率、投资回收期等）的变化趋势和临界值，从中找出敏感因素，并确定其敏感程度，从而对外部条件发生不利变化时投资方案的承受能力做出判断。

2) 敏感性分析的作用

敏感性分析的作用主要体现在以下几个方面。

① 通过敏感性分析可以确定影响项目经济效益的敏感因素，从而分析与敏感因素有关的预测数据产生不确定性的根源，以便采取有效措施，防患于未然。

② 通过对各不确定性因素的敏感度进行排序，可以对导致敏感度大的因素，实行重点监控与防范，即找出防范风险的重点。

③ 通过对各种方案的敏感度进行分析对比，可以尽量选择敏感度小，即风险小的方案进行投资。

④ 通过找出不确定性因素可能出现的最有利与最不利的变动，分析项目经济效益指标的变动范围，使投资决策者了解项目的风险程度，以采取有效控制措施或寻找替代方案，为最后确定有效可行的投资方案提供可靠的依据。

3) 敏感性分析的方法

敏感性分析的方法主要有两种：单因素敏感性分析法和多因素敏感性分析法。由于计算的难易，视具体情况采用，一般情况下，采用单因素敏感性分析即可得出敏感性因素，并据此评判项目的抗风险能力。

(2) 敏感性分析的一般步骤

对投资项目备选方案进行敏感性分析的一般程序是：①确定分析指标；②选定不确定性因素，并设定其变化范围；③计算因素变动对分析指标影响的数量结果；④确定敏感因素；⑤结合确定性分析进行综合评价，比选可行的方案。

1) 确定分析指标

① 确定原则。由于投资项目的经济效果可采用多种评价指标表示，因此，在进行敏感性分析时，首先必须确定分析指标。一般而言，方案经济评价指标体系中的各类评价指标都可作为敏感性分析指标，在选择时，应根据项目经济效果评价的深度和项目的特点，具体选择一种或两种评价指标进行分析。需要注意的是，选定的分析指标，必须与项目确定性分析中采用的评价指标相一致，这样便于对比分析敏感性问题。

② 常用指标。在项目经济效果分析评价实践中，最常用的敏感性分析指标主要包括：投资回收期、净现值和内部收益率。

2) 选定不确定性因素，并设定其变化范围

① 选取不确定性因素原则。影响投资项目经济效果指标的因素众多，不可能也没有必要对所有可能的不确定因素逐一进行分析。在选定需要分析的不确定因素时，主要是把握两个原则：其一，这些因素在可能的变化范围内，对投资效果影响较大；其二，这些因素发生变化的可能性较大，且准确性难以把握。

② 常见不确定性因素。通常设定的不确定性因素主要包括：项目总投资、产量或销售量；产品价格、年经营成本（特别是变动成本）、主要原材料和动力的价格；项目寿命期、期末资产残值、项目建设期、投产期、达到设计能力需要的时间，以及基准折现率、汇率等。

③ 变化范围的设定。实践中不确定性因素变化范围可设定为±5%、±10%或±20%之间，通常取±10%变化范围内的计算结果进行分析。

3) 计算因素变动对分析指标影响的数量结果

① 计算思路。假定其他设定的不确定因素不变，一次仅变动一个不确定性因素，重复计算各种可能的不确定因素的变化对分析指标影响的具体数值。然后采用敏感性分析计算表或分析图的形式，把不确定因素的变动与分析指标的对应数量关系反映出来，以便于测定敏感因素。

② 敏感度系数。用于测定敏感因素的敏感分析指标。敏感度系数是项目效益指标变化的百分率与不确定因素变化的百分率之比，其计算公式为：

$$S_{AF} = \frac{\Delta A/A}{\Delta F/F}$$

式中，S_{AF} 为评价指标 A 对于不确定因素 F 的敏感系数；$\Delta F/F$ 为不确定因素 F 的变化

率；$\Delta A/A$ 为不确定因素 F 发生 ΔF 变化率时，评价指标 A 的相应变化率。

当 $S_{AF}>0$ 时，表示评价指标与不确定因素同方向变化；当 $S_{AF}<0$ 时，表示评价指标与不确定因素反方向变化。敏感度系数 S_{AF} 绝对值较大者其敏感度越高，表明项目效益对该不确定因素敏感度高，提示应重视该不确定因素对项目效益的影响。

4）确定敏感性因素

敏感性因素是能引起分析指标产生相应较大变化的因素，对敏感性分析的结果应进行汇总，通常是将敏感性分析的结果汇集于敏感性分析表。判别敏感因素的方法有两种：相对测定法和绝对测定法。

① 相对测定法。即设定要分析的不确定性因素均从确定性分析中所采用的基准值开始变动，且各因素每次变动幅度相同，比较在同一变动幅度下各因素的变动对经济效果指标的影响，据此判断方案经济效果对各因素变动的敏感程度。相对测定法具体的评判方法是：斜率越大越敏感。

② 绝对测定法。即设定各因素均向对方案不利（即降低投资效果）的方向变动，并取其有可能出现的对方案最不利的数值，据此计算方案的经济效果指标，看其是否可达到使方案无法被接受的程度。如果某因素可能出现的最不利数值能使方案变得不可接受，则表明该因素是方案的敏感因素。绝对测定法的评判方法是：敏感度系数的绝对值越大越敏感。

需要注意的是，绝对测定法还有一种变通方式，即先设定有关经济效果指标为其临界值，如令净现值等于零、内部收益率为基准折现率，然后求待分析因素的最大允许变动幅度，并与其可能出现的最大变动幅度相比较。如果某因素可能出现的变动幅度超过最大允许变动幅度，则表明该因素是方案的敏感因素。

5）结合确定性分析进行综合评价，选择可行的方案

根据敏感因素对投资项目方案经济评价指标的影响程度，结合确定性分析的结果做进一步的综合评价，寻求对主要不确定因素变化不敏感的可选方案。

在投资项目的方案分析比较中，对主要不确定因素变化不敏感的方案，其抵抗风险能力比较强，获得满意经济效益的潜力比较大，优于敏感方案，应优先考虑接受。在工程实践中，对选定的优质方案，也有必要根据敏感性分析的结果，采取必要的降低风险的对策。

6.3.2 单因素敏感性分析

单因素敏感性分析是指每次只变动某一个不确定性因素而假定其他的因素都不发生变化，分别计算其对确定性分析指标影响程度的敏感性分析方法。

(1) 单因素敏感性分析的步骤

以下通过实例应用说明单因素敏感性分析方法的步骤与要点。

【例 6.5】 某工业项目投资方案寿命期为 10 年，预计期初投资额为 1500 万元，产品年销售量预计为 15 万台，产品销售价格预计为 30 元/台，年经营成本为 160 万元，期末资产残值为 70 万元，设定基准折现率为 10%。由于对未来影响经济的因素把握不大，投资额、销售价格和年经营成本均有可能在 ±20% 的范围内变动，试就这三个不确定性因素作敏感性分析。

解：1）进行确定性分析

以净现值作为经济评价指标，则基准方案的净现值为：

$\mathrm{NPV}_0 = -1500 + (15 \times 30 - 160)(P/A, 10\%, 10) + 70(P/F, 10\%, 10) = 308.92(万元)$

因 $\mathrm{NPV}_0 > 0$，所以基准方案是可行的。

2）进行敏感性分析

用净现值指标分别就投资额、销售价格和年经营成本三个不确定性因素作敏感性分析。

① 设投资额变动的百分比为 x，分析投资额变动对方案净现值影响的计算公式为：
$$\text{NPV} = -1500(1+x) + (15 \times 30 - 160)(P/A, 10\%, 10) + 70(P/F, 10\%, 10) \quad ①$$

② 设销售价格变动的百分比为 y，分析销售价格变动对方案净现值影响的计算公式为：
$$\text{NPV} = -1500 + [15 \times 30(1+y) - 160](P/A, 10\%, 10) + 70(P/F, 10\%, 10) \quad ②$$

③ 设年经营成本变动的百分比为 z，分析其对方案净现值影响的计算公式为：
$$\text{NPV} = -1500 + [15 \times 30 - 160(1+z)](P/A, 10\%, 10) + 70(P/F, 10\%, 10) \quad ③$$

3）确定评价指标随不确定因素在±20%范围内变化时的结果

对投资额、销售价格、年经营成本逐一按在基准基础上变化±10%、±15%、±20%取值，所对应的方案净现值变化结果如表6.1和图6.6所示。

表 6.1　单因素的敏感性分析表　　　　　　　　　　　　单位：万元

参数变化率	−20%	−15%	−10%	0	10%	15%	20%
投资额	608.92	533.92	458.92	308.92	158.92	83.92	8.92
销售价格	−244.09	−105.84	32.42	308.92	585.43	723.68	861.94
年经营成本	505.55	456.39	407.23	308.92	210.61	161.45	112.3

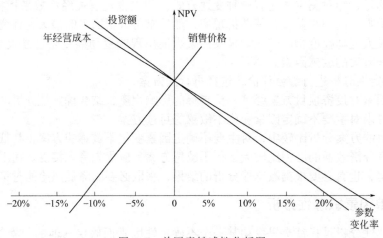

图 6.6　单因素敏感性分析图

4）确定敏感因素

① 相对性分析。由表6.1和图6.6可以看出，在同样的变动率下，销售价格的变动对方案的净现值影响最大，其次是投资额的变动，年经营成本变动的影响最小。因此，可得出敏感性排列顺序由大到小依次为：销售价格＞投资额＞年经营成本。

② 绝对性分析。如果以 NPV=0 作为方案是否可接受的临界条件，那么依次代入式①、式②、式③中，则有：$\text{NPV}_1 = -1500x + 308.92 = 0$；$\text{NPV}_2 = 2765.07y + 308.92 = 0$；$\text{NPV}_3 = -983.14z + 308.92 = 0$。由此得出：$x = 20.6\%$；$y = -11.17\%$；$z = 31.4\%$。也就是说，当实际投资额超出预计投资额的 20.6%，或者当销售价格下降到比预计价格低 11.17%，或者年经营成本比预计成本高 31.4%时，方案就变得不可接受。

5）综合评价

根据上面的分析可知，对于本方案来说，销售价格是敏感因素，投资额是次敏感因素，年经营成本影响最小。因此，应对未来产品的销售价格进行更准确的测算。如果未来销售价格变化的可能性较大，则意味着这一方案的风险亦较大。

(2) 单因素敏感性分析的局限性

单因素敏感性分析方法简单明确，适合于分析项目方案中最敏感的因素，但它忽略了因素之间的相关性，没有考虑到各个变动因素综合作用的可能性。实际上，一个因素的变动往往也伴随着其他因素的变动，而且各个因素的变化率及其发生的概率是随机的，多因素敏感性分析则考虑了这种相关性，研究分析的经济评价指标受多个因素同时变化时的综合影响，因而能反映多因素变动对项目经济效果产生的综合影响，弥补了单因素敏感性分析的缺陷，更全面地进行了项目方案的不确定性分析，因此，在对一些有特殊要求的项目进行敏感性分析时，除了进行单因素敏感性分析外，还应进行多因素敏感性分析。

6.3.3 多因素敏感性分析

多因素敏感性分析需考虑可能发生的各种因素不同变动幅度的多种组合，计算起来要比单因素敏感性分析复杂得多，一般可以采用解析法与作图法相结合进行。下面以实例说明双因素敏感性分析和三因素敏感性分析的思路与步骤。

(1) 双因素敏感性分析

双因素敏感性分析是指每次要考察两个因素同时变化，而其他因素固定不变时对投资方案经济效果的影响，双因素敏感性分析通常采用作图法进行分析。

【例 6.6】 根据【例 6.5】中的基本方案数据，对投资额和销售价格两因素共同变动情况进行双因素敏感性分析。

解：设 x 表示投资额变动的百分率，y 表示销售价格变动的百分率，则方案的净现值可以表示为

$$\text{NPV}(x,y) = -1500(1+x) + [15 \times 30(1+y) - 160](P/A, 10\%, 10) + 70(P/F, 10\%, 10)$$

整理得到，$\text{NPV}(x, y) = 308.92 - 1500x + 450y$

取 NPV 的临界值，即 NPV=0，则有，$y = -3.33x + 0.69$

据此绘制双因素敏感性分析图如图 6.7 所示。

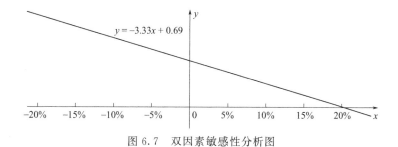

图 6.7 双因素敏感性分析图

由图 6.7 可知，在该临界线（直线 $y = -3.33x + 0.69$）上，NPV=0；在临界线下方，NPV>0；在临界线上方，NPV<0。也就是说，如果投资额与销售价格同时变动，只要变动范围不超过临界线下方区域（包括临界线上的各点），方案都是可以接受的。而且，临界线的位置说明方案保持经济上可行的变动组合的数量，该临界线位置相对靠下，说明可接受的变动组合较少，方案风险较大。

(2) 三因素敏感性分析

研究的因素越多，因素敏感性分析就越接近实际，但由于同时变动的因素增多，由此构成

的状态组合数也随之增多,计算就更为复杂,例如研究四个因素同时变动的组合数,就会有81种之多。现以三因素敏感性分析为例,介绍多因素分析的基本思路与步骤。三因素敏感性分析是指每次考察三个因素同时变化,其他因素固定不变时对投资方案经济效果的影响,通常采用解析法进行分析。

【例 6.7】 根据【例 6.5】中的基本方案数据,对投资额、销售价格、寿命期三因素共同变动情况进行三因素敏感性分析。

解：设 x 表示投资额变动的百分率，y 表示销售价格变动的百分率，$NPV(n)$ 表示寿命期为 n 年时方案的净现值，则方案的净现值可以表示为

$$NPV(n) = -1500(1+x) + [15 \times 30(1+y) - 160](P/A, 10\%, n) + 70(P/F, 10\%, n)$$

依次令 $n=3、4、5、6、7、8$，分别得出下列的临界线方程

$NPV(3) = -726.2 - 1500x + 1119y = 0$，得 $y_3 = 0.65 + 1.34x$

$NPV(4) = -532.9 - 1500x + 1426y = 0$，得 $y_4 = 0.37 + 1.05x$

$NPV(5) = -357.2 - 1500x + 1706y = 0$，得 $y_5 = 0.21 + 0.88x$

$NPV(6) = -197.4 - 1500x + 1960y = 0$，得 $y_6 = 0.1 + 0.77x$

$NPV(7) = -52.24 - 1500x + 2191y = 0$，得 $y_7 = 0.02 + 0.68x$

$NPV(8) = 79.8 - 1500x + 2401y = 0$，得 $y_8 = -0.03 + 0.62x$

据此绘制三因素敏感性分析图如图 6.8 所示。

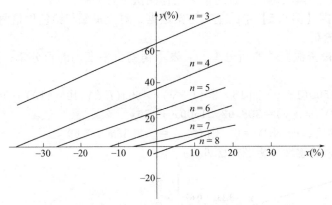

图 6.8 三因素敏感性分析图

由图 6.8 可以看出，随着 n 的年数增加，可行区域——即在直线下方 $NPV>0$ 的区域逐渐减小，不利区域——即在直线上方 $NPV<0$ 的面积逐渐增大。也就是说，当投资额、销售价格共同变动，且 n 小于等于 5 年（如 3、4、5 年）时，可行区域占优势，在经济上可接受的组合多，经济风险小；当投资、销售价格共同变动，且 n 大于 5 年（如 6、7、8 年）时，不利区域占优势，且越大越不利，在经济上可接受的组合少，经济风险大。

6.3.4 敏感性分析的优点与不足

（1）敏感性分析的优点

敏感性分析具有与项目方案的经济评价指标紧密结合、不确定性分析的因素和指标具体、单因素敏感性分析方法易于掌握以及分析结果便于决策等优点，有助于找出影响项目方案经济效果的敏感因素及其影响程度，对于提高项目方案经济评价结论的可靠性具有重要的作用。

(2) 敏感性分析的不足

敏感性分析虽然分析了不确定性因素的变化对方案经济效益的影响以及风险程度,但它并不能说明不确定性因素发生变动的可能性大小,即发生变动的概率,而这种概率与项目的风险大小直接相关。实际上,有些因素的变动尽管对项目经济效果影响很大,即为敏感因素,但由于其发生的可能性很小,所以给项目带来的风险并不大;而另外一些因素虽然它们的变动对项目的经济效果影响不大,并没有被判别为敏感因素,但因其发生的可能性很大,反而会给项目带来更大的风险。对这类问题,通过敏感性分析将无法解决,应借助于概率分析的方法。

6.4 概率分析与风险决策

由于盈亏平衡分析和敏感性分析只是假定在各个不确定因素发生变动可能性相同的情况下进行的分析,而忽略了它们是否发生和可能发生的程度有多大这类问题,所以这类问题需要通过概率分析解决,而在明确了风险概率的情况下要进行方案的取舍和多方案的比选,则还需掌握风险决策的方法。

6.4.1 投资方案概率分析概述

对于两个同样敏感的因素向不同方向变动的概率,一个可能性很大,而另一个可能性很小。显然,前一个因素会给项目带来很大的影响,而后一个虽也很敏感,但它变化的可能性很小,对项目的影响自然也很小,盈亏平衡分析和敏感性分析无法区别这两个因素对项目带来的风险程度,这就要靠概率分析来完成。

(1) 概率分析的定义与目的

概率是度量某一事件发生的可能性大小的量,它是随机事件的函数。必然发生的事件,其概率为1,不可能事件,其概率为0,一般的随机事件,其概率在0~1之间。概率分析是在选定不确定因素的基础上,通过估计其发生变动的范围,然后根据已有资料或经验等情况,估计出变化值情况下的概率,并根据这些概率的大小,来分析测算事件变动对项目经济效益带来的结果和所获结果的稳定性。

因此,概率分析是研究预测各种不确定性因素和风险因素按一定概率值变动时,对项目经济效果评价指标影响的一种定量分析方法,因为事件的发生具有随机性,故又称为简单风险分析法。概率分析的目的是通过研究各种不确定因素发生不同幅度变动的概率分布及其对方案经济效果的影响,对方案的净现金流量及经济效果指标做出某种概率描述,从而对方案的风险情况做出比较正确的判断。

(2) 概率分析的思路与要点

概率分析的具体思路是:首先预测风险因素发生各种变化的概率,将风险因素作为自变量,预测其取值范围和概率分布,再将选定的经济评价指标作为因变量,测算评价指标的相应取值范围和概率分布,最后计算出评价指标的数学期望值和项目成功或失败的概率。

概率分析的要点是:确定各种不确定因素变动的概率,其内容应该根据经济评价的要求和项目方案的特点确定,一般是计算项目方案某个确定性分析指标(如净现值)的期望值和该指标大于或等于零时的累计概率、通过模拟法测算分析指标的概率分布等,需特别注意概率分析时所选定的分析指标,应与确定性分析的评价指标保持一致。

(3) 概率分布的类型

严格来说，影响方案经济效果的大多数因素都是随机变量，我们可以预测其未来可能的取值范围，估计各种取值或值域发生的概率，但不可能肯定地预知其具体取值。而投资方案的现金流量序列是由这些因素的取值所决定的，所以，方案的现金流量序列实际上也是随机变量，要完整地描述一个随机变量，需确定其概率分布的类型和参数，一般情况下，在经济分析与决策中应用最普遍的概率分布是均匀分布与正态分布。

6.4.2 变量概率分布的分析指标

描述投资方案经济效果变量概率分布的分析指标有：期望值、方差、标准差和离散系数。

(1) 经济效果的期望值

投资方案经济效果的期望值是指参数在一定概率分布下，投资效果所能达到的概率平均值。其一般表达式为：

$$E(x)=\sum_{i=1}^{n} x_i p_i \tag{6.9}$$

式中，$E(x)$ 为随机变量 x 的期望值；x_i 为随机变量 x 的各种取值；p_i 为 x 取值 x_i 时所对应的概率；n 为自然状态数。

净现值的期望值在概率分析中是一个非常重要的指标，在对项目进行概率分析时，一般都要计算项目净现值的期望值及净现值大于或等于零时的累计概率。累计概率越大，表明项目承担的风险越小。

【例 6.8】 已知某方案的净现值及相应概率如表 6.2 所示，试计算该方案净现值的期望值。

表 6.2 方案的净现值及其概率

净现值/万元	120	150	200	240	280	320
概率	0.1	0.2	0.2	0.3	0.1	0.1

解：$E(\text{NPV})=120\times0.1+150\times0.2+200\times0.2+240\times0.3+280\times0.1+320\times0.1$
$=214(万元)$

即，该方案净现值的期望值（概率平均值）为 214 万元。

(2) 经济效果的方差和标准差

有时在多方案决策时，仅根据期望值进行决策还不够，必要时还可进一步计算期望值的方差和标准差，并据此作出决策。方差和标准差反映了一个随机变量实际值与其期望值偏离的程度，这种偏离在一定意义上反映了投资方案风险的大小。方差和标准差的一般计算公式为：

$$\sigma^2 = \sum_{i=1}^{n} p_i [x_i - E(x)]^2$$
$$\sigma = \sqrt{\sum_{i=1}^{n} p_i [x_i - E(x)]^2} \tag{6.10}$$

式中，σ 为变量 x 的标准差。

【例 6.9】 利用【例 6.8】中的数据，试计算投资方案净现值的方差和标准差。

解：① 由【例 6.8】算得，$E(\text{NPV})=214(万元)$

② 则该方案的方差和标准差分别为：
$$\sigma^2(\text{NPV}) = 0.1 \times (120-214)^2 + 0.2 \times (150-214)^2 + 0.2 \times (200-214)^2 \\ + 0.3 \times (240-214)^2 + 0.1 \times (280-214)^2 + 0.1 \times (320-214)^2 \\ = 3504(万元)$$

$$\sigma(\text{NPV}) = \sqrt{\begin{array}{c}0.1 \times (120-214)^2 + 0.2 \times (150-214)^2 + 0.2 \times (200-214)^2 + \\ 0.3 \times (240-214)^2 + 0.1 \times (280-214)^2 + 0.1 \times (320-214)^2\end{array}} \\ = 59.19\,(万元)$$

方差和标准差虽然可以反映随机变量的离散程度，但它是一个绝对量，其大小与变量的数值及期望值大小有关。一般而言，变量的期望值越大，其方差和标准差也越大，因此，在需要对不同方案的风险程度进行比较时，方差和标准差往往不能准确地反映出风险程度的差异，为此还需计算描述方案概率分布的相对指标离散系数。

(3) 经济效果的离散系数

离散系数，又称作变异系数，是反映经济效果的实际值与期望值偏离程度的指标，它是标准差与期望值之比，其表达式为：

$$C = \frac{\sigma(x)}{E(x)} \tag{6.11}$$

由于离散系数是一个相对数，不会受变量和期望值的绝对值大小的影响，因此，能更好地反映投资方案经济效果的风险程度。

【例 6.10】 利用【例 6.8】和【例 6.9】中的数据，试计算投资方案净现值的离散系数。

解：① 由【例 6.8】算得，$E(\text{NPV}) = 214(万元)$
② 由【例 6.9】算得，$\sigma(\text{NPV}) = 59.19(万元)$
则，该方案的离散系数为，$C = 59.19/214 = 0.277$

6.4.3 投资方案的概率分析

概率分析的基本原理，就是在对现金流量进行概率估计的基础上，通过投资方案经济效果指标的期望值、累计概率、标准差及离散系数来反映方案的风险程度。有些情况下，在对投资方案进行不确定性分析时，还需要评估方案经济效果指标发生在某一范围的可能性。例如，当净现值大于或等于零的累计概率越大时，表明方案的风险越小；反之，则表明方案的风险越大。

(1) 投资方案概率分析的步骤

对于投资方案进行概率分析，一般可以按以下步骤进行。
① 选定投资方案经济效果指标作为分析对象，并分析与这些指标有关的不确定性因素。
② 估计出每个不确定性因素的变化范围及其可能出现的概率。
③ 估算在不确定性因素变量的影响下投资方案经济效果的期望值。
④ 计算出表明期望值稳定性的标准差。
⑤ 综合考虑期望值和标准差，说明在该不确定情况下，投资项目经济效果评价指标的期望值以及获取此经济效果的可能性。

(2) 应用实例

【例 6.11】 已知某投资方案相关参数及其概率分布如表 6.3 所示，试计算：净现值大于或等于零的概率；净现值大于 50 万元的概率；净现值大于 80 万元的概率。

表 6.3 某投资方案相关参数值及其概率分布表

投资		年净收入		折现率		寿命期	
金额/万元	概率	金额/万元	概率	数值	概率	年数	概率
200	0.3	30	0.3	10%	1.0	10	1.0
230	0.5	45	0.4				
260	0.2	55	0.2				
		60	0.1				

解：根据相关参数的不同数值，该方案共有 12 种可能的组合状态，每种状态的组合概率及其所对应的净现值计算结果如表 6.4 所示。

表 6.4 方案所有组合状态的概率及净现值

组合	投资/万元	260		230		200	
	年净收入/万元	30 55	45 60	30 55	45 60	30 55	45 60
	组合概率	0.06 0.04	0.08 0.02	0.15 0.10	0.20 0.05	0.09 0.06	0.12 0.03
	净现值/万元	−75.66 77.95	16.51 108.68	−45.66 107.95	46.51 138.68	−15.66 137.95	76.51 168.68

① 以投资 260 万元为例，表 6.4 中对应数据的计算过程如下。

a. 年净收入为 30 万元时，组合概率为两者概率之积，即 $0.2 \times 0.3 = 0.06$。

$$\text{NPV} = -260 + 30(P/A, 10\%, 10) = -75.66 (万元)$$

b. 年净收入为 45 万元时，组合概率为：$0.2 \times 0.4 = 0.08$。

$$\text{NPV} = -260 + 45(P/A, 10\%, 10) = 16.51 (万元)$$

c. 年净收入为 55 万元时，组合概率为：$0.2 \times 0.2 = 0.04$。

$$\text{NPV} = -260 + 55(P/A, 10\%, 10) = 77.95 (万元)$$

d. 年净收入为 60 万元时，组合概率为：$0.2 \times 0.1 = 0.02$。

$$\text{NPV} = -260 + 60(P/A, 10\%, 10) = 108.68 (万元)$$

以此类推，可以得出表 6.4 中的其他同类数据。

② 将表 6.4 中的数据按净现值从小到大的顺序进行重新排列，可进行累积概率分析，如表 6.5 所示。

表 6.5 净现值累积概率分布

净现值/万元	−75.66	−45.66	−15.66	16.51	46.51	76.51	77.95	107.95
概率	0.06	0.15	0.09	0.08	0.20	0.12	0.04	0.10
累积概率	0.06	0.21	0.30	0.38	0.58	0.7	0.74	0.84
净现值/万元	108.68	137.95	138.68	168.68	—	—	—	—
概率	0.02	0.06	0.05	0.03	—	—	—	—
累积概率	0.86	0.92	0.97	1.00	—	—	—	—

③ 根据表 6.5，可以得出以下结论。
a. 净现值大于或等于零的概率为：$P(\text{NPV} \geqslant 0) = 1 - 0.30 = 0.70$
b. 净现值大于 50 万元的概率为：$P(\text{NPV} > 50) = 1 - 0.58 = 0.42$
c. 净现值大于 100 万元的概率为：$P(\text{NPV} > 100) = 1 - 0.74 = 0.26$

（3）蒙特卡洛模拟法

上述分析是在已知参数概率分布的条件下进行的，在实际进行投资方案经济评价的过程中，往往会遇到缺少足够的信息来判断参数的概率分布，或者概率分布无法用典型分布来描述的情况。当项目风险变量大于 3 个，每个风险变量可能出现 3 个以上至无限多种状态时（如连续随机变量），就需采用蒙特卡洛模拟法进行计算。

蒙特卡洛模拟法是一种用随机模拟（仿真试验）解决不确定性问题的技术方法，其原理是用随机抽样的方法抽取一组输入变量的数值，并根据这组输入变量的数值计算项目评价指标，如内部收益率、净现值等，用这样的方法抽样计算足够多的次数，可获得评价指标的概率分布及累计概率分布、期望值、标准差，计算项目由可行转变为不可行的概率，从而估计项目投资的风险。

蒙特卡洛模拟法实施的一般步骤是：①通过敏感性分析，确定风险随机变量；②确定风险随机变量的概率分布；③通过随机数表或计算机求出随机数，根据风险随机变量的概率分布模拟输入变量；④选取经济评价指标，如净现值、内部收益率等；⑤根据基础数据计算评价指标值；⑥整理模拟结果所得评价指标的期望值、标准差及其概率分布和累积概率，绘制累积概率图，计算项目可行或不可行的概率。其中，用随机抽样方法（利用随机数表或计算机）抽取随机数进行随机变量分布的模拟实验，并以抽取的随机数确定与之对应的随机变量的取值的步骤，所应用的就是蒙特卡洛技术。

蒙特卡洛模拟法可以定量地说明方案各种获利水平发生概率的大小，从而深入研究方案实施的风险，但用蒙特卡洛模拟法进行风险分析，计算工作量很大，因为要获得一个随机因素（不确定性因素）的概率分布就要进行上百次甚至更多次的反复模拟试验。试验次数越多，形成的概率分布就越接近于真实情况，实际工作中往往要借助计算机进行模拟计算。

6.4.4 投资方案风险决策概述

概率分析可以给出方案经济效果指标的期望值和标准差以及经济效果指标的实际值发生在某一区间的概率，为决策者在风险条件下决定方案取舍提供了依据。但是，概率分析并没有给出在风险条件下方案取舍的原则和多方案比选的方法，这需要通过风险决策来完成。风险决策（risk decision）就是在概率分析的基础上，明确风险决策的条件，确定风险决策的原则，根据风险与收益的辩证关系，寻求利益最大化、风险损失最小化的投资方案的决策。

（1）风险决策的条件与原则

1）风险决策的条件

风险决策的条件包括：①存在决策人希望达到的目标（如收益最大或损失最小）；②存在两个或两个以上的方案可供选择；③存在两个或两个以上不以决策者的主观意念为转移的自然状态（如不同的市场条件或者经营条件）；④可以计算出不同方案在不同自然状态下的损益值（损益值是对于损失或收益的度量结果，在工程经济决策中即为经济效果指标）；⑤在可能出现的不同自然状态中，决策者不能肯定未来将出现哪种状态，但能确定每种状态出现的概率。

2）风险决策的原则

要解决风险决策问题，首先要确定风险决策的原则，通常包括以下 4 个方面。

① 优势原则。在各备选方案中，首先认定劣势方案，并予以剔除就是风险决策的优势原则。例如，对于 A、B 两个备选方案，如果无论何种状态下 A 方案总是优于 B 方案，就可以认定 B 方案相对于 A 方案是劣势方案（即 A 方案相对于 B 方案是优势方案），可以直接剔除 B 方案。但要注意的是，对于有两个以上备选方案的情况，应用优势原则一般不能决定最佳方案，只能减少备选方案的数目，缩小决策范围。在采用其他决策原则进行方案比选之前，应首先运用优势原则剔除劣势方案。

② 期望值原则。是指根据各备选方案损益的期望值大小进行决策的原则，如果损益值用费用表示，应选择期望值最小的方案；如果损益值用收益表示，则应选择期望值最大的方案。

③ 最大可能原则。在风险决策中，如果一种状态发生的概率明显大于其他状态发生的概率，就把这种状态视作肯定状态，根据这种状态下各方案损益值的大小进行决策，而忽略其余状态就是最大可能原则。按照最大可能原则进行风险决策，实际上是把风险决策问题转化为确定性决策问题进行求解。但要注意的是，只有当某一状态发生的概率远远高于其他状态发生的概率，并且各方案在不同状态下的损益值差别不是很悬殊时，最大可能原则才是适用的。

④ 满意原则。对于比较复杂的风险决策问题，往往难以找到最佳方案，因而可采用一种比较现实的决策原则即满意原则，指的是定出足够满意的目标值，将各备选方案在不同状态下的损益值与此目标值相比较，损益值优于或等于此满意目标值的概率最大的方案即为当选方案。

(2) 风险决策的特点与方法

1）以概率分析为基础的风险与不确定性决策特点

① 概率分析是一种定量分析的方法，有效地解决了投资项目不确定性因素的量化问题，使投资者能最充分地利用可占有的资料和现代分析技术工具，进行投资决策分析。

② 概率分析使投资者能够借助分析方法，确定与项目有关的各种因素变动对投资效果产生的影响，特别是利用模拟分析方法，通过对项目的随机现金流量模拟获得项目投资效果的概率，推测未来风险发生的可能性及其总体趋势。

③ 概率分析得到的结果不止一个，例如，净现值大于零、等于零或小于零等各种情况的对应结果，而是项目评价指标的完整概率分布，有助于决策者寻找到诸如净现值为负值的概率、净现值低于一定限度的概率等特殊问题的解决方案。

④ 通过标准差分析，掌握方案经济效果评价指标与期望值的离散趋势与程度，以判断风险发生的概率，并选择在风险条件相同的情况下，具有高净现值的方案；或在同样净现值方案中，离散趋势小的方案，因其风险概率也小而成为相对优选方案。

正因为以上特点，概率分析作为一种有效的分析方法可以提高不确定条件下或风险条件下投资决策的可靠性。

2）风险决策的方法和评价准则

① 风险决策的主要方法是：采用变量概率分布指标比较法，即对于多个投资方案进行概率分析结果比较时，首先要计算各方案经济效果评价指标的期望值、方差、标准差和离散系数；然后根据方案比较评价准则进行具体数值的比较，并据此优选方案。

② 风险决策时进行方案比较的评价准则是：当对多个投资方案进行比较时，首选效益（费用）指标期望值较大（较小）的方案；当对多个投资方案进行比较时，如果期望值相同，

则标准差较小的方案风险更低;如果各方案的期望值与标准差均不相同,则离散系数较小的方案风险更低。

6.4.5 投资方案的风险决策

(1) 期望值法

期望值法是指根据各备选方案经济效果评价指标的期望值大小进行投资方案风险决策的方法。如果评价指标是用费用表示的,就应选择期望值最小的方案;如果评价指标是用收益表示的,则应选择期望值最大的方案。

【例 6.12】 现有 A、B、C 三个备选方案,各方案在不同状态下的净现值如表 6.6 所示,表中的 P 值代表概率,试采用期望值法进行风险决策,选择最优方案。

表 6.6 三个方案在不同状态下的净现值　　　　　　　　　　单位:万元

状态	1	2	3
	$P(1)=0.2$	$P(2)=0.3$	$P(3)=0.5$
方案 A 的净现值	−50	50	42
方案 B 的净现值	−48	52	46
方案 C 的净现值	−42	48	50

解:根据表 6.6 中的数据计算各方案净现值的期望值如下。

$$E(\mathrm{NPV_A})=-50\times0.2+50\times0.3+42\times0.5=26(万元)$$
$$E(\mathrm{NPV_B})=-48\times0.2+52\times0.3+46\times0.5=29(万元)$$
$$E(\mathrm{NPV_C})=-42\times0.2+48\times0.3+50\times0.5=31(万元)$$

对于各方案的净现值,根据期望值最大原则,应选择方案 C。

(2) 决策树法

期望值法还可通过绘制决策树的形式表现,称为决策树法。决策树法是通过绘制方案枝、状态枝分层次描述方案各种状态下因素值及其相应的概率的树状图,并据此计算经济效果评价指标的期望值及可行概率,进行投资方案风险决策的方法。

1) 决策树的绘制方法

决策树由不同的节点与分枝组成,如图 6.9 所示。

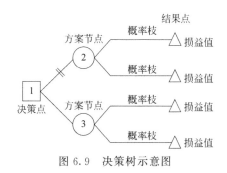

图 6.9 决策树示意图

在图 6.9 中,各符号及形状的含义如下。

① 方框"□"表示决策点。决策点上面的数字表示优选后决策方案所对应的期望损益值。

由决策点引出的每一分枝表示一个可供选择的方案,称为方案分枝。

② 圆圈"○"表示的节点称为方案节点。方案节点上方的数字表示该方案的期望损益值。从方案节点引出的每一分枝表示一种可能发生的状态,称为概率枝,在每条概率枝上注明自然状态及其发生的概率。

③ 三角"△"表示结果点。画在概率枝的末端,在结果点后面标出各种自然状态下的损益值。

④ 斜线"\ \"表示方案分枝剪枝记号,即被舍弃的方案。

2) 决策树法的具体思路

一般的决策问题都有多个备选方案,每个方案又可能对应多种状态,因此,决策树的图形是从左至右、由简到繁组成的一个树枝状图。应用决策树进行决策的过程是:由右至左,逐步后退,根据右端的损益值和状态枝上的概率,计算出同一方案不同状态下的期望损益值,并将其标在相应的状态点上,然后根据不同方案的期望损益值的大小进行选择。舍弃的方案只需在方案枝上标记两道斜线代表删除即可,最后决策节点留下的一条方案枝,就是决策的最优方案。

3) 决策树法的应用步骤

应用决策树法进行方案风险决策的步骤如下。

① 列出备选方案。通过资料的整理和分析,提出决策要解决的问题,针对具体问题列出方案,并绘制成表格。

② 根据方案绘制决策树。从左至右的顺序绘制决策树的过程,其实就是拟定各种备选方案的过程,是对未来可能发生的各种情形进行周密思考、预测和预计的过程,也是对决策问题逐步深入研究的过程。

③ 计算各方案的期望值。是按各种状态出现的概率,从最右端的节点开始计算出来的可能得到的损益值。由于这个数值并不一定代表实际能获取的损益值,因此称其为期望值。

④ 方案的选择。在各决策点上比较各备选方案的损益期望值,以其中效益最大或费用最小的方案为最优方案,其余方案舍去。

4) 决策树法的应用实例

【例 6.13】 试对【例 6.12】的数据绘制决策树,并据此进行方案的风险决策。

解:图 6.10 为应用决策树描述【例 6.12】中的风险决策问题的示意图。

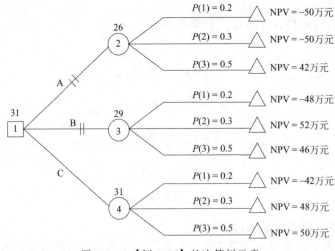

图 6.10 【例 6.12】的决策树示意

如图 6.10 所示，按决策树法进行各节点的损益期望值计算后（计算式同【例 6.12】），根据计算结果选择得到的最优方案仍为 C 方案。

5）应用决策树进行多阶段的风险决策

决策树法因其直观、形象、层次清晰、不易遗漏和出错等优势，在复杂情况下得以广泛运用，尤其适用于多阶段的风险决策。

【例 6.14】 某地区为满足建材市场需求拟扩大生产能力规划建造水泥厂，提出了 A、B、C 三个可行方案。方案 A：新建大厂，需投资 1200 万元，据估计销路好时每年获利 400 万元，销路差时亏损 120 万元，经营期限 10 年。方案 B：新建小厂，需投资 400 万元，销路好时每年可获利 150 万元，销路差时仍可以获利 40 万元，经营期限 10 年。方案 C：先建小厂，三年后若销路好时再扩建，追加投资 600 万元，经营期限 7 年，每年可获利 450 万元。据市场销售部门预测，10 年内产品销路好的概率为 0.7，销路差的概率为 0.3，试用决策树法分别按静态和动态两种情形进行风险决策分析，并选择最优方案。

解：本例为两阶段风险决策问题，即需做二级决策，其决策树如图 6.11 所示。

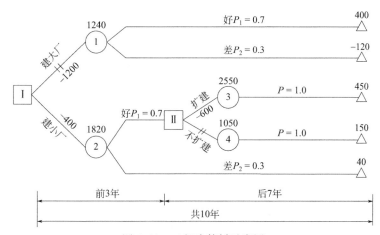

图 6.11 二级决策树示意图

本案例按静态情形进行的风险决策分析过程如下。

① 先进行决策点 Ⅱ 的比选，即扩建与不扩建之间的决策。

a. 计算节点③的损益期望值：$450 \times 1.0 \times 7 - 600 = 2550$（万元）。

b. 计算节点④的损益期望值：$150 \times 1.0 \times 7 = 1050$（万元）。

c. 在节点③和节点④上分别标注 2550、1050。

决策：由于 2550（节点③值）＞1050（节点④值），应选 3 年后扩建的方案，故在不扩建的方案分枝划斜线删除。

② 再进行决策点 Ⅰ 的比选，即建大厂与建小厂之间的决策。

a. 计算节点①的损益期望值：$(400 \times 0.7 - 120 \times 0.3) \times 10 - 1200 = 1240$（万元）。

b. 计算节点②的损益期望值：$2550 \times 0.7 + 150 \times 0.7 \times 3 + 40 \times 0.3 \times 10 - 400 = 1820$（万元）。

c. 在节点①和节点②上分别标注 1240、1820。

决策：由于 1820（节点②值）＞1240（节点①值），应选小厂的方案，故在建大厂的方案分枝划斜线删除。

因此，本项目经过决策树的二级决策，最终结论为方案 c：先建小厂，3 年后继续扩建。

本案例按动态情形进行的风险决策分析过程如下。

注：若设定基准折现率10%，则本题应用决策树进行动态决策的思路与步骤与静态分析过程相同，只是需将损益期望值按净现值计算，具体的计算过程如下。

① 先进行决策点Ⅱ的比选，即扩建与不扩建之间的决策。

a. 计算节点③的NPV期望值：$450 \times 1.0 \times (P/A, 10\%, 7) - 600 = 1591$(万元)。

b. 计算节点④的NPV期望值：$150 \times 1.0 \times (P/A, 10\%, 7) = 130$(万元)。

由于NPV（节点③值）＞NPV（节点④值），应选3年后扩建的方案。

② 再进行决策点Ⅰ的比选，即建大厂与建小厂之间的决策。

a. 计算节点①的NPV期望值：$(400 \times 0.7 - 120 \times 0.3) \times (P/A, 10\%, 10) - 1200 = 299$(万元)。

b. 计算节点②的NPV期望值：$1591 \times 0.7 \times (P/F, 10\%, 3) + 150 \times 0.7 \times (P/A, 10\%, 3) + 40 \times 0.3 \times (P/A, 10\%, 10) - 400 = 772$(万元)。

由于NPV(节点②值)＞NPV（节点①值），所以应选建小厂的方案。

因此，本项目在基准折现率为10%的情况下，经过决策树的动态决策，最终结论仍为方案c：先建小厂，3年后继续扩建。

(3) 标准差及离散系数决策法

为保证风险决策方案的可靠性，视具体情况，有时还需在根据期望值择优的基础上，再通过计算方差、标准差和离散系数进一步验证结果。需要注意的是，方差和标准差的决策效果基本一致，决策时标准差更为常用。

根据标准差进行投资的风险决策时，一般认为如果两个方案某个指标的期望值相等时，则其标准差较小的技术方案可以考虑作为决策方案。如果期望值不等时，则还需要计算它们的离散系数，离散系数比较小的方案较为经济合理，可以考虑接受。

【例6.15】 某企业要从A、B、C三个互斥方案中选择最优方案，各方案的净现值及其概率如表6.7所示。

表6.7 各方案净现值及概率数据表

市场销路	概率	方案净现值/万元		
		A	B	C
销路差	0.2	450	200	0
销路一般	0.5	520	570	500
销路好	0.3	720	750	1000

解：1) 计算各方案净现值的期望值

① $E(\text{NPV}_A) = 450 \times 0.2 + 520 \times 0.5 + 720 \times 0.3 = 566$(万元)

② $E(\text{NPV}_B) = 200 \times 0.2 + 570 \times 0.5 + 750 \times 0.3 = 550$(万元)

③ $E(\text{NPV}_C) = 500 \times 0.5 + 1000 \times 0.3 = 550$(万元)

因为，方案B与方案C的净现值期望值相等，均为550万元，故还需比较方案B和方案C的标准差。

2) 计算各方案净现值的标准差

① 由 $E(\text{NPV}_A^2) = 450^2 \times 0.2 + 520^2 \times 0.5 + 720^2 \times 0.3 = 331220$(万元)

$$E^2(\text{NPV}_A) = 566^2 = 320356(\text{万元})$$

可得,方案 A 的标准差为
$$\sigma(\mathrm{NPV_A}) = \sqrt{331220 - 320356} = 104(万元)$$
② 由 $E(\mathrm{NPV_B^2}) = 200^2 \times 0.2 + 570^2 \times 0.5 + 750^2 \times 0.3 = 339200(万元)$
$E^2(\mathrm{NPV_B}) = 550^2 = 302500(万元)$
可得,方案 B 的标准差为
$$\sigma(\mathrm{NPV_B}) = \sqrt{339200 - 302500} = 192(万元)$$
③ 由 $E(\mathrm{NPV_C^2}) = 500^2 \times 0.5 + 1000^2 \times 0.3 = 425000(万元)$
$E^2(\mathrm{NPV_C}) = 550^2 = 302500(万元)$
可得,方案 C 的标准差为
$$\sigma(\mathrm{NPV_C}) = \sqrt{425000 - 302500} = 350(万元)$$

由标准差的计算可知,方案 B 的标准差较小,因此方案 B 比方案 C 的风险要小,其综合经济效果要优于方案 C,所以舍去方案 C,保留方案 B。

对于方案 B 和方案 A 之间的比选,由于其净现值的期望值不相等,而方案 A 的净现值期望值要优于方案 B,因此,还需进一步比较两个方案的离散系数。

3) 计算离散系数,决策投资方案
① 方案 A:$C_A = 104/566 = 0.184$
② 方案 B:$C_B = 192/550 = 0.349$
因为 $C_A < C_B$,所以方案 A 的风险小于方案 B 的风险。
因此,最后综合优选结果为方案 A。

思考练习题

6.1 简述不确定性分析与风险分析的关系。
6.2 简述不确定性产生的原因。
6.3 简述线性盈亏平衡分析的前提条件。
6.4 简述盈亏平衡分析法的应用要点。
6.5 简述敏感性分析的一般步骤。
6.6 简述敏感性分析的优点与不足。
6.7 简述概率分析的一般步骤。
6.8 简述风险决策的条件。
6.9 简述风险决策的原则。
6.10 某企业生产某种产品,每件产品售价为 62 元,单位变动成本为 22 元,年固定成本为 68000 元。则该企业的最低产量是多少?若该企业产品产量为 2000 件时,利润为多少?
6.11 某厂最终产品的设计生产能力为 40000 件,每件销售价格为 30 元,单件产品变动成本为 15 元,年固定成本 180000 元,每件产品销售税金为 3 元,则该项目的盈亏平衡产量为多少件?生产能力利用率为多少?
6.12 某种产品市场预测,有销路好、销路一般和销路差三种状态,现有 A、B、C 三个备选方案在不同状态下的利润值如表 6.8 所示。要求:①画出决策树;②算出期望值;③做方案的风险决策。

表 6.8　三个方案在不同状态下的利润值

状态	销路好 $P(1)=0.5$	销路一般 $P(2)=0.3$	销路差 $P(3)=0.2$
方案 A 利润值	45	40	−40
方案 B 利润值	35	35	−20
方案 C 利润值	50	50	−35

第7章

设备更新的经济分析

【本章内容概要】

本章首先介绍了设备磨损的两种类型、三种补偿方式,以及设备的四种寿命形态,并介绍了设备经济寿命的静态和动态确定方法;然后详细介绍了设备大修理的特性、经济决策要点以及经济界限的确定标准,并详细阐述了设备更新及其方案比选原则、原型设备更新和新型设备更新的经济分析步骤与方法;最后介绍了设备租赁方案决策的影响因素、经济分析,以及租赁费用和租金的确定方法。

【本章学习要点】

◆ 掌握:两种设备磨损类型、三种设备磨损补偿方式、经济寿命的计算原理、经济寿命的静态计算方法、一般情况下的经济寿命动态算法、设备维修的分类、设备更新及其方案比选原则、新型设备更新的经济分析、设备租赁的经济分析。

◆ 熟悉:设备磨损补偿的作用、设备综合磨损的补偿方式、设备的寿命形态、低劣化数值法计算静态经济寿命、设备大修理的特性以及经济性决策要点、设备大修理经济界限的确定标准、设备更新的形式、原型设备更新的经济分析。

◆ 了解:低劣化数值法计算动态经济寿命、设备大修理的两种经济界限、设备租赁的概念和特点、影响设备租赁决策的因素、租赁费用与租金的确定方法。

7.1 设备磨损概述

7.1.1 设备磨损的类型

设备更新源于设备的磨损,随着设备使用时间的增长,设备的技术状况会逐渐劣化,其价值和使用价值也随时间逐渐降低,引起这些变化的原因统称为磨损,设备在使用或闲置过程中均会发生磨损,磨损可分为有形磨损和无形磨损两种形式。

(1)设备的有形磨损

机器设备在使用或闲置过程中发生的实体磨损或损耗,称为有形磨损,亦称物质磨损或物理磨损。按其产生的原因不同,设备的有形磨损又可以分为第一种有形磨损和第二种有形磨损。

1)第一种有形磨损

设备在运转中受外力作用而产生的实体磨损、变形或损坏称为第一种有形磨损,即设备在使用过程中,由于外力的作用使零部件发生摩擦、振动和疲劳等现象,导致机器设备的实体发生的磨损。

① 第一种有形磨损产生的原因。主要包括摩擦磨损、机器磨损和热损伤,其中,a.摩擦磨损是指设备在工作中,由于零部件相对运动的摩擦和化学、电化学的作用,改变零部件的几何形状与相对位置、配合关系等的磨损;b.机械磨损是指设备的零部件在工作中受到冲击、超负荷或交变应力的作用,使材料疲劳而产生裂纹、变形、剥落或折断等损伤,以及由于温度急剧变化而造成零部件本身或导致其他零部件的胀裂等;c.热损伤是指设备零件在工作中,由于受热不均匀而产生的热变形。

② 第一种有形磨损的表现形式。主要包括:a.机器设备零部件的原始尺寸发生改变,甚至形状也发生改变;b.公差配合性质改变,精度降低;c.零部件损坏。

③ 第一种有形磨损一般分为三个阶段。a.第一阶段是新机器设备磨损较强的"初期磨损"阶段,这个阶段的磨损往往是由于安装不良、人员操作不熟练等原因造成的。b.第二阶段是磨损量较小的"正常磨损"阶段,这个阶段的磨损与机器开动的时间长短及负荷强度大小有关,也与机器设备的牢固程度有关。c.第三阶段是磨损量增长较快的"剧烈磨损"阶段,这个阶段的磨损往往是由于正常工作条件被破坏或使用时间过长等原因造成的。

④ 第一种有形磨损的后果。主要体现为:设备精度降低、劳动生产率下降,当这种有形磨损达到一定程度时,整个机器设备的功能就会下降,发生故障,导致设备使用费用剧增,甚至难以继续正常工作,失去工作能力,丧失使用价值。

2)第二种有形磨损

设备在闲置或封存不用的过程中,由于自然力(风吹、雨淋、日晒等)的作用而产生的磨损称为第二种有形磨损。

第二种有形磨损与设备的使用无关,甚至在一定程度上还同使用程度成反比,如金属件生锈、腐蚀,橡胶件老化等反而是由于搁置不用的缘故造成的。第二种有形磨损的后果是设备闲置时间过长,会自然丧失精度和工作能力,失去使用价值。

无论是第一种有形磨损还是第二种有形磨损,当设备的有形磨损达到一定程度时,都会使得设备的使用价值降低,使用费用上升。要消除这种磨损,可通过修理来恢复,当磨损导致设备丧失工作能力,以至于修理也无法达到原有功能时,则需要更新设备。

(2) **设备的无形磨损**

由于科学技术进步而不断出现性能更加完善、生产效率更高的设备,使原有设备的价值降低,或者是生产同样结构设备的价值不断降低而使原有设备贬值,称为无形磨损,亦称经济磨损或精神磨损。按其产生的原因不同,设备的无形磨损又可以分为第一种无形磨损和第二种无形磨损。

1)第一种无形磨损

由于相同结构设备再生产价值的降低而产生原有设备价值的降低,称为第一种无形磨损,这种磨损不改变设备的结构性能,但由于设备制造工艺的不断改进、成本的不断降低、劳动生产率的不断提高等原因,使得生产同种机器设备所需的劳动耗费减少,因而机器设备的市场价格降低,从而导致原来购买的设备价值相应贬值。

第一种无形磨损的后果只是现有设备原始价值部分贬值,但设备的使用价值即设备本身的功能并未降低,设备的技术特性也并未改变,故不会影响现有设备的使用,也不存在提前更换设备的问题。

2)第二种无形磨损

由于技术进步,社会上出现了结构更先进、技术更完善、生产效率更高、耗费原材料和能源更少的新型设备，而使得原有机器设备在技术上显得陈旧落后，因此产生的经济磨损，称为第二种无形磨损。

第二种无形磨损的出现，其后果不仅使原设备的价值相对贬值，而且会使原有设备全部或部分丧失其使用价值。这是因为技术上更先进的新设备的发明和应用，使原有设备的生产效率远远低于社会平均水平，如果继续使用，将使得产品成本高于社会平均成本，此时虽然原有设备尚未达到其报废年限，仍然能够正常工作，但如果继续使用原设备，会相对降低经济效益，因此，这种情况下就需要考虑应用技术更先进的设备来代替原有设备，至于具体更换与否，还取决于是否有更新的设备及原设备贬值的程度。

第二种无形磨损导致原有设备使用价值降低的程度与技术进步的具体形式有关，主要有以下几种情况。①当技术进步表现为不断出现性能更完善、效率更高的新设备，但加工方法没有原则变化时，将使原有设备的使用价值大幅度降低；如果这种技术进步的速度很快时，继续使用旧设备就是不经济的。②当技术进步表现为采用新的加工对象如新材料时，则加工旧材料为旧工艺服务的原有设备将失去使用价值。③当技术进步表现为产品换代时，不能适用于新产品生产的原有设备也将被淘汰。

7.1.2 设备磨损的补偿方式

(1) 设备磨损补偿的作用

随着设备在生产中使用年限的延长，设备的有形磨损和无形磨损日益加剧，故障率增加，可靠性相对降低，导致使用费用上升。其主要表现为：设备大修间隔周期逐渐缩短，使用费用不断增加，设备性能和生产率降低，当设备使用到一定时间以后，继续进行大修理已无法补偿其有形磨损和全部无形磨损；虽然经过修理仍能维持运行，但很不经济。解决这个问题的途径是进行设备的更新和改造，即设备磨损的补偿。

对设备磨损的补偿是为了恢复或提高设备系统组成单元的功能，由于机器设备遭受磨损的形式不同，因此补偿磨损的方式也不一样。一些有形磨损是可消除的，例如零部件的弹性变形，可以在拆卸后进行校正；零部件在使用中逐渐丧失的硬度，可用热处理的方法进行恢复；零部件表面光洁度的丧失，可以重新加工进行处理等。但也有一些有形磨损是不能消除的，例如零件断裂、材料老化等。而对无形磨损的补偿，则只有通过采取措施改善设备技术性能，提高其生产工艺的先进性等手段实现。

(2) 设备磨损的补偿方式

要维持企业生产的正常进行，必须对设备的磨损进行补偿。从狭义上讲，就是更换设备，即用结构更加先进、技术更加完善、生产效率更高的新设备去代替物理上不能继续使用，或经济上不宜继续使用的设备，同时旧设备又必须退出原生产领域。从广义上讲，补偿因综合磨损而消耗掉的机器设备，就称为设备更新，它包括总体更新和局部更新。

基于此，设备磨损的补偿方式包括三种：设备大修理、设备更新和设备现代化技术改造。

1) 设备大修理

指的是对于可维修的设备系统通过修理来恢复其功能。对应于各种修理方式，在对一台设备或一个设备系统进行修理时，将零部件区分为四种类型，①留用件：未发生磨损或虽发生磨损但仍能实现其功能的零部件；②修理件：用修理方式进行补偿，全部或局部恢复其功能的零部件；③更换件：用更换的方式进行补偿，全部恢复其功能的零部件；④新制件：用技术改造方式进行补偿，提高其功能的新制零部件。

2) 设备更新

根据目的不同，设备更新分为原型更新和设备更换两种类型。①原型更新，即简单更新，也就是用结构相同的新设备来更换已有的严重磨损而物理上不能继续使用的旧机器设备，主要解决设备损坏问题。②设备更换，就是用结构更先进、技术更完善、效率更高、性能更好、耗费原材料更少的新型设备，来代替那些技术陈旧、不能继续使用的设备。

3) 设备现代化技术改造

是指为了提高企业的经济效益，通过采用国内外先进的技术成果，改变现有设备的性能、结构、工作原理，以提高设备的技术性能或改善其安全、环保特性，使之达到或局部达到先进水平所采取的重大技术措施。对现有企业的技术改造，包括对工艺生产技术和装备改造两部分内容，而工艺生产技术改造的绝大部分内容还是设备，所以设备设计制造者要重视技术改造。技术改造包括设备革新和设备改造的全部内容，范围更广泛，可以是一台设备的技术改造，也可以是一个工序、一个车间，甚至一个生产系统的技术改造。

(3) **设备综合磨损的补偿方式**

运转使用或闲置存放的机器设备，既要遭受有形磨损，也会产生无形磨损，不存在孤立的、单纯的有形或无形磨损，所以，机器设备所受的磨损是双重的、综合的。两种磨损虽然发生的程度不同，但都会引起机器设备原始价值的贬值，这一点两者是相同的，不同的是，遭受有形磨损的设备，特别是有形磨损严重的设备，在修理之前往往不能继续工作；而遭受无形磨损的设备，即使无形磨损很严重，仍然可以使用，只不过继续使用它在经济上是否合理，需要进行分析研究。

基于此，针对综合磨损的情况，要视不同磨损类型和磨损程度有针对性地采用设备修理、更新和现代化改装等补偿方式。设备综合磨损形式及其补偿方式的相互关系如图 7.1 所示。

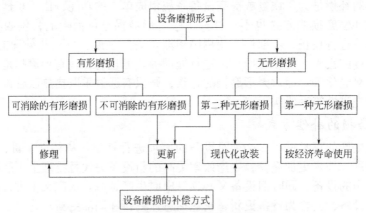

图 7.1 设备综合磨损形式及补偿方式的关系图

如图 7.1 所示，一般情况下，对于可消除的有形磨损，通过修理来恢复其功能；对于不可消除的有形磨损，修理已无意义，必须更新才能进行补偿；对于第二种无形磨损，因为它是科学技术进步产生了相同功能的新型设备所致，要全部或部分补偿这种差距，只有对原设备进行技术改造，即现代化改装或技术更新才可以。补偿分局部补偿和完全补偿，设备有形磨损的局部补偿是修理，无形磨损的局部补偿是现代化改装，有形和无形磨损的完全补偿是更换。当然，这三种方式的选用并非绝对化，具体还要应用经济评价的方法来决定究竟采用何种补偿方式最为合理。

7.2 设备经济寿命的确定

7.2.1 设备的寿命形态

由于磨损的存在，设备的使用价值和经济价值逐渐消失，因而设备具有一定的寿命，在工程经济分析与决策中，一般将设备的寿命分为自然寿命、技术寿命、折旧寿命和经济寿命四种。

(1) 自然寿命

设备的自然寿命，指的是设备从全新状态下开始使用，到使用过程中产生有形磨损，造成设备逐渐老化、损坏，直至最终不堪再用而予以报废所经历的全部时间。自然寿命又称物质寿命或物理寿命，是由有形磨损的速度所决定的设备使用寿命，通过正确使用、维护保养、计划检修等措施都可以延长设备的自然寿命，但不能从根本上避免其磨损。任何设备有形磨损到一定程度时，都必须进行修理或更新。

(2) 技术寿命

设备的技术寿命，指的是设备开始使用到由于技术落后被淘汰为止所经历的时间，是设备可能在市场上维持其价值的时间。技术寿命又称技术老化周期，主要是由于科学技术的迅速发展，不断出现比现有技术更先进、经济性能更好的新型设备，从而使现有设备在自然寿命尚未结束前就被淘汰。技术寿命的长短，主要取决于技术进步的速度，而与有形磨损关系不大。一般情况下，通过现代化改装，可以延长设备的技术寿命。

(3) 折旧寿命

设备的投资，通常是以折旧的方式逐年回收的。因此，设备的折旧寿命，又称会计寿命，是指设备开始使用到其投资通过折旧的方式全部收回所延续的时间。折旧寿命的长短是由国家财政部门规定的固定资产的使用年限来确定的，与两种磨损形式均有关。

(4) 经济寿命

设备的经济寿命，是当设备处于自然寿命后期时，因设备老化、磨损严重，要花费大量的维修费用才能保证设备正常使用，则从经济上考虑对使用费用加以限制，从而终止自然寿命而产生的概念。是指从投入使用开始，到因继续使用在经济上已不合理而被更新所经历的时间，是根据设备使用成本最低的原则来确定的，即设备开始使用到其年平均使用成本最低年份的延续时间。一般情况下，设备的经济寿命短于其自然寿命和技术寿命。

经济寿命考虑的损耗有两种类型：物质性损耗和功能性损耗。其中，物质性损耗带来设备的有形磨损，是指由于机器零部件的磨损和锈蚀，设备虽然仍可用，但维护费太高，从经济上分析使用已不合算。功能性损耗产生设备的无形磨损，是指社会上发明了性能更好的技术设备，必然要淘汰效率低的设备，虽然设备还能使用，但从经济上分析，继续使用效率低的设备已不合算。因此，经济寿命既考虑了有形磨损，又考虑了无形磨损，是从经济角度来看设备最合理的使用期限，是确定设备合理更新期的主要依据。

7.2.2 设备经济寿命的静态算法

在设备更新分析中，往往是在已知新旧设备经济寿命的基础上进行经济评价，但由于经济评价结果对新旧设备的经济寿命十分敏感，因此，仅凭假设或推测来确定设备的经济寿命就显得不够谨慎,所以必须通过科学合理的方法来计算设备的经济寿命。在以下关于经济寿命的计算分析中,需满足的假设条件是:设备所产生的收益是相同的,只比较设备的成本。

(1) 经济寿命的计算原理

设备的年平均使用成本(年等额总成本)是由年等额资产恢复成本和年等额运营成本两部分组成的,其中,年等额资产恢复成本是指设备的原始费用与设备残值代数和的年分摊额,随着设备的使用年限的延长,设备的年分摊额会逐渐减少;年等额运营成本是设备的年使用费,该部分费用随着设备使用年限的延长会逐渐增加。因此,设备的年平均使用成本是随着设备的使用时间而变化的,在适当的使用年限会出现年平均使用成本的最低值,这个能使平均使用成本达到最低值的年数就是设备的经济寿命。设备的经济寿命示意图如图 7.2 所示。

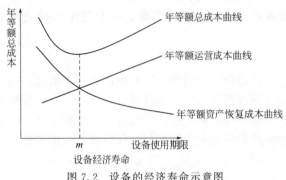

图 7.2　设备的经济寿命示意图

(2) 经济寿命的静态计算公式

在利率为零的条件下,n 年内设备年等额总成本的计算公式如下。

由 n 年内设备总成本 TC_n 的计算公式,$TC_n = P - L_n + \sum_{j=1}^{n} C_j$

可得,
$$AC_n = \frac{P - L_n}{n} + \frac{1}{n}\sum_{j=1}^{n} C_j \tag{7.1}$$

式中,AC_n 为 n 年内设备的年等额总成本;P 为设备的购置成本,即设备的原值;L_n 为设备在第 n 年的净残值;n 为设备使用期限,在设备经济寿命计算中,n 是一个自变量;j 为设备使用年度,j 的取值范围为 $1 \sim n$;C_j 为在 n 年使用期间的第 j 年度设备的运营成本。

由式(7.1)可知,设备的年等额总成本 AC_n 等于设备的年等额资产恢复成本 $\frac{P - L_n}{n}$ 与设备的年等额运营成本 $\frac{1}{n}\sum_{i=1}^{n} C_j$ 之和。故可通过计算不同使用年限的年等额总成本来确定设备的经济寿命。在所有的设备使用期限中,经济寿命就是能使设备年等额总成本 AC_n 最低的那个使用期限,如果设备的经济寿命为 m 年,则 m 应满足的条件为:

$$AC_{m-1} \geqslant AC_m \text{ 且 } AC_{m+1} \geqslant AC_m \tag{7.2}$$

式(7.2)的关系也可通过图 7.2 表示。

(3) 经济寿命的静态计算方法应用实例

【例 7.1】 某设备购置费为 5 万元,在使用中的统计资料如表 7.1 所示,如果不考虑资金的时间价值,试计算其经济寿命。

表 7.1　某设备使用过程统计数据表　　　　　　　　　单位:元

使用年度 j/年	1	2	3	4	5	6	7
j 年运营成本 C_j	8500	9500	10500	13000	16000	19000	22000
n 年末残值 L_n	25000	12500	6250	3125	1200	1200	1200

解：根据式(7.1)列表计算该设备在不同使用期限的年等额总成本，如表7.2所示。

表 7.2　某设备年等额总成本计算表　　　　　　　　　　　单位：元

使用期限 n (1)	资产恢复成本 $P-L_n$ (2)	年等额资产恢复成本 $\dfrac{P-L_n}{n}$ (3)	年度运营成本 C_j (4)	使用期限内运营成本累计 $\sum_{j=1}^{n}C_j$ (5)	年等额运营成本 $\dfrac{1}{n}\sum_{i=1}^{n}C_i$ (6)	年等额总成本 (7) =(3)+(6)
1	25000	25000	8500	8500	8500	33500
2	37500	18750	9500	18000	9000	27750
3	43750	14583	10500	28500	9500	24083
4	46875	11719	13000	41500	10375	22094
5	48800	9760	16000	57500	11500	21260
6	48800	8133	19000	76500	12750	20883
7	48800	6971	22000	98500	14071	21042

由表 7.2 的计算结果可以看出，该设备使用到第 6 年时，其年等额总成本最低，$AC_6=20883$ 元。使用期限大于或小于 6 年时，其年等额总成本均大于 20883 元，故，该设备的经济寿命为 6 年。

(4) 低劣化数值法计算静态经济寿命

设备在使用中发生的费用称为运营成本，其内容包括能源费、保养费、大修理费、停工损失、废品次品损失等。一般而言，随着设备使用期限的增加，年运营成本每年以某种速度在递增，这种运营成本的逐年递增称为设备的劣化。现假定每年运营成本的增量都是均等的，即经营成本呈线性增长，则其现金流量情况如图 7.3 所示。

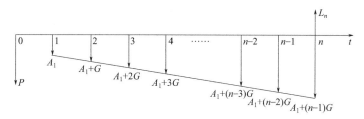

图 7.3　劣化增量均等的现金流量图

在图 7.3 所示的现金流量情况下，假定运营成本均发生在年末，设每年运营成本增加额为 λ，若设备使用期限为 n 年，则第 n 年的运营成本为：

$$C_n = C_1 + (n-1)\lambda \tag{7.3}$$

式中，C_1 为运营成本的初始值，即第 1 年的运营成本；n 为设备的使用年限。

则，n 年内设备运营成本的平均值为：

$$\frac{\sum C_n}{n} = C_1 + \frac{n-1}{2}\lambda$$

除运营成本外，在年等额总成本中还包括设备的年等额资产恢复成本，其金额为 $\dfrac{P-L_n}{n}$，则年等额总成本的计算公式为：

$$AC_n = \frac{P-L_n}{n} + C_1 + \frac{n-1}{2}\lambda \tag{7.4}$$

通过求式(7.4)的极值，可得出特殊（设备劣化）情况下设备的静态经济寿命计算公式。设 L_n 为一常数，令 $\dfrac{d(AC_n)}{dn}=0$，则经济寿命 m 为：

$$m = \sqrt{\frac{2(P-L_n)}{\lambda}} \tag{7.5}$$

（5）低劣化数值法计算静态经济寿命应用实例

【例 7.2】 某设备购置费为 10000 元，预计残值为 1000 元，运营成本初始值为 800 元，年运营成本每年增长额为 500 元，试计算该设备的经济寿命。

解：由式(7.5)，可得

$$m = \sqrt{\frac{2(10000-1000)}{500}} = 6(年)$$

即，该设备的经济寿命为 6 年。

7.2.3 设备经济寿命的动态算法

当利率不为零时，计算经济寿命需考虑资金的时间价值，应采用动态计算方法。

（1）一般情况下的经济寿命动态算法

设备在 n 年内的总成本现值 TC_n 可按下式计算：

$$TC_n = P - L_n(P/F,i,n) + \sum_{j=1}^{n} C_j(P/F,i,j)$$

而年等额总成本 $AC_n = TC_n(A/P,i,n)$

则有，

$$AC_n = \left[P - L_n(P/F,i,n) + \sum_{j=1}^{n} C_j(P/F,i,j)\right](A/P,i,n) \tag{7.6}$$

即，

$$AC_n = (P-L_n)(A/P,i,n) + L_{ni} + \sum_{j=1}^{n} C_j(P/F,i,j)(A/P,i,n) \tag{7.7}$$

（2）低劣化数值法计算动态经济寿命

特殊情况下，考虑设备劣化时，即在图 7.3 所示劣化增量均等的现金流量情况下，可得：

$$\begin{aligned}AC_n &= P(A/P,i,n) - L_n(A/F,i,n) + C_1 + \lambda(A/G,i,n) \\ &= [(P-L_n)(A/P,i,n) + L_n \times i] + [C_1 + \lambda(A/G,i,n)]\end{aligned} \tag{7.8}$$

式中，$(P-L_n)(A/P,i,n)+L_n \times i$ 为年等额资产恢复成本；$C_1+\lambda(A/G,i,n)$ 为年等额运营成本；其余符号意义同前。

故，可通过计算不同使用年限的年等额总成本 AC_n 来确定设备的经济寿命。如果设备的经济寿命为 m 年，则亦应满足式(7.2)的条件，即满足：$AC_{m-1} \geqslant AC_m$ 且 $AC_{m+1} \geqslant AC_m$。

（3）经济寿命的动态计算方法应用实例

【例 7.3】 某设备购置费为 50000 元，第 1 年的设备运营费为 18000 元，以后每年增加 12000 元，设备逐年减少的残值如表 7.3 所示。设基准折现率为 10%，求该设备的经济寿命。

表 7.3 设备相关残值、成本数据表   单位：元

第 j 年末	设备使用到第 n 年末的残值	年度运营成本
1	26000	18000
2	18000	30000
3	10000	42000
4	0	54000

解：根据式(7.8)，设备在使用年限内的年等额总成本计算如下。

$n=1:\text{AC}_1 = (50000-26000)(A/P,10\%,1)+26000\times10\%+18000+12000(A/G,10\%,1)$
$= 24000\times1.1+2600+18000+12000\times0$
$= 47000(元)$

$n=2:\text{AC}_2 = (50000-18000)(A/P,10\%,2)+18000\times10\%+18000+12000(A/G,10\%,2)$
$= 32000\times0.57619+1800+18000+12000\times0.47619$
$= 43952(元)$

$n=3:\text{AC}_3 = (50000-10000)(A/P,10\%,3)+10000\times10\%+18000+12000(A/G,10\%,3)$
$= 40000\times0.40211+1000+18000+12000\times0.93656$
$= 46323(元)$

$n=4:\text{AC}_4 = (50000-0)(A/P,10\%,4)+0\times10\%+18000+12000(A/G,10\%,4)$
$= 50000\times0.31547+0+18000+12000\times1.38117$
$= 50348(元)$

将以上计算结果列入设备经济寿命动态计算表中，如表 7.4 所示。

表 7.4 设备经济寿命动态计算表   单位：元

第 j 年末	设备使用到第 n 年末的残值	年度运营成本	年等额资产恢复成本	年等额运营成本	年等额总成本
1	26000	18000	29000	18000	47000
2	18000	30000	16429	23714	43952
3	10000	42000	12251	29238	46323
4	0	54000	10171	34574	50348

则由表 7.4 的计算结果以及式(7.2)的要求，可知，该设备的经济寿命为 2 年。

7.3 设备大修理的经济分析

7.3.1 设备大修理概述

在生产运营过程中，为保持设备在寿命期内的完好使用状态，往往需要视具体情况进行局部修复或更换，此工作即称为设备的修理或维修。而由于机械设备各部分零部件的材质与使用条件不同，造成了有形磨损的不均匀，从而使设备的零部件有不同的使用寿命。因此，在设备使用一段时间后，有的零部件的使用时间已达其寿命周期，需要修复或更换，而有的零部件则仍可使用，这就决定了设备修理的可行性。

(1) 设备维修的分类

按维修工作实际发生的费用和修理的性质可将其分为保养、小修理、中修理和大修理等。

① 保养。即日常维护，指与拆除或更换设备中被磨损的零部件无关的一些维修内容，诸如设备的润滑与保洁、定期检验与调整、消除部分零部件的磨损等，包括清洁、检查、调整、紧固、润滑、防腐等工作内容，必要时还需更换少量易损件。

② 小修理。工作量最小的计划修理，指设备使用过程中为保证设备工作能力而进行的调整、修复或更换个别零部件的修理工作。

③ 中修理。进行设备部分解体的计划修理，其内容包括：排除设备运转中出现的突发性故障和异常，更换或修复部分不能用到下次计划修理的磨损零件，通过修理、调整，使规定修理部分基本恢复到出厂时的功能水平以满足工艺需要。修理后应保证设备在一个中修间隔期内能正常使用。

④ 大修理。最大的一种计划修理，它通过对设备全部解体，修理耐久的部分，更换全部损坏的零部件，修复所有不符合要求的零部件，全面消除缺陷，以使设备在大修理之后，在生产率、精确度、速度等方面达到或基本达到原设备的出厂标准。

维修工作的上述区分，既有工作量和周期性的标志，又有工作内容的标志，但这些区分仅仅是相对的，难以严格确定彼此间的界限，而且每一种维修形式都可能包含共同的工作内容。大修理是维修工作中工作量最大、规模最大、费用最多的一种设备有形磨损的补偿方式，是在原有实物形态上的一种局部更新，因此对设备维修经济性的研究，主要是就大修理而言的。

(2) 设备大修理的特性

尽管设备通过大修理能够基本达到原设计性能，并满足基本的生产需要，从而延长使用寿命，但在实践中，每一次大修理都不会完全使设备性能恢复，经过大修理的设备无论是从精确度、运行速度、故障率等技术方面，还是从生产率、有效运行时间等经济角度，与同类型的新设备相比都有所弱化，其综合性能也都有不同程度的降低。每经过一次大修，都会导致设备性能的劣化，因此，通过大修理对设备使用寿命的延长，无论是技术上，还是经济上，都不是没有限度的。

从技术上讲，设备在使用过程中其性能或效率是不断下降的，如果不及时修理，其使用寿命就会很短。所以每经过一段时间（一个大修期限），就要进行修理。经过修理后，设备的性能又能恢复到相当程度，但经过一段时间使用后性能又会下降，又要修理，设备的性能又能恢复到相当程度，如此反复，直至不能再修理。因此，设备每大修理一次，恢复的性能标准总是要比新设备、或前一次修理后达到的性能标准降低一定的水平；而随着修理次数的增加，设备性能越来越劣化，当大修理达到一定的次数后，其综合性能指标特别是经济性能指标，再也无法达到继续使用的要求或超出了一定的经济界限，就不应该再修理了。设备大修理的这种特性是由设备在使用过程中的综合劣化趋势造成的，如图 7.4 所示。

在图 7.4 中，A 点表示新设备的标准性能，在使用过程中设备的性能会沿着 AB_1 线所表示的趋势下降，根据情况在使用了 t_1 时间后需要第一次大修理；修理后恢复的性能为 B 点所表示的性能水平，由图可知，B 点的性能水平比 A 点所表示的新设备的标准性能要下

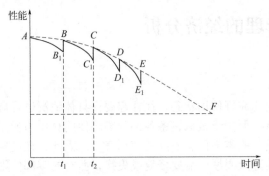

图 7.4 设备大修理后综合劣化趋势图

降一些。自 B 点开始进入第二个使用周期，其性能又继续劣化。当下降至 C_1 点时又需要大修理，修理后恢复到 C 点所表示的性能水平，又要比 B 点所示的性能水平下降一些。如此循环，假设 F 点代表的性能水平为维持设备运转所需要的最低界限，则设备的劣化趋势超过这个界限就表示没有修理的必要了。图中 A、B、C、D、E、F 各点连接起来形成的曲线表示的就是设备在使用过程中综合劣化的趋势。

同时，大修理的周期会随着设备使用时间的延长而越来越短，如图 7.4 中，$(t_1-0)>(t_2-t_1)$，即大修理的间隔时间呈现边际递减的现象。因为大修理是需要耗费较大费用的，如果新设备投入使用到第一次大修理的间隔期定为 10~13 年，则第二次大修理的间隔期就可能为 8~10 年，而第三次则可能降至 6~8 年，即大修理间隔期会随着修理次数的增加而缩短，设备每年分摊的修理费就会越来越多，从而使得大修理的经济性逐步降低。由此可知，设备的大修理不是无休止的，需要分析其经济界限。

(3) 设备大修理的经济性决策要点

一般情况下，在设备平均寿命期限内，进行适度的维修工作，包括大修理在内，往往在经济上是合理的。因为通过大修理的方式恢复设备的原有功能要比制造新设备更为便捷有利，而且大量被保留下来的零部件还可以继续应用，从而节约了大量原材料和加工的工时，这部分比重越大，修理工作就越具有合理性，这正是修理之所以能够存在的经济前提。但是，设备是否值得大修理，还是应该采取其他更新改造的方式，最主要的还是取决于其经济性，即是否超出了设备大修理的经济界限。

7.3.2 设备大修理的经济界限

(1) 设备大修理经济界限的确定标准

保证设备大修理在经济上合理的经济界限确定标准包括以下两个方面。

① 保证最低经济界限。指的是设备的大修理费用应低于同种设备的重置价值，这一标准是大修理在经济上具有合理性的起码条件，称为最低经济界限。

② 保证单位产品的成本较新设备低。指的是在保证最低经济界限的同时，还应保证大修理后设备综合质量不应下降过多，即保证使用该设备生产的单位产品的成本，不超过使用相同的新设备生产的单位产品的成本。

(2) 设备大修理的经济界限 I ——最低经济界限

为保证最低经济界限的标准，对设备进行大修理的经济界限为：

$$R \leqslant K_j - L_j \tag{7.9}$$

式中，R 为某次大修理的费用；K_j 为设备第 j 次大修理时该种设备的再购价值（即在大修理年份购买相同设备的市场价）；L_j 为设备在第 j 次大修理时的残值。

由式(7.9) 可知，当大修理费小于或等于设备现价（新设备费）与设备残值的差，则大修理在经济上是合理的；否则，购买新设备的经济性将优于进行设备大修理。

应注意的是，利用式(7.9) 进行判断时，要求大修理后的设备在技术性能上与同种新设备的性能大致相同，否则可直接采用购置新设备的经济方案。

(3) 设备大修理的经济界限 II ——单位生产成本低于新设备

设备大修理的经济界限，不能仅从大修理费用与设备价值之间的关系来判断，还必须与生产成本联系起来，要保证单位产品的成本较新设备低的标准，这样的大修理在经济上才是合理的。事实上，这是更为重要的设备大修理的经济界限，以此标准确定的设备大修理的经济效果,可用下列计算公式表示。

$$I_j = \frac{C_j}{C_0} \leqslant 1 \tag{7.10}$$

或

$$\Delta C_j = C_0 - C_j \geqslant 0 \tag{7.11}$$

式(7.10)和式(7.11)中,I_j为第j次大修理后的设备与新设备加工单位产品成本的比值;C_j为在第j次大修理后的设备上加工单位产品的成本;C_0为在新设备上加工单位产品的成本;ΔC_j为在新设备与在第j次大修理后的设备上加工单位产品成本的差额。

由式(7.10)和式(7.11)可知,只有当$I_j \leqslant 1$或$\Delta C_j \geqslant 0$时,设备的大修理在经济上才是合理的。

(4) 设备大修理的技术经济界限

对于设备的有形磨损,虽然可以从经济界限等方面衡量后采用大修理方式进行补偿,但也不能无休止地反复修理,还应注重其技术经济界限,当技术上存在着下列情况时,设备必须进行更新。

① 设备因服役时间过长,造成精度丧失、结构陈旧或技术老化,已无修理或改造价值的;

② 设备因粗制滥造等原因,存在着先天技术质量不足的缺陷,导致生产效率低,不能满足产品工艺要求,并且很难修好的;

③ 设备因技术落后,导致工人劳动强度大、设备使用过程中影响到人身安全的;

④ 设备有严重的"漏油、漏电、漏气、漏水"(四漏)现象之一者,导致能耗高,污染环境的;

⑤ 一般经过三次大修理的,再修理也难恢复出厂精度和生产效率,且大修理费用超过设备原值的60%以上的。

7.4 设备更新的经济分析

7.4.1 设备更新概述

现代化的大生产需要大量的设备作为生产工具,设备也是生产性工程项目建设中,体现生产技术进步和资本有机构成的固定资产投资中积极的部分。然而,随着生产活动的不断进行,原有设备会逐渐老化;同时,随着社会生产力的不断发展或企业生产规模的扩大,原有设备也可能会趋于落后。对于设备在使用过程中发生的磨损、效率降低或落后过时等现象,如果不能及时地进行升级、更新换代,就有可能严重影响生产效率,而经济合理的设备更新则能为优胜劣汰下竞争激烈的社会生产带来无限商机。因此,必须做好设备更新的经济分析与决策,才能有效提高企业的劳动生产率以及经济效益。

(1) 设备更新的概念

1) 设备更新的定义

设备更新就是用经济性更好、性能更完善、技术更先进和使用效率更高的设备去更换已陈旧过时的设备,这些被更换的设备可能是在技术上已经不能继续使用的,也可能是在经济上不宜继续使用的设备。就实物形态而言,设备更新是用新设备替换陈旧落后的设备;就价值形态而言,设备更新是指对于在使用中由于磨损而使其价值或使用价值下降的设备,通过更新等方式使其价值或功能得到恢复。

2) 设备更新的目的

设备更新的目的在于维持或提高企业生产的现代化水平,提高装备构成的技术先进性,改善设备，改变设备拥有量的构成比，促进技术进步，使先进的、效率高的设备比重逐步提高，以提高产品质量、降低成本、提高劳动生产率，尽快形成新的生产能力，从而适应国民经济的需要，获得最高的经济效益。

设备更新是消除设备磨损的重要手段，然而过早的设备更新，会造成资产的浪费，增加投资负担；过迟的设备更新，又会造成生产成本的迅速上升，可能使企业失去价格优势。因此，企业做设备更新的经济决策之前，应首先确定更新方式，比如，设备是否值得在大修理后继续使用，还是应该对设备进行原型或技术改造更新，或采用租赁取代设备购置的方式。这些都是设备更新的经济分析中需要解决的问题。

(2) **设备更新及其方案比选原则**

1) 设备更新的原则

设备更新的原则是讲究经济效益，合理确定设备最佳更新期，以最少的费用获得最佳的效果。具体要求是：①如果原有设备余值较大，采用修理的方式比较合理，就不要急着更新，可以修中有改，继续使用更为有利；②如果通过改进工艺设备能满足要求的，也不要更新设备；③如果通过更新个别关键零部件或单台设备，能满足生产要求的，则不要更新整机或整条生产线；④如果原有设备的使用费用增长较快，提早更新更为有利；⑤与原有设备相同功能的新设备、新技术发展越快，越早更新越有利；⑥更新下来的设备要进行合理、充分的利用。

2) 设备更新的形式

设备更新包括原型设备更新和新型设备更新两种形式。原型设备更新又称简单更新，是指用相同结构、性能、效率的同型号设备代替原有设备，这种更新方式主要适用于更换已经损坏的或陈旧的设备。新型设备更新，又称技术更新，是以结构更先进、技术更完善、性能更好、效率更高的设备代替原有设备。这种更新主要适用于更换遭到第二种无形磨损、在经济上不宜继续使用的设备。

3) 设备更新方案比选原则

设备更新方案比选的基本原则和评价方法与互斥性投资方案的比选相同，但还需遵循三条原则：①不计沉没成本的原则，在进行设备更新方案比较时，原设备价值按目前实际市场价值计算，而不考虑该设备过去的购买价值，也不考虑该设备目前的折余价值（设备原值减历年折旧累计之和的余额）；②客观比较现金流量的原则，即不要简单地按照新、旧设备方案的直接现金流量进行比较，而是应该站在客观的立场上，同时对原设备目前的价值（或净残值）考虑买卖双方及机会成本，并使之均衡；③以剩余经济寿命为基准的滚动比较原则，即在确定现有设备最佳更新时机时，应首先计算现有设备的剩余经济寿命和新设备的经济寿命，然后利用逐年滚动计算的方法进行比较。

7.4.2 原型设备更新的经济分析

原型设备更新的经济分析主要有三个步骤：其一，确定各方案共同的研究期；其二，用费用年值法确定各方案设备的经济寿命；其三，通过比较每个方案设备的经济寿命确定最佳方案，即旧设备是否更新以及新设备未来的更新周期。由于原型设备的更新就是对同型号设备的更替，因此，在原型设备更新的经济分析中，假定企业的生产经营期较长，且设备均采用原型设备重复更新，即相当于研究期为各设备自然寿命的最小公倍数。

下面通过应用实例说明原型设备更新经济分析的具体方法与步骤。

【例 7.4】 某企业的未来生产经营期尚有较长的时间，企业现有一台设备 E，目前市场上另有两种与 E 同样功能的设备 A 和 B，这三台设备构成了互斥的方案组。现有设备 E 还有 5

年的使用寿命，A 和 B 设备的自然寿命分别为 6 年和 7 年，三台设备各年的现金流量如表 7.5 所示。设基准折现率为 10%，试采用原型设备更新的分析方法，比较三个设备方案的优劣。

表 7.5 设备 E、设备 A、设备 B 的现金流量表   单位：元

使用年度 j/年	设备 E		设备 A		设备 B	
	n 年末残值	j 年度运营费用	n 年末残值	j 年度运营费用	n 年末残值	j 年度运营费用
0	13500		19500		27000	
1	9400	2800	0	700	0	1150
2	8300	5000	0	2900	0	1150
3	6100	5550	0	5300	0	1150
4	5000	8300	0	7500	0	1150
5	2800	9400	0	9500	0	1150
6			0	12100	0	1150
7					0	1150

解：1) 确定各设备共同的研究期

三台设备的研究期取各自使用寿命 5 年、6 年、7 年的最小公倍数为 210 年。

2) 应用费用年值法确定各台设备的经济寿命

E 设备有 5 个更新策略，A 设备有 6 个更新策略，B 设备有 7 个更新策略，如图 7.5 所示，更新分析的互斥策略数为 5+6+7=18 个。各设备年等额总成本最低的策略所对应的使用期限即是该设备的经济寿命。

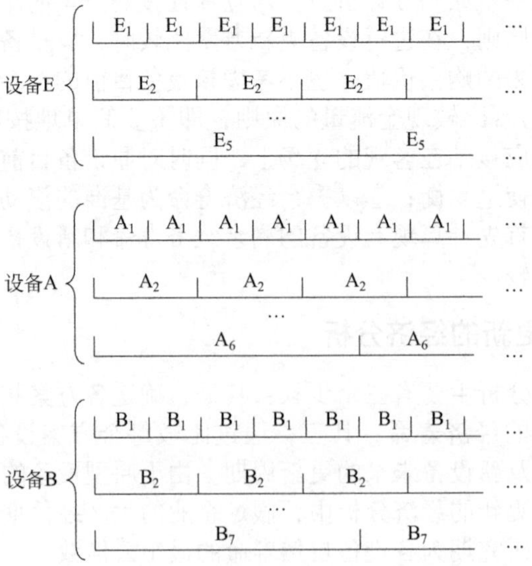

图 7.5 原型设备更新的现金流量图

计算设备 E、A、B 的经济寿命，其计算结果如表 7.6 所示。

表7.6 设备E、设备A、设备B的经济寿命计算结果表　　　　单位：元

第j年末	年等额总成本		
	设备E	设备A	设备B
1	8250.00	22150.00	30850.00
2	7673.80*	12983.47	16707.40
3	7947.20	10661.61	12014.80
4	8392.58	9981.57	9668.50
5	8998.66	9901.96*	8272.60
6		10186.51	7349.20
7			6695.80*

注：表中"*"表示设备经济寿命对应的设备年等额总成本。

以设备E第5年、设备A第6年和设备B第7年的年等额总成本AC_{E5}、AC_{A6}、AC_{B7}为例，计算示意如下。

$AC_{E5} = (13500-2800)(A/P,10\%,5)+2800\times10\%+[2800(P/F,10\%,1)+$
$\qquad 5000(P/F,10\%,2)+5550(P/F,10\%,3)+8300(P/F,10\%,4)$
$\qquad +9400(P/F,10\%,5)](A/P,10\%,5)$
$\qquad =8998.66(元)$

$AC_{A6} = 19500(A/P,10\%,6)+[700(P/F,10\%,1)+2900(P/F,10\%,2)+$
$\qquad 5300(P/F,10\%,3)+7500(P/F,10\%,4)+9500(P/F,10\%,5)+$
$\qquad 12100(P/F,10\%,6)](A/P,10\%,6)$
$\qquad =10186.51(元)$

$AC_{B7} = 27000(A/P,10\%,7)+1150=6695.80(元)$

由表7.6中各方案设备的年等额总成本，可知，其中旧设备E的经济寿命为2年，新设备A的经济寿命为5年，新设备B的经济寿命为7年。在研究期210年内，以各方案设备经济寿命的年等额总成本为比较依据，设备B的年等额总成本最小。因此，该原型设备更新的方案结论为：立即用新设备B更新现有旧设备E，设备B未来的更新周期为其经济寿命7年。

7.4.3 新型设备更新的经济分析

在技术不断进步的条件下，面临的多数情况是设备在使用一段时间后，由于第二种无形磨损的作用，使得原有的设备显得陈旧和过时，而且市场上已经出现了生产效率更高和经济效益更好的新型设备。在这种情况下，进行设备方案的决策时，需要比较的是：继续使用旧设备和立即购置新设备，哪一种方案在经济上更为合理？对于这类新型设备更新的经济决策，主要有静态的差额投资回收期法和动态的费用年值法两种比选方法。

(1) 差额投资回收期法

采用差额投资回收期法的思路是：由于继续使用旧设备，将有可能面临需对旧设备进行大修理或技术改造的情况，因此，在实际分析中可以通过差额投资回收期法来判断购置新设备多出的投资是否值得。

1) 设备大修理、技术改造与购置新设备之间的关系

在一般的情况下，设备大修理、技术改造（或现代化改装）与购置新设备之间的关系为：

$$K_r<K_m<K_n; C_r>C_m>C_n; Q_r<Q_m<Q_n$$

式中，K_r、K_m、K_n 分别表示设备大修理、技术改造和购置新设备所需的投资；C_r、C_m、C_n 分别表示设备大修理、技术改造和购置新设备后的年总生产成本；Q_r、Q_m、Q_n 分别表示设备大修理、技术改造和购置新设备后的年总生产量。

2) 静态差额投资回收期法的应用

在应用静态差额投资回收期法进行设备更新方案比选时，可能会出现以下几种情况，需做具体分析与决策。

① 当 $\dfrac{K_r}{Q_r}>\dfrac{K_m}{Q_m}$，且 $\dfrac{C_r}{Q_r}>\dfrac{C_m}{Q_m}$ 时，即单位产量所需的大修理费比单位产量所需的技术改造费要多，且大修理后单位产品成本比技术改造后的单位产品成本也要高，这种情形下，大修理是不可取的，应该进行技术改造。

② 当 $\dfrac{K_m}{Q_m}>\dfrac{K_n}{Q_n}$，且 $\dfrac{C_m}{Q_m}>\dfrac{C_n}{Q_n}$ 时，即单位产量所需的技术改造费比单位产量所需的新设备购置费要多，且技术改造后单位产品成本比使用新设备后的单位产品成本也要高，这种情形下，技术改造是不可取的，应该更新设备。

③ 当 $\dfrac{K_r}{Q_r}<\dfrac{K_m}{Q_m}$，且 $\dfrac{C_r}{Q_r}>\dfrac{C_m}{Q_m}$ 时，即单位产量所需的大修理费比单位产量所需的技术改造费要少，但是大修理后单位产品成本比技术改造后的单位产品成本要高，这种情形下，可以采用静态差额投资回收期法（如式 7.12）进行进一步决策。

$$\Delta P_a = \dfrac{\left(\dfrac{K_m}{Q_m}-\dfrac{K_r}{Q_r}\right)}{\left(\dfrac{C_r}{Q_r}-\dfrac{C_m}{Q_m}\right)} \tag{7.12}$$

④ 当 $\dfrac{K_m}{Q_m}<\dfrac{K_n}{Q_n}$，且 $\dfrac{C_m}{Q_m}>\dfrac{C_n}{Q_n}$ 时，即单位产量所需的技术改造费比单位产量所需的新设备购置费要少，但是技术改造后单位产品成本比使用新设备后的单位产品成本要高，这种情形下，同样可以采用静态差额投资回收期法（如式 7.13）进行进一步决策。

$$\Delta P_a = \dfrac{\left(\dfrac{K_n}{Q_n}-\dfrac{K_m}{Q_m}\right)}{\left(\dfrac{C_m}{Q_m}-\dfrac{C_n}{Q_n}\right)} \tag{7.13}$$

(2) 费用年值法

1) 费用年值法用于设备更新的判别准则

费用年值法是指在考虑资金时间价值的条件下，通过分别计算原有旧设备和备选新设备对应于各自的经济寿命期内的不同时点，所发生的所有费用的等额支付序列的年均费用，并进行比较的动态方法。其判别准则是：如果使用新型设备的费用年值小于继续使用旧设备的费用年值，则应当立即进行更换，否则仍继续使用旧设备。

2) 费用年值法用于设备更新方案比选的具体步骤

运用费用年值法进行出现新型设备的更新决策，要解决两个问题：其一是旧设备是否值得更新；其二是如果旧设备需要更新，何时更新最合适。具体的分析步骤如下。

① 计算新设备在其经济寿命期内的费用年值。是将其经济寿命期内所发生的投资和各年

的运行费用扣除设备的残值后，按相应的等值计算公式折算成对应的等额支付序列年值。

② 计算旧设备在继续使用条件下的费用年值。是按旧设备剩余的经济寿命期计算，将其在决策点的设备残值视为设备在那一时点的投资，计算时仍然要扣除无法再使用时的残值。一般情况下，其运行费用是逐年递增的。

③ 新、旧设备费用年值的比较。如果旧设备的费用年值小于新设备的费用年值，就无须更新，继续使用旧设备直至其经济寿命期；如果新设备的费用年值小于旧设备的费用年值，就需要进一步判断应该何时更新旧设备。

④ 判断更新旧设备的时间。a. 假设旧设备继续使用 1 年，计算此时的费用年值并与新设备的费用年值比较，如果新设备的费用年值较大，则保留并继续使用旧设备，否则淘汰并更新为新设备。b. 当旧设备处于继续保留使用的情况下，计算继续使用第 2 年的费用年值，并与新设备的费用年值进行比较，比较原则同 a.，如此循环直至旧设备被淘汰更新为新设备，则此时间即为更新旧设备的最佳时间。

3) 费用年值法的应用实例

【例 7.5】 某设备目前的净残值为 9600 元，还能继续使用 4 年，保留使用的情况如表 7.7 所示。新设备的原始费用为 42000 元，经济寿命为 10 年，第 10 年末的净残值为 4800 元，平均年使用费为 600 元，基准折现率为 10%，问旧设备是否需要更换，如需更换，何时更换为宜？

表 7.7 某设备保留使用情况表

保留使用年限/年	0	1	2	3	4
年末设备净残值/元	9600	7800	6000	4200	2400
年运行费用/元	—	3600	4800	6000	7200

解：① 先判断是否需要更换。

a. 继续使用旧设备的情况：

$$AC_O = [9600 - 2400(P/F, 10\%, 4) + 3600(P/F, 10\%, 1) + 4800(P/F, 10\%, 2)$$
$$+ 6000(P/F, 10\%, 3) + 7200(P/F, 10\%, 4)](A/P, 10\%, 4)$$
$$= 7769.40(元)$$

b. 更新设备的情况：

$$AC_N = [42000 - 4800(P/F, 10\%, 10)](A/P, 10\%, 10) + 600$$
$$= 7132.34(元)$$

因 $AC_O > AC_N$，故应更换旧设备，使用新设备，并判断最佳更换时间。

② 再判断最佳更换时间。

a. 若保留 1 年，则有：

$$AC_{O1} = [9600 - 7800(P/F, 10\%, 1) + 3600(P/F, 10\%, 1)](A/P, 10\%, 1)$$
$$= 5781.78(元)$$

因 $AC_{O1} < AC_N$，故保留旧设备使用 1 年是合适的。

b. 若保留 2 年，则有：

$$AC_{O2} = [9600 - 6000(P/F, 10\%, 2) + 3600(P/F, 10\%, 1) + 4800(P/F, 10\%, 2)](A/P, 10\%, 2)$$
$$= 6845.88(元)$$

因 $AC_{O2} < AC_N$，故保留旧设备使用 2 年是合适的。

c. 若保留 3 年，则有：

$$AC_{O3} = [9600 - 4200(P/F, 10\%, 3) + 3600(P/F, 10\%, 1) + 4800(P/F, 10\%, 2)$$
$$+ 6000\ (P/F,\ 10\%,\ 3)\ ]\ (A/P,\ 10\%,\ 3)$$
$$= 7320.38(元)$$

因 $AC_{O3} > AC_N$，故保留旧设备使用 2 年后就该更换，如果旧设备使用 3 年的话，其年均费用就比使用新设备高。

(3) 结论

综上计算与分析，该设备需要在继续使用 2 年后更换为新设备。

7.5 设备租赁的经济分析

7.5.1 设备租赁概述

对于结构复杂、价格昂贵、技术更新快且专业化程度高的设备，当企业的资金来源满足不了购置计划的要求时，可采用设备租赁的方式获得设备使用权。

(1) 设备租赁的基本概念

租赁是一种合同，在这种合同中，一方获得另一方所拥有资产的使用权并付给其租金。设备租赁是随着企业资产所有权与使用权的分离而产生的设备使用形式，它是指设备的承租者按照租赁契约的规定，定期向出租者支付一定数额的租赁费用，从而取得设备的使用权，设备的所有权不发生改变，出租人仍拥有设备的所有权，并同时将其租给另一方，承租人是该出租设备的使用者。常见的租赁方式有经营租赁和融资租赁。

1) 经营租赁

经营租赁，也称为运行租赁，指的是出租人向承租人提供租赁物外，还承担设备的保养、维修、贬值以及不再续租的风险，任何一方可以随时以一定方式在通知对方的规定时间内取消或中止租约。该类租赁具有可撤销性、短期性、租金高等特点，适用于技术进步快、用途较广泛、使用具有季节性要求的设备。

经营租赁设备的租赁费计入企业成本，可减少企业所得税。租赁的期限通常远远短于设备的寿命期，出租人和承租人通过订立租约维系租赁业务关系，承租人有权在租赁期限内预先通知出租人后解除租约。这种形式，承租人不需要获得对所租用设备的所有权，而只是负担相应租金来取得设备的使用权，这样，承租人可以不负担设备无形磨损的风险，对承租人来说相当灵活，可以根据市场的变化决定设备的租赁期限。

2) 融资租赁

融资租赁是指双方明确租让的期限和付费义务，出租人按照要求提供规定的设备，然后以租金形式回收设备的全部资金，出租人对设备的整机性能、维修保养、老化风险等不承担责任，这种租赁方式是以融资和对设备的长期使用为前提的，租赁期相当于或超过设备的寿命期，具有不可撤销性、租期长等特点，适用于大型机床、重型施工设备等贵重设备。

融资租入的设备属承租方的固定资产，可以计提折旧计入企业成本，而租赁费一般不直接计入企业成本，由企业税后支付。但租赁费中的利息和手续费可在支付时计入企业成本，作为纳税所得额中准予扣除的项目。融资租赁的租费总额通常足够补偿全部设备成本，并且租约到期之前不得解除，租约期满后，租赁设备的所有权无偿或低于其残值转让给承租人，租赁期间的设备维修、保养、保险等费用均由承租人负责。

融资租赁还有其他一些形式，如销售与租回的形式，指的是企业将自有的设备出售给金融机构或租赁公司等部门取得贷款，同时签订租约租回设备，每期支付规定的租金。该形式实际上相当于长期贷款的总额，而承租人逐期支付的租金相当于分期还本付息。

(2) 设备租赁的优越性与不足

1) 设备租赁的优越性

① 租赁一般是企业财力不足时采用的方式，在资金短缺的情况下，既可用较少的资金获得生产急需的设备，也可以引进先进设备，使得承租人在使用设备时并不需要有相当于设备价值的一笔资金，而只需逐期支付租金即可，因此特别适合于中小型企业。

② 当今市场竞争激烈，产品更新换代速度加快，在此情况下设备的技术寿命和经济寿命大大缩短，极易因技术落后而被淘汰，设备在没有结束其自然寿命时就提前报废了。因此，使用者采取租赁的方式，可以尽可能避免这种风险，同时还可获得良好的技术服务。

③ 购置设备往往需要长期保持一定的维修工作，在企业维修任务少的情况下，就会降低效率，而采用由出租人负责维修的租赁方式，可减少维修费用。

④ 企业通过借款或发行债券等方式筹集资金购置设备时，会增加企业的负债、减少运营资本、降低流动比率、降低权益比率，从而影响到企业的社会形象，而采用租赁的方式则可以一定程度地避免这种情况的出现。

⑤ 设备租金可在所得税前扣除，能够享受税费上的利益，同时对于承租人而言，还可避免通货膨胀和利率波动的冲击，减少投资风险。

2) 设备租赁的不足

① 设备在租赁期间，承租人只有租用设备的使用权而无所有权，因此，承租人无权随意对设备进行技术改造、处置，也不能用于担保、抵押贷款。

② 由于租金中包含着出租人的管理费和边际利润，承租人在租赁期间所交的租金总额一般比直接购置设备的费用要高。

③ 融资租赁合同规定严格，毁约要赔偿损失且罚款较多，因此，无论企业的现金流量和经营状况如何，都必须按照合同约定按时支付租金。

正是因为设备租赁有利有弊，因此必须在租赁前进行经济分析与决策。

(3) 影响设备租赁决策的因素

在设备投资决策之前，企业通常要从支付、筹资、使用方式等方面对设备的投资方式究竟是购置还是租赁进行翔实的分析，以确定项目通过设备租赁方式能否获得最佳的经济效益。具体来看，影响设备租赁和购置的主要因素包括以下内容。

1) 影响设备租赁决策的因素

① 租赁期限和租金。包括：a.租赁期限的长短；b.设备的租金额，包括总的租金额度和每期租金额度；c.租金的支付方式，包括租赁期的起算日、支付日、支付币种和支付方法等。

② 费用节约的情况。包括：a.企业经营费用减少与折旧费和利息减少的关系；b.预付资金、租赁保证金和租赁担保费用的情况；c.租赁节税优惠政策等。

③ 维修与资产处理方式。包括：a.是企业自行维修还是租赁机构提供维修服务；b.租赁期满时，资产的处理方式；c.租赁机构的信用度、经济实力，与承租人的配合情况等。

2) 影响设备购置决策的因素

① 项目的寿命期等因素。包括：a.设备的经济寿命；b.该设备是企业的长期需求设备，还是短期需求设备。

② 设备的费用与维修情况。包括：a.设备购置价格；b.设备价款的支付方式、支付币种和支付利率等；c.设备的年运转费用和维修方式、维修费用情况。

③ 设备的技术性能和生产效率。包括：a. 设备对工程或产品质量的保证程度；b. 对原材料、能源的消耗量；c. 设备生产的安全性、耐用性、环保性和维修的难易程度。

④ 投资风险情况。包括：a. 技术过时的风险；b. 设备的资本预算计划、资金可获量；c. 融资时借款利息或利率的高低等。

7.5.2 设备租赁的经济分析方法

在进行设备租赁的经济分析时，首先应该明确两个前提：其一，由于设备本身具有使用期限长的特点，因此，在进行设备租赁决策时应该考虑资金的时间价值，采用动态分析方法；其二，一般情况下，无论设备用何种方式获得，其投入运行以后使项目或企业获得的收入应该是相同的。因此，设备的租赁决策就可假定为仅在租赁成本与购置成本之间进行比较分析，则当设备的寿命期相等时，可以采用现值法；当设备的寿命期不等时可以采用年值法。

(1) **不考虑税收影响情况下的比较**

在不考虑税收影响的情况下，可以直接应用费用现值法或费用年值法进行设备租赁或购置方案的比选。

【例 7.6】 某企业因业务扩展，需用到某型号大型生产设备一台。直接购置的费用是 5000 万元，使用寿命为 15 年，预计该设备的净残值为 150 万元；如果通过租赁的方式获得该生产设备的使用权，则每年需支付租金 450 万元。该设备每年的运营费用为 500 万元，各种可能的维修费用平均每年大约需 240 万元。设定企业的基准折现率为 10%，试进行设备租赁或是购置方式的决策。

解：由于寿命期均为 15 年，故费用现值或费用年值法均可用。

1) 采用费用现值法决策

① 若购置该设备，则其费用现值为：

$$PC_1 = 5000 + 500(P/A, 10\%, 15) + 240(P/A, 10\%, 15) - 150(P/F, 10\%, 15)$$
$$= 10592.6 (万元)$$

② 若租赁该设备，则其费用现值为：

$$PC_2 = 450(P/A, 10\%, 15) + 500(P/A, 10\%, 15) + 240(P/A, 10\%, 15)$$
$$= 9051.26 (万元)$$

因 $PC_1 > PC_2$，故应选择设备租赁方案。

2) 采用费用年值法决策

① 若购置该设备，则其费用年值为：

$$AC_1 = 5000(A/P, 10\%, 15) + 500 + 240 - 150(A/F, 10\%, 15)$$
$$= 1392.78 (万元)$$

② 若租赁该设备，则其费用年值为：

$$AC_2 = 450 + 500 + 240$$
$$= 1190 (万元)$$

因 $AC_1 > AC_2$，故应选择设备租赁方案，与费用现值的决策结果一致。

(2) **考虑税收影响情况下的比较**

通常情况下，除非有特别的免税优惠政策，在进行设备租赁决策时应该考虑税收费用。按财务制度规定，租赁设备的租金、购买设备每年计提的折旧费，以及对于借款购置设备的，其每年支付的利息均可计入成本。

【例 7.7】 因生产需要，某企业急需一台小型机电设备。某型号该设备的市场价格为

12000元，使用寿命4年，残值为600元。该设备每年扣除燃料、维修费和保险费后可获得营业收入10000元，企业需按25%缴纳所得税。现企业有三个备选方案，①方案一：直接一次性付款购买该设备；②方案二：向租赁公司租入该设备，每年初需支付租金3600元；③方案三：分期付款的方式购买该设备，即先一次性支付设备价款的40%，然后在第2年、第3年每年年初支付4260元。在基准收益率为12%的情况下，按平均年限法计提折旧，试进行该设备方案的比选。

解：① 方案一：直接一次性付款购买设备时的现金流量如表7.8所示。

表7.8 方案一的现金流量表 单位：元

年末/年	0	1	2	3	4
购置费	12000				
营业收入		10000	10000	10000	10000
折旧费		2850	2850	2850	2850
所得税		1787.5	1787.5	1787.5	1787.5
净现金流量	−12000	8212.5	8212.5	8212.5	8212.5

方案一的净现值为：

$NPV_1 = -12000 + 8212.5(P/A, 12\%, 4) + 600(P/F, 12\%, 4) = 12943.83(元)$

② 方案二：租赁设备时的现金流量如表7.9所示。

表7.9 方案二的现金流量表 单位：元

年末/年	0	1	2	3	4
租赁费	3600	3600	3600	3600	
营业收入		10000	10000	10000	10000
所得税		1600	1600	1600	1600
净现金流量	−3600	4800	4800	4800	8400

方案二的净现值为：

$NPV_2 = -3600 + 4800(P/A, 12\%, 3) + 8400(P/F, 12\%, 4) = 13266.84(元)$

③ 方案三：分期付款购买设备时的现金流量如表7.10所示。

表7.10 方案三的现金流量表 单位：元

年末/年	0	1	2	3	4
分期付款	4800	4260	4260		
营业收入		10000	10000	10000	10000
折旧费		2850	2850	2850	2850
所得税		1787.5	1787.5	1787.5	1787.5
净现金流量	−4800	3952.5	3952.5	8212.5	8212.5

方案三的净现值为：

$NPV_3 = -4800 + 3952.5(P/A, 12\%, 2) + 8212.5(P/A, 12\%, 2)(P/F, 12\%, 2)$
$= 12945.21(元)$

由以上计算可得，方案二的净现值（NPV$_2$）最大，因此，该设备应选择租赁方式。

7.5.3 租赁费用与租金的确定

（1）租赁费用的确定

出租人和承租人就设备的租赁协议一旦达成，签订合同后，承租人就要开始支付合同规定的租赁费用。租赁费用主要包括租赁保证金、租金和租赁担保费等。

① 租赁保证金。租赁保证金一般按设备价值或合同总金额的一定比例计取，或是某一基期数的金额（如一个月的租金额）。为了确认租赁合同并保证其顺利执行，承租人必须先交纳租赁保证金。当租赁合同结束时，租赁保证金将退还给承租人，也可以在支付最后一期或几期租金时加以冲销。

② 租金。租金是租赁双方签订的租赁合同中最核心的内容，直接关系到出租人和承租人双方的经济利益。出租人要从租金中得到出租设备的资产补偿和收益，即要收回租赁设备的购入原价、贷款利息、营业费用和一定的利润。承租人则要依据租金核算成本和使用租赁设备带来预期利润。影响租金的因素很多，如设备的价格、融资的利息及财务费用、各种税金、租赁保证金、运费、各种费用的支付时间以及租金采用的汇率等。

③ 担保费。出租人一般要求承租人提供担保人以对该租赁合同进行担保，当承租人因出现经营困境或财务危机而无法按时支付租金时，由担保人代为支付。一般情况下，承租人应付给担保人一定数额的担保费。

（2）租金的确定

租金是租赁合同双方保证自己经济利益的重要因素，租金的确定是一个复杂的谈判过程，因此，在实际操作中，往往需要采用以下两种方法通过计算确定租金。

① 附加率法。附加率法是在租赁设备的价格或评估价值上再加上一个特定的比率来计算租金的方法。利用附加率法计算的每期租金表达式为：

$$R = P(1+ni)/n + Pr \qquad (7.14)$$

式中，R 为租金；P 为租赁设备的价格或评估价值；n 为租赁设备的还款期数；i、r 分别为基准折现率和附加率。

② 年值法。年值法是将租赁设备的现值按基准利率平均分摊到未来各租赁期内的等值计算方法，利用年值法计算租金的表达式如下：

$$R = P(A/P, i, n) \qquad (7.15)$$

（3）租金的支付

租金的支付所涉及的内容包括租赁期起算日、租金开始支付时间、基准折现率、支付方法等，这些内容都会对租金金额产生一定的影响。

（4）应用实例

【例 7.8】 某企业需租赁一台小型压实机，该设备的价格为 50000 元，租期 5 年，每年末支付租金，基准折现率为 10%，附加率为 4%，则企业每年应该支付多少租金？

解：$R = 50000 \times (1+5 \times 10\%)/5 + 50000 \times 4\% = 17000(元)$

【例 7.9】 某租赁公司拟出租一套生产装置，生产装置的评估价值为 1500 万元，合同租期为 10 年，基准折现率为 12%，试计算每年末需要支付的租金为多少？如果需要每年初支付租金，则又该支付多少租金？

解：1）按每年末支付的情况计算

$$R = 1500(A/P, 12\%, 10) = 265.5(万元)$$

2）按每年初支付的情况计算

$$R = 1500(A/P, 12\%, 10)/(1+12\%) = 237.05(万元)$$

思考练习题

7.1 简述设备有形磨损的分类及其表现形式。

7.2 简述设备无形磨损的分类及其表现形式。

7.3 简述设备磨损的三种补偿方式。

7.4 简述设备综合磨损的补偿方式。

7.5 简述设备的四种寿命形态。

7.6 简述设备维修的分类。

7.7 简述设备大修理的经济界限确定标准。

7.8 简述设备更新的原则。

7.9 简述设备更新方案比选的原则。

7.10 某企业现决定更新旧设备，若购买并安装原型设备需 20000 元，年消耗费用为 9500 元；若购买并安装最新上市的新型设备需 26000 元，年消耗费用为 4800 元。以 10 年为计算分析期，基准折现率为 10%，试针对是否应该购置新型设备做决策。

7.11 某企业的大型专用设备价值为 30000 元，第 1 年维持费用为 6200 元，之后每年增加 2200 元，不计残值，若基准折现率为 12%，试确定该大型设备的最佳更新期。

7.12 某企业计划安装成套专用设备，若直接购买需支付 1500 万元，设备寿命期为 10 年，预计期末残值为 25 万元；若通过融资租赁的方式，则每年初需支付 163 万元。该套设备的年运行费用为 145 万元，年检修费用为 88 万元，基准折现率为 10%，试决策企业应该通过购置方式还是融资租赁方式获得设备的使用权呢？

第 8 章

建设项目的经济评价

【本章内容概要】

本章首先通过建设项目的基本建设程序、决策影响因素、可行性研究及可行性研究报告等内容详细阐述了经济评价在项目决策阶段的重要地位及作用,并介绍了建设项目经济评价的内容和要求,以及财务评价与国民经济评价的区别、取舍标准;然后详细介绍了建设项目财务评价的内容与步骤、基础数据与基本报表,以及财务评价指标的选取与计算方法,并详细分析阐述了建设项目国民经济评价中关于费用与效益的识别、外部效果的主要类型、影子价格的确定、国民经济评价参数的选取以及评价指标的计算方法;最后对于改扩建项目和并购项目经济评价的基本思路与评价步骤做了介绍,并详细分析阐述了公共项目经济评价的目标、原则和方法。

【本章学习要点】

◆ 掌握:建设项目决策的影响因素、可行性研究的概念与阶段划分、建设项目经济评价的概念和内容、财务评价与国民经济评价的取舍标准、财务评价的内容与步骤、财务评价指标的选取、盈利能力分析评价指标的计算、国民经济评价的范围与目的、费用与效益的识别、国民经济评价指标的计算。

◆ 熟悉:建设项目的基本建设程序、可行性研究报告的内容、财务评价与国民经济评价的区别、资金规划、财务现金流量表、国民经济评价的内容与步骤、外部效果的主要类型、影子价格的确定、公共项目的概念与分类、公共项目评价的目标与原则、公共项目的效益和费用的识别与计量原则。

◆ 了解:可行性研究的作用与内容、可行性研究报告的编制与项目的审批、财务评价的基础数据和基本报表、偿债能力分析指标的计算、国民经济评价的参数与报表、改扩建项目与并购项目的经济评价、公共项目经济评价的方法。

8.1 建设项目经济评价概述

经济评价是建设项目决策的重要依据,是建设项目可行性研究阶段的重要内容,是可行性研究报告的重要组成部分。

8.1.1 建设项目的基本建设程序

建设项目是指具有设计任务书和总体设计,经济上实行独立核算、行政上具有独立机构或组织形式,实行统一管理的基本建设单位。在工业建筑中,一般是以一个工厂为一个建设项目;在民用建筑中,一般是以一个事业单位,如一所学校、一家医院等为建设项目;在交通基础设施中,一条公路、一座独立大中型桥梁或一座独立隧道等都是建设项目。

基本建设程序是指建设项目从设想、决策与规划、设计、施工、竣工验收直至投产交付使用以及后评价的过程中,各阶段、各环节的先后次序,我国的基本建设程序是经过长期的基本建设工作,对基本建设程序经过凝练总结后所形成的管理程序,是建设项目科学决策和顺利进行的重要保障,主要包括项目建议书、可行性研究、设计、建设准备、施工、竣工验收和后评价七个阶段,如图8.1所示。

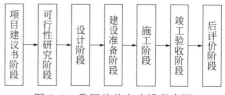

图8.1 我国的基本建设程序图

(1) 项目建议书阶段

项目建议书阶段是由投资者结合自然资源和市场预测情况,向国家提出对拟建项目的设想和建议的阶段。项目建议书的主要内容包括:①提出建设项目的必要性、可行性和建设依据;②对建设项目的拟建规模、建设地点、建设用途和功能的初步设想;③对建设项目所具备的建设条件、资源情况和协作关系等的初步分析;④编制建设项目的投资估算,并对资金的筹措作初步安排;⑤对建设项目总进度的安排及建设总工期的估算;⑥对建设项目经济效益、社会效益和环境效益的估算。

(2) 可行性研究阶段

可行性研究阶段是对项目建设的必要性、技术上的先进性、经济上从微观效益和宏观效益两个角度衡量的合理性进行科学的分析和论证,从而得出建设项目是否可行结论的阶段。可行性研究阶段的最终成果是形成可行性研究报告,经批准的可行性研究报告是确定建设项目以及编制设计文件的依据。可行性研究的项目范围包括大中型项目、利用外资项目、引进技术和设备进口项目,以及其他有条件进行可行性研究的项目,这些项目凡未经可行性研究确认的,不得编制向上报送的可行性研究报告和进行下一步工作。

(3) 设计阶段

设计阶段是对项目建设实施计划与安排的阶段,是项目建设的关键阶段。设计阶段的主要工作是编制设计文件,设计文件包括文字规划说明和工程设计图纸,它决定建设项目的轮廓与功能,直接关系到工程质量和项目未来的使用效果。对于大型或技术复杂项目要进行三阶段设计,即:①初步设计阶段,编制拟建工程的各有关工程图纸;②技术设计阶段,是对初步设计的进一步深化和完善化;③施工图设计阶段,是在前两个阶段设计的基础上编制指导施工安装的正式蓝图。一般建设项目可只进行初步设计和施工图设计两阶段设计。

(4) 建设准备阶段

建设准备阶段主要是申请建设项目列入固定资产投资计划,并开展各项施工准备工作以保证顺利开工的阶段。建设准备阶段的主要内容包括:①进行征地拆迁,完成施工用水、用电、路通、场地平整的准备,准备必要的施工图纸;②申请贷款,签订贷款协议、合同等;③组织招投标,选定施工单位,签订施工合同,办理工程开工手续;④组织材料设备的订货,开工所需材料组织进货,施工单位的进场准备工作;⑤施工单位完成施工组织设计,进行临时设施的建设。

(5) 施工阶段

施工阶段是项目建设过程中周期最长、资金投入最大、占用和耗费资源最多的阶段,是项目建设形成工程实体的决定性阶段。施工阶段参建各方的主要工作包括：①施工单位按设计要求和合理的施工顺序组织施工，编制年度的材料和成本计划，控制工程的进度、质量和费用；②设计单位根据设计文件向施工单位进行技术交底，在施工过程中接受合理建议，并根据实际情况按规定程序进行设计变更；③监理单位根据委托合同的内容对工程的进度、质量和费用进行有效控制，协助建设单位保障工程的顺利施工和项目目标的实现；④建设单位根据生产计划进行生产准备工作，如招聘、培训管理人员和员工，制定必要的管理制度等。

（6）竣工验收阶段

竣工验收阶段是检查竣工项目是否符合设计要求、考核项目建设成果、检验设计和施工质量的重要阶段，是工程建设过程的最后一个环节，是建设项目由建设阶段转入生产或使用阶段的一个重要标志。竣工验收阶段的主要内容包括：①检验建设项目是否已按设计要求建成并满足生产要求；②检验主要的工艺设备是否经过联动负荷试车合格形成设计要求的生产能力；③检验职工宿舍等生活福利设施能否适应投产初期的需要；④检验生产准备工作是否能够适应生产初期的需要。

（7）后评价阶段

后评价阶段是建设项目经过一定阶段的生产运营后，由主管部门组织专家对项目的立项决策、设计、施工、竣工投产、生产运营全过程进行系统评价的阶段。后评价阶段是固定资产管理的一项重要内容，也是固定资产投资管理的最后一个环节。后评价阶段的主要作用包括：①总结经验，解决遗留问题，提高工程项目的决策水平和投资效果；②实现生产运营目标，实现资金的回收与增值，从而实现项目建设的根本目标。

8.1.2 建设项目决策的影响因素

建设项目的决策是指对拟建项目的必要性和可行性进行技术、经济论证，对不同建设方案进行技术经济分析、比较、选择及做出判断和决定的过程。项目投资决策是投资者对投资规模、方向、结构、分配和布局等方面做出决定，实施投资行为的前提和准则，项目决策正确与否，直接关系到项目建设的成败。建设项目决策的影响因素主要有：项目建设规模的确定、项目建设地区和地点的选择、项目生产技术方案的确定和项目设备方案的选择。

（1）项目建设规模的确定

建设规模即生产规模，是指建设项目在其设定的正常生产运营年份可达到的生产能力或使用效益，应按照规模经济效益的原则确定。合理的经济规模是指在一定的技术条件下，项目投入产出比处于较优状态，资源和资金可以得到充分利用，并可获得较优经济效益的规模。合理确定生产规模决定着工程费用支出是否合理有效，制约项目建设规模合理化的因素包括市场、技术和环境因素。

1）市场因素是制约项目建设规模的首要因素

① 拟建项目的市场需求状况是确定项目建设规模的前提。应通过对产品市场需求的科学分析与预测，在准确把握市场需求状况、及时了解竞争对手情况的基础上，最终确定项目的最佳生产规模。还应根据项目产品市场的长期发展趋势作相应调整，确保所建项目在未来能够保持合理的盈利水平和持续发展的能力。

② 原材料、资金、劳动力等的市场供求状况对建设规模的选择也起着不同程度的制约作用。生产规模过小，资源得不到合理有效的配置，单位产品成本较高，经济效益差；而生产规模过大，超过了项目产品市场的需求量，则会导致产品积压或降价销售，使项目的经济效益降低。

2) 技术因素是项目规模效益的基础和保证因素

生产技术决定着主导设备的技术经济参数，先进的生产技术及技术装备是实现项目规模效益的基础，而技术人员的管理水平则是实现项目规模效益的保证。如果与经济规模生产相适应的技术及装备的来源没有保障，或技术成本过高，或技术管理水平跟不上，则不仅预期的规模效益难以实现，还会给拟建项目带来生存和发展危机，导致项目投资支出的浪费。因此，在确定项目建设规模时，应综合考虑技术因素对应的标准规模、主导设备制造商和技术管理的水平等因素。

3) 环境因素是保证取得良好规模效益的重要因素

项目的建设、生产、经营离不开一定的自然和社会经济环境。因此，在确定项目规模时不仅要考虑可获得的自然环境条件，还要考虑产业、投资、技术经济等政策因素，以及国家、地区、行业制定的生产经济规模标准。另外，国家对部分行业的新建规模作了下限规定，在选择拟建项目规模时也应遵照执行，并尽可能地使项目达到或接近经济规模，以提高项目的市场竞争能力，取得良好的规模效益。

(2) **项目建设地区和地点的选择**

项目建设地区和具体建设地点是两个不同层次的选择，建设地区的选择是指在几个不同地区之间对拟建项目适宜配置的区域范围的选择，具体建设地点的选择则是指对建设项目具体坐落位置的选择。

1) 项目建设地区的选择

项目建设地区选择的合理与否，在很大程度上决定着拟建项目的命运，不仅影响着投资费用的高低、建设工期的长短和建设质量的好坏，还影响到项目建成后的运营状况。因此，建设地区的选择应充分考虑各种制约因素，按原则确定。

① 制约建设地区选择的因素。包括：a. 要符合国民经济发展战略规划、国家工业布局总体规划和地区经济发展规划的要求；b. 要根据项目的特点和需要，充分考虑原材料、能源和水源条件，以及各地区对项目产品的需求及运输条件等；c. 不仅要综合考虑气象、地质、水文等自然条件的影响，还要充分考虑劳动力来源、生活环境、协作、施工力量、风俗文化等社会环境因素的影响。

② 选择建设地区应遵循的原则。包括：a. 按项目的技术经济特点和要求，尽量靠近原料、燃料提供地和产品消费地的原则，可以避免原料、燃料和产品的长期远途运输，减少运输费用，降低产品的生产成本，并且缩短流通时间，加快流动资金的周转速度；b. 在工业布局中，按照工业项目适当聚集的原则，应尽量将一系列相关的工业项目聚成适当规模的工业基地和城镇，从而有利于发挥集聚效益。

2) 具体建设地点的选择

建设地区选定后，具体建设地点的选择也尤为重要，直接影响到项目的建设投资、建设速度和施工条件，以及未来企业的经营管理及所在地的城乡建设规划与发展。因此，必须从国民经济和社会发展的全局出发，进行系统分析和决策。具体建设地点的选择应尽量满足以下要求。

① 节约土地、少占耕地、减少拆迁移民数量。a. 尽量选择在荒地、劣地、山地和不可耕种的地点，力求节约土地，降低土地补偿费用。b. 尽量选择在少拆迁、少移民的区域，尽可能不靠近、不穿越人口密集的城镇或居民区，以减少或不发生拆迁安置费，降低工程费用。

② 尽量选择在工程、水文地质条件较好的地段，土壤耐压力应满足拟建项目的要求，地下水位应尽可能低于地下建筑物的基准面。严防选在断层、熔岩、流沙层、有用矿床、已采矿

坑塌陷区、滑坡区以及洪水淹没区和地震多发区等不良地段和区域。

③ 尽量选择在交通运输和水电供应等条件好的地方。a. 尽量选择在靠近铁路、公路、水路等的地方，以缩短运输距离，减少建设投资和未来的运营成本。b. 尽量选择在供电、供热和其他协作条件便于取得的地方，有利于施工条件的满足和项目运营期间的正常运作。

④ 尽量满足拟建项目对占地面积和地形的要求。a. 建设地点的土地面积与外形能满足建设项目的需要，适合于按科学的工艺流程布置建设项目的建筑物与各种构筑物并留有一定的发展余地。b. 建设地点的地形力求平坦而略有坡度（一般5%～10%为宜），以减少平整土地的土方工程量，既节约投资，又便于地面排水。

⑤ 尽量减少对环境的污染。a. 对于排放大量有害气体和烟尘的项目，不能建在城市的上风口，以免对整个城市造成污染。b. 对于噪声大的项目，建设地点应远离居民集中区，同时，要设置一定宽度的绿化带，以减弱噪声的干扰。c. 对于生产或使用易燃、易爆、辐射产品的项目，建设地点应远离城镇和居民密集区。

（3）项目生产技术方案的确定

生产技术方案是指产品生产所采用的工艺流程和生产方法，在建设规模和建设地点确定后，生产技术方案的确定很大程度上影响着工程建设成本以及建成后的运营成本。生产技术方案选择的基本原则是先进适用、安全可靠和经济合理。

1）先进适用的原则

是评定技术方案最基本的标准，要综合考虑工艺技术的先进性与适用性。① 首先应满足工艺技术的先进性。工艺技术的先进性能带来产品质量、生产成本的优势，决定项目的市场竞争力。② 其次，还应注重工艺技术的适用性。在满足先进性的同时，应考察工艺技术是否符合我国的技术发展政策，是否与我国的资源条件、经济发展和管理水平相适应，是否与项目建设规模、产品方案相适应。

2）安全可靠的原则

安全可靠的生产技术方案能够确保生产安全、高效运行，发挥项目的经济效益。所以，建设项目必须选择技术过关、质量可靠、安全稳定、有详尽技术分析数据和可靠性记录的生产技术方案，必须采用经过多次试验和实践证明的成熟的，并且生产工艺的危害程度控制在国家规定的标准之内的工艺流程和生产方法。如，对于核电站、油田、煤矿等产生有毒有害、易燃易爆物质的项目，应该更加重视技术方案的安全可靠性。

3）经济合理的原则

经济合理是指所采用的技术或工艺应讲求经济效益，以最小的消耗取得最佳的经济效果。经济合理的原则要求综合考虑所采用的生产技术方案产生的经济效益和国家的经济承受能力之间的关系，在可行性研究阶段，尽可能多地提出不同的技术方案，通过对各方案的投资需用额、劳动需要量、能源消耗量、产品质量和产品成本等方面的计算、分析和比较，优选出技术上可行、经济上合理的生产技术方案。

（4）项目设备方案的选择

在确定生产技术方案后，应根据建设项目的生产规模、工艺流程和生产方法的要求，选择设备的型号和数量。

1）设备方案选择的要求

设备的选择与先进的技术密切相关，没有先进的技术就无法充分利用好的设备，没有好的设备也无法体现先进的技术，二者必须相互匹配。设备方案选择的要求是：① 主要设备方案应与确定的建设规模、产品方案和技术方案相适应，并满足项目投产后生产或使用的要求；② 主要设备之间、主要设备与辅助设备之间的生产或使用性能要相互匹配;③设备质量应安全可靠、性能成熟,保证生产和产品质量稳定,在保证设备性能的前提下,力求经济合理;④选择的设备应符合政府部门或专门机构发布的技术标准要求。

2) 设备方案选择的注意事项

主要设备方案的选择,应注意以下事项。

① 要尽量选用国产设备。凡是国内能够制造,且能保证质量、数量和按期供货的设备,原则上必须国内生产,不必从国外进口;凡是只需引进关键设备就能由国内配套使用的,就不必从国外成套引进。

② 选用进口设备时,要注意引进设备的配套问题。包括进口设备之间的衔接配套问题、国内外设备之间的衔接配套问题,以及进口设备与原材料、备品备件及维修能力之间的配套问题。

8.1.3 可行性研究概述

(1) 可行性研究的概念

1) 可行性研究的含义

建设项目可行性研究可以从研究内容和研究思路两个角度来理解其含义。

从研究内容的角度来看,建设项目可行性研究是指在建设项目拟建之前,运用多种科学手段综合论证建设项目在技术上是否先进、实用,在财务上是否盈利,做出环境影响、社会效益和经济效益的分析和评价,以及建设项目抗风险能力等的结论,从而确定建设项目是否可行以及选择最佳实施方案等结论性意见,为投资决策提供科学的依据。可行性研究广泛应用于新建、改建和扩建项目。

从研究思路的角度来看,建设项目的可行性研究是在投资决策前,对与拟建项目有关的社会、经济、技术等各方面进行深入细致的调查研究,对各种可能拟定的技术方案和建设方案进行认真的技术经济分析和比较论证,对项目建成后的经济效益进行科学的预测和评价。在此基础上,对拟建项目的技术先进性和适用性、经济合理性和有效性,以及建设必要性和可行性进行全面分析、系统论证、多方案比较和综合评价,由此得出该项目是否应该投资和如何投资等结论性意见,为项目投资决策提供可靠的科学依据。

2) 可行性研究的目的

在建设项目投资决策之前,通过可行性研究,使项目的投资决策工作建立在科学可靠、先进合理的基础之上,做到避免错误的投资判断、减小投资风险、保证合理的总投资与总工期、控制项目建设过程中的变更,从而实现项目投资决策的科学化,减少和避免投资决策的失误,达到建设项目投资最佳经济效果的目的。

(2) 可行性研究的阶段划分

建设项目可行性研究工作是由建设部门或建设单位委托设计单位或工程咨询公司承担的,分为投资机会研究、初步可行性研究、详细可行性研究和项目评估与决策四个阶段。各研究阶段的目的、任务、要求以及所需时间和费用各不相同,研究的深度与可靠程度也不同,可行性研究的阶段划分及深度要求如表 8.1 所示。

表 8.1 可行性研究的阶段划分及内容深度对比表

阶段名称	研究目的	投资误差范围	研究所需时间	研究费用占总投资额的比重
投资机会研究	鉴别投资方向,寻找投资机会,提出项目投资建议	±30%	1~2 个月	0.2%~1%

续表

阶段名称	研究目的	投资误差范围	研究所需时间	研究费用占总投资额的比重
初步可行性研究	筛选方案，确定项目的初步可行性	±20%	2~3个月	0.25%~1.25%
详细可行性研究	技术经济分析，多方案优选，提出结论性意见	±10%	3~6个月	小项目为1%~3% 大项目为0.8%~1%
项目评估与决策	评估可行性研究报告，对项目作出最终决策		1~3个月	

可行性研究各阶段的主要任务如下所述。

1) 投资机会研究阶段

这个阶段的主要任务是提出建设项目投资方向建议，基于社会是否需要和有无开展项目的基本条件选择建设项目，寻找投资的有利机会。这一阶段的工作比较粗略，一般是根据条件和背景相似的建设项目来估算投资额和生产成本，初步分析建设投资效果，提供可能进行建设的投资项目或投资方案。

2) 初步可行性研究阶段

这个阶段是在项目建议书批准之后，对于投资规模大、技术工艺比较复杂的大中型项目进行的，也称为预可行性研究，是正式的详细可行性研究前的预备性研究阶段。初步可行性研究作为投资项目机会研究与详细可行性研究的中间研究阶段，主要目标是确定是否需要进行详细可行性研究，以及确定需要进行辅助性专题研究的关键问题。经过初步可行性研究，认为该项目具有一定的可行性，便可进行详细可行性研究，否则该项目的前期研究工作终止。

3) 详细可行性研究阶段

详细可行性研究是投资决策的主要阶段，是建设项目投资决策的基础。它为项目决策提供技术、经济、社会、商业方面的评价依据，为项目具体实施提供科学依据。这一阶段的主要目标是提出项目建设方案、进行效益分析和最终方案选择、确定项目投资的最终可行性和选择依据标准，提交项目可行性研究报告。

4) 项目评估与决策阶段

在项目可行性研究报告提交后，由具有一定资质的咨询评价机构对拟建项目本身及可行性研究报告进行技术上、经济上的评价论证，决定项目可行性研究报告提出的方案是否可行，客观、科学、公正地提出对可行性研究报告的评估意见，对项目的可行性做出最终评价，最终决策工程项目投资是否可行并选择最优的投资方案。

(3) 可行性研究的作用

可行性研究是项目建设前期工作的主要组成部分，对项目的投资决策起着重要的作用，主要体现在以下几个方面。

1) 是建设项目投资决策的依据

可行性研究是建设项目投资建设的首要环节，对于建设项目有关的各方面都进行了调查研究和分析，并以大量数据论证了项目的先进合理性、经济适用性，以及其他方面的可行性，因此，项目的主管部门主要是根据可行性研究的评估结果，并结合国家的财政经济条件和国民经济发展的需要，对该项目是否投资和如何投资做出相关决定。

2) 是筹集建设资金和向金融机构借款的依据

可行性研究报告详细预测了建设项目的财务、经济和社会效益，以及抗风险能力，因此在建设项目筹集建设资金时，投、融资方和金融机构可以通过审查可行性研究报告确认项目的盈利能力、借款偿还能力以及经济效益水平，做出投资与借款的决定并确定额度。

3) 是编制建设项目设计文件的依据

可行性研究报告经审批通过后，该建设项目即正式批准立项，可进入设计阶段，而可行性研究阶段，对于项目选址、建设规模、主要生产流程、设备选型等方面都进行了比较详细的分析和研究，因此，可行性研究报告中的相关内容可作为设计任务书及初步设计文件编制的主要依据。

4) 是申请建设执照的依据

建设项目在建设过程和建成后的运营中对市政建设、环境及生态均有影响，因此项目的开工建设需要当地市政、规划、环保及其他有关部门的审批和认可。在可行性研究报告中，对选址、总图布置、环境及生态保护方案等均作了详细论证，为建设项目申请建设执照提供了依据。

5) 是建设项目后评价的依据

建设项目的预期目标是在可行性研究报告中确定的，其实现与否需在项目运营一段时期后通过建设项目的后评价予以确认。因此，可行性研究报告是项目后评价确定项目实际运营效果是否达到预期目标或目标实现程度的主要依据和参考标准。

(4) 可行性研究的内容

可行性研究是项目建设前期工作的主要组成部分，也是投资项目后评价的依据，对项目的投资决策起着重要的作用。可行性研究的内容包括建设项目在技术、财务、经济和管理等方面的可行性调研与论证，重点包括以下内容。

① 根据经济预测和市场预测确定建设规模和产品方案。
② 调研资源、原材料、燃料、动力、运输及公用设施的供应情况。
③ 调研建设条件，确定建设地区与建设地点，以及项目的技术与设备方案。
④ 确定主要单项工程、公用辅助设施、协作配套工程、整体布置的方案，估算土建工程量。
⑤ 根据环境保护、城市规划等要求确定相应措施和方案。
⑥ 确定企业组织、劳动定员和人员培训方案。
⑦ 确定建设工程和施工进度总工期安排，确定项目投资额和资金筹措方案。
⑧ 分析与评价建设项目的经济效益和社会效益，并做风险预测。
⑨ 形成建设项目的可行性研究报告，明确项目是否可行。

8.1.4 可行性研究报告概述

(1) 组成和内容

1) 可行性研究报告的组成

可行性研究报告由市场研究、技术研究和效益研究三部分组成。

① 市场研究。是项目可行性研究的前提和基础，其主要任务是确定项目建设的必要性，包括产品的市场调查和预测研究等。
② 技术研究。是项目可行性研究的技术基础，其主要任务是确定项目的技术可行性，包括建设条件和技术方案等。
③ 效益研究。是项目可行性研究的核心部分，其主要任务是确定项目的经济合理性，包括项目的经济效益分析与评价等。

2) 可行性研究报告的内容

可行性研究报告的具体内容根据建设项目的性质不同而略有区别，总体归纳起来，其总体内容主要由以下 11 个部分和若干附件组成。

① 总论。包括项目背景、可行性研究结论、主要技术经济指标表。

② 项目背景和发展概况。包括项目提出的背景、项目发展概况、投资的必要性。

③ 市场分析与建设规模。包括市场调查、市场预测、市场促销战略、产品方案、建设规模、产品销售收入预测。

④ 建设地区和建设地点选择。包括资源和原材料选择、建设地区和地点选择。

⑤ 技术方案。包括项目组成、生产技术方案、总平面布置和运输、土建和其他工程。

⑥ 环境保护和劳动安全。包括建设地区环境现状、项目主要污染源和污染物、环保标准与方案、环境监测制度、环保投资估算、环境影响评价结论、劳动保护与安全卫生。

⑦ 企业组织和劳动定员。包括企业组织、劳动定员和人员培训。

⑧ 项目实施进度安排。包括项目实施各阶段的项目实施进度表、项目实施费用。

⑨ 投资估算与资金筹措。包括项目总投资估算、资金筹措、投资使用计划。

⑩ 财务效益、经济社会效益评价。包括生产成本和销售收入估算、财务评价、国民经济评价、不确定性分析、社会效益和社会影响评价。

⑪ 可行性研究结论与建议。包括结论与建议、附件、附图。

（2）编制程序与步骤

1) 可行性研究报告的编制程序

① 各投资单位在广泛调查研究、收集资料、踏勘建设地点、初步分析投资效果的基础上，提出需要进行可行性研究的项目建议书和初步可行性研究报告。

② 当项目建议书经审定批准后，项目业主或承办单位就可以通过签订合同的方式，委托有资格的工程咨询公司或设计单位着手编制拟建项目的可行性研究报告。

③ 设计或咨询单位进行可行性研究工作，编制完整的可行性研究报告。

2) 可行性研究报告的编制步骤

可行性研究报告的编制工作一般按以下 5 个步骤进行。

① 了解有关部门与委托单位对项目的建设意图，组建工作小组，制定工作计划。

② 调查研究与收集资料。拟订调研提纲，组织人员进行实地调查，收集整理数据与资料，从市场和资源两方面着手分析论证项目建设的必要性。

③ 方案设计和优选。结合市场和资源调查，在收集基础资料和基准数据的基础上，建立几种可供选择的技术方案和建设方案，并进行论证和比较，从中选出最优方案。

④ 经济分析和评价。项目经济分析人员根据调查资料和上级管理部门有关规定，选定与本项目有关的经济评价基础数据和定额指标参数，对优选的建设方案进行详细的经济评价和社会效益评价。

⑤ 编写可行性研究报告。研究各专业方案，经过技术经济论证和优化后，由各专业组分工编写，经项目负责人衔接协调、综合汇总，提出初稿，与委托单位交换意见后定稿。

（3）编制依据与编制要求

1) 可行性研究报告的编制依据

可行性研究报告的编制依据包括：①国家经济发展的长远规划和行业、地区发展规划；②国家相关政策、法律法规、经批准的项目建议书；③国家批准的资源报告、国土开发整治规划、区域规划等有关文件；④与项目有关的工程技术经济方面的规范、标准和定额等；

⑤合资、合作项目各方签订的协议书或意向书，委托单位关于可行性研究工作的目标、范围和内容等要求的委托合同；⑥进行项目选址和技术经济分析等需要的自然、地理、水文、地质、社会、经济等基础数据，以及经国家统一颁布的有关项目经济评价的基本参数和指标等。

2）可行性研究报告的编制要求

① 编制单位必须具备承担可行性研究的条件。可行性研究报告的编制单位必须具有经国家有关部门审批登记的资质等级证明，并且具有承担编制可行性研究报告的能力和经验，如工程咨询公司、设计院或专门单位等。

② 承担可行性研究的单位应遵循的原则。a. 科学性原则，即按科学的态度、依据和方法进行项目的可行性研究。b. 客观性原则，即坚持从实际出发、实事求是的原则。c. 公正性原则，即排除各种干扰，尊重事实，不弄虚作假，站在公正的立场上为建设项目的投资决策提供可靠依据。

③ 确保可行性研究报告内容和深度符合投资决策的要求。a. 内容要保证真实性和科学性，报告编制单位和人员应对提供的可行性研究报告质量负完全责任。b. 深度要做到规范化和标准化，可行性研究报告内容要完整、文件要齐全、结论要明确，以满足决策者确定方案的要求。

④ 可行性研究报告必须经签字认可和审核批准。可行性研究报告编制完成后，应由编制单位的行政、技术、经济方面的负责人签字，并对研究报告质量负责。另外，还需按要求上报主管部门审批。

（4）投资项目的审批

根据《国务院关于投资体制改革的决定》（国发［2004］20号）文件中关于简化和规范政府投资项目审批程序，合理划分审批权限的规定，对于政府投资建设的项目采用审批制度，对于企业不使用政府投资建设的项目，一律不再实行审批制，区别不同情况实行核准制和备案制。

1）投资项目的审批制度

对于政府投资建设的项目，采用直接投资和资本金注入方式的，从投资决策角度只审批项目建议书和可行性研究报告，除特殊情况外，不再审批开工报告，同时应严格管理政府投资项目的初步设计、概算审批工作。

2）投资项目的核准制度

① 政府仅对重大项目和限制类项目从维护社会公共利益角度进行核准。

② 企业投资建设实行核准制的项目，仅需向政府提交项目申请报告，不再经过批准项目建议书、可行性研究报告和开工报告的程序。

③ 政府对企业提交的项目申请报告，主要从维护经济安全、合理开发利用资源、保护生态环境、优化重大布局、保障公共利益、防止出现垄断等方面进行核准。对于外商投资项目，政府还要从市场准入、资本项目管理等方面进行核准。

3）投资项目的备案制度

① 除实行审批制和核准制的其他项目无论规模大小，均改为备案制。

② 实行备案制项目的市场前景、经济效益、资金来源和产品技术方案等均由企业自主决策、自担风险，并依法办理环境保护、土地使用、资源利用、安全生产、城市规划等许可手续和减免税确认手续。

③ 对于企业使用政府补助、转贷、贴息投资建设的项目，政府只审批资金申请报告。

8.1.5 建设项目经济评价概述

(1) 经济评价的概念与内容

1) 项目评价的含义

建设项目可按不同角度进行多种分类,如按项目的投资管理形式,可分为政府投资项目和企业投资项目;按项目的融资主体,可分为新设法人项目和既有法人项目;按项目生产目的,可分为经营性项目和非经营性项目;按项目的产出产品或服务属性,可分为公共项目和非公共项目等。项目评价指的是从工程、技术、经济、资源、环境、政治、国防和社会等多方面对项目方案进行全面的、系统的、综合的技术经济分析、比较、论证和评价,从多种可行性方案中选择出最优方案。

2) 建设项目经济评价的含义

建设项目的经济分析是指以建设项目和技术方案为对象的经济方面的研究,其主要内容是对建设项目的经济效果和投资效益进行分析。建设项目经济评价,即项目技术方案的经济效果评价,是根据国民经济与社会发展以及行业、地区发展规划的要求,在初步方案的基础上,采用科学的分析方法,对拟建项目的财务可行性和经济合理性进行分析论证,为项目的科学决策提供经济方面的依据。建设项目经济评价是项目前期工作的重要内容,其任务是在完成市场调查与预测、拟建规模、营销策划、资源优化、技术方案论证、环境保护、投资估算与资金筹措等可行性分析的基础上,对拟建项目各方案的投入与产出的基础数据进行推测和估算,对其经济效果进行计算,以及对方案进行评价和优选。

3) 建设项目经济评价的目的

经济评价是建设项目评价的核心内容之一,经济评价的工作成果融合了可行性研究的结论性意见和建议,是投资主体决策的重要依据,也是项目建议书和可行性研究的重要组成部分。建设项目经济评价的目的在于确保决策的正确性和科学性,最大限度地减小投资的风险、提高项目投资的综合经济效益。无论项目是何种分类,通过经济评价预先估算拟建项目的经济效果,均可有效避免因依据不足、方法不当、盲目决策导致的投资失误,有利于将有限的资源应用到具有最优经济效益和社会效益的项目中。这对于加强固定资产宏观调控、提高投资决策的科学化水平、引导和促进各类资源的合理配置、优化投资结构、减少和规避投资风险、充分发挥投资效益,均有着重要的作用。

4) 建设项目经济评价的内容

建设项目的经济评价,是在项目决策的可行性研究和评价过程中,采用现代化分析方法,对拟建项目计算期(包括建设期和生产期)内投入产出等诸多经济因素进行调查、预测、研究、计算和论证,做出全面的财务和国民经济评价,提出投资决策的经济依据,确定最佳投资方案。建设项目经济评价的主要内容包括财务评价和国民经济评价。

(2) 财务评价与国民经济评价

1) 财务评价与国民经济评价的含义

财务评价,也称财务分析,指的是在项目财务效益与费用估算的基础上,编制财务分析报表,计算财务指标,分析项目的盈利能力、偿债能力和财务生存能力,判断项目的财务可接受性,明确项目财务主体及投资者的价值贡献,为项目决策提供依据,对于非经营项目,财务评价主要分析项目的财务生存能力。国民经济评价,也称经济分析,是在合理配置社会资源的前提下,从国民经济整体利益的角度出发,采用影子价格体系和社会折现率等国民经济参数,计算项目对国民经济的贡献,分析项目的经济效益、效果和对社会的影响,评价项目在宏观经济上的合理性。

财务评价和国民经济评价之间存在着密切的关联性，也有较大的区别，评价结论与项目取舍之间的关系也不同。

2) 财务评价与国民经济评价的相同点

二者在评价目的、评价基础、评价理论依据和评价方法等方面基本相同。

① 评价目的相同。财务评价和国民经济评价的目的都是为项目决策提供依据，二者都以寻求经济效益最好的项目为目的，都追求以最小的投入获得最大的产出。

② 评价基础相同。财务评价和国民经济评价都是建设项目可行性研究的组成部分，都是在完成项目的市场分析、方案构思、投资估算和资金筹措的基础上进行的，评价的结论也都取决于项目本身的客观条件，都需要通过计算包括项目的建设期、运营期全过程的费用和效益来评价项目的可行性。

③ 评价的理论依据和方法相同。都是以资金的时间价值理论以及资金的等值计算原理为依据，通过编制基本报表计算经济评价指标来分析建设项目的经济合理性以及建设的可行性。

3) 财务评价与国民经济评价的区别

二者在评价角度和立场、评价对象、费用和效益的划分、采用的价格与参数以及评价的组成内容方面不同。

① 评价的角度和立场不同。财务评价是从项目的微观角度，站在企业的立场按照现行的财税制度去分析项目的盈利能力和借款偿还能力，以判断项目是否具有财务上的生存能力；而国民经济评价则是从国民经济整体的宏观角度，站在国家的立场上按照综合平衡的思路去分析项目对国民经济发展、国家资源配置等方面的影响，以考察投资行为的经济合理性。

② 评价的对象不同。财务评价的对象是有财务收益的项目，跟踪的是与项目直接相关的财务收益与财务费用；国民经济评价的对象是重大的有关国计民生的项目，跟踪的是围绕项目发生的资源流动，即减少社会资源的国民经济费用与增加社会资源的国民经济收益。

③ 费用和效益的划分范围不同。财务评价根据项目的实际收支来计算项目的效益与费用，凡是项目的收入均计为效益，凡是项目的支出均计为费用；而国民经济评价则根据项目实际耗费的有用资源，以及项目向社会贡献的有用产品或服务来计算项目的效益与费用。如在财务评价中作为费用或效益的税金、国内借款利息、财政补贴等，在国民经济评价中则被视为国民经济内部转移支付，并不作为项目的费用或效益。而在财务评价中不计的环境污染、降低劳动强度等，在国民经济评价中则需计为费用或效益。

④ 采用的价格体系不同。在分析项目的费用与效益时，财务评价采用的是以现行市场价格体系为基础的预测价格，而考虑到国内市场价格体系的失真，国民经济评价则采用的是对现行市场价格进行调整所得到的影子价格体系，是更能够确切地反映资源的真实经济价值的影子价格。

⑤ 采用的主要参数不同。财务评价采用的汇率是官方汇率，折现率是因行业而各异的行业基准收益率；而国民经济评价采用的汇率是影子汇率，折现率是国家统一测定的社会折现率。

⑥ 评价的组成内容不同。财务评价包括盈利能力分析、偿债能力分析和财务生存能力分析等三方面的内容，而国民经济评价只包括盈利能力分析和外汇效果分析两方面的内容。

4) 建设项目经济评价的侧重点

建设项目经济评价的内容和侧重点，应根据项目的性质、目标、投资者、财务主体以及项目对经济与社会的影响程度等具体情况选择确定。对于费用效益计算比较简单、建设期和运营期比较短、不涉及进出口平衡等的一般项目，如果财务评价的结论能够满足投资决策的需要，可不进行国民经济评价;对于关系公共利益、国家安全和市场不能有效配置资源的有关经济和社会发展的项目,除应进行财务评价外,还应进行国民经济评价;对于特别重大的建设项目,还应辅以区域经济和宏观经济影响分析方法进行国民经济评价。

5) 财务评价与国民经济评价的取舍标准

具体而言,对于需同时进行财务评价与国民经济评价的建设项目,其取舍标准如下。

① 财务评价和国民经济评价的结论均为可行的项目,应通过。

② 财务评价和国民经济评价的结论均为不可行的项目,应否定。

③ 财务评价的结论为可行而国民经济评价的结论为不可行的项目,一般应否定。

④ 对于关系公共利益、国家安全和市场不能有效配置资源的有关经济和社会发展的项目,若财务评价的结论为不可行,而国民经济评价的结论为可行时,应重新考虑方案,必要时可向国家提出采取经济优惠措施(如财政补贴、减免税等)的建议,使项目具有财务上的生存能力。

(3) 建设项目经济评价的要求

1) 深度要求

建设项目经济评价的方法适用于各类建设项目前期研究工作(包括规划、机会研究、项目建议书、可行性研究阶段),项目中间评价和后评价可参照使用。建设项目经济评价的深度,应根据项目决策工作不同阶段的要求确定。

① 建设项目可行性研究阶段的经济评价,应系统分析、计算项目的效益和费用,通过多方案经济比选推荐最佳方案,对项目建设的必要性、财务可行性、经济合理性、投资风险等进行全面的评价。

② 项目规划、机会研究、项目建议书阶段的经济评价可适当简化。

③ 建设项目经济评价必须保证评价的客观性、科学性、公正性,通过"有无对比"坚持定量分析与定性分析相结合、以定量分析为主和动态分析与静态分析相结合、以动态分析为主的原则。

2) 计算期的确定要求

建设项目经济评价的计算期包括建设期和运营期。

① 建设期应参照项目建设的合理工期或项目的建设进度计划合理确定;

② 运营期应根据项目特点参照项目的合理经济寿命确定;

③ 计算现金流量的时间单位,一般采用年,也可采用其他常用的时间单位。

8.2 建设项目的财务评价

8.2.1 财务评价的内容与步骤

建设项目财务评价是指在国家现行财税制度和市场价格体系的前提下,分析预测项目直接发生的财务效益与费用,计算财务评价指标,考察拟建项目的盈利能力、清偿能力和承受风险的能力,据以判断项目的财务可行性。企业是独立的经营单位,是投资后果的直接承担者,财务评价是在确定的建设方案、投资估算和融资方案的基础上,从项目投资者、经营者或企业角度进行财务可行性研究,是企业投资决策的基础。

(1) 财务评价的作用

1) 是考察拟建项目财务盈利能力的重要依据

拟建项目的盈利水平能否达到国家规定的基准收益率、清偿能力是否低于国家规定的投资回收能力,以及能否按银行要求期限归还贷款等问题,是国家和地方各级决策、财政、信贷部门关注的重点，也是企业所有者和经营者进行项目投资的前提，为了考察拟建项目的财务盈利能力，以保证拟建项目在财务上的可行性，必须进行财务评价。

2) 是协调企业利益和国家利益的重要依据

对于公益性或基础设施建设项目等非盈利或微利项目，当财务评价与国民经济评价结论不一致时，可以通过财务分析与评价考察价格、税收、利率等相关经济参数变动对分析结果的影响，寻找经济调节方式和幅度，使企业利益和国家利益趋于一致。例如，国家需要对项目进行政策性的补贴或实行减免税等经济优惠时，需要通过财务分析和评价得出具体措施。

3) 是企业及相关部门制定资金规划的重要依据

财务评价主要解决建设项目的投资额度大小、资金来源的筹资方案，以及资金运用的用款计划等问题，因此，为了保证项目所需资金能及时到位，以及项目的资金运用能合理有效，项目投资者、经营者和信贷部门都需要通过财务评价的内容了解拟建项目的投资额及相关信息，并据此制定和实施资金规划。

(2) 财务评价的内容与步骤

财务评价主要是利用有关基础数据，通过编制财务报表，计算评价指标，对拟建项目的财务状况进行分析和评价。财务评价的内容与步骤如下。

1) 熟悉建设项目概况，识别财务收益与费用

这是财务评价的准备工作，首先熟悉拟建项目的基本情况，如建设目标、意义、条件和投资环境等。建设项目的财务目标是获取尽可能大的利润，而项目的收益和费用是对于目标而言的，收益是对目标的贡献，费用则是负收益，是对目标的负贡献，因此，识别建设项目财务收益和费用是财务评价的前提。在财务评价中，财务收益主要表现为生产经营的产品营业收入、项目得到的各种补贴、项目寿命期末回收的固定资产残值和流动资金等各项收入；财务费用主要表现为建设项目投资、经营成本和税金等各项支出。

2) 选取并估算基础数据与相关参数

在识别出财务收益与费用的基础上收集、预测财务分析的基础数据，包括主要投入品和产出品的财务价格、税率、利率、汇率、计算期、固定资产折旧率、无形资产和其他资产摊销年限、生产负荷及基准收益率等，并估算营业收入、成本费用。

3) 编制财务评价辅助报表和基本财务报表

在财务评价准备工作完成的基础上，即基础数据与相关参数选取完成后，编制主要用于估算投资、成本、利税的辅助财务报表；并分别编制反映项目盈利能力、偿债能力及财务生存能力的基本财务报表。

4) 计算各项财务评价指标，并进行财务状况评价

根据财务报表计算出各种财务评价指标，通过与相应的评价标准进行对比分析，即可以对项目的盈利能力、偿债能力及财务生存能力等财务状况做出评价，并据此判断项目的财务可行性。

5) 进行不确定性分析，编写财务评价报告

根据建设项目的性质及特点，可采用盈亏平衡分析、敏感性分析或概率分析等方法对项目的不确定性和风险进行分析，并制定风险应对措施。最后，根据以上成果编制撰写财务评价报告。

8.2.2 财务基础数据与资金规划

(1) 主要基础数据的选取

1) 财务价格的选取

财务评价中相关参数的确定与计算都涉及价格，财务分析应采用以市场价格体系为基础的

预测价格，根据具体情况综合考虑采用固定价格或变动价格。

固定价格，指的是项目生产运营期内不考虑价格相对变动和通货膨胀影响的不变价格，即在整个生产运营期内都用预测的不变价格计算产品营业收入和原材料、燃料动力费用。变动价格，指的是项目生产运营期内考虑价格变动的预测价格。变动价格分为两种情况：一种是考虑价格相对变动引起的变动价格，即相对变动价格，在进行盈利能力分析时，一般按相对变动价格考虑；另一种是既考虑价格相对变动，又考虑通货膨胀因素引起的变动价格，即总水平变动价格，在进行偿还能力分析时，一般按总水平变动价格考虑。

在项目建设期内选取价格时，一般应考虑投入的相对变动价格及总水平变动价格。在项目运营期内选取价格时，若能合理判断未来市场价格变动趋势，投入与产出可采用相对变动价格；若难以确定投入与产出的价格变动，一般可采取项目运营期的不变价格，有要求时，也可考虑总水平变动价格。

2）汇率与利率的选取

① 汇率。汇率的取值一般可按国家外汇管理部门公布的当期外汇牌价的卖出买入的中间价，也可采用预期的实际结算的汇率值。

② 利率。借款利率是项目财务评价中用以计算借款利息的重要基础数据，采用固定利率的借款项目，财务评价直接采用约定的利率计算利息。采用浮动利率的借款项目，财务评价时应对借款期内的平均利率进行预测，采用预测的平均利率计算利息。

3）财务基准收益率的选取

财务基准收益率是项目在财务上是否可行的最低要求，也可用作项目财务内部收益率指标的基准和判据，以及财务净现值的折现率。

财务基准收益率测定的基本思路是：对于产出物由政府定价的项目，其财务基准收益率根据政府政策导向确定；对于产出物由市场定价的项目，其财务基准收益率根据资金成本和风险收益由投资者自行确定。在自行确定时，一是要参考本行业一定时期的平均收益水平并考虑项目的风险因素；二是按项目占用的资金成本加一定的风险系数确定。

设定财务基准收益率时，应与财务评价采用的价格相一致，如果财务评价采用变动价格，则设定基准收益率应考虑通货膨胀因素。对于资本金的收益率，可采用投资者的最低期望收益率作为判据。

4）项目计算期、生产负荷的确定

① 财务评价的计算期。财务评价的计算期一般不能超过 20 年，包括建设期和生产运营期。生产运营期，应根据产品寿命期、主要设施和设备的使用寿命期、主要技术的寿命期等因素确定。

② 生产负荷。生产负荷是指以百分比表示的项目生产运营期内生产能力的发挥程度，也称为生产能力利用率。生产负荷是计算营业收入和经营成本的依据之一，一般应按项目投产期和投产后正常生产年份分别设定。

5）折旧费和摊销费的划分

需要注意的是，折旧是将固定资产价值转移到产品成本中的会计手段，设备和建筑物等固定资产与原材料不同，是为多个生产周期服务的，其固定资产是通过产品的一次一次销售，以折旧费的形式回收的，而折旧费是产品成本的组成部分，因此，折旧费可以理解为建设期的固定资产投资在生产经营期的回收。摊销费与折旧费具有类似特征，按同样理解处理。

（2）资金规划

资金规划的内容包括：利用财务杠杆效应等原理进行资金结构的确定，判断资金运行的可行性，以及做出债务偿还规划。

1) 资金结构的含义

资金结构是指建设项目的资金来源与数量构成，使用不同来源的资金需付出的代价是不同的。如何选择资金的来源与数量，与项目所需的资金量有关，而且与项目的经济效果有关。

项目投资由项目资本金与项目债务资金构成，其盈利能力基本上（除所得税外）不受融资方案的影响，可以反映项目方案本身的盈利水平，可供企业投资者和债权人决策是否值得投资或贷款。项目资本金，即项目的自有资金，是投资者投入的各种财产物质的货币表现，其盈利能力反映企业投资者出资的盈利水平，反映企业从项目中获得的经济效果。因此，在有项目债务资金的情况下，一般来说，项目全部投资的效果与项目资本金投资的效果是不相同的。

2) 从内部收益率的角度规划资金结构

以下通过实例说明资金结构不同时，项目内部收益率也是不同的。

【例 8.1】 某建设项目投资总额为 1000 万元，项目的全部投资净现金流量如表 8.2 所示，若期初总投资中有 500 万元是通过银行贷款获得，年利率为 5%，贷款条件为从投资当年开始，分 5 年等额偿还本利，试计算：项目全部投资的内部收益率与项目资本金的内部收益率。

表 8.2 项目全部投资净现金流量表   单位：万元

年末/年	0	1	2	3	4	5
净现金流量	1000	190	350	350	350	660

解：项目 5 年等额还本付息额为 $A=500(A/P,5\%,5)=115.55$（万元）

从表 8.2 中减去贷款及还本付息额，可得项目资本金净现金流量如表 8.3 所示。

表 8.3 项目资本金净现金流量表   单位：万元

年末/年	0	1	2	3	4	5
净现金流量	500	74.45	234.45	234.45	234.45	544.45

① 计算项目全部投资的内部收益率。

经试算，$i_1=20\%$，$i_2=23\%$ 时，对应的 NPV 值如下。

$\text{NPV}_1=-1000+190(P/F,20\%,1)+350(P/A,20\%,3)(P/F,20\%,1)+660(P/F,20\%,5)$
$=37.95(万元)$

$\text{NPV}_2=-1000+190(P/F,23\%,1)+350(P/A,23\%,3)(P/F,23\%,1)+660(P/F,23\%,5)$
$=-38.75(万元)$

即，$i_1=20\%$，$\text{NPV}_1=37.95(万元)$；$i_2=23\%$，$\text{NPV}_2=-38.75(万元)$

故，可得项目全部投资的内部收益率为：

$$\text{IRR}_{全部投资}=20\%+\frac{37.95}{37.95+|-38.75|}(23\%-20\%)=21.48\%$$

② 计算项目资本金的内部收益率。

经试算，$i_1=32\%$，$\text{NPV}_1=5.97(万元)$；$i_2=35\%$，$\text{NPV}_2=-28.94(万元)$

故，可得项目资本金的内部收益率为：

$$\text{IRR}_{资本金}=32\%+\frac{5.97}{5.97+|-28.94|}(35\%-32\%)=32.51\%$$

③ 由计算可知，如果项目投资的 1000 万元均为项目资本金，则内部收益率为 21.48%，如果项目投资中有一半为银行贷款，则项目资本金的内部收益率将提高至 32.51%。

因此，从【例8.1】可以看出，在该建设项目中，采用银行贷款加资本金的投资资金结构，经济效果更佳。

3) 从财务杠杆效应原理的角度规划资金结构

通常情况下，项目的投资利润率不等于贷款利率，二者的差额造成的经济效果差异将由项目的法人承担，从而使项目资本金投资的经济效果变好或变坏。

以投资利润率指标为例，设项目投资为 K，项目资本金为 K_0，银行贷款为 K_L，项目投资收益率为 R，项目资本金收益率为 R_0，贷款利率为 R_L，则有，$K=K_0+K_L$；$KR=K_0R_0+K_LR_L$，由此可推导得出资本金收益率的计算公式为：

$$R_0 = R + \frac{K_L}{K_0}(R-R_L) \tag{8.1}$$

由式(8.1) 可知，当 $R>R_L$ 时，$R_0>R$；当 $R<R_L$ 时，$R_0<R$。项目投资收益率与贷款利率的差 $(R-R_L)$ 被资金构成比 K_L/K_0 所放大，这种放大效应即称为财务杠杆效应，K_L/K_0 称为债务比。可见，由于项目投资收益率 R 不受融资方案的影响，对于一个确定的技术方案而言，所选择的资金构成比不同，对资本金的经济效果也会产生不同的影响。

财务杠杆效应原理是分析投资项目的资金结构、进行投融资方案确定的重要依据。而事实上，对企业来说，在投资项目自身具有好的经济效果的情况下，贷款的好处还不仅限于获得财务杠杆效应。企业"举债经营"可以分散经营风险，从而降低经营风险，还可以解决资金短缺等问题。

4) 资金运行的可行性判断

资金运行的可行性，是指项目的资金安排必须使得每年的资金额能够保证该年项目的正常运转，即每年的资金来源与上年结余资金之和必须足以支付当年所需要的使用资金。否则，即使项目的经济效果再好也无法实施。

判断项目在计算期内资金运行可行性的条件是：各年的累计盈余资金不小于零，如果某年的累计盈余资金出现负值，表明该年出现资金短缺，则必须事先筹集资金弥补缺口或修改项目计划，甚至重新制订项目资金结构方案。

5) 债务偿还规划

企业对于借款即筹措了债务资金的项目，还应做出详细的债务偿还规划，列明偿还借款的资金来源，设定或估算借款偿还期，并通过计算偿债能力指标分析项目的偿债能力。

① 偿还借款的资金来源。企业必须按照政府部门对偿还借款的资金规定及有关法规条文，估算出每年可用于还款的资金数额。企业偿还国内借款的资金来源通常包括：所得税后利润、折旧费、摊销费、营业外净收入等其他收入。

② 借款偿还期，是指从开始借款到偿清本息所经历的时间，借款的偿还方式很多，不同的还款方式每期的还本付息额不同，因而借款偿还期也可能不同。借款偿还期可以通过经验设定，如果难以设定，也可按下式做大致估算：

$$借款偿还期 = 借款偿还后开始出现盈余年份 - 开始借款年份 + \frac{当年借款额}{当年可用于还款的资金额} \tag{8.2}$$

③ 项目偿债能力分析。项目的偿债能力是通过计算利息备付率和偿债备付率指标，并根据判别准则分析得到的。这两个指标的计算根据借款偿还期的确定方式不同而分为两种情况：a. 如果借款偿还期能够根据经验设定，则可以直接计算得出；b. 如果借款偿还期难以设定而需通过式(8.2) 大致估算得到，则还要采用适宜的方法，先计算出每年需还本和付息的金额，然后代入相应公式再通过计算得到。

需要注意的是，借款偿还期只是为估算利息备付率和偿债备付率指标所用，在判断项目的偿债能力时，不应与这两个指标并列。

8.2.3 财务评价的基本报表

在完成了财务基础数据的收集与估算以及资金规划后，即可进行财务评价辅助报表的编制。财务评价辅助报表主要包括：建设投资估算表、建设期利息估算表、流动资金估算表、项目总投资使用计划与资金筹措表、营业收入及相关税金估算表、总成本费用估算表等。

为了计算评价指标，考察项目的盈利能力、清偿能力以及抗风险能力等财务状况，还需要在财务评价辅助报表的基础上编制财务评价的基本报表。财务评价的基本报表包括财务现金流量表、利润与利润分配表、财务计划现金流量表、资产负债表及借款还本付息计划表。其中，财务现金流量表中包括项目投资现金流量表、项目资本金现金流量表和项目投资各方现金流量表。

（1）财务现金流量表

财务现金流量表反映项目计算期内各年的现金收支，即现金流入、现金流出和净现金流量，用以计算各项动态和静态评价指标，如财务净现值、财务内部收益率等，进行项目财务盈利能力分析。财务现金流量表的具体内容随财务评价的角度、范围和方法的不同而不同，按投资计算基础的不同，主要有项目投资现金流量表、项目资本金现金流量表和项目投资各方现金流量表三种。

1）项目投资现金流量表

是以建设项目为一独立系统进行设置的，反映项目在包括建设期和生产运营期的整个计算期内的现金流入和流出，该表不分投资资金来源，以全部投资作为计算基础，用以计算项目投入全部资金的财务内部收益率、财务净现值及静态和动态投资回收期等评价指标，考察项目全部投资的盈利能力，为各个投资方案（不论其资金来源及利息多少）进行比较建立共同的基础，又称为全部投资现金流量表，报表格式见表8.4。

表 8.4　项目投资现金流量表　　　　　　　　　　　单位：万元

序号	项目	合计	计算期					
			1	2	3	4	…	n
1	现金流入							
1.1	营业收入							
1.2	补贴收入							
1.3	回收固定资产余值							
1.4	回收流动资金							
2	现金流出							
2.1	建设投资							
2.2	流动资金							
2.3	经营成本							
2.4	税金及附加							
2.5	维持运营投资							
3	所得税前净现金流量(1—2)							

续表

序号	项目	合计	计算期					
			1	2	3	4	…	n
4	累计所得税前净现金流量							
5	调整所得税							
6	所得税后净现金流量(3-5)							
7	累计所得税后净现金流量							

计算指标：
(1)所得税前：财务净现值(FNPV)、财务内部收益率(FIRR)、投资回收期(P_t)
(2)所得税后：财务净现值(FNPV)、财务内部收益率(FIRR)、投资回收期(P_t)

需要注意的是，在项目投资现金流量表中的调整所得税，是以息税前利润为基数计算的所得税，区别于"利润与利润分配表""项目资本金现金流量表"和"财务计划现金流量表"中的所得税。

2) 项目资本金现金流量表

是从投资者即项目法人角度出发，以投资者的出资额作为计算基础，把借款本金偿还和利息支付作为现金流出，用以计算资本金的财务内部收益率、财务净现值和投资回收期等评价指标，考察项目资本金的盈利能力的表格，报表格式见表 8.5。

表 8.5　项目资本金现金流量表　　　　　　　　　　　单位：万元

序号	项目	合计	计算期					
			1	2	3	4	…	n
1	现金流入							
1.1	营业收入							
1.2	补贴收入							
1.3	回收固定资产余值							
1.4	回收流动资金							
2	现金流出							
2.1	项目资本金							
2.2	借款本金偿还							
2.3	借款利息支付							
2.4	经营成本							
2.5	税金及附加							
2.6	所得税							
2.7	维持运营投资							
3	净现金流量(1-2)							

计算指标：资本金的财务内部收益率(FIRR)、财务净现值(FNPV)、投资回收期(P_t)

需要注意的是，在投资或资本金现金流量表中，现金流入包括营业收入、补贴收入、回收固定资产余值和回收流动资金等项，现金流出包括建设投资、经营成本、维持经营投资、税金及附加等项。它们是构成投资方案现金流量的基本要素，也是进行财务评价最重要的基础数据。

① 营业收入。其数据取自营业收入和经营税金及附加估算表，是项目建成投产后对外销售产品或提供服务所取得的收入，是项目生产经营成果的货币表现。营业收入是现金流量表中现金流入的主体，是财务评价的重要数据，也是利润与利润分配表的主要科目。

② 补贴收入。对于经营性的公益事业、基础设施投资方案，如城市轨道交通项目、垃圾或污水处理项目等，政府往往会在项目运营期给予一定数额的财政补助，以维持正常运营，使投资者能获得合理的投资收益。

③ 回收固定资产余值。是指固定资产折旧费估算表中固定资产期末净值合计，在计算期的最后一年回收。

④ 回收流动资金。是指项目的全部流动资金，在计算期的最后一年回收。

⑤ 投资。财务评价中的总投资是指建设投资（即固定资产投资不含建设期利息）、建设期利息和流动资金之和，取自项目总投资使用计划与资金筹措表中的有关项目。a. 在投资方案建成后按有关规定建设投资中的各分项将分别形成固定资产、无形资产和其他资产。b. 形成的固定资产原值可用于计算折旧费，投资方案寿命期结束时，固定资产的残余价值（一般指当时市场上可实现的预测价值）对于投资者来说是一项在期末可回收的现金流入。c. 形成的无形资产和其他资产原值可用于计算摊销费。d. 为了简化计算，财务评价中流动资金可从投产第一年开始安排，在投资方案寿命期结束时，投入的流动资金应予以回收。

⑥ 项目资本金。即项目权益资金，是指在总投资中，由投资者认缴的出资额，对项目来说是非债务性资金，项目权益投资者整体（即项目法人）不承担这部分资金的任何利息和债务。

⑦ 经营成本。经营成本是现金流量表中运营期现金流出的主体部分，是从项目本身考察的，在一定期间（通常为1年）内由于生产和销售产品及提供服务而实际发生的现金支出。经营成本值取自总成本费用估算表。

⑧ 税金及附加。在项目财务评价中合理计算各种税费，是正确计算项目效益与费用的重要基础。建设项目财务评价涉及的税费主要包括增值税、消费税、所得税、资源税、城市维护建设税和教育费附加等，其数值主要取自营业收入和税金及附加估算表，所得税的数据来源于利润与利润分配表。

⑨ 维持运营投资。是指某些项目在运营期需要进行一定的固定资产投资，如设备更新费用、油田的开发费用、矿山的井巷开拓延伸费用等，才能得以维持正常运营。

⑩ 借款本金偿还和借款利息支付。a. 借款本金偿还。由借款还本付息计划表中本年还本额和流动资金借款本金偿还额两部分组成，一般发生在计算期的最后一年。b. 借款利息支付。是指按照会计法规，企业为筹集所需资金而发生的费用，称为借款费用，又称财务费用，在项目财务评价中，通常只考虑利息支出，其数额来自总成本费用估算表中的利息支出项。

3）项目投资各方现金流量表

是分别从项目各个投资者的角度出发，以投资者的出资额作为计算的基础，用以计算投资各方内部收益率和财务净现值等指标的表格，报表格式见表 8.6。

表 8.6　投资各方现金流量表　　　　　　　　　　　　单位：万元

序号	项目	合计	计算期					
			1	2	3	4	...	n
1	现金流入							
1.1	实分利润							
1.2	资产处置收益分配							
1.3	租赁费收入							
1.4	技术转让或使用收入							
1.5	其他现金流入							
2	现金流出							
2.1	实缴资本							
2.2	租赁资产支出							
2.3	其他现金流出							
3	净现金流量(1－2)							

计算指标：投资各方的财务内部收益率(FIRR)、财务净现值(FNPV)

在编制投资各方现金流量表时需要注意以下几个方面。

① 一般情况下，由于投资各方按股本比例分配利润和分担亏损及风险，因此，投资各方的利益是均等的，没有必要计算投资各方的内部收益率。

② 只有当投资方案投资者中各方有股权之外的不对等的利益分配时（如契约式的合作企业），投资各方的收益率才会有差异，此时需要计算投资各方的内部收益率，以反映各方收益是否均衡，有助于促成投资各方在合作谈判中达成平等互利的协议。

③ 表 8.6 可按不同投资方分别编制，表中现金流入是指出资方因该项目的实施将实际获得的各种收入；现金流出是指出资方因该项目的实施将实际投入的各种支出。表中科目应根据项目具体情况调整。

④ 实分利润是指投资者由项目获取的利润，资产处置收益分配是指对有明确的合营期限或合资期限的项目，在期满时对资产余值按股比或约定比例的分配。

⑤ 租赁费收入是指出资方将自己的资产租赁给项目使用所获得的收入，此时应将资产价值作为现金流出，列为租赁资产支出科目。

⑥ 技术转让或使用收入是指出资方将专利或专有技术转让或允许该项目使用所获得的收入。

（2）利润与利润分配表

1）报表格式

利润与利润分配表，又称为损益表，该表用于反映项目计算期内各年的营业收入、总成本费用、利润总额、所得税、税后利润及其分配情况，用以计算总投资收益率、项目资本金净收益率、投资利税率等财务盈利能力指标，报表格式见表 8.7。

表 8.7　利润与利润分配表　　　　　　　　　　　　　　单位：万元

序号	项目	合计	计算期					
			1	2	3	4	...	n
1	营业收入							

续表

序号	项目	合计	计算期					
			1	2	3	4	…	n
2	税金及附加							
3	总成本费用							
4	补贴收入							
5	利润总额(1−2−3+4)							
6	弥补以前年度亏损							
7	应纳税所得额(5−6)							
8	所得税							
9	净利润(5−8)							
10	期初未分配利润							
11	可供分配的利润(9+10)							
12	提取法定盈余公积金							
13	可供投资者分配的利润(11−12)							
14	应付优先股股利							
15	提取任意盈余公积金							
16	应付普通股股利							
17	各投资方利润分配							
	其中：××方							
	××方							
18	未分配利润(13−14−15−17)							
19	息税前利润							
20	息税折旧摊销前利润(19+折旧+摊销)							

注：营业收入、税金及附加、总成本费用、补贴收入的各年度数据分别取自相应的辅助报表。

2) 关于所得税

建设项目财务评价中所得税是指应纳税所得额与所得税税率的乘积。

① 应纳税所得额，是指利润总额根据国家有关规定进行调整后的数额，在建设项目财务评价中主要是按减免所得税及用税前利润弥补上年度亏损的有关规定进行的调整。

即，应纳税所得额＝利润总额−弥补以前年度亏损

② 按现行《企业会计制度》规定，企业发生的年度亏损，可用下一年度的税前利润等弥补，下一年度利润弥补不足的，可以在5年内延续弥补，5年内弥补不足的，用税后利润等弥补。

(3) 财务计划现金流量表

1) 报表格式

财务计划现金流量表反映项目计算期内各年的投资、融资及生产经营活动的现金流入和流出，用于计算累计盈余资金，选择资金的筹措方案、制订适宜的借款及偿还计划，分析项目的财务生存能力，为编制资产负债表提供依据，报表格式见表8.8。

表 8.8 财务计划现金流量表　　　　　　单位：万元

序号	项目	合计	计算期					
			1	2	3	4	...	n
1	经营活动净现金流量(1.1－1.2)							
1.1	现金流入							
1.1.1	营业收入							
1.1.2	增值税销项税额							
1.1.3	补贴收入							
1.1.4	其他流入							
1.2	现金流出							
1.2.1	经营成本							
1.2.2	增值税进项税额							
1.2.3	税金及附加							
1.2.4	所得税							
1.2.5	其他流出							
2	投资活动净现金流量(2.1－2.2)							
2.1	现金流入							
2.2	现金流出							
2.2.1	建设投资							
2.2.2	维持运营投资							
2.2.3	流动资金							
2.2.4	其他流出							
3	筹资活动净现金流量(3.1－3.2)							
3.1	现金流入							
3.1.1	项目资本金投入							
3.1.2	建设投资借款							
3.1.3	流动资金借款							
3.1.4	债券							
3.1.5	短期借款							
3.1.6	其他流入							
3.2	现金流出							
3.2.1	各种利息支出							
3.2.2	偿还债务本金							
3.2.3	应付利润(股利分配)							
3.2.4	其他流出							
4	净现金流量(1＋2＋3)							
5	累计盈余资金							

分析投资方案的财务生存能力

2) 报表说明

财务计划现金流量表通过"累计盈余资金"项反映了项目计算期内各年的资金是否充裕，以及是否有足够的能力清偿债务等，若累计盈余大于零，表明当年有资金盈余；若累计盈余小于零，则表明当年会出现资金短缺的情况，需要采取如资金的筹措、借款及还款计划的调整等措施。

（4）资产负债表

该表综合反映了项目计算期内各年年末资产、负债和所有者权益的增、减变化及对应关系，考察项目资产、负债和所有者权益的结构是否合理，用以计算资产负债率、流动比率、速动比率，进行偿债能力和资金流动性的分析。报表格式见表 8.9。

表 8.9 资产负债表　　　　　　　　　　　　　单位：万元

序号	项目	合计	计算期					
			1	2	3	4	…	n
1	资产							
1.1	流动资产总额							
1.1.1	货币资金							
1.1.2	应收账款							
1.1.3	预付账款							
1.1.4	存货							
1.1.5	其他							
1.2	在建工程							
1.3	固定资产净值							
1.4	无形及其他资产净值							
2	负债及所有者权益(2.4＋2.5)							
2.1	流动负债总额							
2.1.1	短期借款							
2.1.2	应付账款							
2.1.3	预收账款							
2.1.4	其他							
2.2	建设投资借款							
2.3	流动资金借款							
2.4	负债小计							
2.5	所有者权益							
2.5.1	资本金							
2.5.2	资本公积金							
2.5.3	累计盈余公积金							
2.5.4	累计未分配利润							

计算指标：资产负债率、流动比率、速动比率

与其他财务评价基本报表记录的是现金存量（某一时刻发生的累计值）不同，资产负债表记录的是现金存量的增量（某一时段发生的现金流量，一般为一年），在编制资产负债表时，需要注意以下几个方面。

1）资产

资产由流动资产、在建工程、固定资产净值、无形及其他资产净值四项组成。

① 流动资产总额中的货币资金包括现金和累计盈余资金。

② 在建工程是指投资计划与资金筹措表中的年固定资产投资额。

③ 固定资产净值和无形及其他资产净值分别从固定资产折旧费估算表和无形及其他资产摊销估算表取得。

2）负债

负债包括流动负债总额、建设投资借款、流动资金借款三项，其中，流动负债的应付账款和预收账款数据可由流动资金估算表得到。

3）所有者权益

所有者权益包括资本金、资本公积金、累计盈余公积金及累计未分配利润。

① 资本金是项目投资中扣除资本溢价的累计自有资金，当存在由资本公积金或盈余公积金转增资本金的情况时应进行相应调整。

② 资本公积金是累计资本溢价及赠款。

③ 累计盈余公积金可由损益表中盈余公积金项计算各年份的累计值，但应根据有无用盈余公积金弥补亏损或转增资本金的情况进行相应调整。

④ 累计未分配利润可从损益表中直接取值。

（5）借款还本付息计划表

借款还本付息计划表主要反映项目计算期内各年的借款、还本付息、偿债资金的来源等，用于计算偿债备付率和利息备付率指标，以判断项目的偿债能力。报表格式见表8.10。

表 8.10　借款还本付息计划表　　　　　　　　　　　单位：万元

序号	项目	合计	计算期					
			1	2	3	4	...	n
1	借款							
1.1	期初借款余额							
1.2	当期借款							
1.3	当期应计利息							
1.4	当期还本付息							
	其中：还本							
	付息							
1.5	期末本息余额							
2	债券							
2.1	期初债券余额							
2.2	当期发行债券							
2.3	当期应计利息							
2.4	当期还本付息							

续表

序号	项目	合计	计算期					
			1	2	3	4	...	n
	其中:还本							
	付息							
2.5	期末债务余额							
3	借款和债券合计							
3.1	期初余额							
3.2	当期借款							
3.3	当期应计利息							
3.4	当期还本付息							
	其中:还本							
	付息							
4	还本资金来源							
4.1	当期可用于还本的未分配利润							
4.2	当期可用于还本的折旧和摊销							
4.3	以前年度结余可用于还本资金							
4.4	用于还本的短期借款							
4.5	可用于还款的其他资金							
计算指标:偿债备付率和利息备付率								

8.2.4 建设项目的财务评价方法

建设项目的财务评价包括盈利能力分析、偿债能力分析和财务生存能力分析三项内容。

(1) 盈利能力分析

建设项目盈利能力分析是指通过计算盈利能力指标考察项目的财务盈利能力和盈利水平,反映项目盈利能力的指标主要有总投资收益率、项目资本金净利润率、项目投资回收期、财务净现值、财务内部收益率等。如图8.2所示。

图 8.2 建设项目财务评价盈利能力分析指标图

1) 总投资收益率

总投资收益率表示总投资的盈利水平,是指项目达到设计能力后正常年份的年息税前利润或运营期内年平均息税前利润与项目总投资的比率。总投资收益率可根据利润与利润分配表中的有关数据求得,其计算公式可采用式(4.1),也可根据基础数据采用如下表达式。

$$\text{ROI} = \frac{\text{EBIT}}{\text{TI}} \times 100\% \tag{8.3}$$

式中，ROI 为总投资收益率；EBIT 为项目正常年份的年息税前利润或运营期内年平均息税前利润；TI 为项目总投资。

总投资收益率的评价标准是：将总投资收益率与行业基准投资收益率对比，以判别项目的单位投资盈利能力是否达到本行业的平均水平，当总投资收益率大于或等于行业的基准投资收益率时，表明项目用总投资收益率表示的盈利能力满足要求，在财务上可以考虑被接受。

2) 项目资本金净利润率

项目资本金净利润率表示项目资本金的盈利水平，是指项目达到设计生产能力后正常生产年份的年净利润总额或项目运营期内年平均利润总额与项目资本金的比率。

资本金是项目吸收投资者投入企业经营活动的各种财产物资的货币表现，资本金净利润率是反映投入项目的资本金的盈利能力的静态评价指标，也是向投资者分配股利的重要参考依据，一般情况下，向投资者分配的股利率要低于资本金净利润率。

项目资本金净利润率可根据利润与利润分配表中的有关数据求得，计算公式为：

$$\text{ROE} = \frac{\text{NP}}{\text{EC}} \times 100\% \tag{8.4}$$

式中，ROE 为项目资本金净利润率；NP 为项目正常年份的年净利润或运营期内年平均净利润；EC 为项目资本金。

项目资本金净利润率的评价标准是：项目资本金净利润率大于或等于行业的净利润率参考值时，表明用项目资本金净利润率表示的盈利能力满足要求，在财务上可以考虑被接受。项目资本金净利润率越高，反映投资者投入项目资本金的获利能力越大，项目的财务接受度越好。

3) 项目投资回收期（P_t 或 P_D）

项目投资回收期可根据项目投资现金流量表的数据计算得到，静态投资回收期 P_t 的计算公式可根据基础数据的具体情况选用式(4.5)、式(4.6) 或式(4.7)。动态投资回收期 P_D 的计算公式可选用式(4.21) 或式(4.22)。

项目投资回收期的评价标准是：将投资回收期（P_t 或 P_D）与行业规定的基准投资回收期（P_C）进行比较，若 P_t（或 P_D）$\leqslant P_C$，则从财务角度考虑，项目可予以接受。若 P_t（或 P_D）$> P_C$，则从财务角度考虑，项目不可行。

4) 财务净现值（FNPV）

财务净现值是指按行业的基准收益率或设定的折现率（i_c），将项目计算期内各年净现金流量折现到建设期初的现值之和，它是考察项目在计算期内盈利能力的动态评价指标。财务净现值可根据项目投资现金流量表或项目资本金现金流量表的数据计算得到，其表达式为：

$$\text{FNPV} = \sum_{t=0}^{n} (\text{CI} - \text{CO})_t (1 + i_c)^{-t} \tag{8.5}$$

财务净现值反映项目在满足按设定折现率要求的盈利能力之外获得的超额盈利的现值，是评价项目盈利能力的绝对指标，它有大于零、等于零和小于零三种计算结果，具体评价标准如下。

① 当 FNPV>0 时，说明项目的盈利能力超过了按设定的折现率计算的盈利能力，从财务角度考虑，项目可予以接受。

② 当 FNPV=0 时，说明项目的盈利能力达到按设定的折现率计算的盈利能力，这时要判断项目是否可行，需视设定的折现率的情况而定。a. 若设定的折现率大于银行长期借款的利率，则项目从财务角度考虑，可予以接受；b. 若设定的折现率等于或小于银行长期借款的利

率，则从财务角度考虑，项目不可行。

③ 当FNPV<0时，说明项目的盈利能力未达到按设定的折现率计算的盈利能力，从财务角度考虑，项目不可行。

5）财务内部收益率（FIRR）

财务内部收益率包括项目投资内部收益率和项目资本金收益率，是指项目实际可望达到的报酬率，即能使投资项目的财务净现值等于零时的折现率，它反映项目所占用资金的盈利率，是考察项目盈利能力的主要动态指标。财务内部收益率的表达式为：

$$\sum_{t=0}^{n}(CI-CO)_t(1+FIRR)^{-t}=0 \tag{8.6}$$

在实际计算时，财务内部收益率可根据财务现金流量表（项目投资现金流量表或项目资本金现金流量表）中的净现金流量数据，用线性插值法计算得到。线性插值法计算财务内部收益率的公式为：

$$FIRR=i_1+\frac{FNPV_1}{FNPV_1+|FNPV_2|}(i_2-i_1) \tag{8.7}$$

应用线性插值法计算财务内部收益率的步骤与应用式（4.24）计算内部收益率的步骤相同，即：①根据经验，选定一个适当的折现率 i_0；②按照投资方案的现金流量情况，利用选定的折现率 i_0，求出方案的财务净现值FNPV；③若FNPV>0，则适当使 i_0 继续增大，若FNPV<0，则适当使 i_0 继续减小；④重复步骤③，直到找到这样的两个折现率 i_1 和 i_2，使其所对应的财务净现值 $FNPV_1>0$，$FNPV_2<0$，其中 (i_2-i_1) 一般不超过2%~5%；⑤将 i_1、i_2、$FNPV_1$、$FNPV_2$ 代入式（8.7），即可求得FIRR值。

在应用财务内部收益率指标进行财务评价时，其评价标准为：将财务内部收益率FIRR与设定的基准收益率（i_c）对比，若FIRR≥i_c，项目从财务的角度考虑可予以接受，若FIRR<i_c，则项目从财务的角度不可行。由于财务内部收益率是反映项目实际收益率的相对指标，因此该指标值越大，表明项目盈利性越好。

（2）偿债能力分析

建设项目偿债能力分析是指通过计算偿债能力指标考察项目计算期内各年的财务状况及偿债能力，反映项目偿债能力的指标主要有利息备付率、偿债备付率、财务比率等，财务比率主要指的是资产负债率、流动比率和速动比率，如图8.3所示。

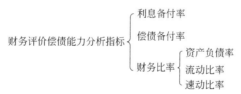

图8.3 建设项目财务评价偿债能力指标图

1）利息备付率

利息备付率（interest coverage ratio，ICR）是指项目在借款偿还期内，各年可用于支付利息的息税前利润与当前应付利息费用的比值，表示项目的利润偿付利息的保证倍率，从付息资金来源的充裕性角度反映项目偿付债务利息的保障程度。其计算公式为：

$$利息备付率=\frac{息税前利润}{计入总成本费用的应付利息} \tag{8.8}$$

式中，息税前利润=利润总额+计入总成本费用的全部利息。

利息备付率应分年计算，利息备付率高，表明利息偿付的保障程度高。正常情况下，利息备付率应当大于1，并结合债权人的要求确认，当指标小于1时表示付息保障能力不足。

2）偿债备付率

偿债备付率（debt service coverage ratio，DSCR）是指项目在借款偿还期内，各年可用于还本付息的资金与当期应还本付息金额的比值，表示可用于还本付息的资金偿还借款本息的保证倍率。其计算公式为：

$$偿债备付率 = \frac{可用于还本付息资金}{当期应还本付息金额} \times 100\% \tag{8.9}$$

式中，可用于还本付息资金＝息税前利润＋折旧＋摊销－所得税；当期应还本付息金额为还本金额与计入总成本费用的全部利息之和，如果项目在运行期内有维持运营的投资，可用于还本付息的资金应扣除维持运营的投资。

偿债备付率应分年计算，偿债备付率高，表明可用于还本付息的资金保障程度高。正常情况下，偿债备付率应当大于1，并结合债权人的要求确认，当指标小于1时，表示当年资金来源不足以偿付当期债务，需通过短期借款偿付已到期债务。

3）资产负债率

资产负债率（liability on asset ratio，LOAR）是指各期末负债总额与资产总额之比，是反映项目各年所面临的财务风险程度及偿债能力的静态评价指标。该指标可以衡量项目利用债权人提供资金进行经营活动的能力，反映债权人发放借款的安全程度。计算资产负债率所需要的相关数据可在资产负债表中获得，其计算公式为：

$$资产负债率 = \frac{负债总额}{资产总额} \times 100\% \tag{8.10}$$

资产负债率对债权人来说，越低越好，说明项目偿债能力强；但由于财务杠杆效应的存在，权益的所有者从盈利出发，希望保持较高的债务比，赋予资本金较高的杠杆力，用较少的资本来控制整个项目，即对于企业而言则可能希望资产负债率高些。然而，过高的资产负债率又会影响企业的筹资能力，因此，一般情况下，资产负债率为0.5~0.7是合适的。当资产负债率过高时，可通过增加资本金出资和减少利润分配等途径进行调节。

4）流动比率

流动比率是反映项目各年偿还流动负债能力的静态评价指标，该指标衡量项目流动资产在短期债务到期以前可以变为现金用于偿还流动负债的能力，所需相关数据可在资产负债表中获得。其计算公式为：

$$流动比率 = \frac{流动资产总额}{流动负债总额} \times 100\% \tag{8.11}$$

流动比率对债权人来说，越高越好，说明债权越有保障，一般要求应不小于1.2~2.0。需要注意的是，由于存货是一类不易变现的流动资产，所以流动比率不能确切反映项目的瞬时偿债能力。

5）速动比率

速动比率是反映项目各年快速偿还流动负债能力的静态评价指标。该指标衡量项目流动资产在不考虑存货的情况下可以变为现金用于偿还流动负债的能力，所需相关数据可在资产负债表中获得。其计算公式为：

$$速动比率 = \frac{流动资产总额 - 存货}{流动负债总额} \times 100\% \tag{8.12}$$

速动比率是对流动比率的补充，如果流动比率高，而流动资产的流动性低，则企业的偿债能力仍然不高,而速动比率越高,则说明项目在很短的时间内偿还短期债务的能力越强,一般要求速动比率应不小于 1.0~1.2。

(3) 财务生存能力分析

项目财务生存能力分析是在财务分析辅助报表和利润与利润分配表的基础上,首先编制财务计划现金流量表(即表 8.8);然后通过考察项目计算期内的投资、融资和经营活动所产生的各种现金流入和流出,计算得到净现金流量和累计盈余资金;最后分析项目是否有足够的净现金流量维持正常运营,以实现财务可持续性。

项目的财务生存能力分析可通过财务可持续的基本条件与财务生存的必要条件两方面进行判断。

1) 财务可持续的基本条件

拥有足够的生产经营期净现金流量是财务可持续的基本条件。在生产经营初期,当项目具有较大的生产经营期净现金流量时,说明项目方案比较合理,实现自身资金平衡的可能性大,不会过分依赖短期融资来维持运营。反之,当项目不能产生足够的生产经营期净现金流量或生产经营期净现金流量为负值时,则说明维持项目正常运行会遇到财务上的困难,项目方案缺乏合理性,实现自身资金平衡的可能性小,有可能需要靠短期融资来维持运营,或者是非经营项目本身无能力实现自身资金平衡,需要资金补贴。

2) 财务生存的必要条件

各年累计盈余资金不出现负值是财务生存的必要条件。在整个运营期内,可以允许个别年份的净现金流量出现负值,但不能容许任何一个年份的累计盈余资金出现负值。一旦出现负值应适时进行短期融资,该短期融资应体现在财务计划现金流量表中,同时短期融资的利息也应纳入成本费用和之后的计算中。需要注意的是,较大的或较频繁的短期融资,有可能导致以后的累计盈余资金无法实现正值,致使项目难以持续运营。

(4) 财务评价指标的选取

1) 财务评价指标与基本财务报表的关系

由于投资者投资目标的多样性,项目的财务评价指标体系也不是唯一的,根据不同的评价深度要求和可获取资料的多少以及项目本身所处的条件的不同,可选用不同的指标,这些指标有主有次,可从不同侧面反映投资项目的经济效果,这些指标需要根据相应的基本财务报表进行计算与分析,从而得出项目的财务评价结果。财务评价指标与基本财务报表的关系如表 8.11 所示。

表 8.11 基本财务报表与财务评价指标的关系

评价内容	基本财务报表	静态指标	动态指标
盈利能力分析	项目投资现金流量表	全部投资的 静态投资回收期	全部投资的财务内部收益率 全部投资的财务净现值 全部投资的动态投资回收期
	项目资本金现金流量表	资本金的 静态投资回收期	资本金的内部收益率 资本金的净现值 资本金的动态投资回收期
	投资各方现金流量表	投资各方的 静态投资回收期	投资各方的内部收益率 投资各方的净现值 投资各方的动态投资回收期
	利润与利润分配表	总投资收益率 资本金净利润率	

评价内容	基本财务报表	静态指标	动态指标
偿债能力分析	利润与利润分配表 财务计划现金流量表 资产负债表	偿债备付率 利息备付率 资产负债率	

2）财务评价指标的选取

需要说明的是，在项目的财务评价过程中，并不是所有的评价指标均需计算和分析，工程经济分析人员可以根据项目的具体情况和委托方的要求对评价指标进行取舍。

一般情况下，根据项目的特点及实际需要，对于项目的财务盈利能力分析，静态指标只需计算其总投资收益率和静态投资回收期即可，动态指标只需计算其财务净现值和财务内部收益率即可。对于项目的财务偿债能力分析，则只需计算其利息备付率、偿债备付率以及资产负债率等静态评价指标即可。

8.3 建设项目的国民经济评价

8.3.1 国民经济评价的内容与步骤

国民经济评价是按照合理配置资源的原则，从国家和全社会的整体角度，采用影子价格、影子工资、影子汇率和社会折现率等经济参数，计算经济评价指标，考察项目耗费的社会资源及其对社会的贡献，据此评价项目的经济合理性。

（1）国民经济评价的范围与目的

1）国民经济评价的范围

国民经济评价的项目类型主要包括：具有垄断特征的项目、产出具有公共产品特征的项目、外部效果显著的项目、资源开发项目、涉及国家经济安全的项目，以及受过度行政干预的项目等。具体来讲，国民经济评价的范围涉及以下几类项目。

① 基础设施项目和公益性项目。财务评价是通过市场价格度量项目的收支情况，考察项目的盈利能力和偿债能力，在市场经济条件下，企业财务评价不可能将项目产生的效果全部反映出来。而铁路、公路等交通运输项目，以及市政工程、水利、电力等较大规模的项目，其外部效果非常显著，因此，对这类基础设施项目和公益性项目必须采用国民经济评价将外部效果内部化。

② 主要产出物和投入物的市场价格不能反映其真实价值的项目。由于某些资源的市场不存在或不完整，使得这些资源的价格很低或为零，因而往往被过度使用；另外，由于国内统一市场尚未形成，或国内市场未与国际市场接轨，失真的价格也无法体现项目的实际收支状况。因此，对这类市场不能真实反映价值的项目有必要通过影子价格进行价格的修正。

③ 资源开发项目。根据生态环境保护和经济可持续发展的要求，为了实现长远整体利益，必须舍弃短期的局部利益。因此，对于涉及自然资源和生态环境保护的项目，如国家控制的战略性资源开发项目、动用社会资源和自然资源较大的中外合资项目等，都必须通过国民经济评价，客观地优选社会对资源使用的时机，以保证资源配置的合理性。

2）国民经济评价的目的

① 国民经济评价是宏观上合理配置国家有限资源的需要。国家的各类资源，如资金、外汇、土地、劳动力以及其他自然资源等，总是有限的，因此，必须在资源各种相互竞争的用途

中作出合理的选择。而这种选择必须借助于国民经济评价，即从国家整体的角度，将国民经济作为一个大的总系统，项目的建设作为这个总系统中的一个子系统，来分析项目从国民经济中所吸取的投入，以及项目产出对国民经济这个总系统经济目标的影响，从而选择对总系统目标最为有利的建设项目或投资方案。

② 国民经济评价是真实反映项目对国民经济净贡献的需要。我国和大多数发展中国家一样，不少商品的价格既不能反映市场的供求关系，也不能反映市场的真实价值。在这种商品价格严重"失真"的条件下，按现行价格计算项目的投入或产出，不能确切地反映项目建设为国民经济带来的效益与费用。因此，就必须采用能够反映资源真实价值的影子价格，借此计算建设项目的费用和效益，以便得出该项目的建设是否对国民经济总目标有利的结论。

③ 国民经济评价是投资决策科学化的需要。主要体现在三个方面：a. 有利于引导投资方向，经济分析时，采用经济净现值、经济内部收益率等指标及体现宏观意图的影子价格、影子汇率等参数，可以起到鼓励或抑制某些行业或项目发展的作用，从而促进国家资源的合理分配；b. 有利于控制投资规模，通过调整社会折现率这个重要的国民经济参数，国家可以调控投资规模，当投资规模膨胀时，可以利用适当提高社会折现率的方法，限制某些项目的通过；c. 有利于提高资金计划的编制水平，加强各类资金的应用质量。

（2）国民经济评价的内容与作用

国民经济评价主要包括国民经济盈利能力分析，以及对难以量化的外部效果和无形效果的定性分析，如果是外资项目还要求进行外汇效果分析。

1）国民经济评价的内容

① 国民经济费用与效益的识别与处理。与财务评价中的划分方法不同，国民经济费用与效益是通过分析项目耗费国家资源的多少，以及项目为国民经济带来的收益进行界定的，包括了间接产生的费用与效益。总之，只要是在客观上引起的，则无论最终是由国家还是企业支付和获取，都要视为该项目的国民经济费用与效益，因此，在国民经济评价中，不仅要考察项目账面上直接显现的收支，还需要对这些直接或间接的费用与效益分别进行识别、归类、定量或定性处理。

② 影子价格的确定和基础数据的调整。在绝大多数发展中国家，现行价格体系一般都存在着较严重的扭曲和失真现象，因此，运用现行市场价格是无法进行国民经济评价的。只有采用通过对现行市场价格进行调整计算而获得的、能够反映资源真实经济价值和市场供求关系的影子价格，才能保证国民经济评价的科学性。而与项目有关的各类基础数据也都必须以影子价格为基础进行调整，才能正确地计算出项目的各项国民经济费用与效益。

③ 国民经济效果分析。根据所确定的各项国民经济费用与效益，编制国民经济评价报表，结合社会折现率等相关经济参数，计算项目的国民经济评价指标，最终对投资项目是否具有经济合理性得出结论。

2）国民经济评价的作用

① 可保证拟建项目符合社会的需要。由于国民经济评价是以社会需求作为项目取舍的依据，而不是单纯地以项目是否盈利作出的决策，因此，国民经济评价可保证项目建设与社会需求相一致。

② 可避免拟建项目的重复和盲目建设，从而有利于避免投资决策的失误。由于国民经济评价是从国家的宏观角度而不是从地区或企业的微观角度出发来考察项目效益与费用的，因此，可避免企业投资方案决策的片面性、局限性，以保证决策的正确性。

③ 可全面评价项目的综合效益。由于国民经济评价既分析项目的直接经济效益，也分析项目的间接和辅助经济效益，因此，国民经济评价的结果相比财务评价而言，更为全面可靠。

④ 可确定项目消耗社会资源的真实价值。由于有些项目投入物和产出物的国内市场价格并不能反映其真实的经济价值，因此，往往导致项目财务效益的虚假性。而通过国民经济评价，则可以采用影子价格对财务价格进行修正，从而真实地反映出项目消耗社会资源的价值量。

（3）国民经济评价的步骤

国民经济评价既可以在财务评价的基础上进行，也可以直接进行。

1）在财务评价的基础上进行的国民经济评价

对于一般的建设项目，国民经济评价是在财务评价的基础上进行的，应注意效益和费用范围的调整和数值调整两方面的内容，其主要步骤如下。

① 效益和费用范围的调整。主要是剔除已计入财务效益和财务费用中的国民经济内部转移支付，并识别项目的间接效益和间接费用。在识别间接效益和费用时，尽可能对其进行定量计算，不能定量计算的，则应作定性说明。

② 效益和费用数值的调整。主要是对固定资产投资、流动资金、经营费用、营业收入和外汇借款等各项基础数据根据影子价格等参数进行调整。

③ 分析项目的国民经济盈利能力。编制项目全部投资的国民经济效益和费用流量表，并据此计算全部投资的经济内部收益率和经济净现值等指标；对于使用国外贷款的项目，还应编制针对国内投资的国民经济收益费用表，并据此计算国内投资的经济内部收益率和经济净现值等指标。

④ 分析项目的外汇效果。对于产出物出口或替代进口的建设项目，应编制经济外汇流量表和国内资源流量表，并据此计算经济外汇净现值、经济换汇成本或经济节汇成本等指标。

2）直接进行的国民经济评价

对于如社会公益类型的建设项目，也可以直接进行国民经济评价，其主要步骤如下。

① 识别和估算项目的直接效益。a. 对于为国民经济提供产出物的项目，应先根据产出物的性质确定是否为外贸货物，再确定产出物的影子价格，最后按产出物的种类、数量及其逐年增减情况和产出物的影子价格估算项目的直接效益。b. 对于为国民经济提供服务的项目，则应按提供服务的数量和用户的受益程度来估算项目的直接效益。

② 估算项目的投资和经营费用。a. 依据货物的影子价格、土地的影子费用、劳动力的影子工资，以及影子汇率和社会折现率等参数直接估算项目的投资。b. 依据生产经营的实际耗费，采用影子价格、影子工资和影子汇率、社会折现率等参数估算经营费用。

③ 识别项目的间接效益和间接费用。对于能够用货币量化的外部效果，尽可能对其进行定量计算，对于难以进行货币量化的产出效果，应尽可能地采用其他量纲进行定量处理，难以量化的，进行定性描述与说明。

④ 编制有关报表，计算相应的评价指标，并进行国民经济评价。

8.3.2 费用与效益识别

（1）费用与效益识别的原则

正确识别项目的费用和效益，对于国民经济评价至关重要，它是保证投资项目国民经济评价正确性和科学性的必要前提，在进行识别时，主要遵循以下原则。

1）基本识别原则

国民经济分析以社会资源的最优配置、使国民收入最大化为目标。因此，凡是建设项目使国民经济发生的实际资源消耗，或者国民经济为建设项目付出的代价，均识别为费用，包括直接费用和间接费用；凡是建设项目对国民经济发生的实际资源产出与节约，或者对国民经济作出的贡献，均识别为效益，包括直接效益和间接效益。

例如，对于某大型水利建设项目而言，因其产生的直接基建和移民开支、电费降价引起的国家收入减少，以及导致的航运减少、航道工人失业等均识别为费用；而因其产生的农业增产、国家灌溉费增加、电力用户支出减少，以及国家救济费用节省、水力发电净收益增加、洪涝灾害损失减少等，则均识别为效益。

2) 考虑关联效果、剔除转移支付的原则

费用和效益的计算范围就是国民经济分析的边界，国民经济分析是从国民经济的整体利益出发，其系统分析的边界是整个国家，项目本身直接对国民经济产生的影响是直接效果，项目对国民经济其他行业或企业产生的间接影响是外部效果。例如，由于某生产水泥原料的大型工业建设项目的投产，使得该类水泥原料的价格降低，从而会导致同行业的利润下降，但由此也会引起水泥制品生产商的成本下降，对水泥制品行业来说利润上升。因此，在识别时，还应考虑项目投资可能发生的其他关联效应。

项目的效益和费用是两个相对的概念，都是针对于某个建设项目特定的目标而言的，费用和效益的计算范围就是国民经济分析的边界。对于税收、补贴、借款和利息等转移支付，仅代表购买力的转移行为，接受转移支付的一方所获得的效益与付出方所产生的费用是相等的，即转移支付行为本身并没有导致新增资源的发生，因此，在经济费用效益分析中，不得再计算其影响。

3) 以本国居民为对象进行增量分析的原则

对于跨越国界以及对本国之外的其他社会成员产生影响的项目，应重点分析其对本国公民新增的效益和费用，其对本国以外的社会群体所产生的效果，应进行单独陈述。

项目经济费用效益分析应建立在增量效益和增量费用的识别与计算的基础上，不应考虑沉没成本和已实现的效益。应按照"有无对比"增量分析的原则，通过项目的实施效果与无项目情况下可能发生的情况进行对比分析，作为计算机会成本或增量成本的依据。

(2) **直接效益与直接费用**

建设项目的直接效益和直接费用统称为直接效果，又称为内部效果。

1) 直接效益

项目的直接效益是指由项目本身产生的，由其产出物提供的，并用影子价格计算的产出物的经济价值。项目直接效益是项目自身直接增加销售量和劳动量所获得的效益，其确定方式分为以下两种情况。

① 如果项目的产出物用以增加国内市场的供应量，其效益就是所满足的国内需求，可由消费者支付意愿（即消费者对于购买某种产品所愿意支付的最高价格）来确定。

② 如果国内市场产出物的供应量不变，则应分三种情况考虑。a. 当项目产出物增加了出口量时，项目的效益即为其出口所获得的外汇；b. 当项目产出物替代了进口货物，减少了总进口量时，项目的效益即为其替代进口所节约的外汇；c. 当项目产出物顶替了原有项目的生产，致使原有项目减产或停产时，项目的效益即为由原有项目减产或停产而向社会释放出来的资源，其价值也就等于这些资源的支付意愿。

2) 直接费用

项目的直接费用是指国家为满足项目投入的需要而付出的代价，是国家为项目的建设和生产经营而投入的各种资源，包括固定资产投资、流动资金以及经常性投入等，是用影子价格计算出来的经济价值。其确定方式分为以下两种情况。

① 如果项目所需投入物来自国内供应总量的增加，即是依靠增加国内生产来满足该项目

需求的情况，项目的费用就是增加国内生产所耗用的资源价值。

② 如果国内市场投入物的总供应量不变，则应分三种情况考虑。a. 当项目投入物来自国外，即通过增加进口来满足项目需求时，项目的费用就是进口投入物所花费的外汇；b. 当项目投入物为本可出口的资源，为满足项目需求，减少了出口量，即通过减少出口来满足项目需求时，项目的费用就是减少的外汇收入；c. 当项目投入物为本应用于其他项目的资源，由于改用于该项目而减少对其他项目的供应，即通过减少对其他项目的投入来满足该项目的需求时，项目的费用就是其他项目因减少投入量而减少的效益，也就是其他项目对该投入物的支付意愿。

综上所述，直接效益与直接费用的识别要点与体现形式如表 8.12 所示。

表 8.12　直接效益与直接费用的识别要点与体现形式

要点与形式	直接效益	直接费用
识别要点	由项目本身产出物直接生成，并在项目范围内计算的经济效益	由项目使用投入物所形成，并在项目范围内计算的费用
体现形式	增加项目产出物或服务的数量以满足国内需求的效益	其他部门为本项目提供投入物，需扩大生产规模所耗用的资源费用
	替代效益较低的相同或类似企业的产出物或服务，使被替代企业减产或停产而减少国家有用资源耗费或损失的效益	减少对其他项目或最终消费投入物的供应而放弃的效益
	增加出口或减少进口从而增加或节支的外汇等	增加进口或减少出口从而耗用或减少的外汇等

（3）间接效益与间接费用

建设项目的效益和费用不仅体现在项目投入物和产出物中，还可能会在国民经济的其他相邻部门及社会中反映出来，这就是项目的间接效益和间接费用。

1）外部效果的相关定义

建设项目的间接效益和间接费用是指由于项目实施所导致的在项目之外未计入项目的效益与费用，即项目的间接效果，统称为外部效果。

① 项目的间接效益或外部效益。是指由项目引起而在项目直接效益中未得到反映的那部分效益，即项目自身并未得益的那部分效益。例如，对于政府修建的公益园林、公园等项目，邻近项目的住宅价格会因此而高于当地相同或类似住宅的价格，也就是说公益园林、公园项目在客观上使得邻近项目的住宅开发商得益，则这部分效益即是公益园林、公园项目的间接效益。

② 项目的间接费用或外部费用。是指由项目引起而在项目间接费用中未得到反映的那部分费用，即国民经济为项目付出了代价，而项目自身却不必实际支付的那部分费用。例如，对于工业项目排放的废渣、废水、废气等产生的环境污染，以及对当地生态平衡造成的破坏，社会为此付出了代价，但项目并未对此支付费用，则这部分不必支付的费用即是项目的间接费用。

2）外部效果的确定条件

建设项目的外部效果，即间接效益与间接费用的确定，必须同时满足两个条件：相关性条件和未计价条件。其中相关性条件是指项目的经济活动会影响到与本项目没有直接关系的其他生产者和消费者的生产水平或消费质量；未计价条件是指这种效果在之前并未计价或并未得到补偿，比如企业排放"三废"，使得周边环境受到污染，这是一种间接费用，但如果企业已给环保部门支付了相应的赔偿，就不能再计为间接费用了。

3) 外部效果的主要类型

建设项目的外部效果通常包括以下几种类型。

① 环境及生态的影响效果。建设项目对自然和生态环境造成的污染和破坏，是项目的间接费用。这种间接费用可能难以定量计算，一般可按同类企业所造成的损失或恢复环境质量所需的费用进行近似估算。此外，对于环境治理项目，还应估算其改善环境所获得的相应间接效益，这种间接效益若难以定量计算，则应对其作定性的描述。

② 价格的影响造成的外部效果。a. 若项目的产出物大量出口，导致国内同类产品的出口价格下跌，则由此造成的外汇收益的减少，应计为该项目的间接费用。b. 若项目的产出物只是增加了国内市场的供应量，导致产品的市场价格下跌，可使产品的消费者获得降价的好处，但这种好处只是将原生产商减少的收益转移给了产品的消费者，对于整个国民经济而言，效益并未改变时，则消费者因此得到的收益并不能计为该项目的间接效益。

③ 产业关联效果。产业关联效果是由于项目的实施而给上游企业（为该项目提供原材料或半成品的企业）和下游企业（以该项目的产出物作为原材料和半成品的企业）带来的辐射经济效果。项目的实施会使上游企业得到发展，增加新的生产能力或使其原有生产能力得到更充分的利用，也会使下游企业的生产成本下降或使其闲置的生产能力得到充分利用。实践经验证明，对产业关联效果不应估计过大，因为大多数情况下，项目对上、下游企业的相邻效果可以在项目投入物和产出物的影子价格中得到体现。只有在某些特殊情况下，间接影响难于在影子价格中反映时，才需要作为项目的外部效果计算。

④ 技术扩散效果。建设具有先进技术的项目时，由于人才流动、技术推广和技术扩散等原因，使得整个社会都将受益，应计为间接效益，但这类间接效益通常难以识别和定量计算，因此在国民经济评价中一般只作定性说明。

⑤ 乘数效果。乘数效果是指由于项目的实施刺激了项目投入物的国内需求，使得与该项目相关的产业部门的闲置资源得到有效利用，从而产生一系列的连锁反应，促进某一行业、地区或全国的经济发展，并由此带来外部净效益。例如，国家通过投融资修建铁路干线，需要大量钢材，就会使原来闲置的相关产业的生产能力得到启用，使钢铁厂的成本下降，效益提高。与此同时，由于钢铁厂的扩大生产，连带使得炼铁、炼焦以及采矿等部门原来剩余的生产能力也得以利用，效益增加，由此产生一系列的连锁反应。一般情况下，乘数效果不能连续扩展计算，只须计算一次相关效果即可，在进行扶贫项目决策时，就可以优先选择乘数效果大的项目。

4) 外部效果的计算方法

外部效果的计算，通常是比较困难的。为了减少计算上的困难，可以适当地扩大计算范围和调整价格，使得外部效果内部化。

① 扩大项目的范围。是指通过扩大项目的范围以力求明确项目的边界，将一些相互关联的项目合并在一起作为一个系统进行评价，从而使部分间接费用和间接效益转化为直接费用和直接效益。

② 调整价格。是指在确定投入物和产出物的影子价格时，已在一定范围内考虑了外部效果，也就是说，采用影子价格计算的效益和费用，已在很大程度上使得项目的外部效果在项目内部得到了体现。

必须注意的是，通过扩大项目范围和调整价格两方面的工作，实际上已将很多外部效果进行了内部化，因此，在国民经济评价中，既要考虑项目的外部效果，还要防止外部效果重复化或扩大化。

(4) 转移支付

在建设项目费用与效益的识别过程中,经常会遇到企业向国内银行支付利息、向国家缴纳税金,或企业从国家得到某种形式的补贴等问题的处理。这些财务评价中的实际收支,从国民经济整体的角度来看,并不影响社会最终产品的增减,也未造成资源的实际耗用和增加,而仅仅是资源的使用权在不同的社会实体之间的一种转移,这种并不伴随着资源增减的纯粹货币性质的转移,即为转移支付。

在国民经济评价中,对于只是国民经济各部门之间的转移支付,不能计为项目的费用或效益,因此,对转移支付的识别和处理也是建设项目国民经济评价中的关键内容之一,常见的转移支付有利息、税金、补贴和折旧等。

1) 利息

利息,是利润的一种转化形式,是企业与银行之间的一种资金转移,从国民经济整体来看,借款利息的偿付并不会导致社会资源的增减,因此,不能计为国民经济评价中的费用或效益。

2) 税金

税金,是财务评价中建设项目的一种费用。但从国民经济整体来看,税金作为财政收入的主要来源,是国家进行国民收入二次分配的重要手段,企业缴纳给国家的税费只是表明税金代表的那部分资源的使用权,从纳税人那里转移给了国家,但并未导致社会资源的增减,因此,也不能计为国民经济评价中的费用或效益。

3) 补贴

补贴,包括价格补贴、出口补贴等,是一种货币流动方向与税收相反的转移支付。补贴虽然使建设项目的财务收益增加,但同时也使国家财政收入减少,实质上仍然是国民经济中不同实体之间的货币转移,整个国民经济并没有因此发生变化,社会资源也并没有因此有所增减。因此,国家给予的各种形式的补贴,都不能计为国民经济评价中的费用或效益。

4) 折旧

折旧,与实际资源的耗用无关,是从收益中提取的部分资金。在经济分析时已将固定资产投资所耗用的资源视为项目的投资费用,而折旧只是投资形成的固定资产在再生产过程中价值转移的一种方式,是会计意义上的生产费用要素。因此,不能将折旧计为国民经济评价中的费用或效益,否则就是重复计算。

8.3.3 影子价格的确定

计算建设项目的费用和效益时,需要用到各类产品的价格,而由于经济体制、经济政策,以及社会和历史的原因,在我国和大多数发展中国家,都或多或少地存在着产品的市场价格与实际价值严重脱节甚至背离的情形。若价格失真,将势必影响到建设项目国民经济评价的可靠性与科学性,导致决策失误。因此,在进行国民经济评价时,经济费用效益分析应采用以影子价格体系为基础的预测价格,不考虑价格总水平变动因素。

(1) 影子价格的概念

影子价格的概念是20世纪30年代末40年代初由荷兰数理经济学、计量经济学创始人之一詹恩·丁伯根和苏联数学家、经济学家、诺贝尔经济学奖获得者列·维·康托罗维奇分别提出来的,最初称为预测价格、计算价格或最优计划价格,最后由美籍荷兰经济学家库普曼主张统一称为影子价格。

影子价格是当社会经济处于某种最优状态时，能够反映社会劳动的消耗、资源稀缺程度和最终产品需求情况的价格，是一种用数学方法计算出来的最优价格，在理论上是以线性规划法为基础得到的能够反映社会效益和费用的合理价格。其合理性体现在两个方面：一方面是从定价原则来看，影子价格能更好地反映产品的价值、市场的供求状况，以及资源的稀缺程度；另一方面是从价格产出的效果来看，影子价格能使资源配置向优化的方向发展。

影子价格反映在项目的产出物上是一种消费者的支付意愿，即只有在供求完全均衡时，市场价格才代表愿付价格；而影子价格反映在项目的投入物上则是一种机会成本，是以放弃了本来可以得到的效益为代价的机会成本，即资源不投入该项目，而投在其他经济活动中所能带来的效益。根据支付意愿或机会成本的原则确定影子价格后，就可以测算出拟建项目要求经济整体支付的代价和为经济整体提供的效益，从而得出拟建项目的投资能给社会带来的国民收入增加额或纯收入增加额。

任何一个项目的产出和投入，必然会对国民经济产生各种影响。就产出物的产量来看，可能会增加国民经济对这个产出物的总消费，减少国民经济其他企业的生产，减少进口或增加出口。就投入物的消耗来看，可能会减少国民经济其他部门对该投入物的消费，增加国民经济内部生产该投入物的产量，增加进口或减少出口。因此，影子价格是根据国家经济增长的目标和资源的可获性来确定的，如果某种资源数量稀缺，同时有许多用途完全依靠于它，那么它的影子价格就高。如果这种资源的供应量增多，那么它的影子价格就会下降。

综上所述，影子价格在国民经济评价中的概念是指依据一定原则确定的，能够反映投入物和产出物真实经济价值，反映市场供求状况，反映资源稀缺程度，使资源得到合理配置的价格。确定影子价格时，对于投入物和产出物，首先应区分市场定价货物、政府调控价格货物和特殊投入物三大类别，然后根据投入物和产出物对国民经济的影响分别处理。

(2) **市场定价货物的影子价格**

随着我国市场经济的发展和贸易范围的扩大，大部分货物的价格由市场形成，已可以近似反映其真实价值。因此，对于这类货物在进行国民经济评价时，可以其市场价格为基数进行影子价格的计算。在分析市场定价货物的影子价格时，将这类货物划分为外贸货物和非外贸货物两种。

1) 外贸货物的影子价格

如果项目的产出物和投入物，主要影响国家的进出口水平，即生产和使用会直接或间接影响国家进出口的货物，应划为外贸货物。例如，石油、金属材料、金属矿物、木材及可出口的商品煤等。

外贸货物的影子价格是以口岸价为基础，乘以影子汇率，加上进口费用或减去出口费用得到的，计算公式如下。

$$进口投入物的影子价格(到厂价)=到岸价×影子汇率+进口费用 \quad (8.13)$$
$$出口产出物的影子价格(出厂价)=离岸价×影子汇率-出口费用 \quad (8.14)$$

其中，离岸价为出口货物运抵我国出口口岸交货的价格；到岸价为进口货物运抵我国进口口岸交货的价格，包括货物进口的货价、运抵我国口岸之前所发生的境外运费和保险费；进口或出口费用是指货物进出口环节在国内所发生的所有相关费用，包括运输、储存、装卸、运输保险等各种费用支出及物流环节的各种损失、损耗等。

2) 非外贸货物的影子价格

如果项目的产出物和投入物，主要影响国内供求关系，即生产和使用不影响国家进出口的货物，应划为非外贸货物。除了公路、港口、码头等使用和服务天然地限于国内的天然非外贸货物之外，其他货物之所以成为非外贸货物，大多是由于运输费用太高，使其出口成本高于可能的离岸价格,或者运到使用地的进口成本高于当地的生产成本所致;也有部分货物是受到国内或国外贸易政策限制,或边远地区的产品自给、低质量等原因所致。因此,不同地区非外贸货物的比重也不同,一般来说,越往内地非外贸货物的比重越大。

非外贸货物的影子价格是以市场价格加上或减去国内运杂费得到的。其中,投入物的影子价格为到厂价,产出物的影子价格为出厂价,计算公式如下:

$$投入物的影子价格(到厂价)=市场价格+国内运杂费 \tag{8.15}$$

$$产出物的影子价格(出厂价)=市场价格-国内运杂费 \tag{8.16}$$

(3) 政府调控价格货物的影子价格

有些货物或服务不完全由市场机制形成价格,而是由政府调控价格,例如,由政府发布指导价、最高限价和最低限价等。这些货物或服务的价格不能完全反映其真实价值,因此在进行国民经济评价时,应采用特殊方法确定这些货物或服务的影子价格。一般的确定原则是:投入物按机会成本分解定价,产出物按其对经济增长的边际贡献或消费者的支付意愿定价。

1) 电价

电力作为项目投入物时的影子价格,一般按完全成本(即为生产和销售一定种类和数量的产品所发生的费用总和)分解定价,电力过剩时按可变成本分解定价。电力作为项目产出物时的影子价格,可按电力对当地经济的边际贡献率定价。

2) 铁路运价

铁路运输作为项目投入物时的影子价格,一般按完全成本分解定价,在铁路运输能力过剩的地区,按可变成本分解定价,在铁路运输紧张地区,应按被挤占用户的支付意愿定价。铁路项目产出物的国民经济效益具有特殊性,是通过"有无法"分别计算其运输费用及时间的节约、交通安全及运输质量的提高,以及减少拥挤、节约包装费用等收益,而后汇总得到的。因此,铁路运输作为项目产出物时的影子价格,可按其对国民经济的边际贡献率定价。

3) 水价

水作为项目投入物时的影子价格,按后备水源的边际成本(即每增加一个单位的产量所增加的总成本)分解定价,或按恢复水功能(即水资源存量)的成本计算。水作为项目产出物时的影子价格,按消费者支付意愿或按消费者承受能力加政府补贴计算。

(4) 特殊投入物的影子价格

特殊投入物是指项目在建设和生产运营过程中使用的劳动力、土地和自然资源等,项目使用特殊投入物所发生的国民经济费用,应分别按影子工资、土地影子价格和自然资源影子价格确定。

1) 影子工资

影子工资是指项目工资成本的影子价格,反映了国民经济为项目使用劳动力所付出的真实代价,由劳动力机会成本和劳动力转移而引起的新增资源消耗费两部分组成。

① 劳动力机会成本。是影子工资的主要组成部分,是指劳动力如果不就业于拟建项目而从事其他生产经营活动所创造的最大效益,它与劳动力的技术熟练程度和供求过剩或稀缺状况有关,技术越熟练,稀缺程度越高,其机会成本越高,反之越低。

② 新增资源消耗费是指项目使用劳动力后,社会为劳动力就业所付出的,但劳动者并未得到的经济资源消耗,例如为劳动者就业或者迁移而增加的城市管理费用、交通运输费用,以及培训费用等,这些资源的耗用并未提高劳动者的收入水平,需计入影子工资中。

2) 土地影子价格

土地作为有多种可能用途的稀缺资源,一旦被某个建设项目占用,就意味着其对国民经济的其他潜在贡献不能实现。因此，在国民经济评价中，必须为土地资源确定合适的影子价格。目前在我国取得土地使用权的方式主要有协商议价、招标投标、拍卖挂牌等，建设项目获得土地的财务费用因土地获得方式的不同而不同，但对于同一块土地而言，其在国民经济评价中的影子价格却是唯一的。

土地的影子价格，是指因建设项目占用土地资源而使国民经济付出的代价。一般而言，土地的影子价格包括土地的机会成本和因土地占用而新增的社会资源消耗两部分。其中，土地的机会成本是指因土地用于拟建项目而使其不能用于其他目的所放弃的国民经济效益；因土地占用而新增的社会资源消耗主要有拆迁费、劳动力安置费、养老保险费等。

土地的影子价格应区分生产性用地、非生产性用地，以及未通过正常市场交易获得的用地，并分别计算。

① 对于农业、林业、牧业、渔业及其他生产性用地，土地的经济成本按土地机会成本与新增资源消耗之和计算。其中，新增资源消耗指的是在"有项目"情况下土地的征用造成原有土地上附属物财产的损失及其他资源耗费。如果项目占用的土地是无人居住的荒山野岭，其经济成本可视为零；如果项目所占用的是农业土地，其经济成本包括原来的农业净收益、拆迁费用和劳动力安置费。土地平整等开发成本应计入工程建设成本，在土地经济成本估算中不再重复计算。

② 对于住宅、休闲等非生产性用地，如果项目占用的是城市用地，且是通过政府公开拍卖、招标、挂牌取得的土地出让使用权，以及通过市场交易取得的已出让国有土地使用权，应按照支付意愿的原则，以土地市场交易价格计算土地的影子价格，主要包括土地出让金、基础设施建设费、拆迁安置补偿费等。

③ 对于未通过正常市场交易取得的土地使用权，应分析价格优惠或扭曲情况，参照当地正常情况下的市场交易价格，调整或类比计算其影子价格；无法通过正常市场交易价格类比确定土地影子价格时，应采用收益现值法确定，或以土地开发费用加开发投资应得的收益之和作为影子价格。

3）自然资源影子价格

自然资源是指自然形成的，在一定的经济、技术条件下可以被开发利用，以提高人们的生活福利水平和生存能力，同时具有某种稀缺性的实物性资源的总称。自然资源是一种特殊的投入物，项目使用的矿产资源、水资源、森林资源等都是对国家自然资源的占用和消耗。在确定影子价格时，对于矿产等不可再生自然资源，其影子价格按资源的机会成本计算，对于水和森林等可再生自然资源，其影子价格按资源再生费用计算。

8.3.4 建设项目的国民经济评价方法

（1）选取国民经济评价参数

国民经济评价参数是由国家行政主管部门统一测定并发布的、用于衡量项目经济费用效益的各类计算参数和判定项目经济合理性的判据参数，主要包括：社会折现率、影子汇率、影子价格等。国民经济评价参数是国民经济评价的基础，正确理解和使用评价参数，对正确计算费用、效益和评价指标以及比选优化方案具有重要作用。

1）社会折现率

社会折现率代表建设项目的社会资金所应达到的按复利计算的最低收益水平，是社会对资金时间价值的估计值，即资金的影子利率。社会折现率是从整个国民经济的角度对资金的边际投资内部收益率的估计值，符合为优化配置资源的国民经济评价分析思路和目的，因此，它主要用来作为计算经济净现值时的折现率，或用作评判项目经济内部收益率高低的基准。

社会折现率作为国家的基本经济参数之一，是国家评价和调控投资活动的重要杠杆，其取值的高低对国民经济的发展具有不可忽视的作用。与财务评价中的基准折现率类似，社会折现率的取值也将直接影响到项目经济可行性判断以及项目优选与方案排序的结果。因此，社会折现率可以作为国家总投资规模的控制参数，当需要缩小投资规模时，就适当提高社会折现率，反之就降低。

社会折现率的确定方法有两种：一种是基于资本的社会机会成本分析方法；另一种是基于社会时间偏好率的分析方法。考虑到社会资本收益率与社会时间偏好，根据对我国国民经济运行的实际情况、投资收益水平、资金供求状况、资金机会成本以及国家宏观调控等因素的综合分析，目前社会折现率的取值为 8%。

2) 影子汇率

汇率是指两个国家不同货币之间的比价或交换比率。影子汇率是指不同于官方汇率的，能反映外汇转换国民经济真实价值的汇率。实际上，影子汇率就是外汇的机会成本，即项目投入或产出所导致的外汇减少或增加给国民经济带来的损失或收益。

影子汇率也是由国家统一制定和定期调整的重要的经济参数，国家可以用影子汇率作为杠杆，影响项目的投资决策以及方案的取舍与优选结果。例如，当项目需引进国外设备、技术或零部件时，要与国内同类或类似设备、技术或零部件进行对比，影子汇率将直接影响进口设备、技术或零部件影子价格的计算，从而影响对比结果。因此，当外汇影子价格较高时，不利于引进方案，但有利于国产设备的方案。而对于产出物为外贸货物的建设项目，外汇影子价格较高时，则有利于这些项目获得批准。

影子汇率主要依据一个国家或地区一段时期内进出口的结构和水平、外汇的机会成本及发展趋势、外汇供需状况等因素确定。一旦上述因素发生较大变化，影子汇率就需作相应调整。在国民经济评价中，影子汇率通过影子汇率换算系数计算。影子汇率换算系数是影子汇率与国家外汇牌价的比值，其影响因素包括国家外汇收支状况、主要进出口商品的国内价格与国外价格的比较、出口换汇成本以及进出口关税等。投资项目投入物和产出物涉及进出口的，应采用影子汇率换算系数调整计算影子汇率，目前我国的影子汇率换算系数取值为 1.08。

3) 影子价格

在进行国民经济评价时，经济费用效益分析应采用以影子价格体系为基础的预测价格，不考虑价格总水平变动因素。影子价格体系包括市场定价货物、政府调控价格货物和特殊投入物三类影子价格。

其中，影子工资是影子价格体系中针对劳动力这个特殊投入物的影子价格，指的是社会为项目使用的劳动力付出的代价，一般通过影子工资换算系数计算。影子工资换算系数是影子工资与项目财务评价中劳动力的工资和福利费的比值，根据目前我国劳动力市场状况，技术性工种劳动力的影子工资换算系数取值为 1，非技术性工种劳动力的影子工资换算系数取值为 0.8。

(2) 编制国民经济评价报表

编制国民经济评价报表是进行国民经济评价的基础工作之一。国民经济评价的主要报表是国民经济效益费用流量表，包括项目国民经济效益费用流量表和项目国内投资国民经济效益费用流量表两种。

1) 项目国民经济效益费用流量表

是以项目全部投资（国内投资和国外投资）为分析对象，考察项目全部投资盈利能力的表格，如表 8.13 所示；该表可用以反映项目计算期内各年的按项目投资口径计算的各项经济效益与费用及净效益流量，并可用来计算项目投资经济净现值和经济内部收益率指标，考察项目的可行性。

表 8.13 项目国民经济效益费用流量表　　　　　　　　　　单位：万元

序号	项目	合计	计算期/年					
			1	2	3	4	…	n
1	效益流量							
1.1	项目直接效益							
1.2	资产余值回收							
1.3	项目间接效益							
2	费用流量							
2.1	建设投资(不含建设期利息)							
2.2	维持运营投资							
2.3	流动资金							
2.4	经营费用							
2.5	项目间接费用							
3	净效益流量(1-2)							

计算指标：经济净现值(ENPV)、经济内部收益率(EIRR)

2) 项目国内投资国民经济效益费用流量表

如果项目有国外投资或国外借款，需要编制项目国内投资国民经济效益费用流量表，是以国内投资为分析对象，考察国内投资部分盈利能力的表格，如表 8.14 所示。该表可用以综合反映项目计算期内各年按国内投资口径计算的各项经济效益与费用流量及净效益流量。

表 8.14 项目国内投资经济效益费用流量表　　　　　　　　　　单位：万元

序号	项目	合计	计算期/年				
			1	2	3	…	n
1	效益流量						
1.1	项目直接效益						
1.2	资产余值回收						
1.3	项目间接效益						
2	费用流量						
2.1	建设投资中的国内资金(不含建设期利息)						
2.2	流动资金中的国内资金						
2.3	经营费用						
2.4	流至国外的资金						
2.4.1	国外借款本金偿还						
2.4.2	国外借款利息偿还						
2.4.3	其他						
2.5	项目间接费用						
3	净效益流量(1-2)						

计算指标：国内投资经济净现值(ENPV)、国内投资经济内部收益率(EIRR)

（3）国民经济评价中的调整内容

国民经济效益费用流量表一般是在项目财务评价基础上进行调整编制的，有些项目也可以直接编制。

1) 在财务评价基础上编制国民经济效益费用流量表

如果是以财务评价为基础编制国民经济效益费用流量表，应注意合理调整费用与效益的范围和内容，并根据调整结果编制经济费用效益分析投资费用、经营费用、营业收入估算调整表，以及项目直接效益估算和间接效益估算调整表，具体调整内容如下。

① 剔除转移支付。将财务现金流量表中列出的营业税金及附加、所得税、特种基金、国内借款利息作为转移支付剔除。

② 计算外部效益与外部费用。根据项目的具体情况，分析项目的重要外部效果，并保持效益费用计算口径的统一。

③ 调整建设投资。用影子工资、土地影子费用等影子价格，以及影子汇率调整建设投资中的各项费用，剔除价差预备费、税金、国内借款建设期利息等转移支付项目。

④ 调整流动资金。流动资金中的应收、应付款项及现金的占用，只是财务会计账目上的资产或负债占用，并没有实际耗用经济资源，在国民经济评价中应从流动资金中剔除。

⑤ 调整营业收入。用影子价格调整计算项目产出物的营业收入，编制经济效益费用分析营业收入调整计算表。

2) 直接编制国民经济效益费用流量表

如果是直接进行国民经济评价以判断项目的经济合理性，则可按以下步骤直接编制国民经济效益费用流量表。

① 确定国民经济费用、效益的计算范围，包括直接费用、直接效益和间接费用、间接效益；

② 测算各种主要投入物和产出物的影子价格，并在此基础上对各项国民经济费用和效益进行估算；

③ 编制国民经济效益费用流量表。

（4）国民经济评价指标

国民经济评价主要是进行经济盈利能力的分析，其基本评价指标包括：经济净现值、经济内部收益率和效益费用比。

1) 经济净现值（ENPV）

经济净现值（ENPV），指的是项目按照社会折现率将计算期内各年的经济净效益流量折算到建设期初的现值之和。它是反映项目对国民经济净贡献的绝对指标，是经济费用效益分析的主要评价指标，计算公式如下：

$$\text{ENPV} = \sum_{t=0}^{n}(B-C)_t(1+i_s)^{-t} \tag{8.17}$$

式中，B 为国民经济效益流量；C 为国民经济费用流量；$(B-C)_t$ 为第 t 年的国民经济净效益流量；n 为项目计算期；i_s 为社会折现率。

应用经济净现值指标进行国民经济评价的判别准则为：如果 $\text{ENPV} \geq 0$，说明项目能够达到或超过社会折现率要求的社会盈余水平，认为该项目从经济资源配置的角度可以被接受。反之，则应拒绝。

2) 经济内部收益率（EIRR）

经济内部收益率（EIRR），指的是项目在计算期内经济净效益流量的现值累计等于零时的折现率。它是反映项目对国民经济净贡献的相对指标，是经济效益费用分析的辅助评价指标，计算公式如下。

$$\sum_{t=0}^{n}(B-C)_t(1+\text{EIRR})^{-t}=0 \tag{8.18}$$

式中，EIRR 为经济内部收益率；其他字母的含义同式(8.17)。

应用经济内部收益率指标进行国民经济评价的判别准则为：如果 $\text{EIRR} \geqslant i_s$，表明项目对国民经济的净贡献达到或超过了要求的水平，认为该项目从经济资源配置的角度可以被接受。反之，则应拒绝。

3) 效益费用比（R_{BC}）

效益费用比（R_{BC}），是指项目在计算期内效益流量的现值与费用流量的现值的比率，是经济效益费用分析的辅助评价指标，计算公式如下。

$$R_{BC}=\frac{\sum_{t=0}^{n}B_t(1+i_s)^{-t}}{\sum_{t=0}^{n}C_t(1+i_s)^{-t}} \tag{8.19}$$

式中，R_{BC} 为效益费用比；B_t 为第 t 年的经济效益；C_t 为第 t 年的经济费用。

应用效益费用比指标进行国民经济评价的判别准则为：如果 $R_{BC}>1$，表明项目资源配置的经济效率达到了可以被接受的水平，项目可行。反之，则应拒绝。

8.4 改扩建项目的经济评价

8.4.1 改扩建项目概述

(1) 改扩建项目的概念

改扩建项目是指企业为适应市场需求，在原有资产和资源的基础上为提高经济效益和社会效益而进行的投资活动。它是在企业原有的基础条件上进行的，充分利用企业原有的资产和资源，以增量调动存量从而达到企业经营目标。它不抛弃原有企业的基础，相反要充分利用这些基础条件，最大限度地实现项目本身和企业原有资产与资源的优化组合，在新形成的基础上促进总量效益的增加，实现企业经营目标。

改扩建项目的范围主要包括现有企业为了生存与发展所进行的改建、扩建、恢复、迁建和技术改造等项目类型。其中，改建项目是指为提高生产效率、改进产品质量，对原有企业的规模和生产方向（产品的用途、性能、结构）或生产设备与工艺方法进行技术改造。扩建项目是指为扩大生产规模、提高生产能力，并同时做部分产品方向调整的企业投资行为。技术改造项目是指企业对原有技术装备和工程设施进行技术改造，提高机械化、自动化水平，改进产品质量，增加花色品种，促进产品升级换代，降低能源和原材料消耗，加强资源综合利用和污染治理，提高社会综合经济效益。

改扩建项目一般是在企业现有设施的基础上进行的，因此，其组织机构的建立既可采用以项目为依托设立子公司，以新设立的子公司作为项目法人的形式，也可采用仅设立分公司由原有企业作为项目法人的形式。改扩建项目法人的财务独立，并对项目的策划、资金筹措、建设实施、生产经营、债务偿还和资产的保值增值实行全过程负责。

(2) 改扩建项目的特点

改扩建项目除了具有一般新建项目的共同特征外，因其特殊性，还具有以下特点。

1) 改扩建项目可有效调动闲置资源

改扩建项目总是在不同程度上利用企业原有的资产和资源,力求以增量调动存量,以较小的新增投入取得较大的新增效益。因此,改扩建项目可有效调动闲置资源,其实施效果较等量投入的新建项目更好。

2) 改扩建项目的建设时间较短

改扩建项目可在其建设期内将建设与生产同步进行,一般无须停产建设;且由于企业在改扩建项目实施时已具备一定的生产、技术及管理基础,因此,改扩建项目一般可以提前达产,建设时间较短。

3) 改扩建项目的效益与费用识别和计算更为复杂

由于项目的改扩建既涉及新增投资部分,又涉及企业原有的基础部分,且改扩建项目的目标不同,实施方法各异,其效益与费用表现形式呈多样性。

① 改扩建项目的主要目的在于增加产品供给、开发新型产品、调整产品结构、降低资源消耗、节省运行费用、提高产品质量、改善劳动条件以及治理生产环境等,而项目的效益与其目的有关,有些效益可以用目的直接体现,有些效益则需通过间接途径体现。

② 改扩建项目的效益主要表现在提高产量、增加品种、提高质量、降低能耗、合理利用资源、提高技术装备水平、改善劳动条件或减轻劳动强度、保护环境和综合利用等方面。其费用不仅包括新增投资、新增经营费用,还包括项目建设可能带来的停产或减产损失,以及某些原有固定资产拆除费用等。

因此,改扩建项目效益与费用的识别和计算较一般建设项目更为复杂,所有效益和费用均应反映在项目的经济评价中,对于难以定量计算的效益与费用也应作出定性描述。

8.4.2 改扩建项目的经济评价方法

(1) 基本思路

改扩建项目的财务评价可采用一般项目财务评价的基本原理和分析指标进行,但由于改扩建项目与既有企业之间存在着关联,因此,还需进行项目和企业两个层次的分析。

1) 项目层次的分析

改扩建项目的盈利能力分析应遵循"有无对比"的原则,利用"有项目"和"无项目"的效益与费用计算增量效益与增量费用,并作为改扩建项目决策的主要依据之一。改扩建项目的偿债能力分析是对"有项目"的偿债能力分析,若"有项目"还款资金不足,应分析"有项目"还款资金的缺口,即既有企业应为项目额外提供的还款资金数额;改扩建项目的财务生存能力分析是对"有项目"的财务生存能力分析。符合简化条件时,改扩建项目对项目层次的分析可直接采用"增量"数据和相关指标进行。

2) 企业层次的分析

是指分析既有企业以往的财务状况与今后可能的财务状况,了解企业生产与经营情况、资产负债结构、发展战略、资源优化利用的必要性、企业的信用等。特别关注企业为项目融资的能力、企业自身的资金成本或与项目有关的资金机会成本,有条件时还要分析既有企业包括项目债务在内的还款能力。

3) 可进行简化分析的改扩建项目类型

符合下列特定条件之一的改扩建项目,可按一般建设项目经济评价的方法简化处理。

① 项目的投入和产出与既有企业的生产经营活动相对独立。在这种情况下,项目的边界比较清楚,可以进行独立经济核算,项目的费用与效益较易识别,现金流量较易测度,符合新建项目评价的基本条件,可简化处理。

② 以增加产出为目的的项目，且增量产出占既有企业产出比例较小。在这种情况下，既有企业产出规模大，项目的增量产出不会对既有企业现金流量产生较大影响，项目实际上也相对独立，可简化处理。

③ 利用既有企业的资产与资源量与新增量相比较小。在这种情况下，被使用的既有企业的固定资产量小，意味着"有项目"情况下的现金流量基本不受既有企业的影响，可简化处理，使用新建项目的评价过程。

④ 效益和费用的增量流量较容易确定。在这种情况下，由于增量现金流量可直接用于项目（含新建项目）的盈利能力分析，且增量现金流量可视作"无项目"的流量为零时"有项目"的现金流量，因此，可作简化处理。

需要注意的是，对于可以进行简化处理的改扩建项目，一定要阐明简化处理的理由，不能直接采用新建项目的方法进行估算、分析与经济评价。

(2) 计算方法

增量法是对改扩建项目所产生的增量效果进行评价从而决定是否实施改扩建项目的方法，增量现金流量的计算是对增量投资进行增量效果评价的关键，常用的计算方法有"前后对比法"（简称"前后法"）和"有无对比法"（简称"有无法"）。

1) "前后法"和"有无法"的定义

① "前后法"。是指对项目改扩建后的经济效益状况进行预测，并与改扩建前的特定时间（如前一年）的状况进行对比分析，即将投资后和投资前的效益差视为投资引起的效益，以评价项目改扩建的必要性和预期的经济效果增量。

② "有无法"。是指对进行改扩建与不进行改扩建两种方案在未来同一时间点的经济效益进行预测和比较分析，即分别考察有投资和无投资两种情况下的效益，以它们的效益差额作为增量效益进行比较，来衡量与判断改扩建项目的必要性及经济上的合理性。

2) "前后法"和"有无法"的比较

对于新建项目，由于所有效益都是由新投资产生的，因此，这两种方法是一致的。但对于改扩建项目，由于"前后法"采用的是投资前与投资后的效益之差，可能不满足时间可比性原则，因此在应用时要注意避免可能出现计算错误。"前后法"和"有无法"的比较，以及"前后法"可能出现错误的四种情况，如图 8.4 所示。

第一种情况：有项目和无项目的净收益都增长，如图 8.4(a) 所示。其增量净收益为有、无项目时的净收益之差，按"有无法"计算的结果是改扩建项目的增量净收益为 ABC 部分；而用"前后法"计算的改扩建项目效益则是 ADC 部分，多算了 ADB 部分，这样就过高地估计了改扩建项目的增量净收益。

第二种情况：有项目净收益逐年增长，无项目净收益逐年下降，如图 8.4(b) 所示。按"有无法"计算其增量净收益为 ABC 部分；而按"前后法"计算则为 ADC 部分，又少算了效益 ABD，这样就低估了改扩建项目的增量净收益。

第三种情况：有项目和无项目时的净收益都逐年下降，如图 8.4 (c) 所示。这种情况下，实际上有改扩建项目延缓了净收益的下降速度，但如果用"前后法"就会错误地认为改扩建没有产生增量净收益。

第四种情况：无项目净收益不变，有项目净收益增加，如图 8.4 (d) 所示。只有在这种情况下，"前后法"与"有无法"之间才没有差别，因此可以说，"前后法"只是"有无法"的一种特殊情况。

由此可见，"有无法"是计算增量指标有关数据的正确方法，从而得出的评价结论也是准确科学的。对于改扩建项目而言，"前后法"可能不满足时间可比性原则，"有无法"更为适用。

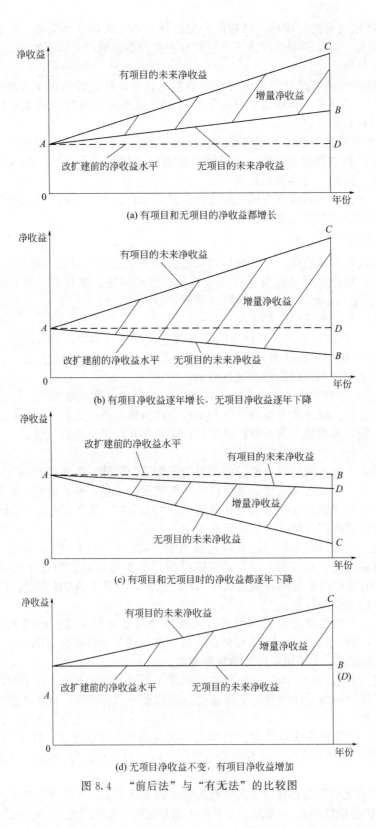

图 8.4 "前后法"与"有无法"的比较图

3) 应用实例

【例 8.2】 某机械制造厂现有固定资产估价为 6500 万元，流动资金 2600 万元，若不进行厂区扩建，未来 5 年的收入、费用如表 8.15 所示。如果进行厂区扩建，需投资 1500 万元，扩建当年收益，其未来 5 年经济数据预测如表 8.16 所示，试分析厂区扩建项目的效果。

表 8.15　某厂不扩建时未来 5 年的经济数据预测表　　　　　单位：万元

项目	第 1 年	第 2 年	第 3 年	第 4 年	第 5 年
营业收入	7500	7500	6800	6800	6000
总成本费用	5600	5700	5400	5500	5100
税金及附加	400	400	350	350	300
利润总额	1500	1400	1050	950	600

表 8.16　某厂扩建时未来 5 年的经济数据预测表　　　　　单位：万元

项目	第 1 年	第 2 年	第 3 年	第 4 年	第 5 年
营业收入	8200	8000	8200	8200	8200
总成本费用	5800	5800	5800	5900	6000
税金及附加	450	450	450	450	450
利润总额	1950	1750	1950	1850	1750

解：以增量投资利润率为例，通过增量法分析厂区扩建效果如下。

当厂区不扩建时，由表 8.15 可得，未来 5 年的累计利润为 5500 万元，平均年利润为 1100 万元。当厂区扩建时，由表 8.16 可得，未来 5 年的累计利润为 9250 万元，平均年利润为 1850 万元。

故，厂区扩建的平均年利润增量为 750 万元，新增投资 1500 万元的情况下，可算出增量投资利润率为 750/1500＝50%，说明厂区扩建效果比较好。

由本例可得，采用增量法考察的是扩建厂区新投入资金 1500 万元的效果，且无须用到厂区的原有资产估价值，因此，应用增量法还可以回避对原有资产估价的困难。

4) 改扩建项目财务评价的特点

与一般建设项目的财务评价不同，改扩建项目的盈利能力评价指标是按"有项目"和"无项目"对比，采取增量分析方法计算得到的；其偿债能力评价指标是按"有项目"后项目的偿债能力计算的，必要时也可按"有项目"后企业的整体偿债能力计算。

(3) 改扩建项目财务评价的步骤

对于改扩建项目，一般需根据其财务评价的盈利能力、偿债能力和财务生存能力进行项目的投资决策和方案比选，具体步骤如下。

1) 确定财务评价范围

改扩建项目是在企业现有基础上进行的，涉及范围可能是企业整体改造，也可能是部分改建或扩建、新建项目，因此，科学划分和界定效益与费用的计算范围是改扩建项目财务评价的基本准备工作。确定改扩建项目财务评价范围的原则是：如果项目建成后能够独立经营，形成相对独立的核算单位，则项目所涉及的范围就是财务评价的对象；如果项目投产后的生产经营与现有企业无法划分，也不能单独计算改扩建项目发生的效益与费用时，则应将整个企业作为改扩建项目的财务评价对象。

2）选取财务评价数据

采用"有无法"进行增量分析时，主要涉及以下三种数据：①"有项目"数据，即预测项目实施后各年效益与费用状况的数据；②"无项目"数据，即预测在不实施该项目的情况下，原企业各年效益与费用状况的数据；③"增量"数据，即"有项目"数据与"无项目"数据的差额，用于增量分析。

要注意的是，在进行"有项目"与"无项目"对比时，效益与费用的计算范围和计算期应保持一致，以具有可比性。为使计算期保持一致，应以"有项目"的计算期为基准，对"无项目"的计算期进行调整。

3）编制财务评价报表

改扩建项目的财务评价应按增量效益与增量费用的数据编制项目的增量财务现金流量表、资本金增量财务现金流量表；以"有项目"的效益与费用数据，编制项目利润与利润分配表、财务计划现金流量表、借款还本付息计划表等。各种报表的编制原理和科目设置与新建项目的财务评价报表基本相同，不同之处是表中有关数据的计算口径有所区别。

4）盈利能力分析

在进行既有企业改扩建和技术改造项目的盈利能力分析时，要用"有项目"的现金流量减去"无项目"的现金流量，依"增量"现金流量判别项目的盈利能力。

5）偿债能力分析

从法律上讲，改扩建项目是由既有企业出面向银行借款，还款的主体也是既有企业，因此也就只应考虑既有企业的偿债能力。然而，既有企业借款是为了项目，不管项目将来是否独立核算，都应当考察项目本身的还款能力，所以，改扩建项目应分别进行企业和项目两个层次的偿债能力分析。

① 企业层次的借款偿还能力分析。项目决策人（既有企业）要根据企业的经营与债务情况，在计入项目借贷及还款计划后，分析既有企业总体的偿债能力。当项目范围与企业范围一致时（整体改扩建），"有项目"数据与财务评价报表都与企业一致，可直接利用企业财务评价报表进行借款偿还计算、资金平衡分析和资金负债分析。当项目范围与企业范围不一致时（局部改扩建），则偿债能力分析就有可能出现企业和项目两个层次。

② 项目层次的偿债能力分析。编制借款还本付息计划表并分析拟建项目"有项目"时的收益偿还新增债务的能力，计算利息备付率和偿债备付率。考察还款资金来源（折旧、摊销、利润）是否能按期足额偿还借款利息和本金。

6）财务生存能力分析

改扩建项目只进行"有项目"状态的财务生存能力分析，分析的内容同一般建设项目。

8.4.3 并购项目的经济评价

(1) 并购项目经济评价的内容

1）并购项目的概念

并购项目包括项目的兼并与收购，是指既有企业通过投资兼并或收购目标企业，获得目标企业的部分或全部产权的项目。其中，兼并是指一个企业采取各种形式有偿接收其他企业的产权，使被兼并方丧失法人资格或改变法人实体的经济行为；收购是指通过购买公司股份而使公司经营决策权易手的行为，包括企业收购和股权收购。并购的目的在于扩大既有企业规模，提高既有企业效率，减少竞争对手，取得管理、经营、财务协同效益，增强既有企业的竞争能力，同时维持或改进目标企业原有的生产系统。

2）并购项目经济评价的内容

并购项目经济评价主要包括以下内容。

① 分析目标企业。a. 分析并购企业所处行业地位、竞争对手、行业发展趋势、市场格局与前景；b. 分析并购企业经营管理现状、资产与债务结构、盈利能力、管理水平，并预测发展前景。

② 分析既有企业。对既有企业的管理能力与水平、财务状况、品牌商誉、市场份额、融资能力、企业现状等进行翔实的分析。

③ 测算相关参数。a. 测算并购成本；b. 测算改组改造所需投资；c. 预测并购收益和经营费用。

④ 判断并购的经济可行性。构造并购后的现金流量表，依据财务净现值、财务内部收益率等评价指标判断并购的经济可行性。

⑤ 分析并购风险。包括融资风险分析、经营风险分析、政策风险分析和市场风险分析等，重点应分析资本结构的合理性，并充分考虑并购项目的不可预见成本。

需要注意的是，并购项目经济评价中一般只做财务分析，分析财务效益、资产经营效益和发展速度等，但对于影响行业结构和地区发展的重大并购项目，还应做经济费用效益分析，判断并购产生的失业、垄断等后果的社会承受能力。

(2) 并购项目财务评价的内容

具体说来，并购项目的财务评价包括测算并购成本、评估并购企业价值、预测并购效益、判断并购项目可行性，以及提出并购决策建议等主要内容。

1）测算并购成本

并购成本包括产权交易价格、并购后对目标企业的投资、咨询费、律师费、佣金等。其中，并购后对目标企业的投资包括对目标企业的改造、改组、人员安置与遣散费用等。

2）评估并购企业价值

并购企业的价值可分为基础价值、内在价值和市场价值三个层次。其中，基础价值是企业的净资产，是目标企业转让的价格下限；内在价值是目标企业的动态价值，指目标企业在持续经营的情况下可能创造出的预期的现金流量价值；市场价值是并购后，经过重组与协同，使生产要素重新组合、市场份额进一步扩大、提高竞争力、拓展新的利润增长点，从而取得规模效益。

并购企业价值是通过产权交易价格体现的，产权交易价格可采用收益现值法、账面价值调整法和市场比较法三种方法进行估算。

① 收益现值法。是从目标企业未来收益的角度，在企业"持续经营"的假定前提下，将目标企业未来预测的现金流量进行折现，计算目标企业的收益净现值，作为目标企业的内在价值，收益现值法中所采用的折现率应为目标企业的加权平均资金成本。

② 账面价值调整法。是从资产成本的角度，用重置成本法和资产变现法调整账面价值，用调整后的目标企业资产净值估算企业基础价值，即用调整后的总资产减去调整后的总负债得到。账面价值调整法在组织资本创造价值较大时失效，不适用于高科技企业和服务类企业。

③ 市场比较法。是通过比较目标企业与类似的上市公司或已交易的非上市公司的财务比率，将财务比率的比值乘以目标企业的当期收益或净资产，计算出的目标企业的市场价值。

3）预测并购效益

并购效益包括企业自身的效益以及并购带来的企业整体协同效应。

① 并购给企业自身带来的效益包括资本经营效益、市场增加值和经济增加值。

② 并购带来的企业整体协同效应包括财务协同效应和经营协同效应，可以利用有无对比

法估算协同效应。a. 财务协同效应包括通过业务多样化降低风险，或是收购一家资金短缺但有投资机会的公司获得商业机会，或是收购一家享受税收优惠的企业带来的税收节余等。b. 经营协同效应指的是处于同一业务领域的两家企业发生水平并购后，带来的生产规模的提高、成本的降低和边际利润的提高等效应。

4）判断并购项目可行性

根据测算的基础数据和确定的计算参数，编制并购后的现金流量表，计算财务净现值、财务内部收益率等财务评价指标，然后根据计算结果判断对目标企业进行并购的可行性，并进行方案的优选与优化。

8.5 公共项目的经济评价

8.5.1 公共项目的概念与分类

（1）公共项目的概念

1）公共产品或劳务的特征

项目所能提供的产品或服务按其使用或受益情况可分为私人产品和公共产品，与私人产品相比，公共产品具有效用的不可分割性、消费的非竞争性和受益的非排他性三个特征。

① 效用的不可分割性。指的是公共产品或劳务是向整个社会提供的，具有共同受益和联合消费的特点，产品的效用为整个社会的成员所共享，而不能将其分割为若干可以计价的单位供市场销售。

② 消费的非竞争性。指的是公共产品或劳务在消费时，不排斥、不妨碍其他人同时享用，即受益对象或消费者之间不存在利益冲突。

③ 受益的非排他性。公共产品或劳务在消费过程中所产生的利益为大家所共享，而非私人专用。如果将一些人排斥在受益范围之外，则要么技术上不可行，要么成本太高。

2）公共项目的定义

与私人产品和公共产品相对应，项目也可分为一般投资项目和公共投资项目。公共投资项目，简称为公共项目，指的是为了适应和推动国民经济和区域经济的发展，满足社会文化、生活需要，以及出于政治、国防等因素的考虑，由政府通过财政投资、发行国债或地方财政债券、利用外国政府赠款以及国家财政担保的国内外金融组织贷款等方式，独资或合资兴建的资产投资项目。

3）公共项目与一般项目的区别

公共项目与一般项目相比，有以下不同之处。

① 投资目标不同。公共项目的投资目标是提供公共产品、解决就业和贫富悬殊、合理配置资源等；而一般项目的投资目标往往是追求利润的最大化。

② 资金来源和投资者不同。公共项目的资金来源于政府的税收以及民间债权人，投资者为社会公众；而一般项目的资金则来源于非公有实体的投资人。

③ 效益的度量标准不同。公共项目要视具体情况采用货币度量效益或对于难以用货币表示的效益进行定性描述；而一般项目则基本都可以通过货币度量项目的收益。

④ 项目利益主体之间的关系不同。公共项目投资决策时，要考虑到可能出现的部门矛盾以及地区矛盾；而一般项目由于投资主体以利润最大化为目标，因此基本没有矛盾。

（2）公共项目的基本特征

公共项目具有以下基本特征。

1）政府主导性和公共性

公共项目是由各级政府或其他公共部门筹划、出资或运行，是以促进国民经济和社会发展为目的，直接或间接向社会提供公共产品的项目，具有政府主导性。而且公共项目提供的是公共物品，不具有享用权上的排他性，因此，也具有明显的公共性。

2）非竞争性

如果每增加一个消费者的消费，社会所需要增加的成本等于零，则称该商品为非竞争性商品。而我国目前对于政府投资公共项目的界定范围，主要是关系国家安全和市场不能有效配置资源的经济和社会领域的项目，因此，公用事业的"天然"垄断性和政府的严格监管也使得公共项目不具有一般意义上的竞争性。

3）外部性和多目标性

公共项目的外部性体现为公共项目的外部效果居多。这是由于公共项目主要涵盖了加强公益性和公共基础设施建设、保护和改善生态环境、促进欠发达地区的经济和社会发展、推进科技进步和高新技术产业化等领域范围，而这些项目的建设效果多为外部效果。

公共项目的多目标性体现为公共项目的公益性目标居多。以大型水利建设项目为例，其目标不仅包括提供电力供应，还包括灌溉、防洪、航运、旅游等多个目标。而这一特点也使得对其评价更加复杂化。

（3）公共项目的分类

公共项目的分类方式比较多，例如，根据提供的公共产品的不同，可将公共项目分为城市基础设施项目、公共卫生项目、教育项目、文化及体育项目、其他项目等。根据投资主体及资金来源的不同，可将公共项目分为政府投资项目与非政府投资项目两类，其中，政府投资项目是由政府通过财政、发行国债或地方债券、利用行政事业性收入及外国政府赠款、资本市场及证券市场的融资和国内外的捐款或贷款来筹集项目需要的资金；而非政府投资项目的投资主体则可以是国有企业、集体单位、外商和私人投资者等。

通常情况下，按项目产出具备公共产品特征的程度，可将公共项目分为纯公共项目、准公共项目和战略性或政策性项目三类。

1）纯公共项目

纯公共项目，是指提供公共产品或劳务的项目，如国防建设、义务教育、水利、气象、环保以及国家立法等项目，其项目产出完全具备公共产品的三个特征。纯公共项目产出具有非排他性和非竞争性，这类项目一般来说需要资源的投入，能够产生为公众提供服务的效益，但没有直接的现金流入。

2）准公共项目

准公共项目，是指提供准公共产品或劳务的项目，其项目产出不完全具备公共产品的三个特征。准公共项目产出具有一定的竞争性和排他性，但这些产出或提供的服务涉及人们的基本需要，或者由于存在着外部效果，使得其收费往往不足以反映项目的效益，而需政府进行补充投入或专营。例如，农业项目需要政府进行补充投入；基本医疗服务以及供电、供水、供气、邮电和城市交通等公用事业项目，虽然收费，但由于服务具有公益性和自然垄断性，因此，需要由政府或公共部门专营或授权经营。

3）战略性或政策性项目

战略性项目，是指对国家有战略意义的特大型或有较大风险但有重大前景的项目，包括出于领土完整和安全以及减少地区经济发展差异考虑的项目。政策性项目，即由国家投资的资源性产品，如电力、石油、煤炭、天然气、矿石等的开发项目。对于这类项目，无论其属于营利性或非营利性，也无论其产出物是公共产品或私人产品，政府均须负责这些项目的发起和建设过程。

8.5.2 公共项目评价的目标与原则

公共项目提供公共服务并实现各种社会目标的同时，也会消耗社会资源，因此，为了提高资源利用效率，对于公共项目而言，也存在着通过经济分析进行项目评价与方案优选的必要性。

(1) 公共项目评价的目标

1) 政府投资公共项目的目标

对于大型水利项目、环境保护项目、基础设施建设项目和公益项目等公共项目，具有投资大、周期长、经济收益低的特点，私人或企业的投资积极性有限；而对于立法、司法和执法建设项目以及国防项目等公共项目，其公共物品对社会民生关系重大且不具有市场交换性，不宜由私人或企业投资和管理。因此，对于这些公共项目必须由政府投资兴办，才能实现社会资源的有效配置，确保满足社会经济发展的需求。政府投资公共项目的基本目标是达到效率与公平的目的，政府的效率目标是通过有效投资实现社会资源的有效配置，促进社会经济增长来实现的，而其公平目标则是通过社会福利的公平分配，改善人民的生活水平来实现的。

就效率目标而言，政府不一定要在那些以盈利为目的的竞争性产业领域进行大量投资，而应将投资重点放到市场机制不能充分发挥作用的公用事业领域，以弥补市场机制的不足，从而促进社会资源配置效率的提高。就公平目标而言，政府可以通过财政税收政策，实行多收入多交税的原则来调节社会成员的收入差距。同时，还应通过公共项目投资提供免费或价格低廉的公共物品，如公共教育、医疗等，来调节社会成员的收入和福利，进一步改善社会福利分配，从而促进社会公平。

2) 公共项目评价的目标

与政府投资公共项目的目标相一致，公共项目评价追求的目标是效率和公平的统一，即社会经济福利效益的最大化。

① 公共项目的效率与公平体现在两个方面。一方面，公共项目应有利于实现社会资源的有效配置，促进经济增长；另一方面，公共项目也应有利于实现社会公平和人民生活水平的不断改善。

② 公共项目的目标具有广泛性和长期性。广泛性是指公共项目应使全社会的经济福利效益最大化；长期性则是指公共项目注重社会未来的发展和利益。

3) 公共项目经济评价的内容

公共项目目标的复杂性决定了其评价内容的复杂性，对于一般的民间投资或私人投资项目，只需做项目的财务评价，而对于公共投资项目除财务评价外，还必须做国民经济评价以及非经济性效益的社会评价。

由于公共项目的市场竞争不充分，且具有公共性和公益性、外部性或非边际性的特点，因此，以实际市场价格为基础的收入和支出数据，不足以或不能全面地反映其社会经济效益和费用，以市场导向为基础的投资决策会偏离社会需求，造成公共产品供应不足或供应过剩的局面，导致资源配置的浪费。所以公共项目的经济评价，正是从社会和国家的角度考察项目实施资源配置的分析与论证工作，通过效益和费用的分析及计算，形成并推荐资源配置最为合理的项目方案。

(2) 公共项目评价的原则

由于公共项目的特点，如不完全受市场竞争的制约、项目资金来源于广大的公众和纳税人,且项目决策涉及大量非经济因素等,因此,在进行公共项目评价时,为保证其效率与公平统一的评价目标,应遵循如下原则。

1) 更加注重社会和国家的宏观效果的原则

公共项目是以提供公共物品为特征的项目,对其评价不应局限于项目本身的营业收入和利润,而应以增进社会经济效益和改善社会福利为基本评价依据。因此,公共项目的评价不能仅关注项目本身层面的微观效果,更要注重社会和国家层面的宏观效果。

2) 更加关注间接效果的原则

公共项目除产生直接效果外,还会产生许多涉及社会各方面的间接效果,且公共项目的间接作用传导机理非常复杂,往往难以精确估计。此外,公共项目对社会的影响具有长期性,其效果往往要经过很长时间才能显现,这更加剧了公共项目评价的不确定性。因此,公共项目进行国民经济评价时,对其间接效果的识别与评估至关重要,是评价结论正确性的保障。

3) 更加强调定量与定性分析相结合的原则

在确定公共项目的效益与费用,尤其是间接效益与费用的过程中,往往存在着难以用货币或实物单位衡量的基础数据或评价结果,即国民经济评价中的无形效果,需要通过定性的描述,得出定性化结论,这是由公共项目的多目标性和外部性特点所决定的。因此,在公共项目的国民经济评价中,必须更加强调采用定量与定性分析相结合的评价方法,并通过持续研究尽量将更多对于无形效果的分析与评价定量化。

8.5.3 公共项目的效益和费用

(1) 公共项目效益和费用的分类

根据公共项目的影响范围、投资主体和效果特征的不同,可将其效益和费用分为直接与间接、内部与外部、有形与无形三类。

1) 直接效益和费用与间接效益和费用

① 直接效益和费用 (direct benefit and cost)。是指项目在整个寿命周期内直接产生的全部效益和费用。例如,高速公路建设项目的直接效益体现为:因该项目而获得的公路通行费收入、因该公路的开通而节省的机动车运行费、因高等级公路增加了行车安全而减少的车祸损失等;高速公路建设项目的直接费用体现为:为该项目而进行的勘察、设计、施工,以及搬迁、维护、养路、日常管理等所产生的费用。

② 间接效益和费用 (indirect benefit and cost)。是指未包括在项目直接效益和费用之内的、从属于直接效益和费用并由其所引发的效益和费用。例如,高速公路建设项目中的间接效益体现为:项目沿线土地价值的提高、商业活动的增加、职工上下班时间的节省,以及居民文化生活的改善等;高速公路建设项目中的间接费用体现为:由于项目占用农田而引起的农产品产出减少、原有农业设施被分割破坏,以及因项目造成的环境污染等所产生的费用。

2) 内部效益和费用与外部效益和费用

① 内部效益和费用 (internal benefit and cost)。是指由项目投资经营主体所获得的收益及承担的费用。例如,建设供水、供电或供气的工业厂房项目时,为地区增加水、电、气供应量所获得的营业收入属于内部效益,而为项目所进行的研究、勘察、设计、建设和运行费用等均为内部费用。

② 外部效益和费用 (external beneit and cost)。是指项目以外的收益和费用,又称作伴随效果。其特点是受益者通常不需要付出任何代价,而受损者也得不到任何补偿,具有偶然的附带性。例如,免费通行的人行天桥或地下通道项目为通行者带来的便利就是外部效益;而其施工过程中给行人带来的交通或生活不便所造成的损失就是外部费用。

3) 有形效益和费用与无形效益和费用

① 有形效益和费用 (tangible benefit and cost)。是指可用货币或实物单位计量的具有物质形态的效益和费用。为了便于分析和对比，项目的有形效益和费用应尽可能采用货币单位计量，实在无法采用货币单位时方可考虑采用实物单位计量。一般情况下，对于公共项目的投入品，如投资和经营费用等的识别与计量较为方便，而对于公共项目的产出物，则因其公共物品的属性，在效益与费用的识别与计量过程中比一般投资项目更为困难。

② 无形效益和费用 (intangible benefit and cost)。是指缺乏物质形态、难以对其货币化或实物化计量的效益和费用。例如，公路工程建设项目中，对于乘客的舒适和安全感、公路路线布置的美学价值，以及沿途保护文物或对生态环境造成的影响等，是无法按市场价格或付费来衡量或反映的。对于这类项目的无形效果，应尽可能地进行计量，实在无法计量时，也应采用定性分析方法，尽量对其以文字、图片、音像等方式予以阐述和评价。

公共项目的效益和费用按照直接与间接、内部与外部、有形与无形进行分类时，其概念各自不同，但又相互关联，如直接效益和费用同内部效益和费用之间、间接效益和费用同外部效益和费用之间，有时相互重叠相互包含。因此，根据《建设项目经济评价方法与参数》（第三版）的规定，在我国进行建设项目可行性研究和经济评价时，应将直接效果和内部效果等同，间接效果和外部效果等同，在效益与费用计量时应选择其中之一进行分类，以免重复或遗漏。

(2) 效益和费用的识别与计量原则

对于公共项目效益和费用的识别，应以目标为依据、统一计量范围，按照增量分析的原则进行；对于公共项目效益和费用的计量，应遵循支付意愿、受偿意愿和机会成本的原则进行。

1) 以目标为依据的原则

公共项目的目标是效益和费用识别与计量的基本依据，效益是对目标实现的贡献，费用是实现目标所付出的代价。由于公共项目具有多目标性，其效益和费用的识别与计量需要围绕各个目标展开分析，因此，较其他项目效益和费用的识别与计量而言，公共项目的更加复杂。

2) 统一计量范围的原则

公共项目效益和费用的发生具有时间性和空间性，因此在计量时应遵循时间和空间上的一致性，统一计量范围。

① 遵循时间上的一致性。首先，要明确计量的时间范围，一般以项目的整个寿命周期作为效益和费用计量的时间范围；其次，要注意时间域，由于公共项目寿命周期较长，所以其产生的资金的时间价值不容忽略，因此，要使效益和费用的计量在同一时间域内进行。

② 遵循空间上的一致性。任意扩大或缩小考察的空间范围，或对效益和费用的考察空间不一致，都会造成项目评价的偏差。因此，首先要确定考察项目效益和费用的合理空间，其次要使效益和费用的计量在相同的空间进行。

3) 遵循增量分析的原则

公共项目效益和费用的识别与计量结果，最终是通过分析和预测项目本身所带来的效益和费用变化，即增量效益和增量费用得到的。增量分析可采用"有无对比法"和"前后对比法"进行，且应以"有无对比法"作为增量效益和增量费用分析的首选方法，仔细甄别，以避免重复计量。

4) 遵循支付意愿、受偿意愿和机会成本原则

① 遵循支付意愿原则。对于公共项目产出物正面效果的计量应遵循支付意愿原则，即项目效益可由社会成员意愿为项目产出的效益所支付的价值来计量。

② 遵循受偿意愿原则。对于公共项目产出物负面效果的计量应遵循受偿意愿原则，即项目费用可由社会成员因受到项目带来的不利影响而获得的补偿价值来计量。

③ 遵循机会成本原则。对于公共项目投入的经济费用的计量应遵循机会成本原则，即项目投资的计量可由该项目所占用资源的机会成本来确定，机会成本应按资源的其他最有效利用所产生的效益进行计量与估算。

8.5.4 公共项目的经济评价方法

根据公共项目的政府主导性以及效益面向社会大众的特点，其经济评价主要指的是国民经济评价，应以效益和费用对比作为评价的基础方法。若公共项目的效益和费用均可采用货币单位计量，其相应的评价方法称为费用效益分析法；若公共项目的效益不能采用货币单位计量，则其相应的评价方法称为费用效果分析法。

（1）费用效益分析法

费用效益分析法是建立在公共项目的费用与效益均可采用货币计量基础上的评价方法。

1) 应用费用效益分析法的基本条件

应用费用效益分析法应满足以下三个基本条件。

① 各方案具有共同的目标。即各比选方案都应具有共同的目标或目的，这一点是保证方案可比性的基础，也是进行公共项目比选的首要条件。

② 各可行方案的信息是可知的。即对于独立方案或多个互斥的可行方案，每个方案包括项目的投资、寿命期、内外效益等信息都是可知的。

③ 非货币性费用和效益可货币化。费用和效益均可采用货币单位计量是费用效益分析法的首要条件，因此，采用该方法时，对于公共项目中的非货币性费用和效益，应能够合理地转化为货币性费用和效益。

2) 费用效益分析法的影响因素

在应用费用效益分析法进行公共项目的国民经济评价时，考察的视角、财务基准收益率的确定以及方案寿命期不等的问题都会影响到评价结果，因此，必须正确认识这些因素的影响，并加以妥善处理，以保证做出准确的评价。

① 考察的视角。对项目费用和效益的考察通常包含四个层次，即利益相关者、中央政府部门、地方政府部门和全社会。

② 基准收益率的确定。与私人投资项目类似，公共项目费用和效益的计算也与基准收益率有很大关系，但作为特殊的投资者，政府投资的特定职能决定了其不能只关注经济效益，因此，公共项目的基准收益率实质上就是社会折现率，应从社会资本无风险收益率出发，综合考虑效率与公平统一的目标因素，在无风险收益率基础上加上一定的附加收益，确定出相应的基准收益率。

③ 寿命期不等。当公共项目比选方案的寿命期不等时，通常取最长寿命期作为分析期。如果所取分析期短于项目寿命期时，则必须估计出这些项目的剩余价值，其处理方法与残值计算的方法相同。

3) 单方案或独立方案的费用效益分析法

① 采用费用效益比进行评价的方法。对于单方案或独立方案应用费用效益分析法时，其最重要的评价指标是费用效益比，计算公式如下。

$$(B/C)_j(i) = \frac{\sum_{t=1}^{n} B_{jt}(1+i)^{-t}}{\sum_{t=0}^{n} C_{jt}(1+i)^{-t}} \qquad (8.20)$$

式中，$(B/C)_j$ 为项目 j 的费用效益比；B_{jt} 为项目 j 第 t 年的效益，$t=1, 2, \cdots, n$；C_{jt} 为项目 j 第 t 年的费用，$t=0, 1, 2, \cdots, n$；i 为财务基准收益率；n 为项目 j 的寿命年限。

应用费用效益比进行国民经济评价的准则为：$(B/C)_j \geqslant 1$，项目可以接受；$(B/C)_j < 1$，项目应拒绝。

② 采用费用效益差进行评价的方法。对于单方案或独立方案应用费用效益分析法时，也可采用费用效益差进行评价，计算公式如下。

$$(B-C)_j(i) = \sum_{t=0}^{n}(B_{jt} - C_{jt})(1+i)^{-t} \tag{8.21}$$

应用费用效益差进行国民经济评价的准则为：$(B-C)_j \geqslant 0$，项目可以接受；$(B-C)_j < 0$，项目应拒绝。

4) 两个或两个以上互斥方案的费用效益分析法

① 采用增量费用效益比进行评价的方法。对于两个或两个以上互斥方案应用费用效益分析法时，可采用增量费用效益比指标进行评价，计算公式如下。

$$(\Delta B/\Delta C)_{2-1}(i) = \frac{\Delta B_{2-1}(i)}{\Delta C_{2-1}(i)} = \frac{\sum_{t=1}^{n}(B_{2t} - B_{1t})(1+i)^{-t}}{\sum_{t=0}^{n}(C_{2t} - C_{1t})(1+i)^{-t}} \tag{8.22}$$

应用费用效益比进行国民经济评价的准则为：$(\Delta B/\Delta C)_{2-1} \geqslant 1$，选择效益现值大的方案；$(\Delta B/\Delta C)_{2-1} < 1$，选择效益现值小的方案。

② 采用增量费用效益差进行评价的方法。对于两个或两个以上互斥方案应用费用效益分析法时，也可采用增量费用效益差指标进行评价，计算公式如下。

$$\Delta(B-C)_{2-1}(i) = \Delta B_{2-1}(i) - \Delta C_{2-1}(i)$$
$$= \sum_{t=1}^{n}(B_{2t} - B_{1t})(1+i)^{-t} - \sum_{t=0}^{n}(C_{2t} - C_{1t})(1+i)^{-t} \tag{8.23}$$

应用增量费用效益差进行国民经济评价的准则为：$\Delta(B-C)_{2-1} \geqslant 0$，选择效益现值大的方案；$\Delta(B-C)_{2-1} < 0$，选择效益现值小的方案。

由于公共项目的费用和效益具有较大的不确定性，在完成以上国民经济评价之后，还应在费用效益分析的基础上进行盈亏平衡分析、敏感性分析和风险分析等，以减小公共项目由于费用与效益的不确定性造成的影响，提高分析评价的可靠性，确保投资决策的有效性。

(2) 费用效果分析法

费用效果分析法，又称为成本效果分析法或成本效用分析法，是应用于公共项目的效益无法采用货币单位计量时的评价方法。

1) 费用效果分析法的适用范围

费用效果分析法适用于项目的产出无法用货币单位计量，但可用物质单位或其他方法计量的项目，广泛应用于国防、航天、航空、学校、医疗、政府机构、环境保护等公共项目的评价中。另外，在费用效果分析中，费用是用货币单位计量的，而效果（或效能、效用）是对项目目标的直接或间接度量，是用非货币单位计量的，由于费用和效果计量单位不同，不具有统一的量纲，致使费用效果分析法无法像费用效益分析法那样用于项目方案的绝对经济效果评价，即无法判断项目方案自身的经济性，但可用于对互斥方案的优选，即项目方案之间的相对经济效果评价。

2)应用费用效果分析法的基本条件

应用费用效果分析法，需要满足以下三个基本条件。

① 各方案必须具有共同的、可识别的和可实现的目标或目的；

② 在所有方案中，必须有两个或两个以上可以满足目标的、相互排斥的方案；

③ 必须具有由若干约束条件形成的边界，其中费用采用货币单位计量，效果采用非货币单位计量。

3)费用效果分析法的标准步骤

在采用费用效果分析法对公共项目进行多方案比选时，应按以下 10 个标准步骤进行。

① 确定公共项目应实现的目标、目的或使命。费用效果分析的目的是识别实现既定目标的最优方案。

② 表述实现目标所必须的要求，即说明实现目标所必须满足的标准。

③ 设计实现目标的可行方案。至少保证应有两个可行方案达到或超过既定目标。

④ 建立评价指标，将方案的效果与目标联系起来。在进行评价指标的选取时，应注意指标的可获得性、可靠性和可维修性等。

⑤ 选择评价方法。常用的评价方法有固定效果法和固定费用法。其中，固定效果法的判别准则是用最小的费用实现既定目标或效能水平，适用于目标明确而项目费用允许有一定变动范围的情况。固定费用法的判别准则是在既定费用水平下实现的效能是否最高，适用于项目费用有严格限定的情况。

⑥ 根据评价指标确定各方案的效果。运用上一步所选定的评价方法，按选取的评价指标对各方案的效果进行确定、评价。

⑦ 以适合的方式表述各方案及其效果。方案的目标及评价指标是多方面的，由于量纲不同，无法用同一计量单位度量效果，可采用加权法、模糊矩阵法、层次分析法等方法，对各评价指标求加权值，即为方案的总效果。

⑧ 根据效果判别准则和费用因素分析各方案。不同项目对费用和效果的限制程度各不同，可根据费用和效果的判别准则对待选方案进行排序，淘汰明显处于劣势的方案，也可以对项目目标做必要的修正或补充，然后进行方案的评价。

⑨ 进行敏感性分析和其他不确定性分析。采用敏感性分析法、概率分析法和风险分析法等，考察方案在基本条件发生变动时，可能导致的结果变化范围与程度，以做出风险判断。

⑩ 撰写分析或研究报告。根据以上步骤得出的分析过程与结论，对于项目背景、目标及其确定依据，备选方案的技术特征与可行性，费用和效益的识别与计量，以及不确定分析结果，比较评价分析及其结论，推荐方案的优劣分析等进行详细的说明与总结。

(3) **收益需求法**

收益需求法的核心是给企业所有者确定一个公平的回报率，即在成本基础上再加上一个适当的投资回报率来确定产品或服务的价格。

1)收益需求法的适用范围

收益需求法适用于提供公共产品的经营性公司的项目经济评价。这类公司主要是指水、电、气、通信等经营企业，这些企业通常占有确定的经营区域，没有或很少有竞争，此时，对于消费者而言无法受竞争的保护，没有产品的自由选择权，就需要政府和立法机构通过对这些企业设置业绩标准和价格管制来保护消费者的权益。因此，可以采用最小收益需求法，即逆向评价方法，给企业所有者确定一个公平的回报率，以保证投资项目既提供满足消费者期望的服务，又获取适当企业收益的基本目标。

2）收益需求法的应用步骤

① 确定最小收益需求。公共产品经营企业项目的收益需求元素包括五项内容，即项目年经营成本、年折旧额、借贷资金的年利息额、所得税和项目所有者预期的合理回报。其中，年经营成本的确定与项目所提供的产品和服务的数量有关，而其他四项则为项目的固定费用。

② 计算税后现值或年值并确定或优选方案。项目在整个寿命周期内的效益需求需要以一定的折现率折算成税后现值、年值等，然后根据计算出的评价指标进行方案可行性的判断；在多方案选择时，按项目效益需求的税后现值或税后年值最小的方案作为最优方案。

8.5.5 费用效益分析法案例

【例 8.3】 某城市拟修建一条高等级公路以取代原有运营期已满、长度为 28km 的三级公路。拟修建高等级公路的计划寿命期为 30 年，忽略固定资产残值，财务基准折现率为 8%。现有以下三个备选方案：

方案一：更换并重修混凝土高级路面，期初投资 330 万元，随后每 10 年的路面翻新费为 280 万元，此外，每年路面的维护费是每千米 2 万元。

方案二：新建一条长度为 24km 的高速公路，期初投资 1100 万元，随后每 10 年的路面翻新费为 260 万元，此外，每年路面的维护费为每千米 2 万元。

方案三：新建一条长度为 23km 的直线公路，期初投资为 2100 万元，随后每 10 年的路面翻新费为 255 万元，此外，每年维护费为每千米 3.5 万元。

已知公路日均机动车流量及运行成本如表 8.17 所示，三个备选方案的行车速度、时间成本和事故成本如表 8.18 所示。

表 8.17 公路日均机动车流量及运行成本表

车型	轻型卡车	重型卡车	摩托车	轿车
日均流量/辆	380	270	90	3580
运行费用/(元/km)	0.7	1.10	0.35	0.45

表 8.18 行车速度、时间成本和事故成本

方案		方案一	方案二	方案三
公路长度/km		28	24	23
车速/(km/h)	重型卡车	40	45	45
	其他	50	55	60
年均事故数量/辆		115	85	80

【问题】试选择最佳方案。

解：(1) 计算出各方案的内部费用年值，即投资年值与年维护费之和。

1）投资年值

方案一：$[330+280(P/F,8\%,10)+280(P/F,8\%,20)](A/P,8\%,30)$
　　　　$=46.15$（万元/年）

方案二：$[1100+260(P/F,8\%,10)+260(P/F,8\%,20)](A/P,8\%,30)$

$$=113.32(万元/年)$$

方案三：$[2100+255(P/F,8\%,10)+255(P/F,8\%,20)](A/P,8\%,30)$
$$=201.83(万元/年)$$

2）年维护费用

方案一：$2\times28=56(万元/年)$

方案二：$2\times24=48(万元/年)$

方案三：$3.5\times23=80.5(万元/年)$

3）总年值

可得，$AC_1=102.15(万元/年)$；$AC_2=161.32(万元/年)$；$AC_3=282.33(万元/年)$

分析：根据费用年值的排序 $AC_1<AC_2<AC_3$，从项目内部看，方案一的内部成本年值最低。但是，从社会和国家角度看，是否能认为方案一是最优方案呢？不能！因为，公共项目投资的决策依据是公共利益的最大化，而上述分析仅仅代表项目投资的财务内部支出这一个方面，还需要对项目的外部公共效益进行分析，才能得出正确的结论。

（2）计算各方案的外部费用

公路建设项目的外部费用包括：运行成本、时间成本和事故成本。

1）运行成本

方案一：$(380\times0.70+270\times1.10+90\times0.35+3580\times0.45)\times28\times365=2254.02(万元)$

方案二：$(380\times0.70+270\times1.10+90\times0.35+3580\times0.45)\times24\times365=1932.02(万元)$

方案三：$(380\times0.70+270\times1.10+90\times0.35+3580\times0.45)\times23\times365=1851.52(万元)$

2）时间成本

假设商务用车（所有卡车和25%的轿车）的时间成本为25元/时，非商务用车的时间成本为10元/时。

方案一：$[(380/50+270/40)\times25+90/50\times10+3580/50\times(0.25\times25+0.75\times10)]\times28\times365$
$$=1391.2(万元)$$

方案二：$[(380/55+270/45)\times25+90/55\times10+3580/55\times(0.25\times25+0.75\times10)]\times24\times365$
$$=1081.06(万元)$$

方案三：$[(380/60+270/45)\times25+90/60\times10+3580/60\times(0.25\times25+0.75\times10)]\times23\times365=960.18（万元）$

3）事故成本

假设每辆汽车事故成本（包括物质财产损失、医药费、误工费和其它相关费用）为11000元，则可以计算出项目各方案的事故成本。

方案一：$115\times11000=126.5(万元)$

方案二：$85\times11000=93.5(万元)$

方案三：$80\times11000=88(万元)$

表 8.19 所示为项目成本汇总表。

表 8.19　项目成本汇总表　　　　　　　　　　　　　　　　　　　单位：万元

项目		方案一	方案二	方案三
内部成本	投资	46.15	113.32	201.83
	维护成本	56	48	80.5
	内部总成本	102.15	161.32	282.33

续表

	项目	方案一	方案二	方案三
外部成本	运行成本	2254.02	1932.02	1851.52
	时间成本	1391.2	1081.06	960.18
	事故成本	126.5	93.5	88
	外部总成本	3771.72	3106.58	2899.7
总成本		3873.87	3267.9	3182.03

（3）计算各方案的外部效益

公路建设项目的外部效益包括：节省机动车的运行费、时间节约和增加行车安全、减少车祸损失等。本例题中没有给出效益的绝对数值，需要将某方案相对于另一方案所带来的外部成本节约作为项目效益。

（4）应用效益费用分析法进行方案的优选

1）采用增量效益费用比优选

ΔB_{2-1}＝方案一外部总成本－方案二外部总成本
　　　＝3771.72－3106.58＝665.14(万元)

ΔC_{2-1}＝方案二内部总成本－方案一内部总成本
　　　＝161.83－102.15＝59.68(万元)

$$(\Delta B/\Delta C)_{2-1}=\Delta B_{2-1}/\Delta C_{2-1}=665.15/59.68=11.15$$

由于效益成本比大于1，因此，方案二优于方案一。

$$\Delta B_{3-2}=3106.58-2899.7=206.88(万元)$$
$$\Delta C_{3-2}=282.33-161.32=121.01(万元)$$
$$(\Delta B/\Delta C)_{3-2}=\Delta B_{3-2}/\Delta C_{3-2}=206.88/121.01=1.71$$

可见，方案三优于方案二。因此，应选择方案三。

2）采用增量效益费用差优选方案

采用增量效益费用差法进行选择时，可以得出相同的结论。

$$\Delta(B-C)_{2-1}=\Delta B_{2-1}-\Delta C_{2-1}$$
$$=665.15-59.68$$
$$=605.47(万元)>0$$

$$\Delta(B-C)_{3-2}=\Delta B_{3-2}-\Delta C_{3-2}$$
$$=206.88-121.01$$
$$=85.87(万元)>0$$

因此，方案三为最优选择方案。

3）采用总成本最小的准则评价

按表8.19中所列的总成本数值，如果以总成本最小作为判别依据也可得出与上述分析完全相同的结论，即方案三的总成本最小，为最优方案。

思考练习题

8.1 简述建设项目基本建设程序包括的阶段。

8.2 简述建设项目决策的影响因素。
8.3 简述可行性研究阶段的划分及其对应的投资误差范围。
8.4 简述可行性研究的作用。
8.5 简述财务评价与国民经济评价的联系与区别以及取舍标准。
8.6 简述财务评价的内容与步骤。
8.7 简述财务评价盈利能力分析和偿债能力分析的指标体系。
8.8 简述国民经济评价的目的和内容。
8.9 简述国民经济评价中费用和效益识别的原则。
8.10 简述"前后法"和"有无法"的含义。
8.11 简述公共项目与一般项目的区别及其基本特征。
8.12 简述公共项目效益和费用的识别与计量原则。
8.13 某项目第1年初投资1500万元,第2年初投资500万元,第2年末开始每年的年经营成本为1000万元、年销售收入为1500万元。若计算期为5年,基准折现率5%,残值为0。问题:(1)画出现金流量图;(2)计算财务净现值指标;(3)计算财务净年值指标。
8.14 某方案的净现金流量如表8.20所示,行业的基准投资回收期为3年,基准收益率为6%,试计算:(1)静态投资回收期;(2)财务净现值;(3)财务净现值率;(4)财务净年值。试判断:该方案是否可行,为什么?

表8.20 现金流量表 单位:万元

年份/年	0	1	2	3	4	5	6
净现金流量	−50	−80	60	80	80	80	80

8.15 某项目全部投资国民经济评价的各年份实际净现金流量如表8.21所示,试计算其经济净现值和经济内部收益率。

表8.21 现金流量表 单位:万元

年份/年	0	1	2	3	4~11	12
净现金流量	−350	−120	0	80	160	260

第 9 章 价值工程的应用

【本章内容概要】

本章首先通过价值工程的起源、发展历程和发展趋势介绍了价值工程的发展沿革,并通过分析功能、寿命周期成本和价值的含义、构成及其关系全面阐述了价值工程的基本概念、特点和意义;然后通过介绍价值工程的工作程序与应用步骤、团队组建与信息收集的方法和要点,以及选择价值工程对象的原则与方法阐述了价值工程的基本原理,并介绍了功能分析的三项内容以及功能评价的两种方法;最后详细介绍了方案创新的基本概念与主要方法、方案评价的步骤和内容,以及方案实施与价值工程活动成果鉴定的内容,并通过价值工程优选方案的实例详细罗列了价值工程的应用过程。

【本章学习要点】

◆ 掌握:成本与功能的关系、价值的含义、提高价值的途径、价值工程的工作程序与应用步骤、选择价值工程研究对象的方法、功能分析的内容、功能评价的功能系数法。

◆ 熟悉:功能的含义、功能的分类及其构成、寿命周期成本的含义与构成、价值工程的特点、选择价值对象的原则、功能评价的功能成本法、方案创新的基本概念、方案评价的步骤。

◆ 了解:价值工程的发展沿革、价值工程的意义、价值工程团队组建与信息收集、方案创新的主要方法、方案评价的内容、方案实施与价值工程活动的成果鉴定。

9.1 价值工程概述

9.1.1 价值工程的发展沿革

价值工程(value engineering,VE),又称为价值分析(value analysis,VA),是 20 世纪 40 年代后期起源于美国的一种科学管理技术,创始人是当时美国通用电气(General Electric,GE)公司负责采购工作的电气工程师麦尔斯(Lawrence D. Milcs)。

(1)价值工程的起源

在第二次世界大战期间,美国的军事工业获得了极大的发展,但同时也由于大量军需物资的生产,出现了资源短缺、物价飞涨和原材料供不应求的问题。如何合理利用资源、解决原材料紧缺在当时成为非常重要的研究课题。按当时美国《消防法》的规定,美国通用电气公司需将具有防污、防火功能的石棉板铺在地板上以避免给产品喷刷涂料的时候玷污地板,引起火灾。当时负责采购工作的电气工程师麦尔斯在为公司采购石棉板的过程中,就遇到了因受战争影响,石棉板价格昂贵且供应紧张的问题。

麦尔斯通过研究得到,购买某种材料的目的并不在该材料本身,而在于材料的功能,因此,如果在特定情况下,虽然买不到指定的某一种材料,但可以找到具有同样功能的其他材料来代替,仍然能够满足其使用效果。于是针对石棉板采购困难的问题,麦尔斯提出了寻找代用资源的方法,并开始在采购中努力寻求与短缺材料具有相同功能的代用品,最终通过调查发现,石棉板的主要功能是防止汽车装配中的涂料漏洒在地板上引起火灾,而石棉板材料的这种防火功能若采用一种廉价的防火纸来替代,同样可以达到防止火灾的目的,经过试用和检验,美国消防部门通过了这一种与石棉板具有同样防污、防火功能,货源充足且价格只有其四分之一的代用材料。麦尔斯的这一举措不仅缓解了材料供应紧张的局面,节约了大量的开支,而且使他从原材料的相互代用中得到启发,即用户购买和使用的是物品的功能。

(2) 价值工程的发展历程

从研究并实施代用材料开始,麦尔斯逐渐摸索出一套特殊的工作方法,将以最低的费用向用户提供所需要的功能作为产品设计的思路与理念,把技术设计和经济分析结合起来考虑问题,用技术与经济价值统一对比的标准衡量方案。并进一步将这种分析方法从研究产品开发、设计、制造的部门推广到经营管理的各个方面,逐渐总结成为一套比较系统和科学的新兴管理方法。1947 年,麦尔斯在《美国机械师》杂志上发表了名为《价值分析程序》的文章,公布了这一研究成果。至此,"价值工程"正式产生,由于在价值工程方面的杰出贡献,麦尔斯也被誉为"价值工程之父"。

麦尔斯的价值工程从分析功能、满足功能入手,找出不必要的工作环节,努力降低成本,取得了良好的效果,通用电气公司在开发价值工程技术上投入了 80 多万美元,而在应用价值工程的前十七年间就节约了 2 亿美元。因此,由于经济效果显著,价值工程在世界各国得到了迅速推广。美国国防部采用后,将其命名为 VE,1954 年美国海军舰船局首先采用 VE,1956 年签订了订货合同,第一年就节约了 3500 万美元。美国政府部门制定的 A-131 价值工程条款中,将 VE 以立法形式全面应用于工程管理。1955 年价值工程传到日本,1960 年开始在日本的企业中大量采用,并与质量管理 (quality control,QC) 和工业管理工程 (industrial engineering,IE) 结合起来,形成了具有日本特色的"VE、QC、IE 综合管理"的方法,在产品设计、工艺改进、材料代用、取消不必要成本等各方面都取得了巨大的收获。我国运用价值工程是从 20 世纪 70 年代末开始的,1984 年国家经委将价值工程作为十八种现代化管理方法之一向全国推广,至 1987 年,国家标准局颁布了第一个价值工程国家标准《价值工程基本术语和一般工作程序》。

(3) 价值工程的发展趋势

距价值工程的提出至今已有 70 余年,价值工程的理念、理论和方法已在世界范围内得到了广泛的应用,并被公认是一种相当成熟而行之有效的技术,是降低成本的有效方法。以 VE 为核心的价值管理的持久实践,不仅为美国、日本等发达国家的公司创造了价值,赢得了巨额利润,也为它们赢得了大量的商机和广阔的市场。与此同时,价值工程本身也在不断地获得新的发展和改进。目前,除了 VA 和 VE 外,还出现了价值管理 (value management,VM)、最佳价值 (best value,BV) 等改进的方法,其价值观和创新观也深刻地影响着发展中国家各类企业的管理理念,为发展中国家的公司提供了创新的动力,从而提高了它们的竞争能力与市场开拓能力。

9.1.2 价值工程的基本概念

价值工程是通过分析对象的功能和成本之间的内在联系,并通过创新的手段和途径加以改进,从而提升对象价值的管理理念、理论、方法论和方法。价值工程的对象具有广泛性,既可以是某类产品、某种工艺、某个系统,也可以是某项服务等,其目的在于以最低寿命周期成本可靠地实现必要功能或使用者所需的功能,以获取最佳的综合效益。价值工程既不片面强调功能的完善,也不过分突出成本的降低,而是立足于功能与成本的关系,将功能与成本有机地统一起来进行系统分析与研究。价值工程的三个要素是功能、寿命周期成本和价值。

(1) 功能的概念

1) 功能的含义

价值工程中的功能 (function,F),即功用、效用。功用是指产品所具有的特定用途,是产品所能满足人们某种需要的属性,例如,住宅的功能是提供生活居住的房屋,仓库的功能是提供储藏的场所,高速公路的功能是提供快速交通通道等。效用是指用户在使用过程中需求得到的满足,由于产品的功能只有在使用过程中才能最终体现出来,所以某一产品功能的大小即效用是由用户来承认、确定的。对某一特定产品功能的要求,并不是越高越好,而是要视用户的具体要求而定。用户购买产品,就是购买产品的功能,而企业则是通过生产获得用户所需求的功能。

2) 功能的分类及其关系

一种产品往往会有多种不同的功能,功能分析的目的在于确保必要功能,消除不必要功能。为便于功能分析,需要对功能进行分类,一般情况下,可分为以下几类。

① 必要功能和不必要功能。必要功能是为满足使用者的需求而必须具备的功能,即用户所需求的基本功能,缺少必要功能,就无法使用户得到预期的渴望和需求;不必要功能是对象所具有的、与满足使用者的要求无关的功能,除去必要功能之外的其他功能都可以划归为不必要功能。

② 基本功能和辅助功能。基本功能是与对象的主要目的直接有关的功能,是决定对象性质和存在的基本因素;辅助功能是为了更有效地实现基本功能而附加的功能。一般来说,基本功能是必要的功能,辅助功能有些是必要的功能,有些可能是多余的功能,例如,打印机的基本功能是打印功能,有些打印机还配备了扫描的辅助功能,则扫描功能对于已经拥有扫描仪的用户而言,就是不必要的多余的功能。

③ 不足功能和过剩功能。不足功能是对象尚未满足使用者需求的必要功能;过剩功能是对象所具有的、超过使用者需求的功能。不足功能和过剩功能之间具有相对性,例如,同样一件产品,对于甲用户而言,可能其功能不足,而对于乙用户而言,则可能其功能过剩。

④ 使用功能与品位功能。使用功能是指对象所具有的与技术经济用途直接相关的功能;品位功能是指与使用者的精神感觉、主观意识有关的功能,如美学功能、外观功能、欣赏功能等。这两项功能产品往往兼而有之,但根据用途和消费者的要求不同而有所侧重。例如,地下电缆、地下管道、设备基础等属于建筑的使用功能,而外观的艺术造型、装饰装修的色彩搭配等则属于建筑的品位功能。

3) 功能分析

功能分析是实施价值工程的核心内容。功能分析包括功能定义、功能整理和功能评价。通过功能定义,可以了解用户对产品的要求;通过功能整理,可以明确各功能之间的关系;通过功能评价,可以就价值工程对象现有的各个功能配置的适宜性进行评价。经过功能分析的各个步骤,就能够分清产品的基本功能和辅助功能,找出必要功能和不必要功能,并明确各功能之间的关系,从而找出方案创新的对象。

(2) 寿命周期成本的概念

1) 寿命周期成本的含义与构成

价值工程中的成本(cost,C),是寿命周期成本,即总成本,指的是产品从构思、设计、生产、流通、使用、维护直至该产品报废这一过程中的全部成本费用。寿命周期成本由生产成本和使用成本构成,生产成本是指产品在研究开发、设计制造、运输施工、安装调试过程中发生的成本;使用成本是用户在使用产品的过程中所发生的费用总和,包括产品的维护、保养、管理、能耗等方面的费用。

2) 成本与功能的关系

寿命周期成本、生产成本、使用成本与功能之间的关系,如图9.1所示。

从图9.1可以看出,一般情况下,生产成本随产品功能水平的提高而上升,使用成本随产品功能水平的提高而下降,寿命周期成本则随产品功能水平的变化而呈开口向上的抛物线形变化。另外,寿命周期成本具有一个最小值 C_{min},这个最小值所对应的产品功能 F_0 为最适宜的理想功能水平。

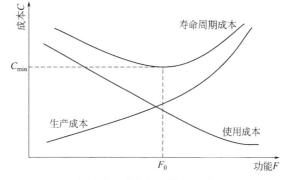

图 9.1　成本与功能关系图

价值工程的目的,就是通过科学的分析研究使得产品具有一个适当的功能水平,从而确保产品的寿命周期成本最低。实际分析中,有些产品很难找到最低寿命周期成本值,往往需要反复应用价值工程分析,最终确定功能与成本的最佳匹配点,以保证产品满足用户的要求。

(3) 价值的概念

1) 价值的含义

在经济学中,有交换价值和使用价值的概念,凝结在产品中的社会必要劳动时间越多,产品在市场上越是供不应求,其交换价值就越大;使用价值是对象能够满足人们某种需要的程度,即功能或效用越大,其使用价值就越大。

价值工程中的价值(value,V),不同于经济学中的交换价值或使用价值,它是一个比较价值或相对价值的概念,指的是分析对象所具有的功能与获得该功能和使用该功能的全部费用即寿命周期成本之比,价值的表达式如下。

$$V=\frac{F}{C} \tag{9.1}$$

式中,V 为价值;F 为功能;C 为成本或费用。

2) 提高价值的途径

价值工程的目标就是提高研究对象的价值,提高价值的途径有以下五种。

① 通过创新,在提高研究对象功能的同时,降低其成本,从而大幅度提高价值。这是一种双向型的价值提高模式,也是提高价值最为理想的途径。

即,$\dfrac{F\uparrow}{C\downarrow}=V\uparrow\uparrow$

② 在研究对象成本不变的条件下,通过提高其功能,提高利用资源的效果或效用,达到提高价值的目的,这是一种改进型的价值提高模式。

即，$\dfrac{F\uparrow}{C\rightarrow}=V\uparrow$

③ 在保持研究对象功能不变的前提下，通过降低其寿命周期成本，达到提高价值的目的，这是一种节约型的价值提高模式。

即，$\dfrac{F\rightarrow}{C\downarrow}=V\uparrow$

④ 在研究对象功能有较大幅度提高，而成本有较少提高的情况下，达到提高价值的目的，这是一种投资型的价值提高模式。

即，$\dfrac{F\uparrow\uparrow}{C\uparrow}=V\uparrow$

⑤ 在研究对象功能略有下降而成本大幅度降低的情况下，达到提高价值的目的，这是一种牺牲型的价值提高模式。

即，$\dfrac{F\downarrow}{C\downarrow\downarrow}=V\uparrow$

9.1.3 价值工程的特点和意义

(1) 价值工程的特点

价值工程的特点主要体现在其应用目的、核心内容、分析思路、结论导向和实施过程等方面。

1) 其应用目的是以最低的寿命周期成本，实现产品的必要功能

价值工程是以最低的费用支出，提高产品的价值，以实现其必要功能，使用户和建设者都得到最大的经济效益，其中，费用支出指的是包括了生产成本和使用成本的寿命周期成本。

2) 其核心内容是对产品进行功能分析

价值工程中的功能分析是指对产品能够满足用户某种要求的属性进行研究，即效用分析。应用价值工程的核心是分析产品的基本功能与辅助功能，并将其定量化，即将功能转化为能够与成本直接相比的量化指标，然后分析各方案对这些功能的实现程度。

3) 其分析思路是将产品的价值、功能和成本作为一个整体同时进行考虑

价值工程是在确保产品功能的基础上综合考虑生产成本和使用成本，兼顾用户的利益，通过对功能和成本之间的关系进行定性与定量的分析，从而确定产品的价值，并择优选用实现其功能的可靠方法，为降低费用支出寻求科学的依据。

4) 其结论导向强调不断改革和创新，获得新方案

通过价值工程开拓新构思和新途径，创造新的功能载体，从而简化产品结构、节约原材料、节约能源、绿色环保，以最终提高产品的技术经济效益。

5) 其实施过程是以集体的智慧开展的有计划、有组织的管理活动

价值工程是依靠集体的专业知识和能力进行的有组织、有领导的系统活动，需要把产品相关各方的专业人才组织起来，充分发挥其专业才能与实践经验。

(2) 价值工程的意义

价值工程是通过各相关领域的协作，对所研究对象的功能与成本进行系统分析，不断创新，旨在提高研究对象价值的思想方法和管理技术，对于涉及产品（或服务）和费用的领域，其应用都有着重要的意义。

1) 能够促进企业技术先进性与经济合理性的有效结合

技术的先进性与经济的合理性是企业发展的重要理念，技术与经济之间也是既有区别又有联系的统一体。但在生产实践中，大部分的企业都将二者割裂开来。例如，企业可能在生产的过程中为提高产品质量，而过分讲求技术的先进性，却忽视了产品改进中成本和价格的大幅度上涨；也有可能为了降低产品的生产成本，却又忽视了技术的改进而使得产品质量下降，从而最终影响经济效益的提高。应用价值工程则强调要对产品的技术方案进行经济评价，既考虑了技术上的先进性和可操作性，又考虑了经济上的合理性和可行性，从而实现了二者的有效结合，避免了因片面考虑导致的不良后果。

2) 能够促进企业技术和经营管理水平的进一步提高

我国大多数企业在其原有生产技术与管理水平的基础上，想要不断提高经济效益的难度是很大的。但通过价值工程能够帮助企业定位产品目标，通过创新与技术改进，在保证产品的必要功能和基本功能的基础上，摒弃或部分去除产品中的不必要功能或辅助功能，以使得产品的生产与使用成本均为最低，从而提高产品的价值，因此，应用价值工程是提高企业技术和经营管理水平的一种重要手段。

3) 能够更好地保障企业经营和发展目标的实现

价值工程是以用户的满意度为改进主旨，通过市场调查，掌握即时的市场动态，根据市场需要不断开发新产品，改进老产品，并寻求以最低的寿命周期成本满足用户对产品功能的最大需求，这与企业经营和发展的战略相一致。通过应用价值工程，能够使企业的产品更加符合市场要求，以充分保证预期营销目标的实现，从而为企业取得最佳的经济效益。

9.2 价值工程的基本原理

9.2.1 工作程序与应用步骤

(1) 价值工程工作程序

价值工程的工作程序一般可分为准备、分析、创新、实施与评价四个阶段，每个阶段有三个步骤，共计十二个步骤，各阶段的工作步骤实质上就是针对产品的功能和成本提出问题、分析问题和解决问题的过程，如表 9.1 所示。

表 9.1 价值工程的工作程序

工作阶段	工作步骤	应回答的问题
准备阶段	①价值工程对象选择 ②组成价值工程工作小组 ③制定价值工程工作计划	价值工程的研究对象是什么？围绕研究对象需进行哪些准备工作
分析阶段	④收集整理信息资料 ⑤功能系统分析 ⑥功能评价	价值工程研究对象的功能是什么？价值工程对象的成本和价值是多少
创新阶段	⑦方案创新 ⑧方案评价 ⑨提案编写	有无其他方案替代后可以实现同样功能？新方案的成本是多少？新方案能满足要求吗
实施与评价阶段	⑩方案审批 ⑪方案实施与检查 ⑫方案成果鉴定	如何保证方案的实施？价值工程的工作效果如何

(2) 价值工程应用步骤

价值工程的应用范围广，其具体工作程序包括的内容也不尽相同，一般情况下，应用价值工程对方案进行优选就是通过价值系数的计算选取价值最高的方案的过程，主要包括研究对象选择、功能分析、功能评价、方案创新、方案评价五个步骤，如图9.2所示。

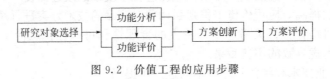

图 9.2 价值工程的应用步骤

9.2.2 团队组建与信息收集

(1) 价值工程团队组建

价值工程活动通常是一个跨领域的合作过程，组建合适的团队组织至关重要，为保证价值工程工作各环节的有序进行以及工作结果的科学适用性，价值工程团队建设应着重考虑以下两个方面。

1) 根据研究对象涉及的阶段性不同，广泛选择价值工程参与者

价值工程的工作团队应由多部门代表组成，以获取更全面系统的跨领域观点。例如，产品的研发部门能提供产品的设计理念；销售部门能提供客户需求的宝贵信息；专家技术顾问能提供产品生产制造的专业化知识等。

2) 根据研究对象涉及的内容不同，考虑组建多学科团队

通常情况下，一个新的替代方案可能对其他技术领域产生无法预料到的影响，而如果在团队中拥有各类合适的专业人士，就能够对这种风险作出预判，从而减少由此带来的损失。例如，在进行公路工程的改扩建项目价值工程分析时，价值工程团队的成员不仅应考虑投资、设计、监理、建造和环保类的专家，还应同时考虑用户（驾驶员等）、相关社区代表、交警等相关人员。

(2) 价值工程信息收集

1) 信息资料的收集原则

信息资料就是研究的资源，是价值工程实施过程中进行价值分析比较、评价和决策的重要依据，价值工程的成果质量很大程度上取决于所收集信息资料是否适宜。信息资料的收集工作应贯穿于整个价值工程活动的各个步骤和环节。

信息资料收集的原则包括：①收集信息资料的范围应涵盖产品从研制、生产、流通、交换到消费的全过程；②收集信息资料的过程中，应注意信息的广泛性、目的性、计划性、可靠性、时效性和经济性；③信息资料在实际应用时，应统筹兼顾，力求在较短的时间内完成信息资料的整理、总结与归类工作。

2) 信息资料收集的内容

价值工程收集的信息资料因对象不同而异，主要内容包括以下几个方面。

① 用户信息。即用户使用产品的目的及其使用环境，以及用户对产品性能、价格、售后服务的要求等信息资料。

② 市场信息。即产品现有市场规模、未来销售趋势、市场竞争情况等信息，以及同类产品的性能、质量、价格和市场占有率，换代产品的发展可能性等信息资料。

③ 技术信息。即产品的历史和演变过程、产品结构和加工工艺、国内外同类产品的相关

技术信息资料，以及与产品相关的新工艺、新材料、新技术和新标准等信息资料。

④ 经济信息。即国民经济发展计划、国民收入水平及变化情况、人口统计数据、政府财政和货币政策等信息，以及通货膨胀率及变化趋势、产品成本、利润等信息资料。

⑤ 本企业和外协企业的基本信息。即本企业的发展计划、人力资源等信息，以及外协企业的技术、经济、财务情况和外协产品类型、数量、价格等信息资料。

⑥ 环境保护的相关信息以及政府和社会方面的法律、法规、条例等信息资料。

3）信息资料收集的方法

在进行价值工程的相关信息资料收集时，可采用的方法主要包括询问法、查阅法、观察法。其中，询问法是通过面谈、电话以及书面询问、网络调查询问等方式获取相关信息资料；查阅法是通过查阅各种出版物，如专业书籍、期刊、已发布的专利、专项会议的论文，以及查询各类网络资源的方式获取相关信息资料；观察法是通过直接到现场观察分析，或通过试销试用，或通过购买样品、图纸、技术等方式获取相关信息资料。

9.2.3　价值工程对象的选择

（1）选择对象的原则

价值工程的对象应根据企业的发展方向、经营目的、存在的问题等，以提高生产率、产品质量、经济效益为目标，选择功能改进和成本降低的潜力比较大的产品，具体的选取原则如下。

① 从社会需求的角度选择价值工程对象时，应考虑对国计民生及实现企业经营目标影响较大的产品，以及社会需求量大、竞争激烈和有良好发展前景的产品。

② 从产品设计的角度选择价值工程对象时，应考虑结构复杂、零部件多、体积和质量大、设计生产周期短的产品，以及在同类产品中性能、效用和技术指标差的产品。

③ 从产品的生产角度选择价值工程对象时，应考虑量大面广、工序烦琐、工艺复杂的产品，以及原材料和能源消耗高、质量难于保证的产品。

④ 从产品的销售角度选择价值工程对象时，应考虑用户意见大、退货索赔多和竞争力差的产品，以及维修能力和利润率低的产品。

⑤ 从产品的成本角度选择价值工程对象时，应考虑成本高或成本比重大的产品，情报资料易收集齐全、投入较少且收效快的产品，以及价格较贵且有代用可能的产品和成品率较低的产品。

（2）选择对象的方法

选择价值工程对象的方法主要有经验分析法、百分比法、ABC分析法、强制确定法，以及最合适区域法等。

1）经验分析法

经验分析法是价值工程对象选择的定性分析方法，是根据有丰富实践经验的设计人员、施工人员、企业的专业技术人员和管理人员等，对影响产品价值的环境、人员、设备、材料、工艺等相关因素进行全面综合分析后，对于产品中存在问题的直接感受，通过主观判断确定价值工程对象的方法。这种方法的缺点是没有定量分析、如果分析人员经验不足或专业性不强时可信度低，其优点是简便易行，考虑问题的全面性和综合性强，是目前初选研究对象时较为常用的方法。

2）百分比法

企业通常为社会提供多个产品或服务，而每种产品为企业带来的收益及所占用的成本往往是有差异的。百分比法就是通过分析备选对象对企业的两个及以上技术经济指标的影响程度来确定价值工程对象的方法。

【例 9.1】 某汽修厂生产五种产品，每种产品的成本和利润及其占总成本和总利润的百分比如表 9.2 所示。现需对该厂进行价值工程活动，以提高产品的利润水平，试确定价值工程的对象。

表 9.2　某厂产品成本和利润的百分比

产品种类	A	B	C	D	E	合计
成本/万元	110	35	10	15	22	192
成本百分比	57.3%	18.2%	5.2%	7.8%	11.5%	100%
利润/万元	38	6	5	8	7	64
利润百分比	59.4%	9.4%	7.8%	12.5%	10.9%	100%
利润百分比/成本百分比	1.04	0.52	1.5	1.6	0.95	—
从大到小排序	3	5	2	1	4	—

分析：一般情况下，某种产品的收益能力应与其成本相对应，根据经济学原理，按照最优资源分配原则，企业每一件产品上的边际成本应该相同，且都接近企业的边际成本。本例应用百分比（利润百分比/成本百分比）法进行价值工程对象选择时，应遵循此原则。

解：由表 9.2 可知，产品 B 的成本占产品总成本的 18.2%，但其利润仅占总利润的 9.4%，因此，根据最优资源分配原则，应选择产品 B 作为价值工程分析的重点对象。

百分比法的缺点是不够系统和全面，其优点是可以针对事先选定的某几项技术经济指标进行各产品影响程度的定量分析，因此，百分比法适用于企业在一定时期内要提高某些技术经济指标，且拟选对象数目不多的情况。为能够更全面、更综合地选择价值工程分析对象，百分比法也常常与经验分析法结合应用。

3）ABC 分析法

在企业中，不同产品对总收益的贡献水平也是不同的，总有少数的产品贡献了绝大多数份额的收益，而绝大多数的产品只贡献了少数的收益。ABC 分类法，又称为帕累托图法、重点选择法，就是寻求"关键的少数"，并把它作为价值工程对象进行重点管理的有效方法。

ABC 分析法通常根据产品对某项技术经济指标（如成本）的影响程度和产品数量的比例大小两个因素，将全部产品分成 A、B、C 三类。通过这种划分，明确"关键的少数"和"一般的多数"，以便准确地选择价值工程的分析对象，A、B、C 类别划分参考值如表 9.3 所示，也可用帕累托曲线表示，如图 9.3 所示。

表 9.3　A、B、C 类别划分参考值

类别	数量占总数百分比	成本占总成本百分比	研究对象的选择
A	约 10% 左右	约 70% 左右	重点对象
B	约 20% 左右	约 20% 左右	一般对象
C	约 70% 左右	约 10% 左右	暂不作为对象

如表 9.3 和图 9.3 所示，在 ABC 分析法中，A 类数量约占总数的 10%，成本约占总成本的 70%；B 类数量约占总数的 20%，成本约占总成本的 20%；C 类数量约占总数的 70%，成本约总成本的 10%。在具体分析时，A 类产品数量少而成本比重大，是产品成本中举足轻重

的关键种类，应列为价值工程的对象；B类产品只作一般分析；C类产品虽然数量多，但对整体成本影响不大，可暂时不作分析。

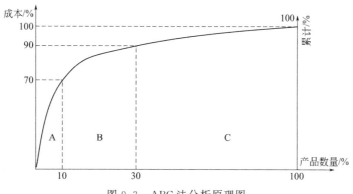

图 9.3 ABC 法分析原理图

一般应用 ABC 分析法选择价值工程对象的步骤为：将全部产品或一种产品的零部件按成本大小依次排队；按排队的累计件数求出占产品或零部件总数的百分比；根据产品或零部件的累计成本求出占总成本的百分比；按 ABC 分析法将全部产品或零部件分为 A、B、C 三类；画出帕累托曲线，并首选 A 类为价值对象，其次再选 B 类。

【例 9.2】 某框架结构的钢筋混凝土住宅楼工程，其土建部分可划分为七个分部工程，住宅楼土建部分的总成本为 422.36 万元，该住宅楼所含各分部工程的成本及其占总成本的百分比如表 9.4 所示。

表 9.4 各分部工程成本及其占总成本的百分比表

分部工程名称	成本/万元	占总成本的百分比/%
基础工程	60.31	14.28
砌筑工程	88.79	21.02
主体工程	144.03	34.1
楼地面工程	32.31	7.65
墙柱面工程	44.17	10.46
天棚面工程	34.72	8.22
其他工程	18.03	4.27
总计	422.36	100

解：将各分部工程的成本或其占总成本的百分比按大小排序后，得到该住宅楼各分部工程的 ABC 分类如表 9.5 所示。

表 9.5 各分部工程的 ABC 分类表

分部工程名称	成本/万元	百分比/%	累计分部工程数	累计分部工程数百分比/%	累计成本百分比/%	分类
主体工程	144.03	34.1	1	14.28	34.1	
砌筑工程	88.79	21.02	2	28.57	55.12	A 类
基础工程	60.31	14.28	3	42.86	69.4	

续表

分部工程名称	成本/万元	百分比/%	累计分部工程数	累计分部工程数百分比/%	累计成本百分比/%	分类
墙柱面工程	44.17	10.46	4	57.14	79.86	B类
天棚面工程	34.72	8.22	5	71.43	88.08	B类
楼地面工程	32.31	7.65	6	85.71	95.73	C类
其他工程	18.03	4.27	7	100	100	C类
总计	422.36	100	—	—	—	

由表 9.5 可得，价值工程对象应选主体、砌筑和基础分部工程作为首要研究对象。

ABC 分析法的优点是能抓住重点，将数量少而成本高的产品选为价值工程对象，利于集中力量、重点突破，取得较大成果。其缺点是没有将费用与功能联系起来共同考虑，容易忽视功能重要但成本不高的对象。在实际工作中，由于成本分配的不合理，往往会出现有的产品功能比较次要，但成本却较高，或产品功能比较重要但成本却较低的现象。对于后一种产品，本应选为价值工程对象，提高其功能水平，但因其成本较低而被划为 C 类，未被选为研究对象。为避免出现这种现象，解决的方法是结合其他方法综合分析，以保证研究对象的选择有效。

4）强制确定法

强制确定法是以功能重要程度选择价值工程对象的一种分析方法，也常用于功能评价和方案评价。强制确定法是建立在产品或零部件的成本大小应与其功能重要性相一致的基础上进行选择的方法，如果某产品的成本很高，而其某功能在产品中的重要性又较低，或者反之，成本与功能不相匹配时，就可采用强制确定法。

强制确定法的具体做法是：首先计算分析对象的成本系数、功能系数，然后求出价值系数，通过价值系数可体现出各产品的功能与成本之间是否相符，如果不相符，则选择价值系数低的产品作为价值分析对象。这种方法从功能和成本两方面综合考量，简便且适用性强，但由于在功能评价时采用专家人为打分的方式，可能会由于专家主观性导向而不能准确反映功能差距的大小，因此，只适用于各零部件之间差别不太大且较均衡的情况。应用强制确定法时，一次分析的零部件不宜过多，对于零部件很多的情况，可以先采用 ABC 法、经验分析法选出相对重点的零部件，然后再采用强制确定法进行细选。

在进行价值工程对象选择时，除了以上介绍的四种方法外，还有费用比重分析法、用户评分法、成本模型法、功能重要性分析法等，可视实际的具体情况灵活运用或综合应用。

9.3 功能分析与功能评价

9.3.1 功能分析的内容

功能分析是价值工程的核心和基本内容，功能分析的目的在于准确掌握购买产品的业主、客户或用户要求的功能和水平，实现以最低的成本创造必要功能的目标。功能分析包括功能定义、功能整理和功能确定等内容，其分析过程如表 9.6 所示。

表 9.6 功能分析过程表

分析内容	分析目的	指标性质
功能定义	分析各组分的功能本质，明确各组分的功能	定性指标

续表

分析内容	分析目的	指标性质
功能整理	分析各组分功能间的关系,明确实现功能的目的或手段	定性指标
功能确定	对各组分功能重要程度进行定性化排序,明确需评价的功能	定性指标

(1) 功能定义

功能定义就是以简明扼要的语言描述出产品功能的实质,例如,建筑功能是指建筑产品满足社会需要的各种性能的总和,一般分为社会功能、适用功能、技术功能、物理功能和美学功能等。

功能定义的作用主要包括以下几个方面。

① 明确产品的功能特性。即明确产品和组成产品各零部件的功能,使产品设计的功能满足用户要求。

② 便于进行功能评价。只有进行了明确的功能定义,才能进行产品功能的评价,确定实现功能的最低费用。

③ 便于构思产品的改进设计方案。通过功能定义可使设计者不受产品结构的限制,将分析重点放到产品的功能上,创造出各种新的设计方案。

(2) 功能整理

不同的产品有不同的使用功能,它们通过一系列因素体现出来,反映产品的使用要求,功能整理是在功能定义的基础上,找出各功能相互之间的逻辑关系,对各功能进行系统整理和排序,并以图表形式表达,为功能评价和方案创新提供依据。

功能整理的步骤是:①明确功能范围,确定产品的基本功能和辅助功能;②建立功能体系,明确功能之间的上下位关系和并列关系;③检查功能定义的准确程度,作出修改和补充;④画出功能系统图,如图 9.4 所示。

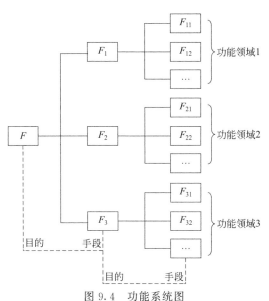

图 9.4 功能系统图

如图 9.4 所示的功能系统图,是按照一定的原则和方式,将定义的功能连接起来,从单个到局部,再从局部到整体而形成的一个完整的功能体系。功能系统图由左向右逐级展开形成功能等级层次,F 为产品的一级功能;F_1、F_2、F_3…为产品的二级功能;F_{11}、F_{12}…为产品的三级功能。F_1、F_{11}、F_{12}…构成功能目的为 F_1 的功能领域 1;F_2、F_{21}、F_{22}…构成功能目的为 F_2 的功能领域 2;F_3、F_{31}、F_{32}…构成功能目的为 F_3 的功能领域 3。在位于不同等级层次的相邻两个功能之间,左边的上一级功能称为右边的下一级功能的目标功能,而右边的下一级功能则称为左边的上一级功能的手段功能,如 F_1 是 F_{11} 的目标功能,而 F_{11} 则是 F_1 的手段功能。功能系统图也可据此原理从上向下依次绘制,如图 9.5 所示。

功能整理的作用包括:①确认必要功能,通过根据目的与手段功能的关系绘制的功能系统

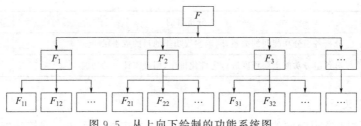

图 9.5 从上向下绘制的功能系统图

图,明确实现用户所要求的功能的措施;②判明不必要功能和过剩功能,这是功能整理的重要目的,是根据每一级目的功能寻找实现它的手段功能,而所有的手段功能也都应有自己存在的明确目的,据此取消多余功能;③补充不足功能,在功能定性分析中,对某些缺少手段的目的功能可根据实际需要进行必要的手段补充;④提出合理的功能结构方案,为定量分析提供依据。功能系统分析的最终步骤是定量分析,而定性分析所提供的反映各单项功能之间的功能系统图正是对功能进行定量分析的基础。

(3) **功能确定**

功能确定是以功能系统图为基础,以研究对象的整体功能为出发点,利用定性分析方法依据各个功能之间的逻辑关系逐级分析,对各组分功能重要程度进行定性化排序,明确需评价的功能以保证必要功能、剔除过剩功能,以及补足欠缺功能,为功能评价和方案创新等提供依据的过程。功能确定的定性方法很多,例如,按国家标准或行业标准确定的方法、因素分析法、用户打分法、专家调查法等,只要是能够准确描述功能性能程度的定性方法,原则上都可以采用。

9.3.2 功能评价的功能成本法

(1) **功能评价的思路**

功能评价是在经过了功能定义、功能整理和功能确定的定性分析之后,在已定性确定问题的基础上进一步作定量的分析,即评定功能的价值。而价值 V 是功能 F 与成本 C 的比值,为使功能与成本具有可比性,需将功能定量地表示为实现功能需要的最低费用金额,然后将其与成本直接相比,得出功能的价值。

因此,在进行功能评价时,价值工程的成本有两种:一种是现实成本,即目前的实际成本;另一种是目标成本,即实现功能需要的最低费用金额。而功能评价就是要找出功能的目标成本,以功能目标成本为基准,通过与功能现实成本的比较,求出两者的比值即功能价值,如式(9.2)所示,以及两者的差异值即改善期望值,如式(9.3)所示。然后选择功能价值低、改善期望值大的功能作为价值工程活动的重点对象。

$$功能价值(功能价值系数)=功能评价值(目标成本)/功能现实值(现实成本) \quad (9.2)$$
$$功能改善期望值=功能现实值(现实成本)-功能评价值(目标成本) \quad (9.3)$$

功能价值的评价方法主要包括功能成本法和功能系数法两种。

(2) **功能成本法**

功能成本法,又称为绝对值法,是指计算得出实现必要功能所消耗的最低成本与实现必要功能所耗费的现实成本之比,即价值,然后计算出功能改善期望值,确定改进功能的方法。计算公式为:

$$V_i = \frac{F_i}{C_i} \tag{9.4}$$

式中，V_i 为第 i 个评价对象的价值；F_i 为第 i 个评价对象的功能评价值（目标成本）；C_i 为第 i 个评价对象的现实成本。

价值 V_i 的大小反映了产品零部件单位实际成本所实现的功能水平的程度。

① 当 $V_i=1$ 时，表示功能评价值等于功能现实成本，一般无须改进。这种情况表明评价对象的功能现实成本与实际功能所必需的最低成本大致相当，说明评价对象的价值为最佳。

② 当 $V_i<1$ 时，表示功能现实成本高于功能评价值，应优先考虑作为改进对象。这种情况表明评价对象的现实成本偏高，而功能要求不高，可能由两种情况导致：a. 存在着过剩的功能；b. 功能虽无过剩，但实现功能的条件或方法不佳，以至于实现功能的成本大于功能的实际需要。

③ 当 $V_i>1$ 时，表示功能现实成本低于功能评价值，说明该部件功能比较重要，分配的现实成本较少，是否作为改进对象还需具体分析。一般有两种情况：a. 如果经检查功能是恰当的，即这种功能与成本的分配已较为理想就无须再改进；b. 如果是功能不足造成现实成本偏低，则应增加成本、提升功能从而使功能价值提高以适应用户的需要。

9.3.3 功能评价的功能系数法

功能系数法，又称为相对值法，是指先计算出表示评价对象功能重要程度的功能重要性系数与相对应的成本系数之比，即价值系数，然后确定改进对象的方法。

(1) 计算功能重要性系数

功能重要性系数又称功能评价系数或功能指数，是指评价对象（如产品的零部件等）的功能在整体功能中所占的比率。功能重要性系数作为该功能的重要度权数，是对各项功能重要程度进行的定量化描述。常用的功能重要性系数计算的主要方法有 0~1 评分法、0~4 评分法、直接评分法和环比评分法等。

1) 0~1 评分法

首先，以 0 分和 1 分作为评分标准，将产品的各个功能进行一对一比较，重要的得 1 分，不重要的得 0 分。然后，将各功能所得的分数除以各功能得分总和，求出各自的功能重要性系数。

例如，某个产品有五项功能，用 0~1 评分法确定该产品功能重要性系数的过程如表 9.7 所示。

表 9.7　0~1 评分法计算功能重要性系数表

产品功能	一对一比较结果					得分	功能重要性系数
	F_1	F_2	F_3	F_4	F_5		
F_1	×	0	1	1	0	2	0.20
F_2	1	×	0	1	1	3	0.30
F_3	0	1	×	1	1	3	0.30
F_4	0	0	0	×	1	1	0.10
F_5	1	0	0	0	×	1	0.10
合计	—	—	—	—	—	10	1.00

2) 0~4 评分法

是对 0~1 评分法的改进,能够反映出功能相对重要性的差异程度。其评分标准为:①很重要的产品功能得 4 分,很不重要的得 0 分;②比较重要的产品功能得 3 分,不太重要的得 1 分;③同样或基本同样重要的两个产品功能各得 2 分。然后,将各功能所得的分数除以各功能得分总和,求出各自的功能重要性系数。

例如,某个产品有五项功能,这五项功能根据专家意见得出的按重要性定性化排序为:$F_1 > F_2 = F_3 > F_4 = F_5$,现用 0~4 评分法确定功能重要性系数的过程如表 9.8 所示。

表 9.8 0~4 评分法计算功能重要性系数表

产品功能	一对一比较结果					得分	功能重要性系数
	F_1	F_2	F_3	F_4	F_5		
F_1	×	3	3	4	4	14	0.35
F_2	1	×	2	3	3	9	0.225
F_3	1	2	×	3	3	9	0.225
F_4	0	1	1	×	2	4	0.10
F_5	0	1	1	2	×	4	0.10
合计	—	—	—	—	—	40	1.00

3) 直接评分法

直接评分法是邀请 5~15 位对于产品各零部件的功能都非常熟悉的专家、相关部门的技术人员以及操作人员等,对产品的各项功能直接打分的方法。这种方法进行功能评价时需规定总分标准,且每个参评人员对产品各零部件的打分之和必须等于总分。

例如,某个产品有五项功能,功能的总得分标准为 10 分,专家及相关人员(以 A~H 表示)对这五项功能的打分情况,以及采用直接评分法确定功能重要性系数的过程如表 9.9 所示。

表 9.9 直接评分法计算功能重要性系数表

产品功能	专家打分								得分	功能重要性系数
	A	B	C	D	E	F	G	H		
F_1	3	3	1	2	2	3	2	2	18	0.225
F_2	2	1	3	3	3	1	2	2	17	0.2125
F_3	4	4	3	3	4	4	3	3	28	0.35
F_4	0	1	0	0	0	1	1	1	4	0.05
F_5	1	1	3	2	1	1	2	2	13	0.1625
合计	10	10	10	10	10	10	10	10	80	1.00

4) 环比评分法

环比评分法也称倍比法、比率法,是利用功能之间的相关性进行比较,从而确定功能重要性系数的方法。具体步骤为:①暂定功能重要性系数,依次比较相邻两个功能的重要程度,给出两个功能重要性比值;②修正功能重要性系数,令最后一个被比较的功能的重要性系数为 1

(作为基数)依次修正各功能的重要性系数;③计算得到最终的功能重要性系数。

例如,暂定某产品的五个功能之间重要性的关系为:F_1 的重要性是 F_2 的 2 倍;F_2 的重要性是 F_3 的 0.5 倍;F_3 的重要性是 F_4 的 3 倍;F_4 的重要性是 F_5 的 1.5 倍。则应用环比评分法计算功能重要性系数的过程如表 9.10 所示。

表 9.10　环比评分法计算功能重要性系数表

产品功能	暂定重要性系数	修正后的重要性系数	功能重要性系数
F_1	2.0	4.5	4.5/13.75=0.33
F_2	0.5	2.25	2.25/13.75=0.16
F_3	3.0	4.5	4.5/13.75=0.33
F_4	1.5	1.5	1.5/13.75=0.11
F_5	—	1.0	1.0/13.75=0.07
合计	—	13.75	1.00

(2) 计算并分析价值系数

1) 计算成本系数

成本系数是指评价对象的现实成本在全部成本中所占的比率,计算公式为:

$$成本系数 = 功能单元成本值 / 总成本值 \tag{9.5}$$

2) 计算并分析价值系数

① 价值系数的计算公式为:

$$V_j = \frac{F_j}{C_j} \tag{9.6}$$

式中,V_j 为第 j 个评价对象的价值系数;F_j 为第 j 个评价对象的功能重要性系数;C_j 为第 j 个评价对象的成本系数。

② 价值系数 V_j 的三种情况分析。a. $V_j = 1$,说明产品价值高,功能重要程度与功能的现实成本匹配合理,一般无须改进;b. $V_j < 1$,说明产品成本过大,功能重要程度小,有改进的潜力,是重点改进的对象;c. $V_j > 1$,说明产品功能分配偏高或成本分配过低,应当查明原因,或者剔除多余功能,或者适当增加成本。

9.4　方案创新与方案评价

9.4.1　方案的创新

(1) 方案创新的基本概念

1) 方案创新的含义

方案创新是指根据使用者对功能及水平的要求,针对已确定的重点改进对象,从提高研究对象的功能价值出发,在正确的功能分析与功能评价的基础上,通过创造性思维,提出能够可靠地实现必要功能的各种创新方案,然后对各方案进行评价、优选和实施的过程。因此,在价值工程活动中,方案创新就是解决研究对象的问题、实现提高其功能价值的关键环节。

2) 方案创新的原则

方案创新的理论依据是功能载体具有替代性,这种替代的重点在于两个方面,其一是以功能创新的新产品替代原有产品,其二是以功能创新的方案替代原有的结构方案。因此,方案创新的过程是思想高度活跃的进行创造性开发的过程,应遵循以下原则。

① 创新应从产品的长远功能价值考虑。在方案创造与创新过程中,不受时间、空间的限制,吸收各种可采用的先进技术和工艺。

② 创新应集思广益、博采众长,发挥创造性。在方案创造与创新过程中,在保证必要功能的基础上,不受原有产品和设备限制,大胆革新,以促进产品的更新换代;对于受现有技术和材料限制的,要大胆开发,广拓思路,力求发展新技术、新材料与新工艺。

3) 创新方案的制定

在方案创新的过程中,提案人会从不同的角度,采用不同的方法,提出多种设想、建议和方案,对此应先进行粗略评价,删除价值明显过低的方案,并将保留下来的、可提高价值的方案进一步具体化。在这些方案具体化的过程中,要将功能系统与实物结构系统联系起来综合考虑,既要考虑到各部分的结构建议方案,又要考虑到方案能否实现其各项功能。同时,还可以从不同的技术经济要求出发,将有关方案中的适当因素组合成更有价值的新方案,以保证在总体结构系统中的各种功能都得以实现。

(2) 方案创新的主要方法

方案创新的方法有很多,常用的主要方法有头脑风暴法、哥顿法、德尔菲法等。

1) 头脑风暴法

头脑风暴法(brain storming,BS),是由美国广告公司的工程师奥斯本于1939年首创的一种定性分析方法。通常是以5~10人召开小型会议的方式进行,会议只给出一个总议题,设立会议主持人。按会议规则,主持人应努力引发与会者的创新性思维,组织与会者围绕总议题,无拘束地发表意见,提出高质量的方案设想,并以此为基础,归纳出有价值的内容。会议时间一般不宜过长,一个小时左右最为合适。国外的经验证明,采用头脑风暴法提出方案,比同样的人单独提方案的效果要高出65%~93%。

采用头脑风暴法时,会议的主持人应具有丰富的实践经验,熟悉产品及相关技术,思想活跃,思维敏捷,作风民主,既善于活跃会议气氛又善于引导启发,使与会者都能够畅所欲言,充分表达意见和建议。头脑风暴法的会议应遵守的原则包括:①每位参会者均可提出自己的意见和建议,但对其他人的看法不做评价;②每位参会者均应真正敞开思想,自由地发表设想,不迷信权威,尽可能多地提出方案;③每位参会者应善于取长补短,可以在结合和改善别人意见的基础上,借题发挥提出自己的见解;④会议应有记录,以便于整理、研究和总结。

2) 哥顿法

哥顿法(Gordon Method),是由美国的价值工程师哥顿于1964年提出的一种定性分析方法。哥顿法也是以会议的形式请有关人员提出方案建议,最终得到创新方案的方法。但哥顿法的指导思想是要将研究的问题适当抽象,以利于参会者开拓思路,因此,在研究到新方案时,会议主持人并不将具体问题交待给参会者,而是仅提出一个抽象的功能概念,以启发参会者能更广泛地提出较多的方案。主持人可以用各种类比的方法加以引导,待讨论到一定程度以后,再宣布会议的具体要求及需解决的问题,往往可收到较好的效果。

哥顿法与头脑风暴法的不同之处在于,哥顿法是一种抽象类比法,参会者面对的是抽象的概念,而并不确知需要研究的内容及其目的,且哥顿法允许参会者相互评论,共同创新,因此，参会者不受具体问题的束缚，思考范围较大。这种方法对会议主持人的要求比较高，主持人必须思路清晰、反应迅速、提问得当，若提问过于具体，则容易限制与会者的构思；而提问过于抽象，又可能使得所提方案离题太远。一般情况下，为找出一个较为圆满的解决问题的方案，哥顿法的会议时间往往比较长。

3) 德尔菲法

德尔菲法（Delphi Method），也称专家调查法，是由美国著名的咨询机构兰德公司于1946年率先采用的一种定性分析方法。这种方法的组织者将研究对象的问题，以及所需提出的方案要求分解为若干内容，以信函的形式寄给若干有关专家，由专家们在互不商量的情况下提出各种建议和设想并返回意见；待专家们将方案寄回后，经组织者整理和归纳，并提出若干较合理的建议和方案后，再函寄给专家们征求意见，待其分析并提出意见后再次寄回。如此反复几次后，专家们的意见逐渐趋向一致，从而最终确定出新的功能实现方案。

因此，德尔菲法本质上是一种反馈匿名函询法，其实施要点包括以下几个方面。

① 德尔菲法的流程是在对所要研究的问题征得相关专家的意见之后，进行整理、归纳、统计，再匿名反馈给各相关专家，再次征求意见，再集中，再反馈，直至得到一致的意见为止。

② 德尔菲法必须通过匿名的方式收集专家的意见和建议。参加方案征集的各位专家之间互不了解，也并不知道其他人所提建议或方案的内容，这样既可以避免专家的意见受到权威左右的情况，又可以使专家们在前一轮提案的基础上修改完善自己的建议，而无须做出公开说明，无损自己的威望。

③ 德尔菲法强调反复修改，逐步集中。专家们所提方案经组织者汇总整理后再返寄给专家的过程，就在一定程度上提高了意见和建议的层次，以此再次征询得到的专家意见将更为完善，最终形成统一的替代方案，达到创新方案的目的。

④ 德尔菲法的结果需要进行统计处理。这种方法是带有反馈的信息闭环系统，专家们回馈的意见和建议会随着反馈轮数的增加而越来越集中、越来越有针对性，对于每次反馈回来的信息进行统计处理也是德尔菲法的重要环节。

德尔菲法的优点是研究问题的时间充裕，专家们彼此不见面，可以无所顾虑、不受约束地从各个方面提出建议和方案；但其缺点是花费时间较长，缺乏面对面的交流与商议过程。因此，在采用该方法时，如果需要加快进度，也可灵活处理，将专家们集中到一起，采取背靠背的形式征询并统一意见，反复几次后，形成比较集中的方案。

9.4.2 方案的评价

(1) 方案评价的步骤

方案评价是从方案创新阶段所制定的许多方案中，经过分析、比较、论证和评价后，筛选出一个可行的最佳方案。方案评价一般有概略评价和详细评价两个阶段，其中，概略评价是从大量可供选择的设想方案中，筛选出价值较高的方案；详细评价是在概略评价的基础上，对筛选出来的方案进行经济技术论证，并最终确定实施的具体方案，为提案的编写和审批提供依据。

方案的概略评价和详细评价都包括技术评价、经济评价、社会评价和综合评价。其中，技术评价主要是考察方案能否实现指定的功能及其实现程度；经济评价主要是考察方案实施的成本及其经济性；社会评价主要是考察方案对社会的影响内容与程度；综合评价则是在技术评价、经济评价和社会评价基础上进行的整体评价。方案评价的步骤如图9.6所示。

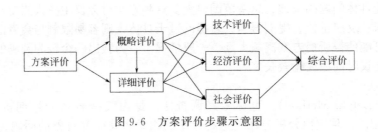

图 9.6 方案评价步骤示意图

(2) 方案评价的内容

1) 技术评价

技术评价是以各项技术性能指标作为标准,评价产品能否实现所要求的功能以及方案本身在技术上能否实现,即对方案是否满足产品功能的要求及其在技术上的可行性的评价。

技术评价的内容包括:①产品的质量特性,如适用性、可靠性、耐久性、安全性,以及与周边环境的协调性等;②产品的整体功能,如操作性能、技术性能、可维修性等;③技术方案的可行性,如产品生产工艺的可实施性和生产流程的协调性等。

技术评价的方法主要有评分法和功能加权法等,必要时,为检验方案是否可行和取得实际技术资料,还应进行模拟仿真、实地试验和样品试验等。

2) 经济评价

经济评价是以经济指标作为标准,分析和研究产品成本能否降低和降低的幅度,以及实现目标成本的可能性,从经济效益方面评价改进方案在经济上的合理性。

经济评价的内容包括对产品的成本、利润、企业经营要求、方案的适用期限和数量、实施方案所需的费用,以及节约额和投资回收期等的评价。经济评价的方法主要有工程造价对比分析法、成本对比分析法、盈亏平衡分析法等。

3) 社会评价

社会评价是从宏观角度研究和分析改进方案实施后对国家和社会产生的影响,是对方案社会效益的评价。

社会评价的内容包括方案是否符合国家政策、法规和标准,是否符合本地区发展规划的要求,企业利益与社会利益是否一致,方案的实施对社会环境和生态环境的影响,以及产生的能源耗费情况等。社会评价的方法主要有公众参与法、利益相关者分析法等。

4) 综合评价

综合评价是在技术评价、经济评价和社会评价的基础上,对改进方案做出全面、综合的评价以便决策,从众多的备选方案中选出价值最高的可行方案,即技术上先进、经济上合理,并对社会有利的最优方案。

综合评价的内容包括:①确定评价项目,即确定评价所需各种指标和因素;②分析各个方案对每一个评价项目的满足程度;③根据方案对各评价项目的满足程度权衡利弊,判断各方案的总体价值,优选出其中总体价值最大的方案。明确衡量方案的指标、分析方案的满足程度、判断方案的总体价值,以及选择总体价值大的方案作为最优方案。

综合评价常用的方法是优缺点列举法和加权评分法,其中,优缺点列举法是将每一个方案在技术上和经济上的优缺点全部详尽列出,然后进行综合分析,并对其优缺点做进一步的调查,用淘汰法逐步缩小选择范围,最后得出最优方案的方法。加权评分法又称为矩阵评分法,首先,确定评价项目及其权重系数,并根据各方案对各评价项目的满足程度进行评分;然后,由权重系数和评分的乘积计算出各方案的评分权数和;最后,计算出各方案的价值系数,以较大的为优。除了这两种常用方法，综合评价也可采用线性规划法、层次分析法、模糊评价法等。

9.4.3 方案实施与成果鉴定

(1) 方案实施

经过综合评价后优选出的改进方案，在编写好提案后尚未实施前，还必须进行必要的试验与验证，才能为方案的审定与成果鉴定提供科学的依据。

1) 方案试验与验证的内容

方案试验与验证的内容包括产品的结构整体，各零部件、样品或样机的性能和使用效果，以及产品采用的新材料、新工艺、新方法、新技术等的许可文件与实施质量控制措施等。通过了试验与验证的改进方案，在经过进一步整理、总结、完善后即可作为正式提案上报审批，主管部门应视改进方案的规模、范围、内容以及重要程度确定其审批权限与审批程序。

2) 报审提案的内容

改进方案的价值分析提案在上报审批时，具体内容应包括：①与原产品相关的，如原产品的技术经济指标体系（成本、质量、销售量等）、用户的基本要求、产品计划达到的目标，以及存在的主要问题等内容；②与改进方案相关的，如改进的对象目标及依据，改进前后的试验数据和图纸，改进后的预计成本、预期功能及实施效果等内容。

(2) 价值工程活动成果鉴定

对产品通过价值工程活动进行了改进与价值提升后，还应将改进方案的技术经济指标与原方案的技术经济指标进行对比总结，并进行价值活动成果的鉴定，以此作为改进后产品正式投产的依据与保障。

1) 技术效果鉴定

技术效果鉴定可通过价值改进系数进行，即改进后产品价值和改进前产品价值之差，与改进前产品价值的比值，计算表达式如下。

$$\Delta V = \frac{V_2 - V_1}{V_1} = \frac{V_2}{V_1} - 1 \tag{9.7}$$

式中，ΔV 为价值改进系数；V_1 为改进前产品的价值；V_2 为改进后产品的价值。

当 $\Delta V > 0$，$V_2 > V_1$ 时，表明价值工程活动的技术效果良好，且 ΔV 越大，说明其效果越好。当 $\Delta V < 0$，$V_2 < V_1$ 时，表明价值工程活动的技术效果不良，需做进一步的分析与研究。

2) 经济效果鉴定

经济效果鉴定可通过全年净节约额指标、节约率、节约倍数，以及原材料利用率等指标进行。

① 全年净节约额＝(改进前单位成本－改进后单位成本)×年产量－价值活动经费　(9.8)
② 节约率＝(改进前单位成本－改进后单位成本)/改进前成本×100%　(9.9)
③ 节约倍数＝全年净节约额/价值工程活动经费　(9.10)
④ 原材料利用率＝产品产量/产品原材料消耗数量　(9.11)

3) 社会效益鉴定

对于社会效益的鉴定主要采用定性分析的方法得出改进方案可取与不可取的结论。

① 如果由于价值工程活动的实施，使得产品既满足了用户的需求又使企业取得了效益，

同时还弥补了国家相关产品的空缺,并降低了能源的消耗、减少了环境污染、保护了生态健康,就说明社会效益良好,改进方案是可取的,改进的产品是值得推广应用的。

② 如果由于价值工程活动的实施,使得产品满足了用户需求,企业也获得了利润,但由于产品生产造成了过多的能源消耗,使环境污染,并破坏了生态平衡,甚至影响到了国家或地方经济结构的合理布局时,就说明社会效益不好,改进方案不可取,不能批量生产。

9.4.4 价值工程优选方案应用实例

应用价值工程进行方案优选的实质是通过功能系数和成本系数计算出各方案的价值系数,然后根据价值系数法进行方案的评价与优选。其具体实施的步骤为:①对通过方案的创造与创新所提出的各种设计方案以其满足各项功能的程度为基准进行评分;②以功能重要性系数作为权数计算各方案的功能评价得分,并据此计算各方案的功能系数;③根据各方案的成本计算成本系数;④应用功能系数和成本系数计算各方案的价值系数,并以价值系数最大者为最优设计方案。

【例 9.3】 某住宅工程项目设计阶段需应用价值工程进行方案征集与优选,该项目的设计要求为八层以下的多层住宅,建设地点地质条件较差,不宜采用条形基础或独立基础。

解:首先组建价值工程小组,进行本地区相关环境与社会状况的调研,并充分了解用户对住宅的意见。价值工程小组成员由建设单位、监理单位、设计单位、施工单位等的有关专家组成,价值工程的实施过程如下。

1)研究对象选择

该拟建项目为住宅工程,应满足适用、安全、美观、环保等功能要求,因此,选择整个建筑结构设计方案作为价值工程的研究对象。

2)功能分析

经由价值工程小组研究讨论,通过对该住宅的功能定义、功能整理与功能确定,根据住宅的特性,建立功能系统图如图9.7所示。

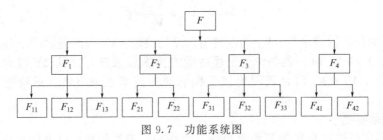

图 9.7 功能系统图

图中,F 代表住宅功能,F_1、F_2、F_3、F_4 分别代表适用功能、安全功能、美观功能和其他功能,F_{11}、F_{12}、F_{13} 分别代表平面布局、采光通风和层高系数,F_{21}、F_{22} 分别代表牢固耐用、三防设施,F_{31}、F_{32}、F_{33} 分别代表建筑造型、环境设计、室内装饰,F_{41}、F_{42} 分别代表施工容易度、设计容易度。

3)功能评价

本工程采用直接评分法确定功能重要性系数,具体采用用户、设计单位、施工单位三家加权评分法,其中,三者的权数分别确定为0.6、0.3和0.1,功能的总得分标准为100分,各功能重要性系数计算如表9.11所示。

表 9.11 功能重要性系数计算表

功能 F_{ij}	用户评分 f_1		设计单位评分 f_2		施工单位评分 f_3		功能重要性系数 ϕ
	得分 f_{1i}	$0.6f_{1i}$	得分 f_{2i}	$0.3f_{2i}$	得分 f_{3i}	$0.1f_{3i}$	
F_{11}	35.5	21.3	30.5	9.15	28.5	2.85	0.333
F_{12}	20.5	12.3	16.5	4.95	12.5	1.25	0.185
F_{13}	3.5	2.1	4.5	1.35	5.5	0.55	0.040
F_{21}	10.5	6.3	11.5	3.45	12.5	1.25	0.110
F_{22}	5.5	3.3	6.5	1.95	7.5	0.75	0.060
F_{31}	9.5	5.7	10.5	3.15	8.5	0.85	0.097
F_{32}	10.5	6.3	11.5	3.45	9.5	0.95	0.107
F_{33}	3.5	2.1	4.5	1.35	6.5	0.65	0.041
F_{41}	0.5	0.3	1.5	0.45	5.5	0.55	0.013
F_{42}	0.5	0.3	2.5	0.75	3.5	0.35	0.014
总计	100	60	100	30	100	10	1.000

表 9.11 中,功能重要性系数的计算公式为:

$$\phi = \frac{0.6f_{1i} + 0.3f_{2i} + 0.1f_{3i}}{100} \tag{9.12}$$

4) 方案的创造

根据本工程的设计要求以及地质等其他条件,有三个设计方案入选,各入选设计方案的特征及单方造价如表 9.12 所示。

表 9.12 各入选设计方案的特征与成本表

方案名称	方案特征	单方造价/(元/m²)
方案一	7层砖混结构,层高 2.9m,240mm 厚页岩砖墙,筏板基础,建筑造型好,内装饰一般	1600
方案二	7层框架结构,层高 3.0m,200mm 厚加气混凝土砌块墙,沉管灌柱桩基础,建筑造型好,内装饰好	1800
方案三	6层砖混结构,层高 3.0m,230mm 厚空心砖墙,预制桩基础,建筑造型一般,内装饰一般	1500

5) 方案的评价与优选

① 由专家对初选的三个方案进行功能满足程度评分,然后根据各功能的重要性系数求出各方案的功能评价得分,如表 9.13 所示。

表 9.13 各入选设计方案的功能评价得分表

评价因素		方案功能评价得分 P_{ij}		
功能因素	功能重要性系数	方案一	方案二	方案三
F_{11}	0.333	9	10	9
F_{12}	0.185	9	10	9

续表

评价因素		方案功能评价得分 P_{ij}		
功能因素	功能重要性系数	方案一	方案二	方案三
F_{13}	0.040	9	10	10
F_{21}	0.110	9	10	8
F_{22}	0.060	8	9	10
F_{31}	0.097	9	9	8
F_{32}	0.107	9	9	9
F_{33}	0.041	8	9	8
F_{41}	0.013	9	7	10
F_{42}	0.014	9	8	10
各方案功能评价总得分 P		8.675	9.628	8.879

表 9.13 中，各方案功能评价总得分值的计算公式为：

$$方案功能评价总得分值 P = \sum_{i=1}^{10} 功能重要性系数 \Phi_i \times 方案功能评价得分 P_{ij} \quad (9.13)$$

② 计算各方案的功能系数、成本系数和价值系数，并优选方案，如表 9.14 所示。

表 9.14　各入选设计方案的价值系数计算及方案优选表

方案	功能得分	功能系数	单方造价	成本系数	价值系数	最优方案
一	8.675	0.319	1600	0.326	0.979	
二	9.628	0.354	1800	0.367	0.965	
三	8.879	0.327	1500	0.306	1.068	最优

表 9.14 中，功能系数、成本系数和价值系数的计算公式分别为：

$$F_i = \frac{各方案功能得分值}{全部方案功能总得分值} \quad (9.14)$$

$$C_i = \frac{各方案成本值}{全部方案总成本值} \quad (9.15)$$

$$V_i = \frac{F_i}{C_i}$$

③ 方案优选结论。由于价值系数越大，方案越优级，该项目中各方案的价值系数排序为：$V_3 > V_1 > V_2$，因此该住宅工程项目的最优设计方案为方案三。

思考练习题

9.1　简述功能、寿命周期成本及价值的含义。

9.2　简述功能的主要分类及其关系。

9.3　简述寿命周期成本的构成及其与功能的关系。

9.4　简述提高价值的五种途径，并说明最理想的是哪一种途径。

9.5 简述价值工程的四个工作阶段及其工作步骤。

9.6 简述价值工程的特点及其对象选择的主要方法。

9.7 简述功能分析的内容以及功能整理的步骤。

9.8 简述方案创新的主要方法和方案评价的步骤。

9.9 某企业的主要产品由 A、B、C、D、E、F 共六个零部件构成，各零部件的成本分别为 600 元、520 元、360 元、760 元、920 元、230 元，专家对于各零部件的重要程度排序（由高到低）依次为：D—A—E—C—B—F，试采用 0～1 评分法确定价值工程的对象。

9.10 针对某商住楼工程的 $F_1 \sim F_5$ 功能，设计师提出了 A、B、C 三个改进方案，进行技术经济分析与专家打分后得出基础数据如表 9.15 所示。试计算每个方案的成本系数、功能系数和价值系数，并确定最优方案。

表 9.15 功能分析与评价的基础数据表

方案功能	方案功能得分			方案功能重要程度
	A	B	C	
F_1	8	10	10	0.25
F_2	8	9	8	0.35
F_3	10	9	10	0.25
F_4	10	7	8	0.10
F_5	9	6	7	0.05
单方造价/万元	1530	1280	1450	1.00

第 10 章

项目后评价

【本章内容概要】
本章首先通过项目范围、机构要求和具体含义介绍了项目后评价的基本概念，并详细阐述了项目后评价的各种分类、基本原则及其特点，以及项目后评价与前评价的区别；然后通过对项目前期工作后评价、项目建设后评价，以及包括了项目影响后评价和项目可持续性后评价在内的项目运营后评价的具体内容与指标的介绍，详细阐述了项目后评价的内容；最后分析罗列了项目后评价中常用的对比法、逻辑框架法和成功度评价法，并介绍了项目后评价的程序以及项目后评价报告的主要内容。

【本章学习要点】
◆ 掌握：项目后评价的含义、后评价的项目范围、项目后评价根据运行过程划分的类别、项目后评价的基本原则、项目后评价的特点。
◆ 熟悉：项目后评价根据其他标准划分的类别、项目后评价与前评价的区别、项目建设情况后评价的内容、项目运营后评价的内容、项目后评价的对比法、项目后评价的程序、项目后评价报告的主要内容。
◆ 了解：实施项目后评价的机构要求、项目后评价的作用、项目前期工作后评价的内容和指标、项目组织管理后评价的内容、项目建设后评价的指标、项目运营后评价的目的和指标、项目后评价的逻辑框架法和成功度评价法。

10.1 项目后评价概述

10.1.1 项目后评价的基本概念

（1）项目后评价的概念

1）项目后评价的含义

项目后评价是工程经济评价的一个重要组成部分，指的是对已建成投产并达到设计能力的建设项目的前期准备工作、方案实施过程、项目运行效果等情况进行综合分析评价，衡量方案的实际执行与预测计划的差距，分析差距的成因，总结经验教训，为以后项目的预测、准备、决策、管理、控制等活动提供科学依据和可行性方案。

项目的可行性研究和前评价是在项目建设前进行的，其判断、预测是否正确，项目的实际效益如何，需要在项目竣工投产后根据现实数据资料进行再评估来检验，而项目后评价就是对项目投资目标实现程度的一种再评估，并通过对整个项目建设全过程的总结来实现。项目后评价是在建设项目竣工投产并生产经营一段时间后，对项目的决策、设计、施工、投产及生产运营等全过程进行系统评价的一种技术经济活动。通过工程项目的后评价，可以达到总结经验、研究问题并不断提高项目决策水平和投资效果的目的。

2) 后评价的项目范围

目前，我国对于必须进行后评价的项目范围界定为以下几类。

① 投资额巨大、建设周期长、建设条件较复杂，以及跨地区、跨行业的项目。

② 对行业或企业发展有重大影响的项目，对提升企业核心竞争力有较大影响的项目，以及对环境、社会影响较大的项目等。

③ 在建设实施过程中，采用新技术、新工艺、新设备、新材料的项目，或产品市场、原材料供应以及融资条件发生了重大变化的项目。

④ 组织管理体系复杂以及境外投资等项目。

3) 实施项目后评价的机构要求

为避免出现自编自评的现象，保证项目后评价结果的真实有效性，对于承担项目后评价的机构有如下要求。

① 凡是承担项目可行性研究报告编制、评估、设计、监理、项目管理、工程建设等业务的机构不宜从事该项目的后评价工作。

② 项目后评价承担机构要按照工程咨询行业协会的规定，遵循项目后评价的基本原则，按照后评价委托合同的要求，独立自主、认真负责地开展后评价工作。

③ 项目业主应如实提供后评价所需要的数据和资料，并配合组织现场调查，项目后评价所需经费原则上由委托单位支付。

(2) 项目后评价的分类

从不同的角度出发，可将项目后评价划分为各种不同的类型。

1) 根据项目后评价的时间点划分

根据时间点划分，项目后评价可分为项目跟踪评价、项目实施效果评价和项目效益监督评价三类。

① 项目跟踪评价。也称为中间评价或过程评价，是指从项目开工以后到项目竣工验收之前任何一个时点进行的评价。项目跟踪评价往往侧重于项目层次上的问题，如建设必要性评价、勘察设计评价和施工评价等。主要内容可以是检查项目前评价和设计的质量，或是评估项目在建设过程中的重大变更及其对项目效益的作用和影响，也可以是诊断项目发生的重大困难和问题，寻求对策和出路等。

② 项目实施效果评价。是指在项目竣工以后一段时间内所进行的评价，这类评价要对项目层次和决策管理层次的问题均加以分析和总结。其主要目的是检查确定投资项目或活动达到理想效果的程度，总结经验教训，完善已建项目、调整在建项目和指导待建项目。项目实施效果评价选取的时间点，对于一般生产性行业可以在竣工以后 1~2 年，基础设施行业在竣工以后 5 年左右，通常意义上的项目后评价指的就是这类评价。

③ 项目效益监督评价。是指在项目实施效果评价完成一段时间后，在项目实施效果评价的基础上，通过调查项目的经营状况，分析项目发展趋势及其对社会、经济和环境的影响，归纳总结出有关于决策等宏观方面的经验教训，行业或地区的总结都属于这类评价。

2) 根据项目后评价的内容划分

项目后评价的基本内容包括项目的目标后评价、技术后评价、效益后评价、影响后评价、持续性后评价和管理后评价，据此，可将项目后评价分为以下六种类型。

① 项目目标后评价。包括两方面内容的后评价：一方面，是对照原定目标需要完成的主要指标，检查项目实际实现指标的情况和变化，并分析变化原因，评定建设项目立项时预期目标的实现程度；另一方面，对于有些项目原定的目标不明确，或不符合实际情况，项目实施过程中可能会发生重大变化的，还应分析评价原定决策目标的正确性、合理性和实践性。

② 项目技术后评价。是对工程设计方案、项目实施方案的后评价，主要包括：a. 项目构成范围、技术来源、项目土建工程量、设备选型和工艺流程的后评价；b. 项目施工技术方案、项目主要技术工艺，以及项目实施进度、成本、质量的后评价。

③ 项目效益后评价。是通过财务后评价和国民经济后评价结果评定建设项目经济效益的后评价。项目财务后评价是从企业角度对项目投产后的实际财务效益的再评价；国民经济后评价是从宏观国民经济角度出发，对项目投产后的国民经济效益的再评价。

④ 项目影响后评价。是通过评价项目所产生的经济方面、环境方面以及社会方面的影响进行的项目综合性后评价，包括经济影响后评价、环境影响后评价和社会影响后评价。

⑤ 项目持续性后评价。是通过评价建设项目能否持续地发展下去、既定目标能否继续实现，以及项目是否具有可重复性等，进行的建设项目持续性评定的后评价。

⑥ 项目管理后评价。是以建设项目的目标和效益后评价为基础，结合其他相关资料，对项目整个生命周期内各阶段管理工作进行的后评价。

3) 根据项目的运行过程划分

根据项目的运行过程划分，项目后评价可分为项目前期工作后评价、项目实施后评价和项目运营后评价三类。

① 项目前期工作后评价。评价项目前期工作的实绩，总结项目前期工作的经验教训，分析研究前期工作失误导致项目实际效果与预测目标的偏差程度及原因，为今后加强项目前期工作的管理积累经验。

② 项目实施后评价。评价项目在实施过程中，设计施工、资金供应使用、设备采购、竣工验收和生产准备的情况，分析和研究项目实际投资效益与预计投资效益的偏差及原因，总结项目实施管理中的经验教训，并提出改进措施。

③ 项目运营后评价。通过项目投产后的有关实际数据资料或重新预测的数据，研究建设项目实际投资效益与预测情况或与其他同类项目投资效益的偏离程度及其原因，系统地总结项目投资的经验教训，为进一步提高项目投资效益提出切实可行的建议。

4) 其他分类

① 根据评价的范围和深度划分。可分为：a. 大型项目或项目群的后评价；b. 对重点项目中关键工程运行过程的追踪评价；c. 对同类项目运行结果的对比分析，即进行比较研究的实际评价；d. 行业性的后评价，即对不同行业的投资收益差别进行实际评价。

② 根据评价的主体划分，可分为：a. 项目自评价，由项目业主会同执行管理机构按照国家有关部门的要求编写项目的自我评估报告，上报行业主管部门或银行；b. 行业或地方项目后评价，由行业或省级主管部门对项目自评估报告进行审查分析，并提出意见，撰写报告；c. 独立后评价，这种方式就是通常意义上的项目后评价，是由相对独立的后评价机构组织专家对项目进行后评价，通过资料收集、现场调查和分析讨论，提出项目后评价结论与建议，并提交项目后评价报告。

10.1.2 项目后评价的基本原则

（1）项目后评价的作用

无论是从提高项目决策化水平、管理水平和运营效益方面，还是从为国家投资计划的制定以及银行部门调整信贷政策提供依据方面，项目的后评价都起到了重要作用。

1）有利于完善方法体系，提高项目决策科学化水平

通过建立完善的项目后评价制度，不仅可以增强项目评价人员的责任心，从而提高项目预测的精准度，将项目准备工作尽量做到完善齐备，以预防或减少项目决策和实施风险，而且，通过项目后评价，还可以及时反馈信息，弥补项目决策中的不足，并及时纠正决策中存在的问题，从而提高未来项目决策的科学化水平。

2）有利于总结实践经验，提高项目综合化管理水平

项目后评价是对各部门在项目全生命周期管理中的实施效果进行的全面检验与总结，考核与评价其在项目准备、决策、建设和运营全过程各个阶段中的工作流程、管理制度、技术选择、方案确定等是否合理，以及组织是否科学有效，从中总结凝练出有益的实践经验教训，为项目管理提供可借鉴的模式，从而提高未来项目的综合化管理水平。

3）有利于监督和改进项目运行状态，提高项目运营效益

通过对项目运营阶段进行后评价，能够督促项目的决策者与管理者加强对项目运行状态的监督与改进，分析和研究项目实际运行过程中出现的问题，查找项目偏离预测状况的原因，提出切实可行的纠偏对策与改进措施，以促使项目运行状态的正常化，从而提高项目的运营效益。

4）有利于发现资金使用问题，为银行部门调整信贷政策提供依据

通过项目后评价，能够及时发现项目建设资金在使用过程中存在的问题，分析研究贷款项目成功或失败的原因，从而为银行部门及时追踪贷款效果、调整信贷政策提供依据，并确保投资资金的按期回收及投资收益目标的实现。

5）有利于研究总结反馈信息，为国家投资计划和政策制定提供依据

通过对项目后评价所反馈信息的研究与总结，一方面，能够对具有共性或重复性的项目决策起到示范和参考作用，并对项目评价所涉及的定性和定量方法、评价指标和参数等进行不断完善和补充，以及为有关的政策、法规、制度、标准等，提供修正依据和建议。另一方面，还能够为国家合理确定投资方向和规模，以及协调各产业、各地区、各部门之间及其内部的各种比例关系提供参考和依据，有利于促进投资管理的良性循环。

(2) **项目后评价的基本原则**

项目后评价应遵循客观性和科学性、全面性和独立性、公正性和透明性的原则。

1）应遵循客观性和科学性原则

① 客观性。项目后评价必须从客观实际出发，尊重事实，根据项目的实际情况，分析其技术、经济、社会和环境等指标，实事求是地评价项目的实施效果。

② 科学性。项目后评价必须有可靠翔实的信息资料和准确的基础数据、科学的评估方法和合理的工作程序，以及有效的组织管理作保障。要求后评价报告应突出重点、针对性强，文字简练明确，避免引用过多的专业术语，要具有可读性。后评价的结论以及提出的改进建议要切实可行，总结的经验教训要经得起实践的检验，整个的后评价工作要有益于未来项目的决策与建设管理工作。

2）应遵循全面性和独立性原则

① 全面性。项目后评价要全面、公正地看待问题，既不脱离当时当地的客观环境和条件，正确地以当时的情况评价当时的工作，又要站在发展的高度评价项目的成败，分析原因，总结经验教训，全面地对项目决策、设计施工、生产运营过程及其产生的结果作出评价。

② 独立性。项目后评价应由独立的第三方组织进行，评价过程和结论不应受项目决策者、管理者、执行者和前评估人员的干扰，以避免出现与项目有关的投资受益方和建设实施方自我

评价的情况；同时，为保证后评价的独立性，还必须在评价机构的设置、人员组成、经费来源等方面综合考虑，这也是后评价工作公正性与客观性的保障。

3）应遵循公正性和透明性原则

① 公正性。公正性是指评价结论要公正，既要指明现实存在的问题，也要客观分析问题产生的历史原因和时代的局限性；既要实事求是地总结成功的经验，也要认真负责地总结失败的原因，吸取教训。

② 透明性。透明性是项目后评价的重要原则，一方面是由于项目后评价往往引起公众的高度关注，因此，社会应对投资决策活动及其效果实施有效的监督；另一方面则是由于后评价的结论和成果要供未来更多的项目借鉴，因此，从有利于其反馈性和扩散性来讲，项目后评价也必须具有高度的透明性。

10.1.3 项目后评价的特点

(1) 后评价的特点

项目后评价具有现实性与可靠性、系统性与反馈性、合作性与探索性的特点。

1）现实性与可靠性

项目后评价是通过收集实际发生的真实数据或以实际情况更新预测的数据，从现实出发，针对项目决策、设计、建设、投产、运营的状况，采用科学实用的评价方法，对项目的实际效益以及存在的问题等进行分析、总结、研究和评价，客观反映项目实施的成功经验和失败教训。因此，项目后评价所分析研究的是项目的实际情况，总结的是现实存在的经验教训，提出的是实际可行的对策措施，具有现实性和可靠性。

2）系统性与反馈性

项目后评价从其涵盖阶段来看，既包括了项目的计划、筹备、决策、设计、施工等投资建设过程，也包括了投产、运营等运行过程；从其评价内容来看，既包括了项目投资的经济效益和社会效益，也包括了项目的环境效益以及潜在的其他效益；从其研究结论来看，既包括了总结项目决策、建设和运营中成功的经验，也包括了发现问题，找出差距，提出改进对策和建议。同时，项目后评价的目的在于通过对现有项目回顾总结、分析研究，将成功的典型经验以及失败的教训，作为未来项目建设管理的宝贵经验，反馈给有关部门，以提高未来项目的决策与管理水平。因此，项目后评价是对项目进行的系统而全面的评价，且具有反馈性。

3）合作性与探索性

项目的后评价工作主要由投资运行的监督管理机构或单独设立的后评价权威机构组织，会同规划、银行、审计、司法、质量监督等有关部门多方合作进行，在人员构成上，也要考虑各专业的融洽合作，如投资项目主管部门的人员、企业经营管理人员、项目经理、专职技术经济人员等，项目后评价工作才能顺利完成，因此，具有合作性。同时，项目后评价是通过多方合作、从各个角度分析企业和项目现状，以此为基础，把握影响项目效益的主要因素，发现问题并提出切实可行的改进措施，以探索项目未来的发展方向和趋势，因此，具有探索性。

(2) 与前评价的区别

项目前评价，指的是决策阶段在进行项目建议和可行性研究时，为项目确定性及风险分析，以及方案优选所进行的项目评价，是与项目后评价相对应的概念。二者在以下几个方面存在着较大的区别。

1）评价所处阶段及主体不同

① 评价所处阶段不同。项目前评价属于项目的前期决策工作，主要指的是项目建议书和

可行性研究阶段对于是否立项的投资决策；而项目后评价属于项目实施过程的总结工作，主要是项目竣工投产并达到设计生产能力后对项目全过程的总体情况进行的再评价，是项目管理的延伸。

② 评价的主体不同。项目前评价主要是由投资主体，如投资者、贷款决策机构、项目审批部门等组织实施的；而项目后评价则要求以投资主体之外的第三方为主组织进行，如投资运行的监督管理机构、单设的后评价机构或决策的上一级机构等，以保证投资项目后评价的全面性、客观性和公正性。

2) 评价的依据及标准不同

① 评价的依据不同。项目前评价主要依据国家、行业和部门颁布的政策规定、参数和指标，以及历史积累的和对未来的预测资料等；项目后评价主要依据项目实施的现实资料，并将预测数据和实际数据进行对比分析，其准确程度较高，说服力较强，作为未来项目决策的参考价值较高。

② 评价的标准不同。项目前评价依据国家、部门颁布的定额标准、国家参数来衡量建设项目的必要性、合理性和可行性；项目后评价虽然也参照有关定额标准和国家参数，但主要是采用实际发生的数据和后评价时点以后的预测数据，直接与项目前评价的预测情况或其他国内外同类项目的有关情况进行对比，同时参照进行后评价时所颁布的各种参数，检测差距，提出改进措施。

3) 评价的内容及作用不同

① 评价的内容不同。项目前评价主要论证项目的必要性、可行性和合理性，以及经济、社会和环境效益；而项目后评价则除了对上述内容进行再评价外，还要对项目决策的准确程度、项目实施效率、项目实际运营情况，以及项目管理水平和可持续性进行综合评价。

② 评价的作用不同。项目前评价是对拟建项目进行的，其结果作为投资决策、项目取舍以及方案优选的依据；而项目后评价则是对已经实施的项目进行的，其结果一方面可直接对项目存在的问题提出改进和完善的建议，另一方面也将间接作用于未来项目的投资决策，提高投资决策的科学化水平。

总之，项目后评价不是对项目前评价的简单重复，而是在前评价的基础上进行的，是项目投资完成之后，通过对投资项目的决策和管理水平，以及实施效果进行的全面系统的检验、总结和鉴定，通过信息反馈，改善新一轮投资管理和决策，达到提高未来项目投资效益的目的。

10.2 项目后评价的内容

10.2.1 项目前期工作后评价

（1）前期工作后评价的内容

项目前期工作，也称为项目准备工作，指的是从编制项目建议书到项目正式开工过程中的各项工作内容。它是项目建设中的一个重要组成部分，是项目寿命的起点，决定了后续工作是否开展、如何开展，以及建设地点、建设规模、建设周期等一系列关键问题，对其进行后评价的任务主要是评价项目前期工作的实绩，分析和总结项目前期工作的经验教训。项目前期工作后评价的内容包括：项目决策后评价、项目选址后评价、项目筹备工作后评价。

1) 项目决策后评价

项目决策后评价的主要内容包括：①项目建议书的编制情况、项目选址意见书及其批复文件；②可行性研究工作的委托情况，可行性研究报告的编制情况，即编制人员的资格以及编制的依据、内容、深度和精度等；③项目的建设程序及投资决策程序、方式和方法等。

2）项目选址后评价

项目选址后评价的主要内容包括：①厂址的选择是否符合国家建设布局及城镇建设规划的要求，是否有利于环境保护和维护生态平衡；②所选厂址的工程、水文地质等自然条件，以及项目周边人文环境、区域经济、产业经济的布局情况等，是否符合建厂和实际生产经营的要求；③所选厂址是否有利于开展生产技术协作的要求，是否进行了多方案比较及选择；④项目原材料供应市场、产品销售市场、三通一平工作情况，以及厂址选择对项目实际投资效益的影响等。

3）项目筹备工作后评价

项目筹备工作后评价的主要内容包括：①资金筹措方式、投融资模式、资金结构、征地拆迁工作等；②筹建机构的设立、人员组成、工作程序和制度，以及岗位责任的确定等情况；③勘察设计单位的资质、委托方式、委托合同，以及勘察设计标准、规范和设计方案等；④项目所需物资的采购方式、采购成本、采购数量和质量的保证等；⑤施工单位的资质、承发包方式、施工合同的签订情况等。

（2）前期工作后评价的指标

项目前期工作后评价的指标包括：项目决策周期及其变化率指标、项目勘察设计周期及其变化率指标。

1）项目决策周期指标

项目决策周期指的是从提出项目建议书开始，到项目可行性研究报告被批准为止所经历的时间。作为后评价指标是将建设项目的实际决策周期，与当地同类项目的决策周期或计划决策周期进行比较得出的，该指标反映了投资者与有关部门投资决策的效率。其计算公式为：

$$项目决策周期 = 项目实际决策周期 - 项目计划决策周期 \quad (10.1)$$

2）项目决策周期变化率

项目决策周期变化率指的是项目决策周期与项目计划决策周期之间的比率，即项目实际决策周期与项目计划决策周期之差，与项目计划决策周期的比率。其计算公式为：

$$项目决策周期变化率 = \frac{项目实际决策周期 - 项目计划决策周期}{项目计划决策周期} \times 100\% \quad (10.2)$$

3）项目勘察设计周期指标

项目勘察设计周期指的是从建设单位与勘察设计单位签订勘察设计委托合同之日开始，到勘察设计文件全部完成并提交给建设单位所经历的时间。作为后评价指标是将建设项目的实际勘察设计周期，与当地同类项目的勘察设计周期或计划勘察设计周期进行比较，从而考察项目的勘察设计工作效率。其计算公式为：

$$项目勘察设计周期 = 项目实际勘察设计周期 - 项目计划勘察设计周期 \quad (10.3)$$

4）项目勘察设计周期变化率

项目勘察设计周期变化率指的是项目勘察设计周期与项目计划勘察设计周期之间的比率，即项目实际勘察设计周期与项目计划勘察设计周期之差，与项目计划勘察设计周期的比率。其计算公式为：

$$项目勘察设计周期变化率 = \frac{项目实际勘察设计周期 - 项目计划勘察设计周期}{项目计划勘察设计周期} \times 100\%$$

$$(10.4)$$

项目前期工作后评价的意义在于分析研究项目投资实际效益与预测效益的偏差在多大程度上是由于前期工作失误所致的及其产生的原因，它是项目后评价的重要组成部分，为以后加强项目前期管理工作积累经验。

10.2.2 项目建设后评价

项目正式开工后，就意味着从前期准备阶段转入建设阶段。项目建设阶段指的是项目从开工到竣工验收、交付使用为止的整个过程，对其进行后评价的任务主要是评价项目建设阶段的工作实际效果，分析和总结项目建设阶段的管理情况。项目建设后评价的意义在于分析研究项目建设管理的进度、质量、投资、安全等目标的实现程度，以及未实现目标的原因，为以后改进完善项目管理工作积累经验。

项目建设阶段周期长、投资集中发生和使用，将直接影响到项目运行的安全性、可靠性、稳定性及运营效益，因此，项目建设后评价也是项目后评价的重要内容。项目建设后评价的内容包括项目组织管理后评价和项目建设情况后评价。

(1) **项目组织管理后评价**

项目组织管理后评价主要是对于代表建设单位实施现场管理的监理单位，以及负责项目建筑安装工程的施工单位现场组织管理工作情况的后评价。

1) 项目监理组织管理后评价

是指对于项目监理组织机构在现场管理工作的后评价，主要从以下几个方面进行。

① 评价监理合同的签订情况。即建设单位与监理单位签订的委托合同中关于监理单位资质、监理委托方式及具体协议内容等进行评价。

② 评价项目监理机构工作的实施情况。具体包括：a. 项目监理机构对开工准备的审查及开工报告的签发、对施工组织设计与质量保证体系的审查及监督执行的情况；b. 项目监理机构对各分部分项工程的施工、停工、复工等工期的控制情况；c. 项目监理机构对材料检验、隐蔽工程验收、分部分项工程验收的过程控制，以及竣工验收、试车运行等最终质量的控制情况；d. 项目监理机构对工程量、各项经济和工期索赔的审核，以及支付凭证签发等投资控制的情况。

③ 评价监理合同目标的实现情况。即与委托合同中具体的协议内容相比，监理单位在对项目的进度、投资、质量、安全及其他目标的管理工作方面有无偏差，分析总结经验教训。

2) 项目施工组织管理后评价

是指对于施工企业现场项目经理部在工地进行施工管理工作的后评价，主要从以下几个方面进行。

① 评价施工项目部的组建工作。即项目管理班子及主要成员组成，项目经理部的工作职责、程序和制度等的制定情况。

② 评价项目部的施工准备工作。即项目部开工证照的办理，施工场地平整与清理工作的配合，施工人员的资格条件，施工机械的完好情况，工程材料、设备采购等施工准备情况。

③ 评价项目部的施工过程。具体包括：a. 施工过程中对施工组织设计的执行情况，即施工组织方式是否科学合理、施工技术方案的制定是否可行有效；b. 项目经理部的目标控制方法对项目实施的影响和主要经验等，如，对于延期开工、停工或中止施工等工期控制情况，质量保证体系、质量责任制的建立及实施，返工、重建、修理等质量控制情况，成本管理、节能降耗、劳动安全与卫生保护等投资控制情况。

(2) **项目建设情况后评价**

项目建设情况后评价主要是通过评价建设单位在项目进度、投资、质量、安全及其他目标方面的管控工作实绩，分析各目标的达成度及其偏差原因。

1) 项目进度管理后评价

① 项目开工情况后评价。主要内容包括：a. 项目开工条件是否具备，手续是否齐全，是否持有经有关部门批准的开工报告；b. 项目实际开工时间与计划开工时间是否相符，如有偏差，则其对整个项目建设乃至投资效益是否产生了影响。

② 项目建设工期控制后评价。主要内容包括：a. 核实各单位工程实际开工、竣工日期，如有偏差则需分析原因并计算实际建设工期；b. 计算实际建设工期变化率，其中主要是竣工项目定额工期率指标，并具体分析实际建设工期与计划工期或其他同类项目的实际工期相比产生偏差的原因；c. 计算建筑安装单位工程的施工工期，以分析建设工期的变化；d. 分析和研究投产前生产准备工作情况及其对建设工期的影响。

③ 项目竣工验收后评价。主要内容包括：a. 项目竣工验收组织工作及其效率，竣工验收委员会的成员组成是否符合国家的有关规定；b. 项目竣工验收的程序和标准是否符合国家和有关部门规定；c. 项目竣工验收各项技术资料是否齐全，是否按有关规定对各项技术资料进行了系统的整理与归档。

2) 项目投资管理后评价

① 项目建设资金使用情况后评价。主要内容包括：a. 建设资金计划的编制情况，及其使用是否适时适度，是否发生过施工单位停工待料或整个项目因资金不足而停建缓建的情况等；b. 建设资金的运用是否符合国家财政信贷制度的规定，能否合理使用资金，以保证建设任务按期完成或提前完成；c. 资金占用情况是否合理，以及全部资金的实际作用效率如何。

② 项目建设成本管理后评价。主要内容包括：a. 设备、工器具购置费用及工程建设其他费用是否与实际情况相符；b. 设备的选型是否与设计中所列的规格、型号、质量采购标准相符；c. 通过主要实物工程量与计划工程量、主要材料实际消耗量与计划消耗量，以及材料实际购进价格与预算单价的对比，分析其是否相符；d. 各项管理费用的取费标准是否符合国家的有关规定，是否与工程预算中的取费标准相一致。

③ 项目变更与结算管理后评价。主要内容包括：a. 项目范围变更、设计变更、施工索赔及其对建设工期、造价、质量的实际影响；b. 项目总价包干、单价调整以及预付款、结算价款等按合同约定支付的情况；c. 项目收尾、保修工程和遗留问题的处理情况。

3) 项目质量、安全管理后评价

① 项目质量管理后评价。主要内容包括：a. 计算实际工程质量合格品率和实际工程质量优良品率，将实际工程质量指标与合同文件规定的或设计规定的工程质量状况进行比较，找出偏差，进行质量完成情况分析；b. 项目的设备及安装工程质量能否保证投产后正常生产的需要；c. 项目建设过程中有无质量事故，如果发生过质量事故，则其产生的原因、事故等级以及相应的处理措施等是否在事故总结报告中进行了详细的分析与说明。

② 项目安全管理后评价。主要内容包括：工程安全情况是否达到预先设定的安全目标，有无重大安全事故发生，如有，则其上报程序是否符合规定、对事故的原因分析及责任处理是否到位，并分析安全事故对项目带来的实际影响。

(3) 项目建设后评价指标

项目建设后评价的指标主要包括项目建设进度管理后评价指标、项目建设投资管理后评价指标和项目建设质量管理后评价指标三类。

1) 项目建设进度管理后评价指标

主要包括：项目实际建设工期和项目建设工期变化率。

① 项目实际建设工期。是指项目从实际开工之日起至竣工验收为止所经历的时间，该指标反映了项目的实际建设速度。

② 项目建设工期变化率。是指项目实际建设工期与项目计划建设工期之差与项目计划建设工期的比率，其计算公式为：

$$项目建设工期变化率 = \frac{项目实际建设工期 - 项目计划建设工期}{项目计划建设工期} \times 100\% \quad (10.5)$$

2) 项目建设投资管理后评价指标

主要包括：项目实际投资总额、项目实际投资额变化率和项目实际建设成本变化率。

① 项目实际投资总额。是指项目建设过程中所投入的建设工程费、建设期贷款利息和项目运营过程中占用的流动资金之和。

② 项目实际投资额变化率。是指项目实际投资总额与项目计划投资总额之差与项目计划投资总额的比率，其计算公式为：

$$项目实际投资额变化率 = \frac{项目实际投资总额 - 项目计划投资总额}{项目计划投资总额} \times 100\% \quad (10.6)$$

③ 项目实际建设成本变化率。反映的是项目建设成本与批准的概预算所规定的建设成本之间的偏离程度，其计算公式为：

$$项目实际建设成本变化率 = \frac{项目实际建设成本 - 项目预计建设成本}{项目预计建设成本} \times 100\% \quad (10.7)$$

3) 项目建设质量管理后评价指标

主要包括：项目实际工程合格率、项目实际工程优良率和项目实际工程停返工损失率。其计算公式分别为：

$$项目实际工程合格率 = \frac{项目实际单位工程合格数量}{项目实际单位工程总数} \times 100\% \quad (10.8)$$

$$项目实际工程优良率 = \frac{项目实际单位工程优良数量}{项目实际单位工程总数} \times 100\% \quad (10.9)$$

$$项目实际工程停返工损失率 = \frac{项目因质量事故停返工累计增加的投资额}{项目总投资额} \times 100\% \quad (10.10)$$

10.2.3 项目运营后评价

(1) 项目运营后评价的目的

项目运营阶段指的是从项目投产到项目生命期末的整个过程，对项目运营阶段的工作进行后评价的作用是全面衡量项目实际投资效益，系统地总结项目投资的经验教训，以指导未来项目的投资与经营活动，并通过采取有效的补救措施，提高项目运营的实际经济效益。

由于项目运营后评价选择的时点一般是项目达到设计生产能力的1~2年内，距运营期末尚有一段时间，并不能充分体现项目的实际投资效益。因此，项目运营后评价除了对项目实际运营状况进行分析和评价外，还需要根据投产后的实际数据对未来发展状况进行推测，并对项目未来发展趋势进行科学的预测。

项目运营后评价的目的是通过项目投产后的有关实际数据资料或重新预测的数据，评价项目的实际经营情况和实际投资效益；衡量项目的实际经营状况、投资效益与预测或其他同类项目的经营状况、投资效益的偏离程度，并分析偏差原因，以系统地总结项目投资的经验教训，为进一步提高项目投资效益提出切实可行的建议。

(2) 项目运营后评价的内容

项目运营后评价的内容主要包括：生产准备工作后评价、项目生产能力后评价、项目单位生产能力投资后评价、项目运营管理后评价、项目同步建设管理后评价、项目影响后评价和项目可持续性后评价。

1) 生产准备工作后评价

① 评价企业的机构设置、岗位责任安排、定员定岗以及人员培训考核情况。

② 评价企业经营决策机制、激励机制、约束机制等管理机制与制度的建设情况。

③ 评价企业生产运营所需流动资金的筹集及其使用情况，以及生产所需原材料、零部件的采购和外协条件的组织落实等情况。

2) 项目生产能力后评价

① 评价项目实际生产能力与设计生产能力有无偏差，如有偏差，则需分析原因，并确定其对发挥项目实际投资效益的影响程度。

② 通过项目实际生产能力大小与产品实际成本高低之间的关系，评价项目所形成的生产规模是否处在最优的经济规模区间。

③ 评价项目实际生产能力与产品实际市场需求量之间的关系，以及项目实际生产能力与实际原材料来源和燃料、动力供应及交通运输条件是否相适应，如不适应，则需分析调整措施，以减小其对项目投资效益的影响程度。

3) 项目单位生产能力投资后评价

项目单位生产能力投资反映了项目建设所取得的实际投资效果，它是竣工验收项目全部投资使用额与竣工验收项目形成的综合生产能力之间的比率，是项目后评价的一个综合指标。通过项目单位生产能力投资后评价，可以衡量项目建设成果的计划完成情况，综合反映项目建设的工作质量和投资使用的节约或浪费情况。与同行业、同规模的竣工项目相比，还可在消除不同建设条件因素后反映出项目建设的管理水平。

4) 项目运营管理后评价

① 企业经营管理水平后评价。评价反映经营者管理水平的经营管理理念、管理素质、管理策略以及实施效果等情况。

② 项目技术后评价。评价反映项目技术能力的人员技术结构、机械设备技术含量、技术操作规程，以及技术的适用性等情况。

③ 项目市场能力后评价。评价反映产品适应市场能力的产品质量稳定可靠性、产品的销售渠道与方式，以及产品的制造与销售情况等。

④ 项目达产年限后评价。将计算得到的项目实际达产年限与设计的或前评价预测的达产年限进行比较，分析实际达产年限的变化情况及其原因，并评价因项目提前或拖延达产年限所带来的实际效益或损失等。

⑤ 项目运营效益后评价。主要是采用经济效益指标评价项目进入运营阶段后，其实际的财务状况、国民经济状况和社会效益状况。

5) 项目同步建设管理后评价

① 评价相关项目在时间安排上是否同步，以及项目所采用的技术与前、后续项目的技术水平是否同步，如果不同步，则需分析原因及其对发挥项目投资效益所产生的影响。

② 评价相关项目之间的实际生产能力是否协调、配套，以及项目内部各单项工程之间的建设速度是否满足要求，其技术水平与生产能力是否配套，并根据评价结果，对项目的同步建设管理提出改进意见。

6) 项目影响后评价

主要是评价项目进入运营阶段后对经济、环境和社会的影响。

① 经济影响后评价。评价项目对所在地区、所属行业和国家产生的经济方面的影响，其

内容主要包括资源的分配、人员的就业、国内资源成本或换汇成本、技术进步等。经济影响后评价因素往往难以量化，因此，一般只能做定性分析，也可并入社会影响后评价的范畴。在进行经济影响后评价时，要注意将其与项目效益评价中的国民经济后评价区分开来，避免重复计算。

② 环境影响后评价。评价项目对环境与生态保护方面的效果和影响，其主要内容包括：a. 根据项目所在地对环境保护的要求，审核项目环境管理的决策、规定、规范、参数的可靠性和实际效果；b. 遵照国家环保法的规定，结合国家和地方环境质量标准和污染物排放标准，以及相关产业部门的环保规定，评价项目的污染控制、区域的环境质量、自然资源的利用、区域的生态平衡和环境管理能力等。

③ 社会影响后评价。评价项目对社会发展方面的效益和影响，其主要内容包括：a. 项目对社会事业、文化、教育、卫生等的影响；b. 项目对收益公平分配的影响，如提高低收入阶层收入水平等，以及项目对提高当地人口就业的影响；c. 项目对地区收入分配影响、项目受益范围及受益程度、对地方社区发展的影响，以及当地政府和居民的参与度；d. 项目对居民生活质量和生活条件的影响，以及对妇女、民族团结、宗教和民俗民风等的影响。

7）项目可持续性后评价

项目可持续性后评价主要是通过分析项目与社会的各种适应性，以及存在的社会风险等问题，从政策和组织管理因素、技术和财务因素、市场条件和社会文化因素、生态环境以及其他外部因素等方面进行系统的分析，对项目能否持续实施、能否持续发挥效益的问题做出综合性评价，并对影响项目可持续性的各种社会因素，研究可采取的有效解决措施，以保证项目生存的可持续性。

(3) 项目运营后评价的指标

1）实际产品价格变化率

实际产品价格变化率指标，既可用于衡量前评价中对产品价格预测的水平，也可用于解释实际投资效益与预测效益产生偏差的原因，同时还可作为重新预测项目生命周期内产品价格变化情况的依据，其计算过程如下。

① 计算实际产品价格年变化率。

$$实际产品价格年变化率 = \frac{实际产品价格 - 预测产品价格}{预测产品成本} \times 100\%$$

② 运用加权法计算各年主要产品平均价格变化率。

主要产品平均价格年变化率 = $\sum$ 产品价格年变化率 × 该产品产值占总产值的比例 × 100%

③ 计算考核期实际产品价格变化率。

$$实际产品价格变化率 = \frac{各年产品价格年平均变化率之和}{考核期年限} \times 100\% \tag{10.11}$$

2）实际销售利润变化率

实际销售利润变化率指标，可反映项目的实际投资效益及其与预期投资效益之间的偏差，其计算过程如下。

① 计算考核期内各年实际销售利润变化率。

$$各年实际销售利润变化率 = \frac{该年实际销售利润 - 预计年销售利润}{预计年销售利润} \times 100\%$$

② 计算实际销售利润变化率。

$$实际销售利润变化率 = \frac{各年实际销售利润率}{考核期年限} \times 100\% \tag{10.12}$$

3）实际单位生产能力投资额与实际达产年限变化率

① 实际单位生产能力投资额。是指项目为形成单位生产能力而耗费的投资额，其计算公式为：

$$实际单位生产能力投资额 = \frac{项目实际投资总额}{项目达产年生产能力} \times 100\% \qquad (10.13)$$

② 实际达产年限变化率。反映的是实际达产年限与设计达产年限之间的偏离程度，计算公式为：

$$实际达产年限变化率 = \frac{实际达产年限 - 设计达产年限}{设计达产年限} \times 100\% \qquad (10.14)$$

4）实际投资利润率及其变化率

① 实际投资利润率。也是反映建设项目投资效果的一个重要指标，指的是项目达到实际生产能力后的年实际利润总额与项目实际投资的比率，其计算公式为：

$$实际投资利润率 = \frac{年实际利润或年平均实际利润}{实际投资金额} \times 100\% \qquad (10.15)$$

② 实际投资利润变化率。反映的是项目实际投资利润率与预测投资利润率或国内外其他同类项目实际投资利润率之间的偏差，其计算公式为：

$$实际投资利润变化率 = \frac{实际投资利润率 - 预测投资利润率}{预测投资利润率} \times 100\% \qquad (10.16)$$

在进行项目运营后评价的过程中，还可以视实际项目的具体情况和后评价的要求，设置其他的评价指标，通过这些指标的计算和对比，找出项目实际运行与预计情况的偏差和偏离程度，采取针对性的解决方案，保证项目的正常运营。

5）项目财务后评价指标

① 项目实际投资回收期变化率。是指项目实际投资回收期与计划投资回收期的差与计划投资回收期之比率，其计算公式为：

$$项目实际投资回收期变化率 = \frac{项目实际投资回收期 - 项目计划投资回收期}{项目计划投资回收期} \times 100\% \qquad (10.17)$$

② 项目实际财务净现值变化率。是指项目实际财务净现值与项目预期财务净现值的差与项目预期财务净现值之比率，其计算公式为：

$$项目实际财务净现值变化率 = \frac{项目实际财务净现值 - 项目预期财务净现值}{项目预期财务净现值} \times 100\% \qquad (10.18)$$

③ 项目实际财务内收益率变化率。是指项目实际财务内部收益率与项目预期财务内部收益率的差与项目预期财务内部收益率之比率，其计算公式为：

$$项目实际财务内部收益率变化率 = \frac{项目实际财务内部收益率 - 项目预期财务内部收益率}{项目预期财务内部收益率} \times 100\% \qquad (10.19)$$

6）项目国民经济后评价指标

① 项目实际经济净现值变化率。是指项目实际经济净现值与项目预期经济净现值的差与项目预期经济净现值之比率，其计算公式为：

$$项目实际经济净现值变化率 = \frac{项目实际经济净现值 - 项目预期经济净现值}{项目预期经济净现值} \times 100\% \qquad (10.20)$$

② 项目实际经济内部收益率变化率。是指项目实际经济内部收益率与项目预期经济内部收益率的差与项目预期经济内部收益率之比率，其计算公式为：

$$项目实际经济内部收益率变化率 = \frac{项目实际经济内部收益率 - 项目预期经济内部收益率}{项目预期经济内部收益率} \times 100\% \tag{10.21}$$

10.3 项目后评价的方法与程序

10.3.1 项目后评价的方法

(1) 对比法

1) 前后对比法

前后对比法（before and after comparision），是分析经济效益时常用的方法，指的是通过将项目实施之前与完成之后的情况加以对比，确定项目的作用与效益。在项目后评价中，则是指将项目可行性研究和评估时所预测的效益与项目竣工投产运营后的实际运行结果相比较，找出差异并分析原因。这种前后对比用于揭示计划、决策和实施的质量，符合项目后评价应遵循的原则。

2) 有无对比法

有无对比法（with and without comparison），也是分析经济效益时常用的方法，指的是通过将项目实际发生的情况与无项目时可能发生的情况进行对比，以度量项目的真实效益、影响和作用。对于很多项目，尤其是大型社会经济项目，其实施后的效果不仅仅是项目本身的效果和作用，还有项目以外诸多因素的影响，而简单的前后对比并不能得出项目真正的效果。因此，应用有无对比法进行对比的重点就是要分清项目作用的影响与项目以外作用的影响，通过对比实施项目所付出的资源代价与项目实施后产生的效果得出项目的好坏，也就是说，所度量的效果是真正归因于项目本身的。有无对比法适用于项目的效益和影响后评价，是项目后评价的重要方法。

(2) 逻辑框架法

逻辑框架法（Logical Framework Approach，LFA），是美国国际开发署（USAID）在1970年开发并使用的一种设计、计划和评价工具，用于项目的规划、实施、监督和评估，目前已有大部分国际组织将逻辑框架法作为援助项目的计划管理和后评价的主要方法。

1) 逻辑框架法的含义

逻辑框架法是将几个必须同步考虑且内容相关的动态因素组合起来，通过分析其相互之间的关系，从设计策划到目标实现等各个方面对项目进行全面评价的方法，是一种概念化论述项目的方法。逻辑框架法通过简单的框图清晰地分析一个复杂项目的内涵和关系，使之更易理解，为项目计划者和评价者提供了一种分析框架，用以确定工作的范围和任务，并对项目目标和达到目标所需要的手段进行逻辑关系的分析。

2) 逻辑框架法的表达形式与内容

逻辑框架是一种综合、系统地研究和分析问题的思维框架，有助于对关键因素和问题做出系统的、合乎逻辑的分析，有助于分析人员理清项目中的因果关系和外部制约条件。逻辑框架法常采用 4×4 矩阵表达形式，其表达形式与内容如表 10.1 所示。

表 10.1　逻辑框架法的表达形式与内容

层次描述	客观验证指标	验证方法	重要外部条件
目标	目标指标	监测和监督手段及方法	实现目标的主要条件
目的	目的指标	监测和监督手段及方法	实现目的的主要条件
产出	产出物定量指标	监测和监督手段及方法	实现产出的主要条件
投入	投入物定量指标	监测和监督手段及方法	实现投入的主要条件

表 10.1 中，竖列为垂直逻辑，代表项目目标的层次，包括达到这些目标所需用的方法；横行为水平逻辑，代表验证这些目标是否达到要求的具体方法。垂直逻辑用于分析项目计划的内容、项目手段与结果之间的关系，并确定项目本身和项目所在地的社会、物质、政治环境中的不确定因素。水平逻辑用于衡量项目的资源和结果，确立客观的验证指标及其验证方法，水平逻辑要求对垂直逻辑四个层次上的结果做出详细说明。

3）项目后评价的逻辑框架矩阵

在项目后评价中，可应用逻辑框架法分析项目原定的预期目标、各种目标的层次、目标实现的程度和原因，从而评价其效果、作用和影响，某投资项目后评价的逻辑框架矩阵如表 10.2 所示。

表 10.2　某投资项目后评价的逻辑框架

层次描述	预计目标	实际结果	原因分析	可持续条件
宏观目标				
项目目的				
项目产出				
项目投入				

（3）成功度评价法

成功度评价法，是依靠评估专家或专家组的经验，根据项目各方面的执行情况，通过系统准则或目标判断表对综合后评价各项指标的评估结果进行打分，最终定性评价项目总体成功程度的方法。

成功度评价法是以逻辑框架法分析的项目目标实现程度和经济效益评价结论为基础，以项目的目标和效益为核心进行的全面而系统的评价方法。具体程序如下。

1）选择项目后评价指标

评定具体项目的成功度时，选择与项目相关的评价指标，例如，宏观目标和产业政策、决策及其程序、布局与规模、项目目标及市场、设计与技术装备水平、资源和建设条件、资金来源和融资情况；项目进度、质量、投资及其控制；项目经营、机构和管理、项目财务效益、项目经济效益与影响，以及项目社会、环境影响与可持续性等。

2）确定项目的相关重要性

由评价人员根据具体项目的类型和特点，确定出各项指标与项目相关的重要性程度，例如可将项目的相关重要性分为重要、次重要和不重要三级，然后据此分析和筛选指标。

3）评定等级

由评价人员划分项目成功度等级并根据项目完成的实绩评定最终成功度。例如，可将项目成功度评价等级划分为 A、B、C、D、E 五级，并说明各等级的含义为：A 级为成功，即完全实现或超出目标，相对成本而言，总体效益非常大；B级为基本成功，即目标大部分实现，相对成本而言，总体效益较大；C级为部分成功，即部分目标实现，相对成本而言，取得了一定效益；D级为不成功，即实现的目标很少，相对成本而言，取得的效益很小或不重要；E级为失败，即未实现目标，相对成本而言，亏损或没有取得效益，项目应放弃。

10.3.2 项目后评价的程序

(1) 项目后评价的程序

随着项目投资主体、建设内容、规模大小和复杂程度的不同，项目后评价的程序也会有所差异，一般情况下，都包括明确后评价目标、组建后评价机构、收集后评价资料、分析后评价内容以及编制并上报后评价报告五个阶段。

1) 明确后评价目标

深入了解项目及其所处环境，明确委托单位所关心的问题和项目后评价的具体对象、评价目的、任务，以及具体要求。委托项目后评价的单位可以是国家计划部门、银行部门、各主管部门，也可以是企业或项目本身。

2) 组建后评价机构

根据项目委托后评价的内容组建后评价工作小组，配备后评价人员，并按照委托单位的要求制定项目后评价计划。项目后评价计划的内容包括后评价人员的配置情况、后评价组织机构的建立情况、后评价的费用预算及时间进度安排、后评价的内容范围及深度要求，以及后评价所采用的方法选择等。

3) 收集后评价资料

后评价人员应该根据项目后评价计划，制定详细的调查提纲，确定调查对象和调查方法，并开展实际调查工作，收集后评价所需要的各种资料和数据。后评价所需资料和数据主要包括：国家经济政策有关资料、项目可行性研究报告及其他前评价资料、项目筹备和建设的有关资料、同行业有关资料、与后评价有关的技术资料，以及反映项目实施和运营及其实际影响的有关资料。

4) 分析后评价内容

对收集到的后评价资料和数据进行了归类整理后，后评价人员应针对项目的后评价对象和内容，按照后评价的任务和要求，审核实际资料和数据的完整性及准确性，并围绕项目后评价的内容，采用定量和定性分析相结合的方法，计算有关评价指标，采用对比法、逻辑框架法、成功度法等后评价方法合理评价项目实际成果，总结经验教训，对发现的问题提出改进措施。

5) 编制并上报后评价报告

在后评价工作完成后，项目后评价人员应当根据国家有关部门制定的后评价报告格式，将得到的结果汇总整理，编制项目后评价报告。项目后评价报告是项目后评价工作的最后成果，是评价结果的汇总，应全面、系统地反映后评价目标，反映真实情况，客观分析问题，认真总结经验。最后，将编制的详细后评价报告及其重点摘要上报组织后评价的部门，并提交给委托单位与被评价单位。

(2) 项目后评价报告的内容

项目后评价报告是项目后评价工作的总结和后评价成果的表现形式，是项目后评价工作的最后一道程序，项目后评价报告主要包括以下内容。

1) 总论

主要包括项目后评价的目的和组织管理、项目后评价报告的编制单位和编写依据、后评价工作的起止时间和项目的基本情况、后评价资料的来源和后评价的方法、项目可行性研究报告的编制单位以及项目实施的总体概况等。

2) 项目前期工作后评价

主要包括项目决策和筹备工作后评价、项目征地拆迁工作后评价、项目委托设计和施工工作后评价、项目配套工作以及项目物资和资金的落实工作后评价等。

3) 项目建设后评价

主要包括项目开工准备工作后评价、项目监理和施工管理工作后评价、项目建设工期后评价、项目建设工程质量后评价、项目建设成本后评价、项目设计变更后评价、项目竣工验收工作后评价等。

4) 项目运营后评价

主要包括项目达产情况后评价、项目产品质量后评价、项目生产经营管理水平后评价、项目投产后达到的技术水平后评价、人员素质后评价、项目产品市场情况后评价等。

5) 项目经济后评价、影响后评价和可持续性后评价

项目经济后评价主要包括项目财务后评价和项目国民经济后评价；项目影响后评价主要包括社会影响和环境影响的后评价；项目可持续性后评价主要包括对项目发展前景及持续发展能力的后评价。

6) 项目综合结论和建议

项目后评价综合评价结论和建议应重点突出、简明扼要、观点明确。主要包括：总结项目在投资决策阶段，以及建设准备、实施和运营各阶段的成果与不足，总结项目成败的经验和教训，提出改进和完善措施；预测项目未来发展前景与持续发展的能力，为提高未来项目的经济效益总结有效途径和可持续发展的战略。

思考练习题

10.1 简述项目后评价的含义。
10.2 简述后评价的项目范围。
10.3 简述项目后评价根据时间点、内容和运行过程划分的类别。
10.4 简述项目后评价的基本原则。
10.5 简述项目后评价与前评价之间的区别。
10.6 简述项目建设情况后评价的内容。
10.7 简述项目运营管理后评价的内容。
10.8 简述项目影响后评价的内容。
10.9 简述项目后评价中前后对比法与有无对比法的区别。
10.10 简述项目后评价的程序以及项目后评价报告的主要内容。

参 考 文 献

[1] 国家发展改革委员会，中华人民共和国建设部.建设项目经济评价方法与参数.第3版.北京：中国计划出版社，2006.
[2] 中华人民共和国财政部，国家税务总局.关于做好全面推开营业税改征增值税试点准备工作的通知（财税［2016］32号）.2016.
[3] 注册咨询工程师（投资）考试教材编写委员会.项目决策分析与评价.北京：中国计划出版社，2020.
[4] 注册咨询工程师（投资）考试教材编写委员会.现代咨询方法与实务.北京：中国计划出版社，2020.
[5] 中国建设工程造价管理协会.建设项目投资估算编审规程：GECA/GC1—2015.北京：中国计划出版社，2015.
[6] 中国建设工程造价管理协会.建设项目全过程造价咨询规程：GECA/GC4—2017.北京：中国计划出版社，2017.
[7] 中华人民共和国建设部.建设工程项目管理规范：GB/T 50326—2017.北京：中国建筑工业出版社，2017.
[8] 中国建设监理协会.建设工程投资控制.北京：中国建筑工业出版社，2020.
[9] 全国一级建造师执业资格考试用书编写委员会.建设工程经济.北京：中国建筑工业出版社，2020.
[10] 国家标准局.价值工程基本术语和一般工作程序：GB 8223—87.北京：中国标准出版社，1988.
[11] 中国国际工程咨询公司.中国投资项目社会评价指南.北京：中国计划出版社，2004.
[12] 国家发展和改革委员会.关于印发中央政府投资项目后评价管理办法和中央政府投资项目后评价报告编制大纲（试行）的通知（发改投资［2014］2129号）.2014.
[13] 国家发展和改革委员会.发展改革委发布企业投资项目核准和备案管理办法.2017.
[14] 冯辉红.工程造价管理.北京：化学工业出版社，2017.
[15] 刘晓君.工程经济学.第三版.北京：中国建筑工业出版社，2014.
[16] 李南.工程经济学.第五版.北京：科学出版社，2018.
[17] 冯辉红.工程项目管理.北京：中国水利水电出版社，2016.
[18] 冯辉红.建设工程监理概论.北京：化学工业出版社，2018.
[19] Sullivan W G，Wicks E M，Koelling C P.Engineering Economy.London：Prentice Hall，2008.
[20] Park C S.Contemporary Engineering Economics：6th Edition.New Jerry：Pearson，2016.